珍藏本·增订本

纪念版

汉译世界学术名著丛书

瓦尔堡思想传记

〔英〕E.H. 贡布里希 著

李本正 译

商务印书馆
SINCE1897
The Commercial Press

汉译世界学术名著丛书
（120年纪念版·珍藏本）
增订本出版说明

2017年10月，为纪念商务印书馆创立120周年，本馆推出“汉译世界学术名著丛书”（120年纪念版·珍藏本），计七百种。近五六年来，仰赖学界同人倾力支持，订正旧译，增补新译，拓展新著，积累日多。为满足读者需要，本馆在七百种的基础上，继续推出“汉译世界学术名著丛书”（120年纪念版·珍藏本·增订本）三百种。至此，“汉译世界学术名著丛书”累计出版已达千种。

今后，本馆将继续推进丛书的翻译出版工作，在积累单本名著的基础上陆续分辑刊行，汇印出版。为促进中外文明互鉴、推动我国学术发展，使“汉译世界学术名著丛书”这项对我国学术文化有基本建设意义的重大工程发挥更大作用，诚望海内外学术界、翻译界继续给予支持，帮助我们把这套丛书出得更好。

商务印书馆编辑部

2024年2月

汉译世界学术名著丛书
（120年纪念版·珍藏本）
出 版 说 明

2017年2月11日，商务印书馆迎来120岁的生日。120年前，商务印书馆前贤怀揣文化救国的理想，抱持“昌明教育，开启民智”的使命，立足本土，放眼寰宇，以出版为津梁，沟通中西，为中国、为世界提供最富智慧的思想文化成果。无论世事白云苍狗，潮流左右激荡，甚至战火硝烟弥漫，始终践行学术报国之志，无改初心。

迻译世界各国学术名著，即其一端。早在20世纪初年便出版《原富》《天演论》等影响至今的代表性著作，1950年代后更致力于外国哲学和社会科学经典的译介，及至1980年代，辑为“汉译世界学术名著丛书”，汇涓为流，蔚为大观。丛书自1981年开始出版，历时三十余年，迄今已推出七百种，是我国现代出版史上规模最大、最为重要的学术翻译工程。

丛书所选之书，立场观点不囿于一派，学科领域不限于一门，皆为文明开启以来，各时代、各国家、各民族的思想与文化精粹，代表着人类已经到达过的精神境界。丛书系统译介世界学术经典，引领时代思想，为本土原创学术的发展提供丰富的文化滋养，为推动中国现代学术和现代化进程做出了突出的贡献。

为纪念商务印书馆成立120周年，我们整体推出“汉译世界学术名著丛书”120年纪念版的珍藏本，寄望既利于文化积累，又便于研读查考，同时向长期支持丛书出版的译者、编者和读者致以敬意。

两甲子后的今天，商务印书馆又站在了一个新的历史时间节点上。我们不仅要铭记先辈的身影和足迹，更须让我们的步伐充满新的时代精神。这是商务人代代相传的事业，更是与国家和民族的命运始终紧密相连的事业。我们责无旁贷，必须做好我们这代人的传承与创造，让我们的努力和成果不仅凝聚成民族文化的记忆，还能成为后来人可以接续的事业。唯此，才能不负前贤，无愧来者。

商务印书馆编辑部

2017年10月

中译本序

范景中

瓦尔堡是20世纪卓越的美术史家和文化史家，他的学术思想主要通过他建立的图书馆，通过他的一些追随者，例如扎克斯尔［F. Saxl］、潘诺夫斯基［E. Panofsky］，在知识界传播。“二战”以后，他的观念又以不同的方式在欧美产生影响，至今仍为所谓的“视觉文化研究”所崇尚。但是，瓦尔堡所发表的著述不多，他1929年去世后，格特鲁德·宾［Gertrud Bing］为他编辑的《瓦尔堡文集》［*Gesammelte Schriften*］（Leipzig-Berlin，1932年）仅两卷，就几乎囊括了他出版的所有论著。瓦尔堡的学术贡献当然绝不止此，实际上，他的很多重要的思想都零零落落散布在他的讲稿、日记、信札、纸条，甚至是几乎没有文字说明或者是仅仅旁缀几行警句的图片排列之中。这些特殊的文稿不仅因为瓦尔堡细大不捐的收藏风格而裒聚的数量极其庞大，而且由于它们研词炼句的诗歌特征，让一层一层的意义隐约含华，给人们的研读造成了重重的障碍。而要考订这些孤文只义，贯穿群言，撮其隐赜，没有非凡的毅力和眼力，则绝难措手。

然而，瓦尔堡的学术传记却是由一位能和他比肩，甚或过之的美术史家与文化史家贡布里希来费神撰写，20世纪的学者中很少有

人能像他这样幸运了。贡氏撰述此书，至少综合了以下几个方面：一、他长期研读过瓦尔堡那些难以识认的德文手稿；二、他熟谙瓦尔堡学术成长所依赖的文化背景；三、他精通瓦尔堡研究的文艺复兴问题；四、他擅长心理分析，施于瓦尔堡，正合其用；五、他深知撰写这部传记的难点，因为一方面，瓦尔堡的学术思想在很大程度上是自己心路历程的投射，需要析微辨释，一方面又因为一些特殊的原因，有些地方需要回避，正如贡氏赠我书的卷耑题跋所云：

A Personal Note for Prof. Fan Jing Zhong by the Author

Much of the history of this book and how I came to write it, is told in the first few pages of the introduction. What I could not mention at the time was the fact that all the three children of Warburg were still alive at the period of writing（indeed his daughter is still happy alive today）and that this inevitably imposed a certain restraint in the writing of the biography. It would have been tactless and hurtful to dwell at length on the tragic years of Warburg's mental illness and so I decided to refrain from discussing them, without, of course, concealing their role in Warburg's life. Some of my critics have failed to understand my reasons for this restraint, because they did not know all the relevant facts.

London, February 1992

E. H. Gombrich

这段跋文告诉我们，写作也是再现（representation），它不只是

再现何事何物，同时是不再现何事何物，相当于我们说的画中空白。在勾勒瓦尔堡学术形象时，哪些地方要有意隐去，让它成为支撑整个图像的有意味的空白，让气韵更有力地呈现，显然不易把握；这也透露出写一部瓦尔堡的生平传记不是件容易的事，难怪瓦尔堡最忠诚的助手和好友扎克斯尔、格特鲁德·宾都不得不止于中途。贡氏在这两位前任院长相继逝世后，能毅然立笔，并坦然直言，读来令人感动：

> 瓦尔堡的个性是我们学科历史的很大一部分，不允许我们耸肩后退。既面对他的历史观的毫无疑问的主观性，又面对它在转变美术史研究的理论与实践中的作用，是历史学家的责任。

贡氏把写作瓦尔堡思想传记当作历史学家的责任来做，可见担子之重，但也足以表明，本书写来艰难。它处理的材料，它讨论的观念，在贡氏的著作中，的确是最让人吃力的部分。贡氏曾经强调：要弄清作者的意思，最好的办法莫过于尝试用不同的词句表达他的意思，更可取的是用另一种语言表达。但这有时很不容易，他以瓦尔堡的新造词*Auseinandersetzungsenergie*为例，说它无法译成英语（“Aby Warburg: His Aims and Methods: An Anniversary Lecture”）。此处述及的还只是两种相近的语言，对于遥远的东方来讲，要翻译像《瓦尔堡思想传记》这样的书，其困难之巨就更不堪设想了。译好一部精湛的学术著作，不只要弄懂那些深刻的文义，更需要翻译之学所蕴含的道德上的严肃和知识上的苦行精神。把《瓦尔堡思想传记》译成中文，多年来就期待着怀此志意的人。

然而，瓦尔堡仍然有幸，他在中国又遇到了李本正先生这样的译者，耗费六七年的时间，一丝不苟地翻译这部难译的著作。李本正不邀时誉，认真踏实，是一位真正懂得*Agere et intelligere*[①]，具有无穷探索之心的人。由此可见，瓦尔堡得到了双重的幸运。行笔至此，想松弛一下，歇歇脑子，喝杯茶，就顺手抄起数日前的《东方早报》，几位捷克作家的肖像和语录赫然映入眼帘。其中一段为《好兵帅克》作者雅洛斯拉夫·哈谢克（1883—1923）所云："伟大的时代就得有伟大的人物出现。有一种谦卑的、默默无闻的英雄，他们所表现出的品德，连亚历山大大帝也将显得黯然失色。"在某种意义上，这段话也可用来赞美李本正先生。当然，李本正不是英雄，他只是一位谦卑的、默默无闻的、敬畏知识的人。

还有一段倒与瓦尔堡的毕生学术取向有关。瓦尔堡的朋友梅尼尔曾用一句话概括瓦尔堡的学术问题：*que représentait en réalité l'antiquité pour les hommes de la Renaissance?*［对文艺复兴时期的人们而言，古典时代实际代表着什么？］瓦尔堡请他再追加一句：

> 后来，随着时间的推移，人们将这个问题扩展为各种尝试：设法理解异教信仰的遗存对于整个欧洲文明的意义。

这里所谓的"异教信仰"指的是一种心理状态：放任疯狂的冲

① 古典人文学者所信奉的*Agere et intelligere*，不仅暗含着"人生有涯，知也无涯"的感慨，更重要的，它是对心灵无限容量的赞美：只有无穷的探索之心，知识才能有无穷的前景、无穷的累积和无穷的增长。

动和恐惧冲动的状态。瓦尔堡要研究的正是这一重要遗产，他要建起*Denkraum der Besonnenheit*［审慎的思维空间］，从而战胜威胁人类的疯狂和恐惧。而米兰·昆德拉（1929—2023）的语录却是：

> 没有一点儿疯狂，生活就不值得过。听凭内心的呼声的引导吧，为什么要把我们的每一个行动像一块饼似的在理智的煎锅上翻来覆去地煎呢？

我们知道，捷克读者更愿意承认的作家不是昆德拉，而是博胡米尔·赫拉巴尔（1914—1997），上引的话或许反映了其中一个原因："昆德拉在一些捷克人眼里，某种程度上已成为'在法国对捷克现实指手画脚'的作家。"

以上几段均见于2016年4月4日《东方早报》文化版。并观之下，《瓦尔堡思想传记》的一个重要价值和意义也昂然显现。当然，它还有更多的精微光华，而且有一点我们切切不可忽视，这部书是两位美术史巨人智慧的对话，他们一起对古典传统的双重性做了演绎。

目　　录

第二版序言 vii

本书第一版于1970年由瓦尔堡研究院［Warburg Institute］出版，我感谢出版者在书售罄后决定再版。这篇序言之后，是最近出版的有关瓦尔堡［Warburg］的著作和文章的精选的参考文献*，它证明，这位伟大学者的工作与个性继续在引起人们的极大兴趣。众多的来访者希望再进一步考察瓦尔堡研究院的档案，由此来看，这股出版潮流未必会很快中断。

1

引言中描述了本书的起源。无可否认，本书的组织也许促使人们产生了一些未必能实现的希望。第343—347页上那篇《未发表的原始资料》中长长的清单，不可能使人们了解这大量的草稿、笔记、简短的手札在多大程度上围绕着在本书中用文献予以说明的同样的一些观念。毫无疑问，由于它们只是些片断，因此它们比完成的著作提出了更大的挑战，但是，也可以把瓦尔堡的遗产所具有的吸引力看作一种征兆，表明正在崛起的一代艺术史家对于我们的研究一直采取的方向感到某种不满。

基本的困难可能源于这样一个事实，艺术史研究不可避免地与

* 为了排版上的美观，在此中译本中将原书中放在《第二版序言》后的《新增参考文献》作为附录放在《参考文献》之后。——译者

一种价值体系相联系。考古学可以从对某些类型的发现物所做的汇集和电脑处理中获益，无论这些发现物是箭头、饰针还是小雕像。而一份祭坛画清单，如果对《西斯廷圣母》[*Sistine Madonna*] 和一幅出自一座乡间教堂的朴素的油画不加区分，那么，无论人们可能觉得它在其他方面多么大有用途，恐怕也不属于艺术史。在此，社会学和心理学都不能援救面对大量了无生气的资料感到不知所措的艺术史家。

也许正是在这一方面，瓦尔堡的形象有希望提供一种补救办法，因为如果有人终生相信艺术史不是作为事实的堆积，而是作
viii 为对人类的苦难和胜利的记载，过去重要，现在依然重要，那他就是这样的人。持这种信念的并非仅瓦尔堡一人。本书读者很快会认识到，有多少基本假定是他和他的同时代的人们所共同具有的，他们像他一样，植根于19世纪的文化之中。他像他们一样，相信意大利文艺复兴的艺术，莱奥纳尔多 [Leonardo]、米开朗琪罗 [Michelangelo] 和拉斐尔 [Raphael] 的艺术，是对人类文明最重要时刻的视觉表现，这个时刻一方面与偏执的中世纪的野蛮相接，另一方面与巴洛克的浮夸矫饰和可悲的过度奢华相连。正因为他充分接受了对我们所称的文艺复兴“盛期”的评价，他决定把他的研究集中在梅迪奇家族治下的佛罗伦萨的艺术和社会中这场伟大觉醒最初的骚动上。那些“细节”——如他所说，他发现“上帝存在于”细节之中——是服装的轻微变化或者占星学图像的微小更改，在他看来，这些变化和更改是人类精神的最高成就的先兆。也正是在这个探索的过程中，他日益频繁地与那些谈论形式的自主进化的风格史家进行辩论。在他看来，文艺复兴时期的美与静穆代表了对于心

理障碍的来之不易的胜利。甚至古代的复苏本身也不能导致这场胜利，因为古典的遗产也掺杂着种种倾向，它们威胁着这一宁静的获得。

人们常说，瓦尔堡是从弗里德里希·尼采［Friedrich Nietzsche］那里得出了这种关于“狄俄倪索斯式的”［Dionysiac］古代的想象的，但是有一个极其重要的差异，我只是在本书完成后才看到这个差异的。尼采希望在视觉艺术与音乐和戏剧之间确立一种对比，他的《悲剧的诞生》［*Birth of Tragedy*］的主题就是以这种对比为基础。视觉艺术——尼采教导说——反映了希腊灵魂的阿波罗式的［Apollonian］方面；换言之，他从温克尔曼［Winckelmann］，尤其是莱辛［Lessing］的角度看待视觉艺术，而莱辛倾向于认为雕塑不能表现我们在古代诗歌和戏剧中看到的狂热的激情。瓦尔堡从不接受这种二分法。相反，他的兴趣完全集中在希腊罗马石棺和胜利纪念碑中的狄俄倪索斯式的成分上。正是这些成分携带着“情念”的危险电荷，只有性格坚强的人才能把握它，而不会屈服于它在心理上带来的危险。

瓦尔堡在对于往昔的解释中有着强烈的个人色彩，本书并没有试图掩饰这一点。在他看来，艺术家和工匠的创造永远不能成为惰性数据。他与这些作品的牵连超越了风格和图像志间的传统区分。在他看来，每一个图像都成了相冲突的力量的体现，这些力量与人 ix
类争取救赎的斗争有关。他在无数的笔记中喜欢做的正是清楚地展现这些力量的冲突和相互作用，以构建它们在历史战场上的位置，最终希望在那个照片“图集”中说明精神冲突之网，而那本图集将概括他的历史想象。

瓦尔堡的方法显然过于特异，以至后来的人们无法采用。他没有任何方法，却给人以启示。在这个方面他很像同样强烈地对我们的艺术遗产做出反应的另一位预言家约翰·拉斯金［John Ruskin］。把这两个名字相提并论初听上去也许令人吃惊，因为再没有两名艺术研究者会比他们更大相径庭了：拉斯金向全体国民说教，瓦尔堡向学术精英讲话；拉斯金喜欢长篇大论，瓦尔堡的言谈玄妙深奥。然而这两位顶天立地的巨人，尽管有时持偏见到了怪异的程度，却都在下一代人的观点中留下了他们的印记。拉斯金激发了工艺美术运动，这场运动改变了20世纪的视觉意识。瓦尔堡的范例为诸如欧文·潘诺夫斯基和肯尼思·克拉克［Kenneth Clark］这样迥然不同的艺术史家的工作指明了方向，而这所以他的名字命名的研究院所做的各种各样的工作充分说明，他对文化史的价值所怀有的信念殊有道理。

E. H. 贡布里希

1986年2月于伦敦

第一章　引　言 1

一

本书要符合一个双重目的，它应向读者介绍一位学者的观念和个性，这位学者通过他的为数不多的出版物，通过以他的名字命名的研究院，通过他的追随者，其中包括这一领域中一些最杰出的人物，对艺术史研究的进程产生了重大影响。同时，本书力求使读者第一次可以对瓦尔堡［Warburg］一生所积累的许多未发表的文字、计划和草稿有一个大概了解，它们有助于完满并解释贯穿在他的研究和他的图书馆中的指导思想。希望上面所略述的两个目的不会互不相容；但是显而易见，对瓦尔堡观念的介绍或许应更严格地集中于本质问题上即可，而对他遗稿的发表，则宜于内容更加宽泛。因此，读者有权了解本书中不可避免地体现出的折中出现的过程与原因。

阿比·瓦尔堡1929年10月在汉堡逝世，终年63岁。其时，在他的继任者弗里茨·扎克斯尔［Fritz Saxl］的主持下计划出版他的完整版的文集。1932年，这一版本的前两卷在德国问世，名为《瓦尔堡文集》［*Gesammelte Schriften*］；它们收入了瓦尔堡已出版的著作，由他的助手格特鲁德·宾［Gertrud Bing］从文献学角度精心编辑，瓦尔堡在那些著作出版后曾在自己拥有的那几本的页边做了一些札记，她在一篇附录中将其全部收入。对这些札记所做的扩充和编者评注证明她对瓦尔堡的思想倾向了解至深，证明她在学术上致力于他的研究领域。她知道如何解释任何一个暗示，或者草草记下的一个名字，或者一个观念，以及如何填充瓦尔堡自己已指明的空白。
2 她曾与这位年纪渐老的学者密切合作，在他最后几次意大利之行中曾陪同前往，他有时还向她口授自己最初的草稿，因此她对他的观念领会至深。

在文集的首页表明了当时的意图：在出版两卷瓦尔堡已发表的著作后，再继续出版五个部分。第一部分将包含瓦尔堡在他一生的最后几年曾着手编纂的著作，名为《记忆女神》［*Mnemosyne*］的“图集”，这是一部大型图像集，这些图像概括和阐明了瓦尔堡对于决定西方思想的演进的那些力量的想象。下一部分将包括瓦尔堡所有未发表的讲稿和较次要的文章，然后是他的《在人类学基础上的表现理论的片断》［“Fragments of a Theory of Expression on Anthropological Foundations”］。另一卷准备收入书信、警句和自传体记载，最后，弗里茨·扎克斯尔打算附上瓦尔堡图书馆的藏书目录，因为如他所写，“图书馆与著作一起构成了瓦尔堡工作的整体”。

这一雄心勃勃的计划却遇到了障碍，这些障碍既有外在的又有内在的。关于第一种障碍，日期本身就说明了问题。出版了头两卷的一年后希特勒上台，图书馆及其职员不得不移居国外，到英国重新安家。瓦尔堡的全部笔记、草稿和书籍一道装箱，用船运到英国，但是编辑这些资料的工作显然遭到了严重挫折。诚然，在这件事情上，弗里茨·扎克斯尔与格特鲁德·宾拒绝认输，一如对他们所从事的任何其他事业一样。他们也许没有预见到的是，随着德国和世界形势的恶化，一个日益沉重的负担落在他们身上，那就是向背井离乡的同胞们提供建议和帮助。越来越多充满绝望、不知所措的德国难民源源不断地来到瓦尔堡图书馆的临时办公室，在那里至少有人满怀同情地倾听他们的苦衷，并给予有益的建议。扎克斯尔一直焦灼不安。他觉得既然自己已经对瓦尔堡一家和全世界做出了承诺，就不能违背这一承诺，因此他要物色一位人选，能协助格特鲁德·宾筹备允诺要出版的书籍。1935年秋，在一次维也纳之行中，他就此事与现已故去的恩斯特·克里斯［Ernst Kris］相商，正是在那时，我被牵涉进来。他们一致认为我应于1936年1月1日来伦敦，就在那一天的晚上我第一次看到了计划出版的“图集”的几个部分。格特鲁德·宾向我介绍了作者的意图，在她的指导下，我要
撰写关于个别图版的评注，并用英语写作，不过要完成这样一项工 3
作，我的英语还无法胜任。还是在那时，我了解了一些档案，它们是瓦尔堡留下的大量笔记，其中有些已在德国抄写出来并用打字机打出，以备编辑。我由此意识到了妨碍最初计划的那些内在困难。原来，瓦尔堡从不丢弃一张纸。他写作十分吃力，却笔耕不辍。他的遗著有很大一部分是草稿、简短的笔记、简洁陈述和在写作已完成的作品的过程中丢弃的片断。有时人们会发现，一本笨重的笔记本主要包括对一个题目尝试做出的表述，它们是以各种不同的排列组合匆匆记下的。许多笔记用的是标题的形式，表明瓦尔堡想引用的某些图像或例子，它们当中有许多又如万花筒一般再次出现。如

何编辑这种论文？这个问题在我看来实在令人生畏。然而不对它们进行编辑，构成“图集”的那批照片对于缺乏经验的人来说仍然会难以理解。战前岁月的外部条件也不利于这一几乎空想的事业。不久，奥地利也遭到希特勒的蹂躏，战争的威胁日益加剧。战争爆发时我不得不到英国广播公司工作，在监听部供职六年。弗里茨·扎克斯尔和格特鲁德·宾都决心履行他们对于瓦尔堡的遗产的义务，反复着手这一工作，却由于研究院图书管理员汉斯·迈耶［Hans Meier］在一次空袭中丧生，由于需要转移图书馆，由于那些悲惨岁月的其他变迁，他们不得不再次转手去做别的事情。扎克斯尔实际上已经开始撰写一部瓦尔堡传记，他利用了一些日记和致瓦尔堡的信件，但是中途放弃了。现在我利用他所写的片断，获益良多，并在本书中插入一些引文，但是我只全文收入了扎克斯尔关于图书馆的回忆录，他对这座图书馆了如指掌，它的结构在很大程度上要归因于他的独创性。

至于我自己，我因不得不离开一段时间而获得了一种距离，这种距离令我日益坚定这样一种信念，瓦尔堡的笔记与其说应该发表，不如说应该用于表述他的观念。战争的头一个月我已着手按照这一原则工作，在最终返回研究院后，我打算继续这样做下去。现在读者手中的这本书的很大一部分实际上是我在1946和1947年按照
4 这一目标撰写的。我的建议意味着要放弃最初的编写计划，这一想法很难被格特鲁德·宾所接受，当我把我写的几个章节的草稿交给她时，她注意到在这些表述中带有的批评性的超然态度，不是很高兴。当然，我不能和她一样同意瓦尔堡的观点和研究，而这对她却是理所当然的事情。即使如此，我也决定坚持己见，我高兴地发

现在许多情况下我能够使她相信我的解释有道理。手稿临近成书之际，扎克斯尔打算出版这本书，不过如他所说，他不知道有谁会希望阅读。但1948年他去世了，新的问题出现了。人们认为，没有对瓦尔堡个性的描述，没有一部传记，对瓦尔堡的观念的任何表述都是不完全的。从一开始就十分明显，只有一个人适合写这部传记——格特鲁德·宾。人们认为，我的表述因此应被暂时搁置起来，直至它能作为第二卷随同格特鲁德·宾的权威性的《传记》［*Life*］出版时为止。

但是现实又一次胜于最良好的意图。扎克斯尔的继任者是亨利·法兰克福特［Henri Frankfort］，而格特鲁德·宾是他的助理院长，她工作勤奋，不知疲倦，抽不出余暇致力于这项她特别喜爱的计划，亨利·法兰克福特1955年去世后，她被委任为研究院院长，并监督它迁往大学区的永久院址，此时也无法顾及这样一项事业。1959年退休后，她盼望继续从事并完成她认为是真正的毕生事业的事情，她开始为自己打基础，制订了一项庞大的阅读计划，这项计划将使她能把瓦尔堡的成就稳固地纳入思想史的上下文中。人们说服了她——尽管很费力——在由考陶尔德艺术研究院安排的系列讲座中开设一次关于瓦尔堡的讲座；她还允诺写一篇关于瓦尔堡的语言的论文，由海德堡学院发表。但是就连这篇草稿也从未让她感到满意，在她1964年夏季罹病并在72岁去世时已将它撕毁。我们大家一直在等待的传记未及撰写。

在这个不幸的情况下，我再次拿出我的早期草稿并交给各种不同的读者，特别是阿比·瓦尔堡先前的学生和朋友，卡尔·格奥尔格·海泽教授［Professor Carl Georg Heise］。他的反应十分令人鼓

舞，我决定再次着手这项工作。有一件事显而易见：有些人认为，
不能将瓦尔堡的观念与他的个性和生平分离开而凭空表述，这种批
5 评很有道理。因此我开始着手准备为手稿提供它独立存在所需要的
传记框架。我从事这项事业得到了阿比·瓦尔堡之子马克斯·阿道
夫·瓦尔堡［Max Adolf Warburg］的帮助，他研读了父亲的书信，
并全文抄录下其中许多具有传记价值的部分。我感激他允许我使用
他的摘录。

二

由本书的历史应当清楚地看到，读者必须在什么程度上预料到，在本篇引言开头提到的两个目的间要做出折中。将瓦尔堡未发表的文章公之于众这一目的，不可避免地导致更注重于他未完成的计划和他的笔记，而非他的已发表的论文，因为已发表的论文多年来人们一直可以见到。这一倾向性对于读者和作者来说，都增加了表述的困难。读者常常面临着瓦尔堡的一些更神秘的简短的笔记，即他为自己而非为别人写的简洁陈述，这些简洁陈述后来必须按照人们对瓦尔堡的阅读情况和他长久思考的事情来予以解释与扩充。这尤其适用于关于表现理论的片断，这些片断可追溯到瓦尔堡的学生时代，并将收入允诺出版的完整版中（第67页及以下［此处页码即本书边码，下同］）。甚至我决定收入本书的精选出的为数不多的片断，人们也会觉得望而生畏。然而，由于它们比瓦尔堡的任何其他笔记都更清楚地说明了他的思想抱负的范围和目标，而这些思

想抱负远远超出艺术史研究的领域，因此无疑是不可省略的。另一种困难可由瓦尔堡的另一个放弃的计划来举例说明，即他和朋友若勒［Jolles］1900年共同计划的关于佛罗伦萨的“仙女”［Nympha］的虚构的通信。瓦尔堡已发表的文章，没有一篇与这个半途而废的计划在相同的程度上带有世纪末［fin de siècle］的特征和那些年所流行的对文艺复兴的崇拜的特征。瓦尔堡放弃这个计划是合乎常情的，然而它代表了他的内心发展过程的一个有关部分，因此，即使有可能令20世纪的读者感到厌烦，也难于将其省略。

但是在此最好讨论一下作者而非读者所面临的困难。瓦尔堡
以一种形式放弃的那些计划当然继续萦绕在他的脑际，需要找到另 6
一个途径来予以实现。例如，他决定不再继续写关于“仙女”的通信，这并不是说他对行动迅疾的女性形象的问题不再感兴趣。相反，在一篇又一篇草稿中，他继续回到这个母题，回到在他对佛罗伦萨文艺复兴的解释中它所代表的事情上。初看起来，这些不断重复的尝试也许看来不过像一些重复而已，可以省略，但它们常常并非如此。他所使用的母题和元素数量有限，但是他却不断以新的排列和组合来试验它们，这是瓦尔堡的思想和方法的特点。轻轻摇一摇万花筒，就会产生新的图案。的确，读者如果坚持读下去，最终会发现，在瓦尔堡的毕生事业中，给人深刻印象的莫过于这种不宁静的探索了，这种探索产生于他对文艺复兴的传统解释的深刻不满，他在学生时代曾继承并部分地吸收了这种传统解释。有时这种不满，这种改组和重新排列画面的元素的需要，对瓦尔堡产生的影响令人吃惊。画面无法固定下来。因此，这些重复和重新表述并不

是由于瓦尔堡的全部笔记都得以保存而产生的偶然的多余之物：在他的思想传记中略去它们就必然要冒歪曲这部传记的风险。日记和书信证实了瓦尔堡所做的这些努力在他的生活中的重要性，有几次这些努力使他拒绝到大学任职，因而间接地影响了他的私人图书馆的发展和他的研究院的创办。

然而，不可否认，人们在细读瓦尔堡的私人笔记后所产生的印象是有些片面的。令瓦尔堡烦恼的问题比他尤为轻而易举探讨的问题显得更加突出，这是本书所使用的证据的性质。大多数人所经受的内心焦虑比他们愿意向世人表达的要多，因此，历史学家由如瓦尔堡遗留材料一样完整的个人记录中得到的内在视角，与其同时代人所见到的这个人的形象绝不会十分吻合。

三

我来到瓦尔堡研究院时，瓦尔堡已去世近七年。由汉堡迁至伦敦当然破坏了瓦尔堡曾生活和工作的环境［milieu］，但我仍然
7 见到并结识了许多曾感受到其个性的影响的人——尤其是格特鲁德·宾。据大家所说，毫无疑问，瓦尔堡给那些见过他的人留下的印象是他是一个极不平凡的人。尽管他身材矮小，却符合“伟人”的形象。认识他的人几乎没有人不提到他那双深色的眼睛透出的认真的神情，那种深深的忧郁令他们想到他所战胜的精神病的恐怖，以及他异常活跃的言谈，他的汉堡人的幽默，他由于善用警句而体现出的机智，他对逸事的喜爱，以及他的模仿技巧，如他喜欢说的

那样，只要他身材再高些，这种技巧就会让他想当演员。①瓦尔堡在模仿德语和意大利语方言时充分利用了移情作用，这种能力也使他成为对人的敏锐的、有时冷酷无情的观察者。他喜欢用几句话把一个人概括下来，这些简洁的表述有些仍旧在瓦尔堡的圈子中传为美谈。瓦尔堡个性的这个更活泼的方面在他的笔记中几乎未留下痕迹，这是理所当然的，不过他的日记却不乏对人的鲜明刻画，甚至包括他为供自己使用而记载的一两件趣事。

但是，仅凭才华横溢的言谈，瓦尔堡当然不会给他的同时代人留下他实际所留下的深刻印象。他在同事中享有声望，首先是由于他扎实的学问，他对佛罗伦萨档案的了解，以及对目录学的精通。他的书信表明，他们常常向他求教对一枚盾形纹章的解释，或者对一名供养人的鉴别。他被看作佛罗伦萨研究和神话志与占星学历史的无与伦比的专家。恐怕，就连瓦尔堡的个性这一重要方面，对于本书漫不经心的读者而言也不会一目了然。遮住整整一面墙的那些箱子中排列着数以万计的纸条，证明他极其勤奋刻苦，他几乎单枪匹马地建立起的图书馆同样证明了这一点。总的看来，他在收集材料或者参考书目时心情最为愉快，但是在这些紧张活动的期间，他很少在日记或笔记本上写些什么。他留下它们去记烦恼与问题，因
此，甚至由这些材料所显现出的这位学者的个性也很可能看上去比 8
通常歪曲些。

① 在一封具有争论性的书信的草稿中，瓦尔堡使对手说道："你是谁？"他回答说："矮小的男人，长着黑黑的小胡子，有时用方言讲故事，高一米五九。"（Wer sind Sie denn? Ein kleiner Herr mit schwarzem Schnurrbart der manchmal Dialektgeschichten erzählt. 1.59 m.）

（《艺术史家》[*Art Historians*]）

写作与出版的确使他痛苦不堪，但是他也常常逃往另一个方向，这个方向表明他具有热心社会活动的个性——他喜欢组织人们；他一次不落地参加会议，以排解他在学术界的孤独；他保持着关于公众所关心的事情和汉堡当地利益的大量通信往来。从他的书信中可以看出，他很像老于世故的人，是熟练的外交家，温文有礼，处事老练，坦率而不粗鲁，是措辞巧妙的大师。就连他询问信息和索要照片的日常书信也表明这位有教养的学者知道如何待人处世。瓦尔堡在一生中有许多年用复本书写亲笔书信，尽管这些书信现在已难以辨认，人们仍然必定希望，瓦尔堡的书信日记选总有一天会出版，以对当前的研究予以补充和纠正。

但是，倘若忽略瓦尔堡热心社会活动的个性是个缺点，那么，他的笔记提供了一种可能，即，可以探索他的一些私人问题和他智力成就间的联系，这可以对这个缺点部分地予以补偿。显然在每一位学者的生活中都存在这种联系，但是，拥有和此例一样良好的机会来进行这类研究的历史学家即使有，也是寥若晨星。

在莫里斯·曼德尔鲍姆［Maurice Mandelbaum］的论文《历史的因果分析》［“Causal Analysis in History”］[①]中，讨论了这样一种现象，即我们还缺乏对“甚至单独一位历史学家提出的各种不同的假设的任何详细的、分析性的研究”，他对此深感遗憾。本书也许对填补这个空白［lacuna］有所帮助。记载之全面可能是独一无二的；实际上，其巨细无遗却造成了最大的问题。瓦尔堡横渡大西洋时的旅客名单和菜谱，保存得和连一次理发费用都不遗漏的详细支出账目一样完好。他何时购买过一本书，他读了多少，这些几乎总能弄

① 《观念史杂志》［*Journal of the History of Ideas*］，第3卷，1942年。

清，因为他喜欢在书的页边上做标记。主要由于格特鲁德·宾的操
劳，档案相当井然有序，任何感兴趣的人要继续查找本书中的参考
资料都不应有什么困难。如果说这些可能是独特的良机，那么，较
之那些性格更加外向的学者的情况，瓦尔堡心理健康状况的不稳定
的平衡，也使本传记的作者常常能更清楚地辨明其个人卷入的原
因。我相信，在当今时代，无须特别强调这样一点：这种强烈的个 9
人偏见绝不会有损于这位学者的成就的价值。或者更确切地说，只
有当个人意义变得十分强烈，以至它们妨碍了作为这位学者的特征
的自我批评能力时，它才会有损于这个价值。我们会在瓦尔堡已发
表的文章中见到一两个这样边缘的例子，他由于它对他所具有的意
义而坚持一种假设，但这些例子只是例外情况，如果对它们予以纠
正，几乎不会影响他的主要结论。

当然，不应使这些错误永久存在，由于能够独立发现这些错误的人的数量必然很少，那就更是如此了。但是，它们是为激励和支撑着瓦尔堡的研究的那种个人动力而付出的小小代价。在一篇富有洞察力的论文《学术的道德》［“The Morality of Scholarship”］中，斯图尔特·汉普希尔［Stuart Hampshire］最近强调了心理冲突与产生一部内容丰富、值得耗时阅读的著作［œuvre］的相关性：

> 一位作者的意义，无论他是诗人、哲学家还是史学家……主要不在于他著作背后的自觉的意图，而在于他著作中的冲突和富于想象的矛盾之处的确切本质，正如我们现在可以看到的那样……任何形式的文明生活都是以对于感觉的某种否定或者颠倒为代价，以某种自欺为代价，以编造神话和思辨性的假设为代价来维持的，而在后来的某个年代以完全超然和科学的眼

> 光看来，这些神话和假设似乎是一种疯狂，至少是沉迷于幻想……通常我们只有在回顾时才能看到，为什么某个关注的问题在当时看似是不重要的、烦琐的、学院性的——在其被滥用的意义上而言——而实际上却是在看上去无关联的，甚至是微不足道的材料中发现典型的价值观的冲突，而这种典型的价值观的冲突具有更加广泛的意义。①

本书并非力图将激起瓦尔堡的思想发展的那些心理冲突完全揭示出来。它避开了一种病情记录，这种病情记录无论如何必须以从瓦尔堡患病时起的长长的一排日记为起点，我已将它们放到一边。由于它们是在明显的兴奋和焦虑的状态下用铅笔写成的，因此对于非精神病医生来说既难辨认，也提供不出多少信息。它们几乎不能证实那种已经逐渐形成的传说，即当时这位病人主要的长期思考的事情与他以往对鬼魔学和迷信的研究有关。但是有一件事情显而易
10 见：与自身的心理疾病的斗争极大地增强了瓦尔堡的自我认识，以至人们会发现，能够对于他著作中的个人成分提供的最佳解释来自他自己的笔端。

四

我决定把这些个人的事情放入背景中，不仅是由于我了解自己明显的局限。任何想由这个材料得出结论的心理学家都首先必须认

① 马克斯·布莱克［Max Black］（编辑），《学术的道德》［*The Morality of Scholarship*］，伊萨卡，纽约，康奈尔大学出版社，1967年，第46、51页。

识到，对文艺复兴的文化问题的这种个人卷入绝非是瓦尔堡所独有的。18世纪末以来，一个人对那个伟大时代的态度已成为他对自己时代的问题所持立场的试金石。因为文艺复兴被视为从教会和封建国家的镣铐中解放出来的时代，这个解放在19世纪远未完成。在浪漫主义者看来，文艺复兴是人类的堕落，是对信仰时代的背叛；在改良主义者看来，它是自由的预兆。正是明确地针对这些彼此对立的观点，伟大的反对教权主义者米什莱［Michelet］在他1855年的关于法国史的著作中支持文艺复兴，他在书中创造了“人的发现和世界的发现”的语句。他撰写这部著作时在一封信中写的一段话也许瓦尔堡也曾经写过：

> 哪怕最小的社会事实，如果不去求助于人类活动的各个部分，我也无法做出解释……要着手把如此众多的彼此相异的元素结合在一起，自身必须具有强大的干扰力量。要重现如此众多的激情，就不能平息自己的激情。一盏灯倘若热得足以熔化整个民族，那它也会热得将自己的内心消耗殆尽。[①]

毫无疑问，把文艺复兴想象为使人摆脱社会约束甚至道德约束的一场伟大的解放运动，对于感到这些约束的力量和它们所造成的冲突的人们，这具有特别的吸引力。那一时期最伟大的英国历史学家J. A. 西蒙兹［J. A. Symonds］是另一个恰当的例子，这位学者热

① 援引自埃德蒙·威尔逊［Edmund Wilson］，《到芬兰车站》［*To the Finland Station*］，纽约，1940年，第1部，第2章。

情洋溢的作品歌颂健康和活力，与不时被精神崩溃所打断的生活形成对比。像埃米尔·左拉［Émile Zola］这样一位伟大的心理学家，
11 显然敏锐地发现了文艺复兴崇拜和神经病之间的这种联系。伊波利特·丹纳［Hippolyte Taine］曾以相似的语气赞美文艺复兴，左拉在写关于丹纳的情况时，不禁谈论到了那种对比：

> ……倘若我不认识他，我就会倾向于把他想象为肩膀宽阔、穿着宽大漂亮的呢衣、拖着一把利剑、生活在文艺复兴鼎盛时期……实际上，丹纳属于我们的神经质的世纪。他是一个有病的和不安定的人，强烈渴望强健有力和自由生活。①

我们会看到，瓦尔堡越来越反感这种把文艺复兴看作敏感的超人的时代这一过于简单化的［simpliste］观点，这并不与他自己卷入这些冲突相矛盾。在任何世纪末学者看来，佛罗伦萨都不仅仅是拥有美的艺术品和大有用途的档案的城市之一。那一时期在佛罗伦萨安家的众多来自德国、英国和美国的侨民都觉得他们在返回自己文明的源泉。我们列出引自这些侨民之一的最后一段引文，“弗农·李”［Vernon Lee］（Violet Paget［维奥莱特·佩吉特］）在瓦尔堡来佛罗伦萨求学的四年前出版的《尤福里翁》［*Euphorion*］中写道：

> 它们仅仅是通过研究而产生的印象，不仅仅是我从佛罗伦

---

① 《我的憎恨》［“Mes haines”］，《左拉全集》［*Œuvres complètes*］，第40卷，巴黎，1929年，第158、159页；援引自《观念史杂志》，第3卷，1942年，第351页。

> 萨的多种多样的生活中挑选出来的思想和感情的潮流，而是我自身的思想和感情的潮流，它们形成并随之传播开文艺复兴传说中的某些条目。[①]

"随之传播开文艺复兴传说中的某些条目"的瓦尔堡自身的"思想和感情的潮流"，与他的前辈们的思想和感情的潮流的不同之处，与其说是其个人性，不如说是其对心理学的侧重。世纪末的文艺复兴崇拜把佛罗伦萨的15世纪变成空想的黄金时代，从中世纪教条主义的梦魇中毫不费力的觉醒。我们会看到，正是这种毫不费力的解放的想象使瓦尔堡感到不快，因为在他看来，解放是必然而又痛苦的。他自己从正统派犹太教中解放出来，以及此事所造成的与家人的冲突，是这方面的经历之一。其他的经历也许更直接地源于他自己的精神特质，他被抑郁、焦虑和强迫症所折磨，他与这些恶 12
魔的不断斗争，在他的心灵中和人类与非理性及原始冲动的斗争融为一体。

不过，即使在这里，瓦尔堡从冲突方面对文艺复兴所做的重新解释也不应单单归因于他的个人心理。这种重新解释在当时也十分风行。它与19世纪末出现的对古典时代的重新解释相并行，更确切地说，是在它之后出现的。在温克尔曼［Winckelmann］、歌德［Goethe］和席勒［Schiller］这些德国文豪们看来，古希腊也曾是愿望得以实现的理想世界，席勒认为，理想的希腊是向往的目标，因为他不知道基督教在人类心灵中造成的冲突。这幅理想化的图景在

① 伦敦，1899年，第16页。

历史学和人类学证据的影响下逐渐消失了。

巴霍芬［Bachofen］探索了希腊宗教的原始层次；布克哈特［Burckhardt］看到他自己的那种深深的悲观在希腊人的心灵中得到反映；尼采［Nietzsche］以他《悲剧的诞生》［*The Birth of Tragedy*］一书引起了他那一代人的注意，书中希腊人的宁静是作为抵御狄俄倪索斯式力量袭击的面具或者防御手段而出现；瓦尔堡的一位老师赫尔曼·乌泽纳［Hermann Usener］探索了希腊神话在原始思维中的起源。同时，对古典世界类似的重新评价正在英国迅速进行，简·哈里森［Jane Harrison］按照人类学理论描述了希腊文明。她的想象力深刻地影响了吉尔伯特·默里［Gilbert Murray］，他对希腊文学和宗教的解释在20世纪初有教养的外行中成为典范。弗雷泽［Frazer］的《金枝》［*The Golden Bough*］取得的成功完成了古代世界和原始世界的融合。非理性力量的威力处处都得到强调，魔法和迷信在文明的结构中的作用日益引起史学家的注意。

并非瓦尔堡曾有意识地决定把对古典著作的这种新的研究方法“应用”于文艺复兴研究。实际上，在他的大半生中，他或他的公众是否意识到了这种相似之处，这尚有疑问。直到第一次世界大战以后，瓦尔堡对文艺复兴时期占星学历史的研究结果才被看作一种模式的一部分，这种模式导致了对理性的威力和人类历史的进步的重新评价。瓦尔堡本人会拒绝对他的研究结果的这种悲观解释，他无疑会表示自己不赞成对非理性的崇拜，这种崇拜在20世纪20年代
13 的德国达到灾难性的程度。尽管他与赫尔曼·乌泽纳的早期接触提供了他自己的研究与古典学者的研究之间的联系，他与尼采的关系却是不明确的。对巴霍芬的重新发现只是瓦尔堡将要去世时的事，

没有对他产生影响。他也没太注意到弗洛伊德［Freud］对神话的见解。尽管他把文艺复兴看作理性与无理性冲突的领域，他却完全站在理性一边。在他看来，他收集并希望传给继承人的藏书将是启蒙的工具，是与黑暗力量斗争的武器，这些黑暗力量能够轻而易举地压倒理性的不稳定的成就。

甚至在瓦尔堡由他对洛伦佐·德·梅迪奇［Lorenzo de' Medici］周围的佛罗伦萨环境的专门研究，扩大到——用他的话来说——力图对西方人做出诊断的“文化心理学”时，他也绝不把自己看作超然的临床观察者。他的意图是发出警告、驱除邪魔和进行鼓励。他是一名预言家或者传道士，把在研究过程中曾对他来说最为重要的图像当作他的文句。正是这种态度和信念给所有在瓦尔堡病愈后的岁月中见过他的人留下深刻的印象。但是甚至在这里也可以说他填充了传统为他提供的一个位置。在这个传统中，作为了解昔日文明的手段的艺术研究不被认为是客观的学术研究。以前曾有过一些伟大的预言家式的人物宣讲了可由艺术福音书得出的预言。我想到的是18世纪的温克尔曼，更想到了19世纪的拉斯金。拉斯金的布道不仅在瓦尔堡自己的性格形成时期，甚至在20世纪初都是一股重要的力量。人在趣味问题上的选择和人在道德问题上的选择之间存在着密切联系，甚至那些背离拉斯金对中世纪的爱好的人们也承认这一点。在汉堡，阿尔弗雷德·利希特瓦克［Alfred Lichtwark］将之作为一种社会福音来宣讲现代主义的福音，在德国各地都赢得了热情的听众和追随者。瓦尔堡和利希特瓦克十分熟识，渴望也得到类似的反应。但是他的性格不适宜做当代艺术的批评家。相反，他把他的严格的道德主义带入学术领域，凡是在他怀疑它存在之处，都反

对学术生活中的新闻式写作手法和追求轰动效应。在这方面，他的严格标准也使他在同时代人心目中的形象更加高大，他们钦佩他治学的严谨。[①]

14 瓦尔堡最大的特点莫过于这种道德良心和学术良心的结合。但是显然这两者有时背道而驰。学者力图严谨细致地描述历史事实，而布道者渴望把这些事实用作启示的一部分。结果常常是不知所措。瓦尔堡一生出版的著作很少，但是他最终出版的著作却充满了这些内在张力，它们在瓦尔堡的语言中表现出来。

瓦尔堡的风格日益偏离说明性散文的通常惯例，有着强烈的个人色彩，这种色彩暗示出言外之意。格特鲁德·宾最终决定通过分析他的风格来探索瓦尔堡个性的本质，这是不无理由的。她没有完成这项事业，这是我们的损失，但是甚至她也不得不决定用德语从事这项工作。借助一种外国语言来描述一位作家的风格的特性必然是不可能的。就瓦尔堡的风格而言，德语和英语两种相异的传统又使这个困难雪上加霜。那种冗长沉闷和怪异的风格，英语读者往往认为是“条顿语”而不予理会，而到德语中却可获得特定的效力。然而如果尝试把这些效力转换到英语媒介中，通常注定会失败。托马斯·卡莱尔［Thomas Carlyle］的风格就是个恰当的例子。瓦尔堡的风格很可能受到卡莱尔的《旧衣新裁》［*Sartor Resartus*］的影响，他从学生时代起就珍爱这本书，但这个事实并不会使现代英语读者

① 根据熟识瓦尔堡的人们的记忆，这种对学术诚实的强调在这样一句格言中得到概括，“Der liebe Gott steckt im Detail”［上帝存在于细节之中］。瓦尔堡将之作为他于1925—1926年在汉堡大学的第一次研讨班的“班训”之一特别提到这句话，但是他可能没有声称这是他所创造的。我也见过用法语援引的这句话［le bon Dieu est dans le détail］，有人认为是福楼拜［Flaubert］所说。其来源的问题仍未确定。

对它感兴趣。这种比较也不会使人们对瓦尔堡文学上的取向有完全清楚的了解。尽管他力求做到语言凝练，并具有某种分量，却从不夸夸其谈，或者写起来滔滔不绝。他的文风冗长沉闷是由于他堆砌修饰性和隐喻性的形容词与虚词，努力把尽可能多的意义塞进一个句子或一个分句。其他学者同样陷入其主题的错综复杂的事物中，但是瓦尔堡与众不同之处在于，他能用生动的隐喻或者用给人深刻印象的新造词语将情况阐明。

瓦尔堡意识到了他的风格的难题。他曾开玩笑地提到他的鳗鱼汤风格［Aalsuppenstil］，暗指鳗鱼汤的浓重和凝练。[①]临近他生命 15
的终了，有人尝试出版他论路德［Luther］的论文的英译本时，他为保留每一个修饰性形容词和从句而据理力争，每当未能说服译者时，他都会以某种嘲讽的口吻大声叫嚷说，他觉得“就像一棵被剥光了的圣诞树”[②]。

既然作者赋予了每一个词和短语许多含义，那么略去原语的引文，甚至将它们归入脚注或者附录中，就是不可能的。但是，如果用英语撰写本书却不提供大段晦涩难懂的散文的译文，那同样违背常情。在尝试着要写出将与原文相并置的译文时，我发现自己陷入了两难处境：既需要提供直译译文，又希望保持适当的可读性。众所周知，直译译文十分不雅，因为这种译文必须至少反映原文的一些结构，而意译的译文则按常规常常先将句子拆散，来一番彻底改造。一般说来，我在实际的译文中尽力紧扣原文，但是我也在正文

① 《日记》［*Diary*］，1906年11月24日。

② 埃德加·温德教授［Professor Edgar Wind］所写的个人通信。

中加上了释义，以阐明原文的意思。由于本书的初衷是将瓦尔堡未发表的著述公之于众，尽管我往往在论述过程中的必要之时对他已发表的文章做出释义与概括，但我还是尽可能多地援引他的笔记。

用一种不同的媒介来翻译瓦尔堡的句子，这种需要最终却不完全是一个累赘。没有什么比尝试做出重新表述更能使人们切实地集中思考作者的确切意思了，即使频繁地发现有的地方无法翻译，通常也有助于人们将注意力集中在这一难点所具有的含义上。这些问题不只是与瓦尔堡自己新造的词语有关。由于某种原因，在艺术史著作中频繁使用的许多普通的德语单词，在英语中并没有确切的对应词。

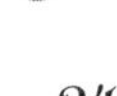

瓦尔堡为他的图书馆起的名字本身就是一个恰当的例子，很遗憾，他为这个名字所要阐明的问题所下的定义也是如此。在汉堡，它被称作瓦尔堡文化科学图书馆［Die kulturwissenschaftliche Bibliothek Warburg］（缩写为K. B. W.），但是，不知何故，英语却拒绝吸收复合词“Kulturwissenschaft”的两个构成成分中的任何一个。德语的“Wissenschaft”被译为了“science”［科学］，这是不恰当
16 的，因为它也包括“scholarship”［学术］的含义，而“culture”［文化］一词在英语中遭遇了特殊的困难。[①]诚然，爱德华·伯内特·泰勒［Edward Burnett Tylor］在他1871年的开创性著作《原始文化》［*Primitive Culture*］中曾使用“文化科学”［The Science of Culture］这一术语，但是，甚至他的追随者们也不可能会将这一术语应用于意大利文艺复兴研究，如瓦尔堡身为布克哈特的追随者所能做的那

① 参见我的讲稿《寻求文化史》［*In Search of Cultural History*］，牛津，1969年。

样。因此，翻译瓦尔堡的最初纲领的任务常常使一些人感到难堪，因为人们曾用英语问他们一个简单的问题：瓦尔堡研究院研究的是什么。

而且，文化科学［Kulturwissenschaft］的特殊问题，即瓦尔堡挑选出作为重要关注点的问题，是“das Nachleben der Antike”，字面的意思为“古典时代的来世”［the after-life of classical antiquity］。但是，“来世”的这种用法不是英语的，最接近的对应词是“遗留”［survival］，恰巧被伯内特·泰勒所预先使用，他在其著作的第三章和第四章中专门论述了《文化遗留》［“Survivals in Culture”］——他指的是迷信、儿童游戏和某种文明的往昔阶段的其他残余。瓦尔堡无疑希望来世［Nachleben］包含这些遗留，但是他更关心的是现在会被描述为“复兴”［revivals］的事物，即来自古典世界的艺术形式和心理状态在意大利文艺复兴时期的重新出现。他想知道，应赋予来自异教往昔的这些冲动什么意义，他和在宫廷盛大庆典的意象中一样，也在占星学迷信中追溯异教往昔。因此，界定他的问题的最佳方式也许是，他关注古典遗产在西方文明中的持续的生命力。由于需要一个更简短的语句，因此，选用“古典传统的历史”来描述瓦尔堡的机构的范围，是可以理解的，但是，这种权宜之计［pis aller］引起了许多误解，这也十分明显。一名学生的真实故事对这些误解做出了最好的概括，她申请得到研究院的录用，并请求说不要因为她对热里科［Géricault］感兴趣而对她抱有成见——她也对安格尔［Ingres］等古典传统的大师感兴趣。

如果瓦尔堡的遗产的这两个关键术语十分难译，那么，他在描述与分析文艺复兴“文化”的不朽成就时所使用的词语经常造成翻

译的困难，有时是最令人吃惊的困难，也就不足为奇了。例如，有一个形容词bewegt，来自动词bewegen［运动］。在英语中，形容词
17 “moving”和“moved”在很大程度上与这个词的情感意义联系起来，这是一种语言的偶然。在对艺术品的描述中，一个“moving”［动人的］构图或者形象通常所意味的不是bewegt。过去人们一定感到了这一困难，因为一些作家已求助于法语的mouvementé［生动的］；但这很笨拙，于是不得不引进名词“movement”或者“motion”，而这将不可避免地使语言结构更笨重。在瓦尔堡那里，由于他偏爱bewegtes Leben（“Life in movement”［运动中的生命］）这个术语而使这一问题更加严重。这个德语词组在艺术中与“静物”［still life］形成了鲜明对比，而且具有额外的优点（或者缺点），即，它也意味着一种充满冒险的生活，也就是说，一种诸如属于理想化的“文艺复兴人”的生活。bürgerlich一词也存在类似的困难，它不仅意味着bourgeois，“有产阶级”，而且保持了“市民”的几分次要意义，即瓦尔堡常常希望在15世纪艺术的构成中孤立出来的那种受人尊敬的牢固的地位。

作为最后的例子，此处可以提一下德语由希腊概念得出的三个词。一个是*pathos*（suffering［痛苦］），在这里，英语传统继续强调不幸的方面，而德语用法集中于它的高贵和崇高的次要意义。因此，英语中的形容词“pathetic”意思是“引起同情”，而德语中的pathetisch唤起的不仅是以“grand manner”［高贵的方式］行动的观念，还有舞台的和虚饰的观念——这两个方面都与瓦尔堡对这个词的用法相关。

另一个希腊词是*Mimik*，由于它与mimesis，即模仿的关系，而

在英语中已被预先使用了，而德语词是指“做模仿动作”的行动，换言之，是指各种表现性动作，尤其指面部表情和身体姿势。

最后，还有Besonnenheit一词，在有人文主义教养的德国读者看来，这个词令人回想起*sophrosyne*［审慎］的希腊理想。利德尔［Liddell］与斯科特［Scott］将它译为“心灵健全，适度……自制”，德语用法则显示了沉思、超然、平静和镇定的次要意义。

倘若本书用德语写成，就不必分析意义的这些细微差异了。给瓦尔堡清晰的简洁陈述加上听上去趣味索然的释义，似乎更是多此一举。但是，由于我天生就不愿败坏读者的兴致，要厘清个人意义和一般意义相缠结的网也许就更加困难，而这些意义构成了瓦尔堡著作的基础。

重复一下，本书的真正主题正是这种相互作用。瓦尔堡的伟大 18
和局限都源于这样一个事实，他几乎不可能发表任何缺乏这种个人意义和一般意义的研究结果。这种对某些主题的专注不仅导致了已经提到的那种重复的倾向，偶尔也给人这样一种印象，甚至对于他所选择的时期——佛罗伦萨文艺复兴，瓦尔堡也故意地忽略其整个的广泛领域。尽管他十分关注佛罗伦萨艺术家们所采用的某些古典衣饰风格，洛伦佐·吉贝尔蒂［Lorenzo Ghiberti］的名字在他已发表的著作中却从未出现过。不过，他在尤斯蒂［Justi］的研讨班中读过一篇关于吉贝尔蒂的论文，这对于将他的注意力引向衣饰问题无疑产生过影响。这样的例子还可以举出很多。但是，即使我们缺少证据说明瓦尔堡在选取主题和例子时是慎重而有选择的，他也为我们提供了无可辩驳的证明，说明了这样一种对比：他的历史研究焦点十分狭隘，而他的图书馆却表明他的视野非常宽广。对于哪些

书与多种研究领域相关，他有着准确无误的感觉，他就凭着这种感觉购置书籍，因此其范围十分广泛，仿佛是要对他多年职业生涯中研究主题的过分狭隘予以补偿。尽管他相信需要全面地研究任何一个主题，并以不断变化的排列从多方面予以审视，他也希望创建一种工具，使他和其他的人能够将这个方法应用于他曾忽视的领域。在这方面他取得的成功超出了他最乐观的梦想。

倘若要描述一代代学者如何利用这一工具，则需要写另一本书。当然，这些使用者的需求对图书馆产生了影响。这一过程始于瓦尔堡的有生之年，他也促进了这一过程。从那时起，只要情况允许，这一过程就持续不断。

瓦尔堡研究院的许多学者、准学士和使用者，其现在的研究领域不可避免地与创建者最初关心的问题相距甚远，因此，在他们看来，瓦尔堡只不过是个名字而已。相当多的人只将它与银行相联系，认为研究院不过是为了让一位富有的赞助人永存记忆而被资助的另一个机构。一位在他创建的机构的入口处上方镌刻着 MNHMOΣYNH，即“记忆”[Memory]一词的历史学家，需要而且值得继续得到他所惠及的人们的纪念。如果本书能够跨越不断扩大的时间的鸿沟，在某种程度上向新的一代展现创建者的使命感、他的痛苦挣扎，当然，还有他的杰出成就，这就符合了本书的目的。

第二章 序 幕 19
（1866—1886）

阿比·瓦尔堡于1866年6月13日出生于汉堡，是银行家莫里茨·瓦尔堡［Moritz Warburg］和他的妻子，娘家姓奥本海姆［Oppenheim］的夏洛特［Charlotte］的儿子。他在七个孩子中排行最大，他的三个弟弟在金融界声名显赫；小他一岁的马克斯［Max］驰名于德国的银行业和商界，次年出生的保罗［Paul］不仅成为银行家，而且是美国知名经济学家和政府官员，弟弟费利克斯［Felix］也在美国。

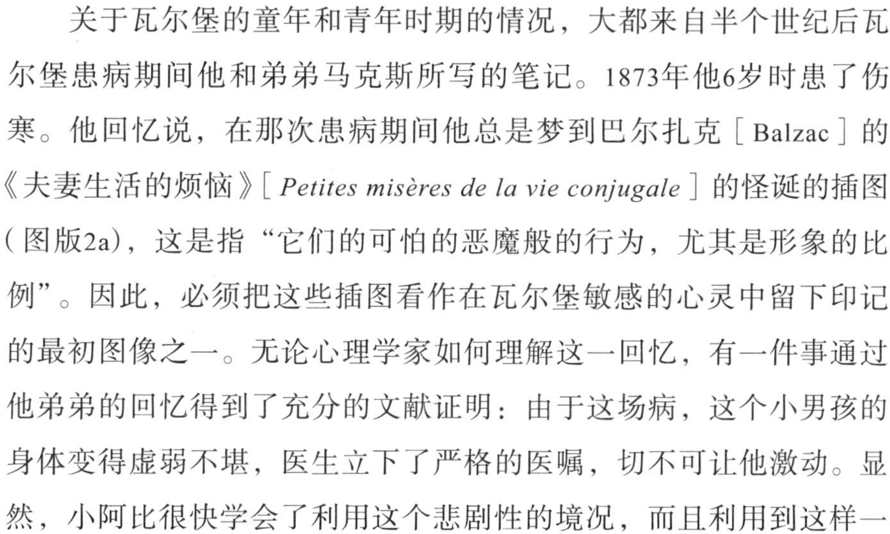

关于瓦尔堡的童年和青年时期的情况，大都来自半个世纪后瓦尔堡患病期间他和弟弟马克斯所写的笔记。1873年他6岁时患了伤寒。他回忆说，在那次患病期间他总是梦到巴尔扎克［Balzac］的《夫妻生活的烦恼》［*Petites misères de la vie conjugale*］的怪诞的插图（图版2a），这是指“它们的可怕的恶魔般的行为，尤其是形象的比例”。因此，必须把这些插图看作在瓦尔堡敏感的心灵中留下印记的最初图像之一。无论心理学家如何理解这一回忆，有一件事通过他弟弟的回忆得到了充分的文献证明：由于这场病，这个小男孩的身体变得虚弱不堪，医生立下了严格的医嘱，切不可让他激动。显然，小阿比很快学会了利用这个悲剧性的境况，而且利用到这样一种程度：他打了弟弟妹妹们，他们威胁要惩罚他时，他就拿这道禁令做挡箭牌。

对他的早年产生深刻影响的另一个创伤是，1874年，他们一家在奥地利的旅游胜地伊舍［Ischl］暂住时，他母亲得了一场重病。从瓦尔堡的笔记中看到，这次与痛苦经历的接触在他心灵中也与艺术图像联系起来，十分令人感动。他记得，母亲在病倒前身体虚弱得很，在伊舍的卡尔瓦林贝格山［Calvarienberg］观光旅行期间要人用担架抬着："就是在这一次，在以低劣的乡下人的方式进行的在耶稣受难画像前的纪念默祷中，我第一次看到并依稀体验
20 到基督受难的十足的、悲剧性的力量。"（Bei welcher Gelegenheit ich zum ersten Mal in ganz entarteten Bauernbildern die tragische, unverhüllte Wucht der Passionsszenen aus dem Leben Christi vor Augen sah und dumpf empfand.）

无论是由于这个缘故还是其他缘故，在瓦尔堡的心灵中，对那个可怕的夏天的记忆仍然与他疏远犹太人的宗教有关：

我到母亲的病榻前探望过一次，她可怜兮兮，看上去十分心烦意乱。陪我同往的是一名地位低下的犹太血统的奥地利学生，这名学生迫于生计而做了我的家庭教师。仅这一次看望就使我的内心产生了一种绝望的气氛，我的祖父到来后说，"为你的母亲

Ein einmaliger Besuch bei meiner armseligen und verstört aussehenden Mutter, das Zusammensein mit einem minderwertigen jüdisch-österreichischen Studenten, der als Hauslehrer galt, erzeugten eine Atmosphäre der inneren Verzweiflung, die ihren Höhepunkt erreichte, als mein Grossvater kam und uns sagte: 'betet für eure

祈祷吧”，这时这种绝望的气氛达到高潮。于是我们坐到小提箱上，手持希伯来文祈祷书，口中念念有词。有两件东西抵消了这些令人深感不安的事件：楼下有一家食品杂货店，在那里我们第一次能够违反饮食规则吃起香肠，还有一家收费图书馆，那里满是印第安人的故事。我如饥似渴地大量阅读这些书籍，因为它们显然提供了一种方式，可以避开我感到十分无奈的令人沮丧的现实……痛苦的感情在富于浪漫色彩的残酷行为的幻想作品中找到了发泄机会。这是我为主动的残酷行为打了预防针……

Mutter'—worauf wir uns mit hebräischen Gebetbüchern auf Schliesskörbe setzten und etwas herunterlasen ... Als Reaktion gegen diese unbegreiflichen Erschütterungen gab es zweierlei: einen Delikatessenladen unten, wo wir zum ersten Mal unvorschriftmässige Wurst zu essen bekamen und eine Leihbibliothek, die voll war von Indianer-Romanen. Diese Indianer-Romane habe ich in ganzen Haufen damals konsumiert und dadurch offenbar das Mittel gefunden, mich von einer erschütternden Gegenwart, die mich wehrlos machte, abzuziehen ... Die Schmerzempfindung reagierte sich ab in der Fantasie des Romantisch-Grausamen. Ich machte da die Schutzimpfung gegen das aktiv Grausame durch ...

（为《蛇舞仪式》[*Serpent Ritual*] 的讲座所写的笔记，1923年，第16—18页）

他的母亲意外地康复了，两年后，1876年在奥斯坦德［Ostend］度暑假时，她给阿比和她的其他孩子写了一封信，这封信在此是必
须援引的，这不仅由于它表明她指导着阿比的阅读，而且由于它生 21
动地描绘了他的成长环境所特有的崇尚知识的气氛和对节俭问题的关心：

亲爱的阿比，你的论文无疑使我高兴，因为它表明你十分用功，但是为什么要用你的维也纳产的最好的写字纸来写呢？难道你认为在最上边画上一艘漂亮的船我就更喜欢看你的作品吗？你知道我在这些问题上的想法，你要极其节省和保持整洁，细心照料自己的东西，这一点我无论怎样告诫你都不过分。我也必须使你注意到几处错误的说法。我并不认为埃及人是“我们所知的最古老的民族”——也许这倒适用于印度人。然后你写道，埃及是“贫瘠的国度”——多怪的想法！尽管那里确实少雨，可是众所周知，尼罗河一年一度的泛滥使这个国度成为最肥沃的国度之一。……如果你写“几十万年前”，那实际上也是不可能的，因为这样长的时间是不可能的。整个世界历史都没有那样悠久。好啦，我亲爱的儿子，把这一点在你的书中核对一下，告诉我，我说得是否正确……我亲爱的马克斯，你还记得你每天要对自己柔和地大声朗读吗？你向他们朗读时保罗和费利克斯都很喜欢聆听。你也必须教给保罗你怎样写字，因为你的字写得非常漂亮。从另一方面说，如果保罗想教给费利克斯希伯来文字母，我也不反对。这样每个人都可以把自己的知识传授给别人。①

（1876年6月24日）

---

① ... Dein Aufsatz, lieber Aby, hat mich zwar als Zeichen Deines Fleisses gefreut aber wesshalb nimmst Du dazu Dein gutes Wiener Papier? Glaubst Du dass mir Deine Arbeit werther ist wenn oben ein schönes Schiff gemalt ist? Du weisst wie ich über dergleichen denke und ich kann Dich nicht genug ermahnen sparsam und ordentlich zu sein und Deine Sachen zu Rathe zu halten. Ferner muss ich Dich auf einige Unrichtigkeiten aufmerksam machen. Die Ägypter sind nach meiner Ansicht nicht ‘das älteste Volk

（转下页）

对这位充满书生气的少年的描绘再一次被他弟弟的回忆证实，他写道："他不容别人反对，读所有他想读的书，尽管书橱上了锁。22
在他6岁和12岁之间，我只能用书籍来描述他；他从头到尾读了整个百科全书。"

正是将近这一时期的结束，在瓦尔堡13岁时，发生了一件事，这件事已成为瓦尔堡的传奇的一部分。马克斯·瓦尔堡在1929年12月5日发表的纪念演说中是这样叙述的：

> 他13岁时，阿比表示愿意向我出让他的长子继承权。身为长子，他注定要进入公司。当时我才12岁，太不成熟，不会思考，于是我同意购买他的长子继承权。然而，他要求的却不是红豆汤，而是让我许诺，他想要什么书，我总要全部买给他。略加思索后，我答应下来。我对自己说，经商后，我毕竟总能负担得起购买席勒、歌德、莱辛［Lessing］，也许还有克

（接上页）

das wir kennen'—dies dürften wohl eher die Inder sein. Dann schreibst Du Ägypten sei ein 'unfruchtbares Land'. Welche Idee! Wenn es auch richtig ist dass es dort wenig regnet, so tragen bekanntlich die alljährlichen Überschwemmungen des Nils dazu bei das Land gerade zu einem der fruchtbarsten zu machen ...

Wenn Du ferner schreibst: 'Vor mehreren hunderttausend Jahren' ... so ist dies auch nicht gut möglich da von einem so langen Zeitraum hier nicht die Rede sein kann. So alt ist die Weltgeschichte überhaupt noch nicht. Nun, mein lieber Sohn, vergleiche einmal mit Deinen Büchern und sage mir ob ich recht habe ...

Mein lieber Max, denkst du auch daran täglich etwas für Dich zu lesen und zwar halblaut? Paul und Felix hören Dir gern zu wenn Du ihnen etwas vorliest. Dagegen kannst Du Paul etwas vorschreiben, Du schreibst ja so hübsch! Wenn Paul dagegen an Felix die hebräischen Buchstaben lehren wollte so hätte ich nichts dagegen. So teilt jeder dem anderen etwas von seinen Kenntnissen mit ...

> 洛卜施托克［Klopstock］的作品的钱，于是我未加猜疑，就给了他现在我必须承认是一张很大的空白支票的东西。对于阅读、对于书籍的热爱……是他早期的爱好。①

由于患病，阿比的求学经历有些不正常。他上私人预备学校比其他同龄人晚了一年，因此是和他的弟弟马克斯一起上的——“但是他天资聪颖，很快就赶了上来”，在适当的年龄上了大学预科。他被送入的是一所实科中学［Realgymnasium］；即，用拉丁语授课但侧重于数学和科学方面的学校。我们获悉，他的天赋非常片面，学习化学和数学十分吃力。

他似乎很快就在宗教的问题上和在专业选择上坚持了独立自主。他反抗家中严格的犹太人的仪式主义，对祖母让他当拉比的建议公开表示反感。他也不同意从事那几种职业。相反，他宣布了从
23 事艺术史研究的打算。据马克斯·瓦尔堡所说，这个决定激起了家人的强烈反对。当瓦尔堡去法兰克福拜访母方的亲属时，家族的每一个成员都试图劝阻他。

---

① Als er dreizehn Jahre alt war, offerierte er mir sein Erstgeborenenrecht. Er als Ältester war bestimmt, in die Firma einzutreten. Ich was damals zwölf Jahre, noch nicht sehr überlegungsreif, und erklärte mich einverstanden, ihm das Erstgeborenenrecht abzukaufen. Er offerierte es mir aber nicht für ein Linsengericht, sondern verlangte von mir die Zusage, dass ich ihm immer alle Bücher kaufen würde, die er brauchte. Hiermit erklärte ich mich nach sehr kurzer Überlegung einverstanden. Ich sagte mir, dass schliesslich Schiller, Goethe, Lessing, vielleicht auch noch Klopstock von mir, wenn ich im Geschäft wäre, doch immer bezahlt werden könnten und gab ihm ahnungslos diesen, wie ich heute zugeben muss, sehr grossen Blankokredit. Die Liebe zum Lesen, zam Buch ... war seine frühe grosse Leidenschaft.

就那个时期而言，这不太令人吃惊。在一个保守的犹太家庭眼中看来，艺术史研究不是正常的职业。学识和书本知识在这些圈子中当然有着受尊重的传统，但是与图像打交道的职业——必然要么是异教的图像，要么是基督教的图像——在瓦尔堡的持正统观念的亲属看来一定是靠不住的。的确，我们现在知道，从事这项研究的来自同样环境的年轻人不止他一个。德国最著名的艺术史家中就有两个来自类似的背景。阿道夫·戈尔德施米特［Adolph Goldschmidt］（1863—1944），汉堡的另一位银行家之子，1884年放弃了伦敦经商学徒的工作，到耶拿［Jena］学习艺术史。马克斯·J.弗里德兰德［Max J. Friedländer］（1867—1958），一位柏林银行家之子，也同时开启这一生涯。

决定在大学学习艺术史，需要瓦尔堡做出相当大的牺牲。那时古代艺术史和现代艺术史仍被看作一个学科，没有拉丁文和希腊文的结业证书，任何学生都不会获准学习这样一种课程。因此，在正常年龄18岁离开实科中学后，他不得不在汉堡约翰内乌姆斯预备学校［Gelehrtenschule des Johanneums］又插班读了18个月，还要加上家庭辅导，以达到这些要求。经过这段较短的时间后，他设法通过了希腊文考试，这说明他的决定是有道理的。这位古典传统研究的先驱者本身并不是基础雄厚的古典学者，但是他清楚学识是什么。

然而，吸引住他的想象力的也许不是古典时代的文学文化，而是一个伦理与表达上的心理学问题，在德国文化中，这个问题传统上与一件著名的古物相联系。瓦尔堡过去常说，是他和他的老师奥斯卡·奥伦多夫［Oscar Ohlendorff］一起阅读莱辛的《拉奥孔》［*Laokoon*］（图版1）为他的思想指明了方向。那部批评经典所提出的理性问题的确与瓦尔堡的一生形影不离——诸如视觉图像的本质，和它在符号的等级系统中的正当功能之类的抽象问题，会持续引发他的兴趣。但是完全有可能是莱辛的论文的另一个主题说明了它令瓦尔堡入迷的原因。它是对在极端的感情状态下的痛苦、抑制和放弃的表
24 达的问题，它一定会打动一位神经质的、爱发脾气的年轻人的心。

人们会记得，莱辛主要关心这样一个问题，为什么维吉尔［Virgil］描写这位遭受苦难的祭司的惨痛的哀号是合理的，而雕塑家却只许他发出一声叹息。感情的过分的整个问题，古人所称的 *parenthyrsus*［情感错置］的整个问题，在莱辛的学说中充当着重要角色。这种极端的**情念**［pathos］在视觉艺术中永远不会合理，这正是因为视觉符号是静止的，只能暗示运动。在放弃这个限制时，绘画和雕塑就会越过它们的正当范围，即视觉美的范围。瓦尔堡从来没有完全放弃这个观点。他仍然被**情念**的问题，被剧烈的动作和姿势的问题深深吸引，但是他从未停止把艺术中的这些极端看作虚弱而非力量的征兆，看作道德衰退的标志。

第三章　最初的老师和学业（1886—1888） 25

文化心理学

瓦尔堡的童年和青少年时期没留下多少关于他的资料，但他20岁上了波恩大学之后，可供我们研究的原始资料就丰富起来。我们有他经常写给家里的书信，这些书信讲述了他的学业，他在狂欢节时的恶作剧，以及他拒绝遵守父亲仍然希望他继续遵守的饮食限制的情况。对我们了解他思想的形成更为重要的是，我们有瓦尔堡的听课笔记，那是他在所学的大部分课程中勤奋地记下来的，我们也有他的研讨班论文的简短笔记、草稿和正文。因此，对于那些对他的思想形成产生影响的因素，我们拥有非常完整的记载。的确，在对大量的材料进行筛选时，传记作者不得不使用他的事后认识。瓦尔堡并不是一次不落地聆听每一次讲授课程，也不能说他所研究的每一篇论文都给他留下了永久的印象。相反，那些只从其著作中了解瓦尔堡的人——在他的著作中他有时似乎对中世纪视而不见——会惊讶地看到他听过多少次关于德意志中世纪历史的讲座。他甚至在里特［Ritter］的指导下阅读过一篇关于亨利四世［Henry IV］建的城堡的研讨班论文。[①]

然而，集中谈一下来自瓦尔堡大学年代的那些主题和母题似乎是合情合理的，它们已成为他的思想体系的一部分。瓦尔堡不仅有很强的记忆力，他还喜欢抓住个人的观察和观念，并在笔记中反复推敲，直至他试验了它们在表达他自己的问题上的用途为止。如我们将看到的那样，他在自己的心灵中逐渐给它们附加意义，这种意义偶尔转变到这样的程度，他的思想变得难以解释了。在这种情况下，了解瓦尔堡的观念的来源就非常宝贵了。

26 我们有瓦尔堡致他父母的一封信，写于他到达波恩大学的最初几周。它表明了这位20岁的学子最初的兴奋，他听了过多的讲授课程，对一名年轻的讲师称他为“同僚”感到十分愉快：

我丝毫不想承担任何社会义务。我非常强烈地感到，如此之多的新的印象让我应接不暇（我现在也去听索德［Thode］的课，关于他以后再谈），因此我希望有完全属于自己的自由时间。索德是一个年纪轻轻、非常睿智博学的人，社会地位和经济地位非常优越……他十分高兴地发现，我和一个来自梅克伦

Mich aber sonst irgendwie in gesellschaftliche Pflichten einzulassen, habe ich absolut keine Lust. Ich bin durch die Unmasse neuer Eindrücke so angestrengt—ich höre nämlich jetzt auch bei Thode, über den ich Dir weiter unten berichten werde—dass ich meine freie Zeit ganz für mich haben will. Thode, ein junger, sehr kluger und gelehrter Mann, gesellschaftlich und pecuniär sehr gut von Haus aus ... freute sich sehr, in mir und einem

① 在1889年7月。

堡［Mecklenburg］的叫作布尔迈斯特［Burmeister］的年轻人如他所说是他的“同僚”，我的确希望发现他是我的专门学业的可靠向导。迄今为止，他在课堂上向我们讲授关于1800年前意大利绘画的内容非常精彩。我已经注册学习这门课程，因此不得不放弃了迈尔［Meyer］的哲学课。哲学我在乌泽纳的课程中学得已足够了。主讲艺术史的尤斯蒂教授的课程等我完成正常的文献学学业后下学期再学。因此每周我要上21小时的课，这无疑已足够了。

jungen Mecklenburger namens Burmeister, ‘Collegen’ wie er sich ausdrückte, zu finden und hoffe ich in der That an ihm eine sichere Einführung in mein spezielles Studium zu finden. Was er bis jetzt in seinem Colleg ‘die italienische Malerei bis 1800’ uns bot, ist vorzüglich. Ich habe sein Colleg belegt und dafür das philosophische von Meyer fallen lassen. Philosophie bekomme ich in dem Colleg von Usener genug. Professor Justi, den Haupt-Mann für Kunstgeschichte, werde ich im nächsten Semester hören, nachdem ich mich genauer mit eigentlich philologischen Studien beschäftigt habe. Somit habe ich die Woche 21 Stunden Colleg, was ganz gewiss genug ist.

（1886年11月11日）

然而，两周后他又报告说改变了主意：

我最近也注册了著名的尤斯蒂教授关于“尼德兰绘画”的课程，昨天第一次听了他的课，我非常喜欢他……

Ich habe letzthin auch eine Vorlesung des berühmten Professor Justi über ‘niederländische
Malerei’ belegt und habe ihn gestern zum ersten 27
Mal gehört; er gefällt mir sehr gut ...

（1886年11月25日）

在这些书信所提到的名字中，亨利·索德（1857—1920）的名字也许使瓦尔堡已发表的著作的研究者们感到惊奇。这位青年学生曾以某种赞许的态度注意到，这名讲师尽管仅比他年长九岁，却具有很高的社会威望［cachet］，不过到了后来，那种社会威望却使索德扮演了生活态度严肃的瓦尔堡不能赞许的角色。然而，索德在瓦尔堡思想形成过程中所起到的也许是催化剂的作用。因为瓦尔堡后来致力于研究的和他的图书馆所针对的那个问题，即古典时代持续不断的生命力的问题，完全可能是索德对文艺复兴的解释所引起的，索德就是以这种解释确立了自己的声望。瓦尔堡来波恩的两年前，索德出版了一部论阿西西的圣方济各［St. Francis of Assisi］和艺术复兴的早期阶段的书[1]，在书中他热情支持萨巴提埃［Sabatier］的论点，根据这个论点，是小兄弟会［fraticello］的启示把人们的心灵从纯粹的唯灵论的沉思转向对上帝的创造物的赞美。按照这种解释，太阳颂［cantico del sol］以其对自然和对美的接受成为文艺复兴的基本纲领。乔托［Giotto］的艺术正是通过这个新的态度得到了解释，艺术中新的写实主义的兴起随之也得到解释。在这种解释中显然没有古代对于渐露端倪的文艺复兴的影响的地位。如果瓦尔堡开始越来越执意地发问："古典时代的复兴的意义是什么？"那是因为这个意义必须根据新的理由来确立。

瓦尔堡对卡尔·尤斯蒂所教授的关于尼德兰绘画的课程做了听课笔记。从保存下来的这些笔记中，我们了解到这位"著名教授"

① 《阿西西的圣方济各和意大利文艺复兴艺术的起源》［*Franz von Assisi und die Anfänge der Kunst der Renaissance in Italien*］，柏林，1885年。

也持有他的年轻的讲师［Dozent］的观点。“现在我们知道，”据瓦尔堡的记载，他曾这样说，“意大利的艺术是独立存在的，几乎不需要古代……当例如帕拉迪奥［Palladio］把他的建筑式样建立在威特鲁威的正统观念的基础上时，”他继续说道，“那就是生命力衰退的征兆。”尤斯蒂说，当诸如杨·凡·艾克［Jan van Eyck］这样的艺术家只是由于他们是写实主义者的缘故而被描述为那场运动的“先驱者”时，“文艺复兴”这个词就完全被误用了。北方写实主义和意大利从古代借用的东西之间的确切关系是令瓦尔堡始终着迷的另一个问题。

不过，与索德不同，尤斯蒂（1832—1912）不是富有魅力的 28
人。身为教师，他一定相当冷漠；从瓦尔堡的笔记来看，他讲课枯燥乏味，拘泥于事实，只有在很少的情况下，他才表达一些个人见解，调剂一下气氛。但是身为一个人，他一定给人留下深刻的印象，瓦尔堡从未对他心怀不忠，甚至在他发现自己遭到冷落时亦然。

尤斯蒂是从古典文献学来到他的学科的。他以其绝佳的三卷本的温克尔曼传记（1866—1872）赢得了声誉。瓦尔堡来波恩时，他一定一直在监印他的最伟大的著作，即他关于委拉斯克斯［Velazquez］的内容广博的专著，出版于1888年。和前面的传记一样，此书以宏大的画面描述了它的主人公。在尤斯蒂看来，文化背景至少和中心人物一样重要。他是布克哈特的崇高传统中的文明史学者，但是在教学中他却似乎专注于传授学科内容与方法。在1887年的夏季学期，他开办了关于瓦萨里［Vasari］的研讨班，集中探讨了米开朗琪罗的生平，他的第三部伟大著作专门论述了这位艺术家。毫无疑问，瓦尔堡正是在这里最初对意大利研究有了了解，而尤斯蒂随后在1887年冬季的讲授课程使他了解了“美学，特别涉及视觉艺术”。

但是瓦尔堡对哲学问题的兴趣不是来自于这个学术上的概述。“哲学我在乌泽纳的课程中学得已足够了”，他曾经写道。我们也有他做的关于神话学的课程的听课笔记——对古典考古学感兴趣的学生听这样的课是很自然的。在伟大的赫尔曼·乌泽纳（1834—1905）发表的讲座中（图版2b），瓦尔堡首次接触了19世纪思想的那股强大的潮流，这股思潮试图把现代科学的研究结果应用于人文学科的主题。心理学和人类学似乎提供了研究古典著作的钥匙，希腊文明的研究者如果无视它，只能自己承担风险。

对年轻的瓦尔堡来说，在第一次聆听讲座时就听到乌泽纳否定对古典神话学“体系”的传统研究方法，这一定是激动人心的。神话学倒是对一个民族关于超自然现象的观念［Vorstellungen］的研究。神话的形成是一个心理学问题。人类的知识越是前进，神话就越是后退——“然而人类永远不能离开神话，因为神与人是不能比较的。作为对回答人类的令人苦恼的问题的一个贡献，它对于我们
29 的重要性正在于此。”因为神话仍然与我们同在。这再清楚不过地表明了人类的守旧的心灵。陈旧些的观念并不像穿破的衣服一样被简单地一抛了之，即使彼此非常对立的见解，人们也让其共立并存。在保萨尼阿斯［Pausanias］时代——乌泽纳提醒他的听众——食人的习俗在希腊的范围内犹存。

这种对于遗风、对于原始传统的顽固性的兴趣，是乌泽纳的讲座持久的主题之一。他喜欢提到一些古怪之事，诸如15和16世纪的

动物审判，或者在俄罗斯民间传说中附在名字上的迷信。古典著作的世界突然间被拓宽了，包含了对人的研究。乌泽纳的课程中有许多专门概括介绍神话学理论、神话作家和他们各种不同的解释，这个主题不仅对于瓦尔堡的生活，而且对于源出于他的那种学识传统仍然是非常重要的。但是在乌泽纳看来，对从新柏拉图主义者到浪漫主义者的较早时期的解释者们的讨论，只是对19世纪的理论家，对马克斯·米勒［Max Müller］、赫伯特·斯宾塞［Herbert Spencer］和泰勒的评论的准备。

意大利哲学家蒂托·维尼奥利［Tito Vignoli］曾做出种种尝试，要提出一种建立在联想主义心理学基础上的神话学理论。在把人们的注意力吸引到这些尝试上的时候，乌泽纳需要一种文化比较研究，这种比较研究建立在对词语和概念的历史研究的基础上。[①]他在一次讲座中专门论述了这种"宗教观念形态学"，即宗教生活中词语和概念的关系。因为乌泽纳所赞同的理论是建立在诸神源自他们的名字这一观念的基础上。任何鲜明的印象激起的情感会在一声呼喊中得到宣泄。这个经历一再重复就会导致它的命名。这个名字最初只不过是"一个未知主语的谓语"。乌泽纳心中想到的是诸如闪电或者雷等事件所造成的印象。他想象原始人用一种言辞对这些印象做出反应，而这种言辞一再重复，就成为表示闪电或者雷的词语。然而，对于原始的想象来说，这个词语描述了一种活动，需要一个行为者。宙斯［Zeus］最初只是"打雷的人"。

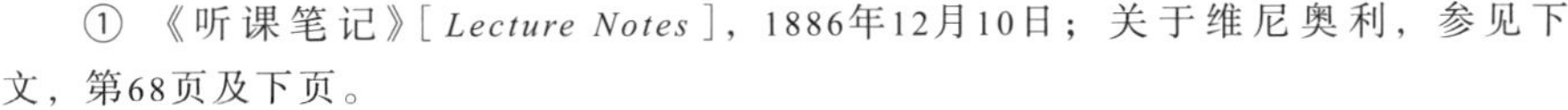

① 《听课笔记》［*Lecture Notes*］，1886年12月10日；关于维尼奥利，参见下文，第68页及下页。

乌泽纳的课程和后来的著作有很多都专门对诸神的名字和别称进行了详细研究，这种研究会充实这种进化论的理论。但是在瓦尔堡的心中留下的是这样一种形象，原始人通过想象种种原因而对那
30 些鲜明的印象做出反应。神话思维证明，感觉印象在原始人中占支配地位，“我们的感觉印象越是变得微弱，我们的逻辑思维就越是占优势”（In dem Masse als die Sinneseindrücke schwächer werden, gewinnt unser logisches Denken die Oberhand），他于1887年3月3日写道。在对历史的这种理解中，理智必须压制人对环境的直接反应。逻辑是抑制的结果，正如莱辛的体系中美的获得是抑制的结果一样。

瓦尔堡在1886—1887年的冬季学期从乌泽纳的讲座中得到的印象，在随后的1887年夏季他听卡尔·兰普雷希特［Karl Lamprecht］（1856—1915）的讲座时无疑得到加强。因为兰普雷希特比起乌泽纳来更是用现代“科学”方法研究人文学科的提倡者。①他不像乌泽纳那样思想敏锐，学识渊博，而是对方法问题感到强烈的兴趣。他有意地打算在史学家中引起不安，让他们深刻地认识到，他们的结论所根据的不言而喻的假定是可疑的。

令人遗憾的是，他的客观性有时被他的党派观念所损害，传统的历史学家不难指出他的雄心勃勃的《德意志史》［*German History*］中的谬误和疏漏之处。当瓦尔堡听他的讲座时，这部书尚未撰写，辩论才刚刚开始。但是从瓦尔堡的听课笔记可以清楚地看到，兰普雷希特的理论观点的主要原则已经充分地提出。它们也许不像兰普

① 关于最近用英语对兰普雷希特所做的记述，参见卡尔·J.温特劳布［Karl J. Weintraub］，《文化的视野》［*Visions of Culture*］，芝加哥，1996年，第161—207页。

雷希特想象的那样富有独创性，但是已足以激励这位青年学子深思基本的历史问题。

简言之，兰普雷希特的“新的”历史就相当于把黑格尔的历史体系翻译为心理学术语的尝试。黑格尔［Hegel］的“客观精神”［objective spirit］——我们在历史中正在看到它向着意识前进——因此成为个人心灵中心理变化的结果。兰普雷希特把他的方法称作“科学社会心理学”的方法。将要负载这座大厦的那种心理学是19世纪初赫尔巴特［Herbart］发展的联想主义的变体。它是对洛克［Locke］和孔狄亚克［Condillac］的观念的改进，但是它仍坚持认为感觉印象是第一位的。按照这个观点，心灵就是一块*tabula rasa*［白板］，感觉正在上面书写它们的故事。心理学的问题就是根据
这个理论来解释思维的、记忆的、语言的和艺术的特色。感觉印象 31
在我们的意识中留下一个残余物，它可以在或多或少稳定的观念或Vorstellungen中，与其他这样的残余物结合起来。但是，在它那狭隘的范围中，意识容纳不下许多这样的观念或者图像。更生动或者更强烈的观念或图像会把更微弱的痕迹推挤到意识阈之外，它们将在那里等待它们的线索，直至某个联想链再次把它们拉入有意识的心灵之中。赫尔巴特认为，也许能够得出这些推挤的实体的纯粹机械的模型，它会经得起数学处理的检验。那时我们就会知道为什么一个观念或者图像强大到足以驱逐两个或三个竞争的观念或者图像。

尽管这个理论今天读起来也许很怪异，却值得回忆一下，西格蒙德·弗洛伊德的早期术语有许多仍然针对这个模型。①

① M.多雷尔［M. Dorer］,《精神分析的历史根据》［*Historische Grundlagen der Psychoanalyse*］，莱比锡，1932年。

Verdrängung（有些不准确地译为“压抑”[repression]）的观念，cathexis[贯注] 的观念，表示注入一种特定观念，最后还有“情结”[complex] 一词本身，都表明了这个由来。

简言之，兰普雷希特所希望的是使用这个模型来解释文化变迁。他看到在日益增多的分工和社会结构变化所造成的逐渐分化中，引起个体心灵变化的动力学原理。和孔德 [Comte] 一样，兰普雷希特相信在人类文明兴起的过程中存在着意识的典型时期或者阶段。在德意志的历史中，他观察到五个这样的阶段，每个阶段都代表一个“占支配地位的”心理学态度。第一个阶段他称之为“象征的”[symbolic]。它是我们习惯于描述为“原始的”[primitive] 或者“魔法的”[magic] 那种心性。人在这个阶段没有意识到他与部落不同的个人特征。思维通过类比而非通过推论的理性 [discursive reasoning] 来进行。神话与仪式、语言与艺术、法律与宗教还不是单独的实体，而仍然是同时出现的。

> 没有一首诗不是伴有示意的动作即身体的适当姿态，以及对语言的音乐加工；没有一种庄严的行动不是采用富有诗意的音乐的形式；没有一种视觉艺术的创作不回荡着语言、音乐和身体表达的母题……对那个时代来说……世界不是观念和思想的问题，而是直接印象的问题……必须从心理上解决的生活问题无论是什么，它们都没有用概念准确地说明，或用命题加以
> 32 限定。相反，它们被直接地复制下来，它们的意义被那些以象征形式反映了它们的外貌的心理官能所领会……因而直觉和思

想仍然一致，所有的精神生活和文化都具有象征性。①

在兰普雷希特看来，原始心灵的这种“象征主义”是这一时期的基本原理。一旦领会了它的本质，早期德意志文明的一切方面就很容易地归入一种模式。推理的形式，法律的程序，宗教、语言、艺术和风俗的种种表现形式，都可以归到“象征的”这个词之下。

在由这种原始心性向文艺复兴时期的个人主义和近代的“主观主义”的进化过程中，兰普雷希特认为他可以辨别出两个过渡阶段。他把象征主义之后的一个时期描述为类型主义［Typismus］，把另一个时期描述为程式主义［Konventionalismus］。类型主义是随着古代日耳曼部落制的崩溃和罗马文明的影响而出现的心性，个人在罗马文明中缓慢地从群体中脱颖而出，它是迁徙和骑士制度兴起之间的时期。骑士制度和早期城市文化被描述为程式［conventions］的时期。人不再是一个类型，但还不是真正的个人。一切事物——

① 《现代史学》［*Moderne Geschichtswissenschaft*］，布赖斯高地区弗赖堡，1905年，第23页及下页：Kein Gedicht, das nicht von Gestikulationen und plastisch malerischer Haltung des Körpers wie von musikalischer Behandlung der Sprache begleitet wäre; keine feierliche Handlung, die nicht poetisch-musikalische Formen angenommen hätte; keine Schöpfung der bildenden Kunst, in der nicht mimische Motive und in ihnen Motive zugleich der Sprache und Tongebung angeklungen hätten ... Diesem Zeitalter ... war die Welt noch nicht etwas Vorgestelltes oder Gedachtes, sondern etwas schlechthin Angeschautes ... welche wichtige Angelegenheit des Lebens es auch seelisch zu bewältigen galt, sie wurde nicht mit Begriffen umschrieben und in Urteile eingeschnürt: sie wurde als solche anschaulich reproduziert, ihrem Sinne nach noch einmal gleichsam in seelischen Funktionen, die ihr Äusseres im Sinnbild wiedergaben, wiederholt ... so fielen Anschauung und Denken noch zusammen; und die geistige Kultur, das Seelenleben der Zeit verlief symbolisch。

从社会行为和典雅爱情，到绘画艺术和军事学——都受到严格的习俗准则的支配。按兰普雷希特所说，其最大的特点莫过于这个时期对肖像毫无所知。肖像是个人主义的标志，是文艺复兴的理性主义的标志，这种理性主义的影响一直持续到18世纪，被迄今为止的最后阶段所取代，即浪漫主义运动的主观主义，兰普雷希特在对世纪末“神经病”的生动分析中描述了它的种种征兆。

33 这是兰普雷希特用他的十二卷《德意志史》所填充的框架。在他看来，这样界定的“时期”是集体心理的事实。因此他相信，在纯粹归纳的基础上可以描绘出它们的特征，而在纯粹归纳的基础上，即指对无数的生活表现形式进行“统计”分析，这种分析会表明在经济生产、法律契约、政治制度、哲学推论和艺术创作的种种形式背后，有一个同样形式的心性在起支配作用。但是，他也认为自己发现了对他的那些时期做出判断的捷径，这个捷径使得为统计调查进行的巨大劳动变得毫无必要。倘若一个时期的一切表现形式的确都是由同一个原理所支配，那么对其中每一种单独的表现形式重复进行这种分析显然是多余的。选取统计学家所称的典型样本，找出一些可比单位，以使描述各个时期的特征的任务变得容易得多，这就足够了。兰普雷希特认为他发现了一个非常适合于这种省时样本的领域，这就是艺术的领域。在视觉艺术中，人对外部世界的态度具体化为简单的图像，人们可以把它们并置，轻而易举地进行比较。还有什么能比对人的尝试描绘周围世界的这些记录更清楚地表明一个时期的心性呢？因此，艺术是特定时期的心理特质的最重要的指示物，对它的基本原理的理解一定把我们径直导向时代的中心和核心。一旦我们拥有了这把钥匙，我们就会理解它的诗歌、它的政体和它的生产方式，因为所有这些活动背后的基本心性一定是相同的。

兰普雷希特的这个学说并不是凭空创造的。我们发现，它是19世纪在黑格尔的历史概念和对往昔艺术的富有浪漫色彩的兴趣的影响下逐渐出现的。兰普雷希特之前的许多史学家已通过研究一个时期的艺术得出了一个时期的直觉的图景，相当多的人曾试图以心理上的推理加强这一直觉。[①]法国的丹纳和德国的施纳泽［Schnaase］强调艺术的文献价值。然而，兰普雷希特尤其感到得益于雅各布·布克哈特，19世纪末布克哈特的高大形象支配着德意志的文明史编史工作。

兰普雷希特的方法的特色与其说是把艺术看作“时代表现”而
予以重视，不如说是他为做出判断而选择的材料的类型。他不像其 34
他史学家那样，专注于伟大艺术的作品，而是选择简单的和似乎次要的作品进行分析。他对中世纪早期首字母的研究[②]——他发表的最初著作之一——仍然是他的方法的典型。这些首字母为他充当了黑暗时代的“象征性”心性和古典形式的影响的例子；黑暗时代的艺术是纯粹装饰性的，而古典形式的影响导致了下一个阶段的“类型主义”。在这种对往昔的一切绘画遗迹作为征兆的价值的估价上，瓦尔堡终生都是兰普雷希特的追随者。兰普雷希特对于从一个时期向另一个时期过渡的问题的兴趣也给他留下了深刻的印象。

从兰普雷希特的心理学观点看，推动一个民族从一个“时期”

① 参见我的讲稿《寻求文化史》，牛津，1969年。

② 《八至十三世纪的首字母装饰》［*Initial-Ornamentik des VIII.–XIII. Jahrhunderts*］，莱比锡，1882年。

前进到下一个时期的进化的实际力量是决定性的问题。他提出的答案不无矛盾，但是它显然表明他试图避开一切形而上学的概念。他的理论主要是社会学的。他论述说，社会变革——这种社会变革无论是由经济的发展还是政治的发展所引起——使新的刺激物纷纷涌入，而它们不再能够被旧的、通常的一组组相联系的观念所同化。这就导致了“分裂”，打破了心理平衡，产生了危机感，直至一种新的观念能够充当“占支配地位的”结晶点。新的时期在更高的变异水平上达到平衡。在这个方面，兰普雷希特采用了“心理范围”[seelische Weite] 的观念，它对于瓦尔堡仍然是同样重要的。

兰普雷希特也把这个心理范围称作“功能范围”[Funktionsweite]，认为意识的范围越大，它所能包含的对比就会越大 (die Funktionsweite ist von der Bewusstseinsweite abhängig)。正是过渡时期的性质使心理范围得到拓宽，但是把历史严格地划分为完整的时期也提出了连续性、传统的意义和跨文化影响的重要性的问题。

兰普雷希特意识到了这些相冲突的原理，他认为界定它们的重要性是未来研究的主要任务。因而他相信能够在文化的进化中辨别出生活的各个不同方面的确切差异。在他看来，经济形式相
35 对来说严格一些，法律形式更容易被同化，艺术以种种应用美术 [Kleinkunst] 的形式更容易迁移，诗歌还要更容易，而思想体系没有边界。对于文化形式、对于复兴的全盘接受的问题与这样一个问题息息相关：

> ……此刻出现了多少个非常重要的问题：难道每一个文

化时代都真的能够经历任何其他文化时代，或者那些时代的个别潮流的复兴吗？难道这些复兴不会是要么强大要么夭折吗？……换言之，濒临消亡的文明和新兴的文明仍可相容的心理范围是什么？但是倘若一种特定的文化得到复兴，它所包含的思想过程和心理过程是什么？①

因此，兰普雷希特十分需要一种"关于各种不同的同化形式的完整的理论"(eine ganze Lehre von den Formen der Rezeption)。它不必局限于种种复兴本身。

……也许它必须做出更大的努力，研究一下文化水准相当的民族开始它们相互的文化产物的密切而连续的交流时所出现的那些特殊的同化形式……②

这些话是瓦尔堡将这些问题作为他的研究纲领的一部分的很久以后所写的。然而，毋庸置疑，甚至在瓦尔堡作为学生聆听他的

① 《历史思维导论》[*Einführung in das historische Denken*]，莱比锡，1912年，第161页：... wie viele Fragen von ausserordentlicher Bedeutung drängen sich hier auf! Ist jedes Kulturzeitalter wirklich fähig, Renaissance irgend eines anderen Kulturzeitalters oder einzelner Strömungen aus diesem Zeitalter zu erleben? Gibt es nicht von vornherein neben kräftigen auch totgeborene Renaissancen? ... Welches ist mit anderen Worten die psychische Weite, innerhalb deren sich untergegangene und aufgehende Kulturen noch als kompatibel erweisen? Wenn aber die fragliche Kultur aufgenommen wird, unter welch geistigen und seelischen Vorgängen geschieht das?

② 《历史思维导论》，莱比锡，1912年，第162页：... sie müsste sich vielleicht mit noch mehr Anstrengung jenen besonderen Formen der Rezeption zuwenden, die sich dann einfinden, wenn Völker verhältnismässig gleicher Kulturhöhe in einen engen, ständig fortlaufenden Zusammenhang des Austausches gegenseitiger Kulturgüter eintreten ...

讲座时，这些话就以初期的形式出现于兰普雷希特的观点中。瓦尔堡在波恩大学一年级的第二学期就曾就教于兰普雷希特，那时这位史学家在讲授莱因兰［Rhineland］的艺术史，瓦尔堡听到他强调哥特艺术的“乏味的”和“因袭的”方面。下一个学年，他又重新上
36 “中世纪德意志文化史”[①]的主课，兰普雷希特在课上勾画了他关于建立在实验心理学基础上的文化史的希望。他的观点的弱点和优点在瓦尔堡的听课笔记中都可以清楚地看出；我们在诸如此类的简洁陈述中发现了那种相当枯燥乏味的系统表达，它曾一度给这位学生留下极深的印象：

理解与感觉：	Verstand und Gefühl:
感觉	Das Gefühl bemächtigt sich
1. 凭借艺术把握外部世界；	1. Der Aussenwelt durch die Kunst
2. 凭借宗教把握内部世界。	2. Der Innenwelt durch die Religion
理解	Der Verstand bemächtigt sich
1. 凭借科学把握外部世界；	1. Der Aussenwelt in der Wissenschaft
2. 凭借哲学把握内部世界。	2. Des Innenlebens in der Philosophie.

（1887 年 11 月 10 日）

但是我们也发现对于文化生活某些方面的强烈好奇，在其他情

① 《中世纪德意志文化的基本特征》[“Grundzüge der deutschen Kultur im Mittelalter”]，W. S. 1887—1888年。

况下，这些方面往往被人们忽略；关于象征主义，关于宗教仪式，法律惯例和民间习俗，为家庭生活中的事件——出生、婚姻、死亡——而举行的礼仪活动的作用，关于权力象征符号的逐渐衰退，以及关于姿势研究的重要性的讲座。

毫无疑问，瓦尔堡是从兰普雷希特那里学会了关注姿势与艺术间的联系。因为我们在这些关于文化史的讲座的笔记中可以看到，兰普雷希特详细论述了早期中世纪艺术的象形文字式的象征主义和后来的风格的表现性的区分。我们读到，正是在1100和1300年之间的时期，艺术克服了对出自行动的人物之口的写有文字的纸卷的需要。现在，姿势、面部表情、“激情语言”处于突出地位。

但是，由于同样偏爱写实主义的图解，兰普雷希特也强调了哥特艺术在多大程度上仍然被“程式”所支配。只有在下一个时期，即我们称作文艺复兴的个人主义的时期，才在支配外部世界上取得了进步。在谈到丢勒［Dürer］著名的野兔画稿时，我们在瓦尔堡的笔记中发现他说道：“丢勒，最早恰当地这样做的人。”（Dürer, der erste, der’s ordentlich macht.）[1]同时，兰普雷希特赞扬了丢勒描绘亚当 37
和夏娃的版画中使用的理想主义手法。他在任何地方都未怀疑过美和逼真的双重标准。

然而，没有迹象表明瓦尔堡在那时反对他老师的观点。相反，如果说有一个人可以被称作瓦尔堡真正的老师，那就是兰普雷希特。对心理学的兴趣，广泛的进化论的观点，无偏见地看待和研究一切文化表现形式并把艺术和人工制品归入其中的决定，对过渡时

---

① 《笔记》［*Notes*］，第39页。

期的兴趣，因为它们能使我们对进步的心理动力学有所了解——凡此种种（如我们将看到的那样），一直与瓦尔堡相伴。他与这位仅年长他十岁的热情的改革者的关系相对来说一定更密切一些。瓦尔堡在那里度过第三个学期后离开波恩时，在日记中写道，他在拜访尤斯蒂向他道别之前，去找兰普雷希特一起散步。

考古学与艺术史

在他的头三个学期，一些对他的性格形成产生作用的影响，塑造了这名学生的思想观念。回顾一下这些影响，乌泽纳和兰普雷希特的理论偏见，被瓦尔堡的艺术史教授卡尔·尤斯蒂和他的老师、古典考古学教授职位的持有者凯库勒·冯·斯特拉多尼茨［Kekule von Stradonitz］学术上的保守性抵消了一些，看来还是幸运的。瓦尔堡正是在考古学研讨班中受到了最初的独立工作的训练。依照德国的传统，凯库勒指定他撰写论文，第一篇是在第二学期的期末，第二篇是在随后的1888年的冬季学期的期末。我们拥有瓦尔堡为撰写所有这些年轻时的作品［juvenilia］而做的笔记，尽管无须十分重视它们，但是，我们从中发现了一些连续性的元素，这仍然是引人入胜的，这些连续性的元素把瓦尔堡的第一篇论文与他后来长久思考的事情联系起来。它探讨的是，拉皮泰族人［Lapiths］和半人半马怪［Centaurs］间的战斗这一主题，从奥林匹亚的三角墙上的描绘到帕特农神庙排档间饰上的描绘的进化。人们会认为是瓦尔堡选择了这项任务，因为这个主题显然打动了一名凭借莱辛的《拉奥

孔》开始研究考古学的学生的心弦。我们发现，他在赞美提塞翁神庙［Theseion］上的一个半人半马怪抓住他的捕获物时的那股“野兽般的力量”（图版2c）：

半人半马怪牢牢夹紧其受害者的那股野兽般的力量和那种至死也无法抑制的野蛮欲望，被描绘得极为出色……然而这种风格却缺乏那种最佳的事物：美。因为这些群像并不美。如果人们在谈论它们时说，它们表现了充满激情的动作而不失清晰性，这就是人们能够做出的最高赞扬……一个特别具有吸引力的特征是第3组的衣饰，它翩然飘扬，仿佛处于激昂而兴奋中……在奥林匹亚，一种粗糙的古风艺术试图使它的更生动然而却丑陋的形象适应三角墙的局限。

Die tierische Kraft, mit welcher der 38
Centaur sein Opfer umklammert, und dessen wilde Begehrlichkeit, die selbst der nahende Tod nicht dämpfen kann, ist vortrefflich wiedergegeben ... Und doch das beste fehlt dieser Formenwelt: die Schönheit. Denn schön sind diese Gruppen nicht: wenn man von denselben sagt, sie seien leidenschaftlich bewegt ohne dabei undeutlich zu werden, so hat man ihr grösstes Lob gesprochen ... Besonders hübsch verwendet ist das Gewand; auf Gruppe 3 flattert es gleichsam leidenschaftlich erregt ... In Olympia bemüht sich eine rohe archaische Kunst ihre lebendigeren aber unschönen Gestalten den Bedingungen des Giebels anzupassen ...

（《论对半人半马怪之战的描绘》
［“Über die Darstellung des Centaurenkampfes”］
……波恩，1887年7月26日）

我们从瓦尔堡致他母亲的一封信中获悉，他下了三周的功夫来准备这篇论文，每天工作四至五个小时，他得到了老师的赞许，因此感到心满意足。甚至尽管他的同学们在这种时候极力想炫耀一下自己的批评能力，也声称对瓦尔堡的新颖解释感到满意。“好啦，我已经完成了要求学徒做的工作，现在我觉得自己已经是行会的合法会员了。”（Na, mein Gesellenstück habe ich gemacht und fühle mich als legitimes Mitglied der Zunft.）（1887年7月26日）

在他写于下一个学期的第二篇研讨班论文中，瓦尔堡被要求探讨两幅表现海战的浮雕的问题，他的笔记证明，他曾遍查相关文献和关于海战的文章。后来他将这种考古学的技巧卓有成效地应用于对文艺复兴时期的艺术品的讨论中。

慕尼黑，佛罗伦萨，与离开波恩

1888年复活节的假期过后，瓦尔堡没有立刻回波恩。他反而
39 去了慕尼黑上短暂的夏季学期。那里的艺术史教授职位的任职者是A.里尔［A. Riehl］，瓦尔堡只是断断续续地去听他关于文艺复兴艺术的讲座。里尔的观点也是一位文化史家的观点，但是他几乎提供不了多少东西。此外，还有关于德意志中世纪史和伊特鲁里亚艺术的讲座，但是真正对瓦尔堡和他的两个朋友（厄尔曼［Ulmann］和布尔迈斯特）具有吸引力的不是大学的课程，甚至也不是永久性的藏品，尽管这些藏品十分出色，而是一次关于当代绘画的重要展览，如瓦尔堡在致他母亲的一封信中所说，通过展览，“人们学到的东西比从六七名教授那里学到的还要多”（Durch

die Gemäldeausstellung hier lernt man mehr als durch ein halbes Dutzend Professoren)（1888年6月8日）[①]。

书信以及瓦尔堡那时开始系统地收集的一些笔记，反映了这次现代艺术的展示对这位年轻艺术史家产生的影响。在致父亲的一封信中他提醒父亲，他们一起看到的美的事物："乌德［Uhde］，李卜曼［Liebermann］。"（1888年7月2日）是这些大师以及与之相似的大师们的新颖而大胆的写实主义风格（图版3b），贫困与疾病主题的社会特征，对与美的程式和陈腐题材相妥协的拒绝态度，给瓦尔堡留下了深刻的印象。我们第一次在他的书信中发现那种对自鸣得意的有产阶级的享乐主义深恶痛绝的语气，而这种语气经常再次出现在他的著述中。

遗憾的是，所谓"有教养"的人看待艺术，仿佛它是一片美丽的鲜花盛开的草地，他们希望傍晚安静地漫步其上，享受那美妙的芳香；因此，他们人人都声称有权对艺术尽情地大发议论（当然有一个限制条件，即他不是专家）："这是艺术的职责"，"啊，那些写实主义的画

Da nun aber leider die Kunst von den sogenannten Gebildeten nur wie eine schöne, blumige Wiese angesehen wird, worauf man sich des Abends lustig herumtummelt und schweigend den herrlichen Duft athmet, meint jetzt noch jeder auf dem Gebiete der Kunst (natürlich mit dem Vorbehalt 'er sei zwar Laie') raisonnieren zu dürfen nach Herzenslust: 'die Kunst soll', 'Oh, dieser Realismus!', 'Können

① 参照路德维希·皮奇［Ludwig Pietsch］所撰写的纪念性著作，《慕尼黑周年纪念艺术展上的绘画》［*Die Malerei auf der Münchener Jubiläums-Kunst-Ausstellung*］，慕尼黑，1888年。

家们!”,“你觉得那很美吗?”尤
其是最后这个问题我听着那样顺
耳。它使我想起一个孩子,在这
个世界上除了可食之物和不可
食之物的区分外不知道别的区
分,而只有前者才能让他喜爱与
40 渴望……我们更年轻的一代希望
尝试推进艺术科学长足发展,以
至凡是当众谈论艺术而没有专门
地、深入地研究过这门科学的
人,都应当被看作是滑稽可笑
的,正如不是医生却敢于谈论医
学一样……

Sie *das* schön finden?’ Besonders letztere Frage hat für mich einen sehr lieblichen Klang: Es kommt mir das immer so vor, als ob ein Kind in der Welt nur zwischen Essbarem und Nichtessbarem unterscheidet und nur nach dem ersteren liebevolle Sehnsucht empfindet ... Wir junge Generation von Kunstforschern wollen die Kunstwissenschaft so weit zu bringen versuchen, dass der, der über Kunst öffentlich redet, ohne sich eigens in sie vertieft zu haben, als ebenso lächerlich gelten soll wie Leute, die sich über Medizin zu reden getrauen, ohne Doctoren zu sein ...

(1888年8月3日)

在写于慕尼黑的更早的一封信中,瓦尔堡也告知他的父母,他通过布尔迈斯特得到了一次“绝佳的机会”,要在佛罗伦萨随布雷斯劳大学[Breslau]的艺术史教授奥古斯特·施马尔索[August Schmarsow]度过一个学期。10月底,他与布尔迈斯特、厄尔曼、弗里德兰德等人赴佛罗伦萨参加一项非常有趣的实验。在那个时期,布雷斯劳大学的艺术史学者奥古斯特·施马尔索(1853—1936)正在为仿照罗马的德国考古研究院在佛罗伦萨建立一所德国艺术史研究院而努力。为证明这样一项事业可取而又可行,他于1889年秋从各个不同的大学召集了八名学生办了几次关于马萨乔

［Masaccio］和意大利雕塑的研讨班。瓦尔堡正式加入了这批人之中——他必须向亨利·索德证明他走的这一步（如他的通信所表明的那样）是正确的。

瓦尔堡发现，施马尔索是另一位卷入了新心理主义浪潮的教师。他不是一名思维清晰的思想家，而是一名深刻意识到理论问题的相关性的思想家。在他关于建筑的研究中，他思索了空间知觉和我们的移情作用的倾向。他在关于绘画的研究中十分关心姿势与表情的问题。施马尔索首先是进化论者。像乌泽纳和兰普雷希特一样，他喜欢思索事物的起源。约二十年后他将在一篇论文中阐述他的进化论美学，这篇论文显然令人想起瓦尔堡对这个主题的早期思索。[1]施马尔索与瓦尔堡一同工作时有过几次谈话，人们完全可以设想，这些观念在这些谈话中已经初露端倪。

施马尔索把艺术界定为“eine schöpferische Auseinandersetzung des
Menschen mit der Welt, in die er gestellt ist”（人通过他的创造与他 41
所在的世界相妥协的尝试）。他试图在艺术中用纯粹*a priori*［先验的］结构得出各种不同的艺术活动的遗传谱系。由于词语是姿势和声音的综合，这两个元素一定都先于语言；由于图像是种种客体和空间的“抽象”，这些元素又一定比图像历史悠久，而图像的性质和词语一样是派生的。因此，最原始的艺术活动是“哑剧”［Mimik］和“雕塑”［Plastik］，建筑和音乐是在对空间与时间的征服中进一步向前迈出的一步。“哑剧”是最原始的。在它

① 《艺术科学与民族心理学》［“Kunstwissenschaft und Völkerpsychologie”］，《美学杂志》［*Zeitschrift für Ästhetik*］，第2卷，1907年，第318页。

的起源中，姿势与动作仍然是一回事，“在实际场合中，身体的任何动作同时是无意的表现性动作”（Ist doch jede Körperbewegung bei praktischer Tätigkeit zugleich unwillkürliche Ausdrucksbewegung）。最初作为交际手段的姿势属于一个次要的阶段。在讨论威廉·冯特［Wilhelm Wundt］的被广泛阅读的《民族心理学》［*Völkerpsychologie*］中对这个主题的论述时，施马尔索继续说道：

> 用手来指的姿势在我们看来是有创造性的表现性动作的终结……它是与物质客体的直接关系的最后阶段，是对直接接触的放弃。“从遗传学上看，它只不过是降低到单纯暗示后的抓的动作”［冯特］。但是这种对接触的放弃因此也意味着把世界看作遥远的图像而对其进行单纯的视觉领悟的开端。①

施马尔索强调说，情感反应越是原始，整个身体就越会参与到表现性动作中。用施马尔索的学究式的语言说就是：“下肢毫无隐秘目的的动作，在地上跺脚而不前进，是强烈情感的表现。”（Die Bewegung der unteren Extremitäten ohne weiteren Zweck, ein Stampfen des Bodens am Orte, ist Intensitätsäusserung seines Affekts.）（第320页）

---

① 《艺术科学与民族心理学》，同前，第319页：Für uns hört mit der hinweisenden Gebärde das Gebiet der schöpferischen Ausdrucksbewegung ... auf; es ist die letzte Stufe der unmittelbaren Beziehung zu den materiellen Dingen, der Verzicht auf deren unmittelbare Berührung. “Sie ist genetisch betrachtet nichts anderes als die bis zur Andeutung abgeschwächte Greifbewegung”. Diese Resignation des Tastverfahrens bezeichnet deshalb anderseits die Anfangsgrenze der ausschliesslich optischen Auffassung, des Fernbildes der Aussenwelt。

随着人的进化，人的表情对身体的影响越来越小，最终只限于 42
面部肌肉。人在世界上的定向，有一个类似的整个范围，从最初的抓住一个客体的动作延伸到纯粹沉思的抑制状态：

> 由于视觉刺激和声学刺激是在一定距离外起作用的……它们向我们提供了这样一种可能：退出与客体及其影响的直接接触，观察物质世界却忽视种种细节。仅此即可引发精神活动的高级过程。
>
> 我们关于客体的观念的起源无疑必须在触觉领域中寻找……在其最高尚的形式中，它上升为我们的面部动作，而其最基本的效能则降低为运动的手段，以奔跑或者舞蹈的强化形式，它将具体的信息充分地传达给原始的心灵。[1]

---

① 《艺术科学与民族心理学》，同前，第321页：Die Fernwirkung optischer und akustischer Reize wird ... zur Möglichkeit, uns aus der unmittelbaren Berührung mit den Dingen auf Druck und Stoss zurückzuziehen, die Körperwelt zu überblicken und uns über das Einzelne hinwegzusetzen. Da erst eröffnet sich die überlegene Vorstellungsarbeit vollauf.

Der Ursprung der Gegenstandsvorstellungen muss unbedingt in der Tastregion gesucht werden ... wie ihr abgeklärtes Wesen nach oben im Mienenspiel, reicht ihr elementarstes Wirken auch hinunter in die Gehwerkzeuge und in die Ortsbewegungen, die zum Lauf, zum Tanz gesteigert, dem naiven Menschen schon konkreten Inhalt genug vermitteln。

第四章　关于波蒂切利的学位论文（1888—1891） 43

这种对姿势和动作的兴趣，与施马尔索在此论及的原始心性和剧烈的身体表现之间的联系，成为瓦尔堡的思想体系中的决定性元素。它们决定了他对一篇论文的主题的选择，从而决定了他的整个的未来研究方向。正是在佛罗伦萨，在施马尔索的指导下，他无意中发现了那个他将把毕生工作和图书馆贡献给它的问题——古典时代所充当的角色的问题，对这个问题索德和尤斯蒂曾表示怀疑。

由于有大量文献，我们几乎可以逐步地追溯这个问题在他的心灵中出现的过程。瓦尔堡和同事们一起被施马尔索指派了这样一项工作，研究佛罗伦萨艺术史的那个众所周知的难题——布兰卡奇礼拜堂［Brancacci Chapel］中马索利诺［Masolino］和马萨乔的关系。瓦尔堡显然得到他的老师耐心而仔细的指导，列出个别的湿壁画中所有的代表了革新的特征。他尤其注意在对动作和面部表情的描绘上所做的改进，因为他是由瓦萨里对佛罗伦萨绘画史的解释着手的，瓦萨里认为，佛罗伦萨的绘画史是朝向掌握自然主义描绘的稳步前进。但是，尽管这种方法对于这位马萨乔的研究者会富有成效，指定给瓦尔堡的另一项工作却一定显露出了这种方法的局限——他要讨论佛罗伦萨雕塑中的浮雕风格。在浮雕中，自然主义的标准不足以说明观察到的变化。15世纪的大师们的浮雕风格绝非明显的自然主义风格，而是表现出对装饰性的花饰和装潢上的安排的乐趣，而这些与对自然外貌的研究无关（图版4a）。显然，这些手法主义作品中——因为它们给这名年轻学生的印象就是如此——有一些与古典浮雕中的相差不大。希腊的一些描绘激战的半人半马怪的作品中表现了飘扬的衣饰。如我们所记得的那样，在他一年级
44 的研讨班论文中，他曾对这些衣饰所具有的表现力感兴趣。此时在佛罗伦萨，这个细节越来越重要。因为佛罗伦萨艺术家的这样一种倾向——沉湎于对衣饰的运动进行夸张，不仅似乎与日益忠实于自然的和单线进步的教条相抵触，而且似乎与那篇关于希腊美学的论著——莱辛的《拉奥孔》——的结果相冲突，这篇论著曾经是瓦尔堡的起点。难道莱辛没有明确地说雕塑的领域——不同于诗——是表现静态母题吗？诗在时间中持续，因此能够描写变化与瞬间；视觉符号永远是固定的，因此只适于表现相对静止的事物。温克尔曼在希腊雕塑中观察到的“静穆的伟大”是归因于雕塑的法则而非归因于希腊趣味的法则。但是，瓦尔堡越是在佛罗伦萨察看，他受人钦佩的导师的这个结论就越显得可疑。

在那个时期，不仅雕塑，而且绘画似乎都一心一意要表现瞬间。诸如菲利皮诺·利皮［Filippino Lippi］和波蒂切利［Botticelli］等艺术家都显示出表现飘扬的面纱和衣着的手法主义风格（图版4b），因此驳斥了前拉斐尔派画家关于这些15世纪的大师只是一心要极度精确地描绘现实的解释。前拉斐尔派画家及其设想在这个上下文中举足轻重，因为瓦尔堡发展了他自己的15世纪的概念，这也与他们的解释相抵触。19世纪80年代末来到佛罗伦萨的普通旅游者仍然被

拉斯金所迷住。具有科学头脑的年轻的一代的艺术史学者却抵制这种审美观。

几乎确定无疑的是，瓦尔堡是在一位年轻的艺术家的鼓励下探索这个问题的，这名年轻的艺术家是在他抵达佛罗伦萨一个月后遇到的，后来成为了他的妻子，她就是玛丽·赫兹［Mary Hertz］。他在12月8日致母亲的一封信中，提到了他带这位来自汉堡的年轻艺术家参观各美术馆时所感到的愉悦，因为她“表现出相当强的天然理解力”。12月12日，他又写道：“赫兹小姐是一位出色的画家，她对一切艺术品都有单纯然而深厚的惊人的兴趣，以至我真的喜欢当一名讲解导游，而你知道，在其他情况下我对这个职业并不感兴趣。”（Frl. Hertz, die vortrefflich malt, hat so erstaunlich viel einfaches und dabei tiefgehendes Interesse für alles was Kunst heisst, dass ich das Fremdenführen wirklich mit Freude besorge: sonst, wie Du weisst, nicht meine Passion.）

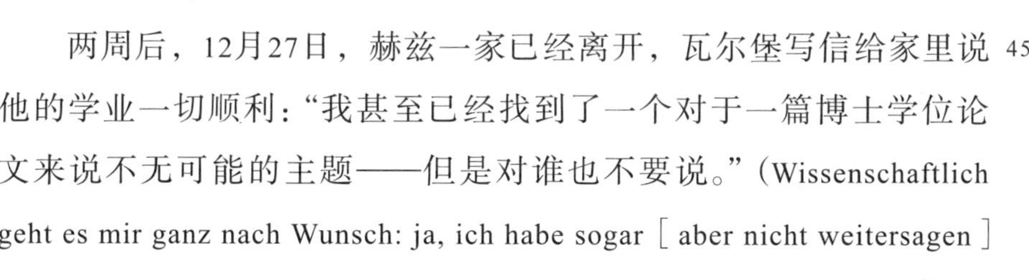

两周后，12月27日，赫兹一家已经离开，瓦尔堡写信给家里说 45
他的学业一切顺利：“我甚至已经找到了一个对于一篇博士学位论文来说不无可能的主题——但是对谁也不要说。”（Wissenschaftlich geht es mir ganz nach Wunsch: ja, ich habe sogar［aber nicht weitersagen］ein Thema gefunden, über das eine Doctorarbeit nicht unmöglich wäre.）

几乎毋庸置疑，这个主题是在与这位年轻而妩媚动人的画家的谈话中形成的。因为我们可将其追溯到12月12日的一段记载，那天他曾写信给汉堡，谈到他的情投意合的朋友。信中写道：“菲利皮诺·利皮，艺术与历史的进步。”（Filippino Lippi, die Kunst und der Fortschritt in der Geschichte.）

使用这样的措辞表达的这个问题在19世纪80年代末对于一名艺术家的确是个热门话题。毕竟各学院的保守的信条当时正在从两个方面遭到破坏。写实主义画家和印象派画家以真实性的名义摈弃“风格”，而在对立的阵线，出现了新艺术［Art Nouveau］的最初骚动，它为着“装饰”风格的缘故而摈弃“照相般的”真实（图版4c）。哥特风格、日本主义、原始主义正向单线进步的假设提出挑战。瓦尔堡笃信他的老师兰普雷希特激进的进化论的循序渐进说，在他看来，这个内在的矛盾提出了新的挑战。因为，文艺复兴本身代表了人类精神向前奔腾的波涛，他对这个事实确信不疑。因此，对直线前进的背离，其本身一定植根于那个时期的新的心性。也许新的享乐主义是这种沉湎于花饰的根源？

下面的几个星期是异常愉快而兴奋的时期，对瓦尔堡的余生产生了决定性的作用。1月7日，他给母亲写信，请求父亲给他500法郎：

我在这里必须为我的图书馆和照片收藏奠定基础，这两者都要花费大笔的钱，它们代表着具有持久价值的事物。	Ich muss hier den Grundstock zu meiner Bibliothek und Photographien legen, und beides kostet viel Geld und repräsentiert bleibenden Werth.

几周后，1889年1月27日，他愈发自信和迫切地写道：

我一直沉浸在工作的巨大乐趣中，某些最初十分模糊的观念	Mich hat jetzt eine solche Arbeitslust gepackt, dass ich mich selbst manchmal über

至少在我看来很快就清晰起来，快得令我自己都感到惊讶。我在很大程度上确信走上了前途光明之路，因此我对请您增加我的津贴并不感到良心不安；现在我手头必须有所有辅助设备（书籍、照片）。我对自己的情况很有把握，倘若我对利息不能抱有希望，而只能得到一小笔资本，我无疑会把资金用光。我只希望再有四至六年的见习期，然后我希望能够自立，以便能赚得所需。

至于下个学期，我仍未在波恩大学和布雷斯劳大学之间做出决定。我认为会是前者，尤其是因为我收到了索德博士（和凯库勒教授）的非常和蔼可亲的提示，要我再次前往……

die Schnelligkeit, mit der sich manches anfangs
Unklare in mir, wenigstens zur Fasslichkeit
entwickelt, erstaunt. So sehr fühle ich mich auf 46
fruchtbarem Wege, dass ich unbedenklich Euch
um eine Erhöhung meines Creditives bitte:
ich muss eben alle Hilfsmittel (Bücher, Phot.)
an der Hand haben: so sicher werde ich jetzt
meiner Sache, dass ich, hätte ich nicht Zinsen zu
erhoffen, sondern nur ein kleineres Capital zur
Verfügung, ich mich unbedingt selbst auffressen
würde. 4/6 Jahre Lernzeit mit allen äusseren
Hilfsmitteln möchte ich noch haben, dann aber
hoffe ich, selbst so eintreten zu können, dass ich
verdiene was ich brauche.

Für das nächste Semester schwanke ich noch stark zwischen Bonn und Breslau. Ich glaube, es wird das erstere, besonders, da ich von Dr. Thode (resp. Prof. Kekule) einen sehr liebenswürdigen Mahnbrief bekommen habe, mich mal wieder sehen zu lassen ...

我们在佛罗伦萨的这最后几个月的笔记中发现了同样的乐观的态度、大胆的思想和广阔的视野。他在很大程度上按照兰普雷希特的方法匆匆记下一份“文化史调查表”（Kulturgeschichtlicher

Fragebogen)。它涉及伦理学和宗教中的变化，也涉及分工、社会的分层和国家安全等方面：

伦理学	*Moral*
古代：尝试对生活感到满意，乐趣，或者自毁。	Altertum: Versuch im Leben Befriedigung zu finden, Genuss oder Selbstvernichtung.
中世纪：为了未来的个人生活而自毁。	Mittelalter: Selbstvernichtung um den Preis zukünftigen persönlichen Lebens.
教会宣扬牺牲的观念与行动。享受生活是有罪的：地狱。	Die Kirche hält die Idee u.d. That des Opfers wach. Der Genuss des Lebens sündlich: die Hölle.
近代：对享乐的限制；为着非个人的永恒生命而自毁……	Neuzeit: Beschränkung im Genuss; Selbstvernichtung um d. Preis unpersönlichen ewigen Lebens ...

47 所有这些范围广泛的思索都是要解释佛罗伦萨15世纪艺术的具体问题。我们读到，在1400年之前，艺术用于为传说做插图："善与恶即是接受或者拒绝宗教的要求……善即是美。"(ca. 1400 bildende Kunst Legendenillustration; ... Gut und böse identisch mit Bejahung und Verneinung der kirchlich-religiösen Forderung ... Gut und schön identisch ...)(《片断》[*Fragmente*]，1889年2月26日）我们读到，这一切在15世纪都发生了变化，那时艺术不再是教会的工具，而是成为使我们与生活相调和的助手。

瓦尔堡希望对与向着自然主义的前进相背离的现象做出解释。在他看来，这个新的用途正是造成这种背离的原因。实际上，背离所达到的程度可以成为新的心性所提出的对乐趣的要求的衡量尺度：

由于从15世纪初起，对描绘人物形象的首要要求无疑是忠实于自然，因此我们有权认为，任何与这种忠实的任意背离——无论是频繁重复个别母题，还是对一个客体进行不自然的变形——都是欲望未得到满足的结果，那些欲望是由那个时期的世界观所导致的，它们所针对的是对生活的享受。我们必须发现： （1）任何特定时期的这样的特征，以确立它们的历史面貌。必须考察一下是否有对较早的范本的模仿； （2）作为一个时代的生活的一部分的艺术品。	Steht es fest, dass etwa von Beginn des Quattrocento als erstes Erfordernis bei der Wiedergabe der menschlichen Person die Naturtreue gilt, so dürfen wir, sobald wir eine willkürliche Abweichung—sei es durch (Beobachtung) häufige Wiederholung eines Motives, sei es unnatürliches Zurechtbiegen eines Objektes—constatieren können, auf die durch die damalige Lebensanschauung hervorgerufenen, auf den Lebensgenuss gerichteten zur Zeit unbefriedigten Wünsche schliessen. Es gilt: （1）solche Züge für eine bestimmte Zeit zu finden und deren historisches Bild festzustellen. Unerlässlich ob Anlehnung an Vorbilder stattgefunden hat zu untersuchen. （2）Künstlerische Produkte als Teilerscheinung im derzeitigen Leben.

（《波蒂切利，草稿》[*Botticelli, Draft*]，波恩，1889年4月28日）

因此，随着他着眼于飘扬的衣饰和兴奋的动作的意义，莱辛所提出的艺术中的运动的问题突然间获得了具体的历史背景。从现在起，瓦尔堡的心灵就致力于寻找这种似乎与渐进自然主义的潮流背

道而驰的发展的原因。

48 在这些考虑中，他碰到了迄今为止人们一直从更一般的方面论述的那个问题——古典时代的影响。他刚回到德国就注意到运动中的衣饰的各种不同的可能性，在古典时代的影响中看到一种日益增强的个性化的迹象，这种个性化垂青使人愉快的形式本身：

佛罗伦萨15世纪艺术中运动的衣饰	BEWEGTE GEWANDMOTIVE IN DER FLORENTINER KUNST DES QUATTROCENTO
（A）15世纪上半叶	（A）*1. H. des Quattrocento*
（1）不是由衣饰下人体的运动带动起来的衣饰的运动。	（1）Bewegung des Gewandes ohne Motivierung durch den Körperbau.
（2）违反自然的衣饰的运动。	（2）Bewegung des Gewandes den natürlichen Voraussetzungen zuwider.
（3）古典时代的影响：雕塑，绘画。	（3）Der Einfluss der Antike: Skulptur, Malerei.
（B）15世纪下半叶	（B）*2. H. 1450—1500*
（1）人体运动时的衣饰的运动。	（1）Bewegung des Gewandes unter gleichzeitiger Bewegung des Körpers.
（2）违反事物自然进程的衣饰的运动。	（2）Bew. d. Gew. d. natürl. Verlauf zuwider.
（3）古典时代的影响：绘画，雕塑。	（3）Einfluss d. Antike: a. Malerei b. Skulptur
（C）与那一时期的使个人的利	（C）Der Zusammenhang mit dem Wunsch

己主义得到满足的欲望相联系。

（D）凡是在这种个人的利己主义（力求现世的享受）在寻求支持之处的古典时代的影响。

（E）分工与人对形式的创造。

der Zeit, Befriedigung für den Einzelegoismus zu finden.

（D）Einfluss der Antike dort, wo der Einzelegoismus (d. auf den Genuss der Welt gerichtete) Unterstützung sucht.

（E）Arbeitsteilung und menschliche Formenwelt.

（《片断》，1889年3月27日）

Arbeitsteilung（“division of labour”［分工］）一词又一次表现出兰普雷希特的思想的影响。人们会记得，在他的体系中，是由于社会的日益复杂而产生的分工，又解释了一个社会的心性中的种种观念日益增多的内容。然而，使得这篇笔记十分重要的，是瓦尔堡现 49
在对古典时代的影响的强调。显然，这个令他感兴趣的现象在希腊艺术中就已存在，它在文艺复兴时期的复苏不会是偶然的。难道它起因于这两个时期都具有的享乐主义的心性吗？瓦尔堡不久就丢开了这种解释，但是他不得不注意到，文艺复兴时期和古典时代都采用了飘扬的衣着这一手段，这种手段的重要性同尤斯蒂和索德所教授的内容直接抵触。他们把文艺复兴艺术的兴起视为一场自发的运动，古典时代在其中几乎没有起什么作用。

也许正是在此刻，瓦尔堡在德国主要的艺术史学者之一安东·施普林格［Anton Springer］所写的一篇论文中寻求指导。他的《新艺术史的图景》［*Bilder aus der Neueren Kunstgeschichte*］（1867年）的第一章专门论述了“古典时代在中世纪的持续影响”［Das Nachleben der Antike im Mittelalter］的问题。施普林格使人们注意到古典范本对罗马式雕塑的衣饰的重要性；他强调了石棺、象牙制品和宝石对于传统的连续性的重要性，并对围绕着这些制品的由迷信而引起的恐惧谈了许多趣事。他提到15世纪的巫师和占星家对于古典原始资料的态度，并得出这样的结论，中世纪和文艺复兴对古典时代的态度没有实质的差异：两者都缺乏历史的距离，并从古典作品中汲取任何适合它们自己的目的的东西。

施普林格在其著作的后面的一章中回到这个主题，专门论述了意大利文艺复兴的早期阶段。此处他也强调说文艺复兴对古典时代的兴趣与学术上的古物研究无关。瓦尔堡在这段文字的边缘写了一个“妙”字[①]：

> 他们生活在当前的时期，既然古典时代提供了表现它的心绪和潮流的完美手段，他们就采用了这一范本。（Sie leben in der Gegenwart und weil für die Stimmungen und Strömungen der letzteren die Antike ein vortreffliches Ausdrucksmittel darbietet, greifen sie zu dieser.）

但是当施普林格阐述这一影响的本质时，瓦尔堡却激烈地反对——这在下面一段文字的边缘用一排问号表达出来：

> 50 每当现实使他们感到迷惑时，每当他们感到在他们直接的环境中不能发现正确比例、对面部特征的单纯然而动人的表

① 前引书，第218页。

> 现、衣饰悄然下垂的优美线条的完美范本时……他们就求助于古典时代，他们从那里选取可用的母题……（Liess die Wirklichkeit sie ratlos, konnten sie die richtigen Proportionen, den formenreinen und doch sprechenden Ausdruck der Köpfe, die schönen Linien, den ruhigen Fall der Gewänder ... in ihrer unmittelbaren Umgebung nicht gleich, nicht vollkommen finden, so griffen sie zur Antike und holten von dort die brauchbaren Motive ...）①

这种观点将古典时代看作一种理想化的影响，它导致了静穆之美，在瓦尔堡看来显然是过于因袭了。关于衣饰悄然下垂的那段文字使他想到了温克尔曼和莱辛，他已对他们的权威性产生怀疑。

当他回到波恩大学度过1889年的夏季学期时，他一定完全专注于这些观念，5月24日，他在尤斯蒂的研究班上宣读了一篇论文："Entwurf zu einer Kritik des Laokoons an Hand der Kunst des Quattrocento in Florenz"（《根据佛罗伦萨15世纪艺术对拉奥孔的批评的探索》）。他选择了对吉贝尔蒂的浮雕的讨论（图版4a）——施马尔索特别喜欢的主题之一——以把这位艺术家对现实的处理与莱辛的假定相对照。他也对他的论文的问题做出简洁陈述并提交给尤斯蒂：

大约1400—1420年之间，绘画不再仅仅是圣经和传说的图解。由于它有意地描绘现实生	Um 1400/20 hört die Malerei auf, nur Bibel oder Legendenillustration zu sein; das eigene Leben bewusst reproduzierend hört sie auf,

① 前引书，第241页。

活，它对被描绘的人物不再做出固定的道德判断。

人不再被看成未来生命的 *sub specie*［亚种］。由于与生活相调和，人们开始在他们周围所见的生活方式中更严格地做出选择。

I. 1400—1450年之间的佛罗伦萨雕塑。

（1）运动中的衣饰被看作并被用作心理刻画的附加手段：

（a）就未在运动的人物而言比以前更加频繁
51 （14世纪衣饰，古典时代的影响）；

（b）违反自然中可能出现的情况（装饰艺术）；

（2）在大约1450—1500年（以及更早一些时候）的佛罗伦萨绘画中，人们做出尝试，通过表明人物本身在运动来解释运动

mit den dargestellten Personen zusammen ein festgelegtes moralisches Urteil zu geben.

Man hört auf, die Person sub specie des zukünftigen Lebens zu betrachten. Mit dem Leben als ganzem ausgesöhnt, beginnt man, eine engere Wahl unter den Lebensformen ringsumher zu treffen.

I. Die Florentiner Plastik von 1400—1450.

（1）Dass die bewegte Gewandung als psychologisch erweiterndes Charakteristicum angesehen und verwertet wird:

（a）in ausgedehnterem Masse als vorher bei unbewegten Personen (Gew. des Trecento, Einfluss d. Antike);

（b）wider die natürliche Möglichkeit (die ornamentale Kunst);

（2）Dass in der Florentiner Malerei von etwa 1450—1500 (und früher) der Versuch gemacht wird, die bewegte Gewandung durch gleichzeitige Bewegung d. Person zu motivieren:

（a）die laufende Frau.

的衣饰： （a）阔步行走的女子；	
（3）1500年后衣饰又被用作心理刻画的手段。	（3）Dass dann nach 1500 wieder die Verwertung des Gewandmotives als psychologisches Charakterisierungsmittel eintritt.
II.（1）在15世纪下半叶的佛罗伦萨艺术中有一股巴洛克风格的潜流。（它是由被培养为金饰工的雕塑家发起的。）	II.（1）Es ist eine Art Barockunterströmung in der Florentiner Kunst der zweiten Hälfte des 15. Jhdts. (deren Erzeuger die aus der Goldschmiedekunst hervorgegangenen Plastiker der Florentiner Kunst sind) zu constatieren.
（2）这种所谓的"巴洛克风格的"艺术对于艺术家们想象个别形式的方式的意义是什么？	（2）Was bedeutet diese sogenannte 'Barock' Kunst für die Auffassung der Einzelform seitens des Künstlers?
（3）那一时期的生活和人在那一时期的艺术中被描绘的方式间的联系是什么，这与个人的人生观是如何联系的？	（3）In welchem Zusammenhang steht das derzeitige Leben mit den Erscheinungsformen des Menschen in der Kunst und mit der Lebensauffassung des Einzelnen?
（4）古典时代的影响。 进一步的观点。	（4）Der Einfluss der Antike. Ausblick.

（《片断》，1889年4月4日）

这篇提要的导言和第2节的第3点又一次清楚地表明了兰普雷希特的观念的强烈影响。瓦尔堡表明他对这位年轻的革命者的忠诚，

也许不太明智。因为尤斯蒂研究历史的方法要远为保守、谨慎，并更具有学术性。在他的《委拉斯克斯》[*Velasquez*] 第二版的一篇
52 序言中，他后来十分明确地表述了他对兰普雷希特所倡导的那种史学研究方法所持的异议：

> 进化的概念……在上个世纪，从黑格尔到达尔文 [Darwin]，甚至在关于艺术的文献中，几乎顽固地居于支配地位，但是它偶尔也使人们忘记了对情况要做真正的考察。由于这个概念，历史的想象飞快地掠过几个世纪，这使为具有强烈倾向性的和空泛的思考披上科学的外衣变得易如反掌。最糟糕的是，将来自物质文化的"进步"一词生硬地应用于智力生活的高级领域的做法，尽管遭到历史的抗议，而且无论多么令人厌烦，却仍然在发生，它暴露了对艺术的尊严的完全误解。
>
> 历史与哲学属于不同的领域，不应把历史书误用于有利于某些教条的宣传……[1]

① Der Begriff der Entwicklung ... hat im verflossenen Säkulum von Hegel bis Darwin fast wie eine Zwangsvorstellung auch die Kunstliteratur beherrscht, aber zuweilen eher von der Ermittlung des wahren Zusammenhangs der Dinge abgelenkt. Die historische Phantasie durchschreitet an seiner Hand mit Siebenmeilenstiefeln die Jahrhunderte, da gelingt es leicht, tendenziöse Luftgebilde wissenschaftlich zu drapieren. Vollends die plumpe Übertragung des Wortes Fortschritt von den materiellen Kulturerscheinungen auf die des höheren geistigen Lebens, die trotz des Widerspruchs der Geschichte und trotz ihrer Langweiligkeit noch immer auftaucht, verrät auch Verkennung des Rangs de Kunst.

Historie und Philosophie sind Dinge, die auf verschiedenen Blättern stehen, und Geschichtsbücher sind nicht der Ort zur Propaganda von Doktrinen ...

一位带有这种信念的学者以怀疑的态度看待瓦尔堡的方法是不足为奇的，尽管他似乎不愿阐述他反对的理由。在报告他的研讨班论文被接受一事时，瓦尔堡写道，尤斯蒂没有看出要点，或者至少在瓦尔堡看来是如此："尤斯蒂生来就太固执，不乐于用别人的眼光看事物。"（Justi ist eben eine zu zähflüssige Natur, um sich schnell in andere hineinzufinden.）（1889年5月24日）

最终很有可能，由于尤斯蒂持怀疑态度，瓦尔堡没有成为另一个兰普雷希特。这种怀疑态度鞭策他积累具体的证据，把进化论的抽象概念看得轻一些。

然而，同时，他很高兴地从索德等更年轻的人那里得到鼓励，在一次科隆之行期间，他向索德阐明了他的种种理论，索德十分正确地说，瓦尔堡独自发现了他的研究的出发点，这证明他颇有天才（1889年7月5日）。两周后，索德为这位学生提供了一次机会，让他边进餐边更充分地解释自己的想法，并宣称感到非常满意：

> 他认为它会成为一篇优秀的学位论文。我也这样认为。现在这只是进行认真详细的研究和做出修改的问题……
>
> Er meint, es würde eine gute Dissertation: 53
> das denke ich auch, es kommt nur jetzt noch auf sorgfältige Einzelarbeit und auf Modifikationen an.
>
> （1889年7月17日）

由于恢复了自信，瓦尔堡能够给父亲写信（1889年7月20日），以使他对一件令人震惊的事情有思想准备，即，他花了500马克购买书籍：

……我现在拥有了一所近乎完美的图书馆的起点：这是我的行业不可或缺的工具，在我能够从我的年度支票中补充我的图书馆之前，我很可能不得不向您求助两三次，提出类似的请求；……

... ich besitze jetzt den Grundstock zu einer exquisiten Bibliothek: Es ist dies mein notwendiges Handwerkszeug, und ich werde wohl zwei oder dreimal mit einer ähnlichen Bitte vor Dich hintreten müssen, ehe ich meine Bibliothek aus meinem Jahreswechsel werde ergänzen können; ...

在离开波恩前向尤斯蒂做告别拜访时，瓦尔堡使这位老人不得不勉强说了几句鼓励的话，他对此感到心满意足（1889年7月25日）：

尤斯蒂听我说了一会儿话，但是，因为他并不是思维敏捷的人，他在一些无关的细节上拖延了一会儿，不过他觉得整体还是“很有独创性的”。我深深觉得，他的不同意见既不是本质上的，也不是令人极为沮丧的。当时的气氛十分愉快，因此我能够更准确地解释我想做的事情，并反驳他的不同意见，他逐渐让步了，最后说：“是的，毕竟我必须说，它将是很了不起的事情。”

Justi hatte mir für einige Zeit zugehört, war aber (wie er denn nicht sehr schnelldenkend ist) trotzdem er das ganze ‘sehr sinnreich’ fand, bei unwesentlichen Einzelheiten kopfscheu geworden. Ich merkte wohl, dass seine Einwendungen nichts Wesentliches oder Erschütterndes hatten: Nachdem ich nun ihm in gemüthlicher Zwiesprache einerseits genau präcisieren konnte, was ich will, andererseits seine Entgegnungen entkräften konnte, sagte er zum Schluss, nachdem er nach für nach zugegeben hatte: ‘Ja, ich muss doch sagen, es

尤斯蒂教授在某些方面是一个难以接近、反应迟缓的人，但是在其他方面也许是最敏感、最博学的德国艺术史家，从他那里得到这样的结论，对我来说不仅意味着“summa cum laude”［以最优秀成绩毕业］。

wird was sehr Hübsches werden.’ Ein solches Urteil von Prof. Justi, diesem auf der einen Seite zähen und unzugänglichen, schwerflüssigen Menschen, auf der anderen Seite aber vielleicht dem feinfühligsten und kenntnisreichsten deutschen Kunstgelehrten überhaupt, wiegt mir mehr als ein ‘summa cum laude’.

瓦尔堡选择的另一所大学是斯特拉斯堡大学［Strasbourg］，在 54
那里，教授职位的占有者是胡贝特·亚尼切克［Hubert Janitschek］，确实，他是一位不如尤斯蒂著名的艺术史家，但是他属于更年轻的一代，对瓦尔堡的理论取向不会不赞同。很有可能这一选择得到了兰普雷希特的鼓励。亚尼切克的名字在兰普雷希特的讲座中提到过，他曾出版一本题为*Die Gesellschaft der Renaissance und die Kunst in Italien*（《文艺复兴时期意大利的社会与艺术》）的著作[①]，在书中他表现出对社会学的强烈爱好。在亚尼切克看来，社会学也是社会心理学的一种形式，艺术是一个时期的心性的完美标记。

在报告他与这位新教师的初次相遇时，瓦尔堡感到有些忧心忡忡：

他是个怪人，身材矮小瘦长，相貌平平，但是动作十分

Ein merkwürdiger Mann: klein, mager von Körper, ein ziemlich gewöhnliches Gesicht;

① 斯图加特，1879年。

灵敏，待人非常友好。到目前为止，我只是间接谈到我的工作；向米凯利斯［Michaelis］和他充分地说明我的想法对我来说可能并非易事，他们曾致力于非常相似的问题，因此一定都常常想起这一点，既然我现在想解决人们以前尝试过却又劳而无功的事情，我很可能会发现严格的监督……然而，归根结底，他们都希望我走运——但那将非常困难。从另一方面说，这里的研究资料丰富而美妙，无与伦比，因此在这里工作令人感到愉快。因此，我尽可能多地沉浸于研讨班的图书馆中。我一心钻研我的问题，除一些必要的话，就不想多写了……

sehr lebhafte Manieren und rückhaltlos entgegenkommend. Über meine Arbeit habe ich nur andeutungsweise mit ihm gesprochen: ich werde wohl noch schwere Arbeit haben, bis ich Michaelis und ihm meine Ideen nach Wunsch ausgestaltet haben werde: gerade was ich will, ist von beiden, die sich mit ganz ähnlichen Dingen beschäftigen, schon öfter überlegt worden, und da ich nun allerdings lösen möchte, was schon oft vergeblich versucht worden ist, so finde ich strenge Magister; im Grunde sind wohl beide wohlwollend. Aber schwer wird's! Dafür sind aber die Hilfsmittel auch unvergleichlich zahlreich und gut, so dass es eine wahre Freude ist, zu arbeiten. Ich sitze denn auch so oft es geht im Seminar. Mich beschäftigen meine Dinge so ausschliesslich, dass ich kaum Lust habe, mehr als nötig zu schreiben.

（1889年11月）

55 不久，他就得到了一次机会，向亚尼切克解释了他的计划，他兴高采烈地报告了这次谈话：

我高兴地向您报告我取得的

Ich kann Euch zu meiner Freude von Erfolg

一次成功：星期五夜晚，我向亚尼切克教授解释了我的主题。他在还没有准确地了解我想做的事情之前，可能稍许抱有批评的态度。但是，在我能够很从容地让他看一下我的材料之后，他最后显然十分高兴，也感到满意。“真的很棒。”他说。他觉得我的材料相当全面（这是我最没有预料到的），论证合理。目前我有权期待的就是这些。我尚未与米凯利斯谈话。昨天是12月8日，距我初次构想出我的工作的想法整整一年。我希望，明年大约这个时候，我就会差不多完成了……

berichten: Freitag abend setzte ich Prof. Janitschek mein Thema auseinander. Da er noch nicht recht wusste, was ich wollte, stand er mir wohl noch etwas kritisch gegenüber: Nachdem ich ihm jedoch mein Material ruhig zeigen konnte, war er zum Schluss sichtlich erfreut und befriedigt: ‘Das ist ja prächtig’, meinte er; er fand mein Material ziemlich vollständig (was ich am wenigsten erwartete) und den Ideengang vernünftig. Alles, was ich für den Augenblick verlangen kann. Mit Michaelis habe ich noch nicht gesprochen. Es wurde gestern (8. Dez.) gerade ein Jahr, seit ich den ersten Gedanken zu meiner Arbeit fasste; ich will hoffen, dass ich nächstes Jahr um diese Zeit ungefähr fertig sein werde.

（1889年12月9日）

结果，瓦尔堡用了两倍的时间，因为他在1891年12月才提交了论文。但是这些年，和前一年一样，对于他来说一定是一段紧张工作但充满快乐的时光。他出席了许多在他的主要兴趣之外的艺术史领域的讲座。亚尼切克开办了关于绘画史和建筑的讲座，瓦尔堡如实地记录下这位教授在一定相当索然无味的课程中所概述的大量事实。他在斯特拉斯堡大学继续他对古典考古学的研究，师从伟大的阿道夫·米凯利斯，他曾对他那苛刻的标准感到畏惧，他在研讨班上阅读了一篇论帕特农神庙檐壁上的骑马形象的论文。

此外，他出席了一些哲学讲座，学习了特奥巴尔德·齐格勒［Theobald Ziegler］关于康德［Kant］的课程，令人惊讶的是，还有关于概率论的课程，这是一个研讨班，瓦尔堡在这个研讨班上阅读了一篇论文，论述的是那些靠碰运气取胜的游戏的逻辑基础。他撰写了论拉斐尔的同时代人蒂莫泰奥·维蒂［Timoteo Viti］、论美狄亚［Medea］神话的插图和论《灵魂的奋斗》［*Psychomachia*］的中
56 世纪写本的艺术史论文。然而，需要特别强调的是，瓦尔堡一定阅读了许多关于艺术理论与艺术史、心理学和神话的书籍，无疑着眼于在他的论文中与他有关的方法问题。然而，在最后，这些在哲学上长期思考的问题，在他的论文中并没有出现太多痕迹。瓦尔堡在发表的版本中允许它们得以表现的几乎唯一之处是关于艺术理论的“四个论点”［Four Theses］，他将它们附加在他的论文中。

因此，这样做还是适宜的：首先看一下瓦尔堡关于波蒂切利的论文①，考虑一下他在文中提出的他在佛罗伦萨想到的问题的解决办法——需要对与朝向自然主义的进步的笔直路径的明显偏离做出解释，在他看来，波蒂切利的风格的花体字式的花饰就代表了这种偏离。他同时决定将自己的注意力集中于两幅神话题材的杰作，《春》［*Primavera*］和《维纳斯的诞生》［*Birth of Venus*］（图版5a、b），在19世纪末的人们看来，这两件作品体现了佛罗伦萨文艺复兴的本质。如果有什么地方的话，就是在这里，人们应该清楚地看到，正

① ［已发表的著作，2］。

在觉醒的异教信仰的新的精神，新时代的曙光，如何在艺术中得到了表现。换言之，在这里，对古典时代的新的兴趣在文艺复兴艺术史中充当的角色应该显而易见了。

瓦尔堡当时似乎没有认识到，这一个案的选择已从根本上改变了他最初打算研究的问题。他已着手处理在现代的用语中只能被称为风格问题的事物，即15世纪末对装饰性衣饰的偏爱。在通过分析波蒂切利的神话题材的杰作来试图解决这个问题的过程中，他避开了传统的风格问题。他现在关心的是促使波蒂切利以这种特定手法表现特定主题的原因。从方法的观点看，无疑可以批评这一改变。但是结果它却是可称为“富有成效的错误”的事物。它促使瓦尔堡探究一个比风格史通常允许我们探究的更具体的历史问题。他试图弄清波蒂切利和他的赞助人是如何想象古典时代的，他们在奥维德［Ovid］的作品和奥维德的文艺复兴时期的模仿者的作品中读到的故事在他们的心灵中引起了哪些想法。在查阅关于《维纳斯的诞生》和关于《春》的文献时，他发现人们已将其中第一幅作品与在波利齐亚诺［Poliziano］的《比武篇》［*Giostra*］中对一件想象的艺术品的描述联系起来，其中描写了爱神从大海中升起的情景。人们
也知道，波利齐亚诺在这段描述中模仿了一段相似的描述，写的是 57
一些虚构的浮雕，这段描述可见于奥维德所写的法厄同［Phaeton］的故事。

十分清楚，如果没有博学的人文学家的指点，波蒂切利不会发明这些主题，同样，一定是赞助人在委托这些作品时请来了这些顾问。今天，当真正的或者假定的“人文学家顾问”时常出现在我们的艺术史论文中时，需要指出这种方法的独创性。在瓦尔堡看来，

它的价值与其说在于将人们的注意力吸引到艺术家也许可得到的那些范围广泛的原典，不如说在于这样一种可能性，即在他心中重构对这些杰作进行构思的实际瞬间，那时，赞助人、人文学家和艺术家可能商议怎样以最佳的方式完成这一新颖的事业——在巨幅绘画中逼真描绘这个古代神话。瓦尔堡在15世纪艺术中曾注意到对描绘飘扬的衣服和松垂的头发的偏爱，在阅读奥维德和他的模仿者们的作品时，瓦尔堡被一种相似的偏爱所触动。

于是他得出一个结论，波蒂切利的时代确实就是这样想象古典时代的。他认为，波利齐亚诺实际上坚持认为，波蒂切利应该加上古典想象的这些特征，并建议他利用成为风的玩物的翻腾的衣饰和头发这一手段。如果艺术家在古典艺术中寻找范本来帮助他想象这些描写性的程式，他就会在石棺和新雅典风格的浮雕中发现足够的例子，那些石棺和新雅典风格的浮雕表现出对描绘运动的相似的兴趣。因此，在这个方面，在古典时代的哪些东西使他们感兴趣的问题上，与温克尔曼所描绘的古典雕塑的形象相比，在15世纪艺术家中一定有一种迥然不同的偏爱。对于18世纪来说，古典时代的伟大在于它的"静穆"，在于它的庄严之美的未被打扰的平静。现在看来，对15世纪来说，古典时代的趣味在于优美的或者激烈的运动这些相反的性质。

我们已经看到，瓦尔堡自己对表现运动与激情的古典图像感兴趣，从而对这个发现做好了准备，这个兴趣由莱辛的《拉奥孔》所引起，并由在凯库勒的研讨班中关于正在激战的半人半马怪们的论文所增强。在这方面，这篇论文预示了瓦尔堡后来对表现激情与痛苦的图像的专注，这些图像是文艺复兴时期由古典时代得来的。即

使如此，我们也必须当心，不要单凭推断而认为瓦尔堡在最初的活
动中就带有这种偏见。因为，在此古典时代所充当的角色明确地局 58
限于那些“附加的”花饰，人们吩咐波蒂切利将它们添加到他的绘画中，以使这些画与在有教养的人中流行的关于古典形象的观念相一致。

瓦尔堡使用的术语“运动中的附属物”［bewegtes Beiwerk］表明了他所做解释的一个特定来源。在A. v. 罗伊蒙特［A. v. Reumont］的《洛伦佐·迪·梅迪奇》［*Lorenzo di Medici*］（1883年）中，我们读到“那种对古典的和古典化的附属物的偏爱，这种偏爱在波蒂切利的作品中显而易见，在菲利皮诺的作品中导致人为的过分华丽的效果”（Die auch schon bei Botticelli sich zeigende Vorliebe für antikes und antikisierendes Beiwerk erzeugt bei Filippino den Eindruck gekünstelter Überladung）①。

像罗伊蒙特一样，瓦尔堡绝没有以纯粹的赞成态度看待这种技巧。相反，波蒂切利因屈服于文学顾问的压力而遭到批评，他因为他们的缘故而背离了对自然的忠实描绘：

> 如果“古典时代的影响”在此导致的是轻率地重复对运动加以强化的肤浅母题，那不是古典时代的过错，毕竟——自从温克尔曼以来——人们已经表明，古

> Führte dabei der ‘Einfluss der Antike’ zu gedankenloser Wiederholung gesteigerter Bewegungsmotive, so liegt das nicht an der ‘Antike’, aus deren Gestaltenwelt man ja auch—seit Winckelmann—mit der gleichen

① 第2卷，第161页。

典时代的那些作品提供了同样令人信服的“静穆的伟大”的与之形成鲜明对比的范本；过错反而在于艺术家们缺乏艺术上的适度。波蒂切利肇始了那些过于顺从的艺术家的倾向。

Überzeugung für das Gegenteil, die ‘stille Grösse’, die Vorbilder nachgewiesen hat, sondern an dem Mangel künstlerischer Besonnenheit der bildenden Künstler. Botticelli war schon einer von denen, die allzu biegsam waren.

（《瓦尔堡文集》[*Ges. Schr.*]，第1卷，第55页）

这种尖锐的批评性结论也许比这篇论文中的其他任何事物都更清楚地表明，它的主题与撰写这篇论文的那个时期的审美偏见多么密切相关。在瓦尔堡和他的同时代人看来，对波动的线条、松垂的衣服和翘曲的卷发的喜爱不只是一个历史问题；我们处于新艺术诞生的时期，此时伯恩-琼斯 [Burne-Jones] 和沃尔特·克兰 [Walter Crane]（图版4c）的这些“手法主义作品”正迷住了许多艺术家。这场新的运动似乎使艺术偏离了探索现实的路径，在1888年瓦尔堡参观慕尼黑的展览时，这场运动曾激起了他的同感。我们也许永远
59 不会知道这种批评性的偏爱有多少得自瓦尔堡与将成为他妻子的那位年轻艺术家的谈话。属于他自己的可能是将艺术选择与道德决定不加怀疑地联系起来。他和拉斯金一样几乎毫不怀疑艺术是一个道德的问题。他甚至将这一信念保留到生命终点。但是，不同于拉斯金，他力求将这个信念与研究人类进化的科学态度相调和，当时，这种态度仍然植根于进化论的乐观信条。进步从野蛮状态引领向越来越高形式的控制，艺术在这种上升中起了一份作用。

正是在这种信念中，瓦尔堡的学位论文仍然显露出兰普雷希特

的影响。我们记得，是兰普雷希特主张应将艺术史用作了解一个社会的心灵中的观念（Vorstellungen）的享有特权的手段，这篇论文的副标题反映了这一态度："Eine Untersuchung über die Vorstellungen von der Antike in der italienischen Frührenaissance"（《意大利早期文艺复兴流行的古典时代图像的研究》）。

然而，兰普雷希特的论文和瓦尔堡的学位论文在表述方法上相差十分悬殊。就兰普雷希特而言，理论框架总是明显可见；在瓦尔堡的论文和后来所写的论文中，论证的线索必须从大量文本的和视觉的文献资料中挖掘出来，它几乎在这种文献资料的下面销声匿迹。在瓦尔堡看来，这些文献十分直接地说明了问题，他觉得他只需呈现它们就可以清楚表达它们的信息。瓦尔堡身为一位博学的学者的公共形象，和人们在阅读他的笔记时心中所浮现出来的印象存在差异，其根源即在于此。身为一位博学的学者，他知晓如何将一些偏僻的文字与往昔的图像联系起来；而在笔记中，他总是公开表述那些理论问题。这种差异最终导致瓦尔堡最后岁月的计划的夭折，在这个计划中，他希望根据一部几乎没有任何评论文字的"图集"［Atlas］来解释他关于文明的哲学。

然而，在瓦尔堡的博士论文中*in nuce*［简要地］预示出来的不仅是这最后一个计划。这里也首次触及了许多后来在他的研究中吸引住他的主题，不过他只是提及而已，并未予以阐明。瓦尔堡围绕波蒂切利的两幅杰作搜集了大量的引文和参考资料，宛若一幅镶嵌画。的确，要对此做一下概括，就必然会不公平地对待他的方法所产生的共鸣的力量。每一个元素都无疑是要作为说明主要问题的另
一件证据，即15世纪的人已形成的对于古典时代的心理意象；但是 60

对此必须进行推断。然而，将瓦尔堡为此目的所使用的那些主题和母题罗列出来，无论看上去多么不公平，这样的概要仍会帮助我们初步了解瓦尔堡的心灵的工作方式，并无论如何也会帮助我们领会他的方法的新颖性，尽管这种方法不适合任何预先设定的范畴，尤其最不能适合图像志研究的范畴。

就《维纳斯的诞生》而言，这幅画确实没有提出一个图像志的问题。瓦尔堡发现了文献中提到的两段文字，人们将此画的构图与其相联系，即荷马致阿佛罗狄忒［Aphrodite］的颂歌，描述了女神的诞生，以及如我们已看到的，对于一件虚构浮雕的描述，波利齐亚诺说它装饰了维纳斯宫，这段描述对荷马那段记述做了富有诗意的详细阐释。因此，瓦尔堡*in medias res*［直入本题］，在指明波利齐亚诺喜爱“运动中的附属物”时，认为一定是他向画家建议了这个主题。

亚尼切克曾筹备阿尔贝蒂［Alberti］《论绘画》［*Della Pittura*］的第一个学术版本，对亚尼切克的一名学生来说，从这项观察转到对阿尔贝蒂恰恰推荐这些附属物一事进行讨论，那是十分自然的。实际上施普林格在他之前就已经将《维纳斯的诞生》的构图与阿尔贝蒂给艺术家的建议相联系，阿尔贝蒂建议艺术家们让头发和衣服在风中飘扬，展现身体的形状，并通过在空中显示风的面具来说明这个令人愉快的把戏有道理。在瓦尔堡这里，新颖的是，他由这段文字又接着写了很长的一段离题的话，谈论了阿戈斯蒂诺·迪·杜乔［Agostino di Duccio］，这位15世纪的雕塑家表现出对摆动不止的衣饰的强烈偏爱（图版6a）。阿戈斯蒂诺曾在阿尔贝蒂设计的马拉泰斯塔教堂［Tempio Malatestiano］中工作；因此，难道不可能阿尔贝蒂向他提出了与波利齐亚诺后来向波蒂切利提出的同样的暗示吗？无论如何，人们知晓阿戈斯蒂诺从古代石棺那里模仿了这种摆动不止的运动的母题，而石棺是瓦尔堡在米凯利斯的研讨班中了解了的一种纪念物。因此在《维纳斯的诞生》中呈现出来的对于古代的心理意象不是一种怪想，它在上一代艺术家那里已经形成。它是文艺复兴中的一种倾向的典型，瓦尔堡终生都要研究这一倾向。

不过，起初瓦尔堡返回到波利齐亚诺的诗使人们产生的那些心理意象，并用一系列比较说明，无论这位诗人在何处借用了诸如奥维德或者克劳狄安［Claudianus］等古典作家的作品，他都增强了运动的观念。

只有在做出这一说明之后，这篇论文才返回到《维纳斯的诞
生》，返回到对一个图像志问题的回答：画中表现的在海岸迎接 61
维纳斯［Venus］的是一个女性形象，而不是诗人所描写的三位荷赖［*Horae*］，这个女性形象是谁？瓦尔堡认为她是春神，并从奥维德和文艺复兴时期的神话作家维琴佐·卡尔塔里［Vicenzo Cartari］那里援引了一些文字，来证实这一辨认——这是第一次提到一本神话志手册，它在瓦尔堡所开创的传统中充当着十分重要的角色。文中对《波利菲罗寻爱绮梦》［*Hypnerotomachia Poliphili*］中的一幅木刻做了讨论，以证实这一论点，从路易吉·阿拉曼尼［Luigi Alamanni］那里援引的一段话也是如此，阿拉曼尼也曾提及佛洛拉［Flora］在微风中飘扬的秀发。

在提供了这么多文献资料之后，瓦尔堡返回到最终确定他的假设的一件证据——仍然是以颇具尝试性的术语表达的：

把对运动中的附属物的处理当作“古典时代影响的试金石”也许是片面的，但是不无道理	dass es zwar einseitig, aber nicht unberechtigt ist, die Behandlung des bewegten Beiwerkes zum Kriterium des ‘Einflusses der Antike’ zu machen

（《瓦尔堡文集》，第1卷，第19页）

人们曾将尚蒂伊的一幅素描（图版6b）与《维纳斯的诞生》相联系，但是瓦尔堡在画中却未见波蒂切利的手笔，他将这幅素描辨认为一幅仿照一口古典石棺所做的15世纪的习作，石棺上表现了阿客琉斯［Achilles］在斯基罗斯岛上的故事（图版6c）。它表明，这位艺术家对诸如随风飘动的面纱等细节感兴趣，在几乎一个世纪后皮罗·利戈里奥［Pirro Ligorio］的描述中仍能注意到同样的偏爱。论述《维纳斯的诞生》的一节以另一个文本文献结束，那个文献是要表明，在15世纪，人们偏爱身着摆动的衣饰的女性形象，这些形象有时被称为“仙女”：普林尼［Pliny］的著作中有一段文字，以这种方式谈到亚乐*，菲拉雷特［Filarete］修改了这段文字，15世纪末普林尼著作的各种不同的版本也是如此。

在一段离题话中谈论了波蒂切利所作的已失传的《帕拉斯》［*Pallas*］，这幅画表明了波利齐亚诺与画家之间的另一番联系，然后瓦尔堡就转到了《春》。他对自己在文献中发现的对形象所做的辨认，只是稍加修改，建议将被风神所追逐的仙女称作佛洛拉，将抛撒鲜花的形象称作春神。但是他再一次希望研究“在同时代文献

* aurae，代表微风和清晨的凉爽空气的女神。——译者

中所流行的类似的观念”。

他又将人们的注意力吸引到阿尔贝蒂的《论绘画》中的一段 62
类似内容上，即那段对美惠三女神的著名描述，亚尼切克将这段文字追溯到塞内加［Seneca］那里，塞内加曾将这组人物与墨丘利［Mercury］相联系。尤其使瓦尔堡感兴趣的是对美惠三女神的服装的描述“*soluta ac perlucida veste*”［宽松、透明的服装］。他再次提到仿效古典时代所作的素描中的类似事物，也在这个上下文中讨论了波蒂切利所作的来自莱米别墅［Villa Lemmi］的湿壁画，在其中一幅湿壁画中（今天通常被解释为四德向焦万纳·托尔纳博尼［Giovanna Tornabuoni］表示敬意），他看到了维纳斯和美惠三女神。两枚带有焦万纳肖像的徽章的背面有类似的构图：一个以温克尔曼的古代的那种精神表现了美惠三女神（图版7a），裸体、平静，另一个表现了一个女性形象（图版7b），她的衣服和头发在猛烈地运动；她是伪装成一个女猎手的维纳斯，根据的是维吉尔的《埃涅阿斯纪》［*Aeneid*］，维吉尔也描写了她飘扬的头发。有一处提到，在汉诺威的一只箱柜上表现了维吉尔式的场景（图版7c），从而将人们的注意力吸引到维纳斯的外貌，她连同风神们一起，不是被表现为身着严格的同时代的服装，而其他形象却是如此。

回到《春》上来，瓦尔堡现在打算分析一下在画的右面风神追逐少女的这一组人物。他想要证明与波利齐亚诺的意象的联系，于是返回到对原典的研究。他认为这组人物直接图解了奥维德在《岁时记》［*Fastes*］中所做的记述，在书中仙女佛洛拉讲述了她被西风［Zephyr］追逐的情景。可以表明，波利齐亚诺非常喜欢这个“性爱追逐”的母题。他将奥维德笔下所描述的阿波罗［Apollo］与达佛涅［Daphne］的那段著名情节既用作他的《俄耳甫斯》［*Orfeo*］中的一段文字的范本，又用作《比武篇》中一件虚构的艺术品的范本。

但是，值得注意的是此时母题本身使瓦尔堡感到兴趣。他从薄伽丘［Boccaccio］的《菲埃索勒的仙女》［*Ninfale Fiesolano*］和洛伦佐·德·梅迪奇的《安布拉》［*Ambra*］那里援引了类似的内容，并指明在舞台演出中也频频出现相似的场面，在这些演出中他援引了尼科洛·达·柯勒乔［Niccolò da Correggio］的《刻法罗的传说》［*Fabula di Caephalo*］，一件曼图亚写本中的一个关于达佛涅的不具作者姓名的剧本，和《圣乌利瓦的妙演》［*Rappresentazione di S. Uliva*］中的一场幕间剧。这些表演中是如何表现奔跑的“仙女”的？没有直接的证据，但是瓦尔堡认为他至少有一个视觉文献，表现了文艺复兴时期的戏剧的另一个场面，那正是波利齐亚诺的《俄耳甫斯》：一幅意大利北方的版画，表现的是酒神的女祭司们正在杀死这名歌手（图版8a）；她们身穿他所称的“in antikisierender Nymphentracht”，即身穿适合于仙女的古典化的服装。如果这份同
63 样被瓦尔堡珍视的文献可以信赖，那么就可以将15世纪艺术中使他感到困惑的那种同时代服装与古典服装相混合的现象解释为一种舞台演出的反映。

瓦尔堡重视这种最初似乎令人吃惊的假定：

倘若允许我们设想，这些节日盛大庆典作为眼前演绎着的现实生活的一部分，将这些形象活生生地展现在这位艺术家眼前，

Darf man annehmen, dass das Festwesen dem Künstler jene Figuren körperlich vor Augen führte, als Glieder wirklich bewegten Lebens, so erscheint der künstlerisch

我们就可以更容易地理解艺术创作的过程。倘若如此，这位博学的顾问所提出的方案也就失去了一些学究味道，这位给人以启迪的学者并没有真的建议去模仿对象，而只是促进了对它的清晰表达。

此处我们理解了雅各布·布克哈特预先所做的推测，他的总的判断和通常一样是绝对可靠的："意大利的盛大庆典的传统，在它的更崇高的形式中，是一种真正的从生活到艺术的过渡。"

gestaltende Prozess naheliegend. Das Programm des gelehrten Ratgebers verliert alsdann den pedantischen Beigeschmack; der Inspirator legte nicht den Gegenstand der Nachahmung nahe, sondern erleichterte nur dessen Aussprache.

Man erkennt hier, was Jacob Burckhardt, auch hier unfehlbar im Gesamturteil vorgreifend, gesagt hat: "Das italienische Festwesen in einer höheren Form ist ein wahrer Übergang aus dem Leben in die Kunst".

（《瓦尔堡文集》，第1卷，第37页）

瓦尔堡一生都会援引布克哈特的这句话。他为什么如此重视这样一种可能性——波蒂切利真的在舞台上看到过这种追逐场面？答案可能又在于瓦尔堡拥护当时的现实主义运动，在他参观慕尼黑艺术展期间，这场运动给他留下了深刻印象。现实主义的中心人物库尔贝［Courbet］经常因他这样一句话而被援引，即，他不会画天使，因为他从未见到过天使。如果波蒂切利见过一个"仙女"，这的确是他的"手法主义"倾向的一个补偿因素。这会使这个方案失去一些令人不快的卖弄学问的味道，以及单纯的学术图解的味道。瓦尔堡重视艺术家可能真的看到的古典时代雕像，也许源自一个相似的信念，即，绘画的本质永远是模仿的。

实际上，瓦尔堡提出了这样一个尝试性的假定，即，抛撒鲜花的少女形象——他又将其看作春神——是波蒂切利模仿一尊佛洛拉
64 或者波摩娜［Pomona］的古典雕像描绘的，至少16世纪的佛罗伦萨藏品中可以为这一假定提供证据。他对墨丘利的来历不太有把握，他不能真的从反映了“当时的想象”的作品中为此提供证据，但是他指明了贺拉斯［Horace］所作的一首颂歌，在这首颂歌中，人们请求墨丘利陪伴维纳斯及其随从。我们返回到诗歌的领域；瓦尔堡引证了波利齐亚诺的追随者之一扎诺比奥·阿恰约利［Zanobio Acciajuoli］所作的一首描写春的颂歌，并将作为自然女神的维纳斯的形象与卢克莱修［Lucretius］的两段文字联系起来，其中的一段文字（《物性论》［*De rer. nat.*］，第5卷，第737页及下页）J. A. 西蒙兹在提及《春》时已援引过。同样，瓦尔堡可以表明波利齐亚诺一定知道这段文字，因为波利齐亚诺在他的《乡下人》［*Rusticus*］中模仿了这段文字。

波利齐亚诺的《比武篇》中的一个诗节，和洛伦佐·德·梅迪奇作的一首十四行诗连同他的诗歌的其他片断，证实了这样一个结论：这幅画的题目应是*Il Regno di Venere*，即“维纳斯的王国”。

毫无疑问，对任何一位仔细地阅读瓦尔堡的描述的读者来说，他提供的文献资料的累积效应一定是非常有说服力的。这幅画摆脱了孤立状态，它的形式和内容都被许多联想线索与那个时期的文本和图像联系起来。瓦尔堡想走得更远一些。他希望将这些画与我们已知悉的某个特定的历史事件相联系。进行这样的联系的机会似乎存在于他的材料之中。如果波利齐亚诺的《比武篇》歌颂一个真实

的事件，即朱利亚诺·德·梅迪奇［Giuliano de' Medici］为向美丽的西莫内塔·代·韦斯普奇［Simonetta dei Vespucci］表示敬意而组织的马上比武，难道没有可能上述的两幅画同样与这位“美丽的仙女”的美和早逝有关吗？按瓦萨里所说，波蒂切利作了一幅朱利亚诺的“情人”［innamorata］的肖像。如果瓦萨里看到的是波蒂切利所绘的侧面的理想头像之一（图版8b），如果“情人”的确是西莫内塔，便开辟了在波蒂切利的绘画中的形象里寻找相似形象的道路。因为这些理想的肖像表现了瓦尔堡所称的“仙女们的发式”，这种对松垂的头发的偏爱可再次从波利齐亚诺的诗歌和对盛大庆典的描述中找到相似之处。因此，瓦尔堡将在海岸上迎接新生的维纳斯的春神与西莫内塔相联系，对在《春》中抛撒鲜花的春神也是如此。如果这幅画是对这位可爱的女子之死的暗示，那么这幅画中维纳斯的严肃心境就更可理解了。瓦尔堡援引了贝尔纳多·普尔奇［Bernardo Pulci］所作的一首诗，在诗中，人们恳求维纳斯将美丽的仙女西莫内塔归还尘世。

在这种使艺术更接近生活的尝试中，瓦尔堡得到保罗·米勒- 65
瓦尔德［Paul Müller-Walde］最近发表的关于莱奥纳尔多·达·芬奇的一篇论文的支持。[①]作者在此提出这样一个假定，莱奥纳尔多的一些大幅素描表现了身着奇异服装的形象，现在将其日期确定为临近大师的活动终结之时，其中有四幅实际上绘于佛罗伦萨，与朱利亚诺著名的马上比武有关，其中一幅表现了西莫内塔。瓦尔堡被这个假定所吸引，但是打算把这个假定修改到这样的程度——这些

① 《莱奥纳尔多·达·芬奇》［*Leonardo da Vinci*］，慕尼黑，1889年。

素描倒可能是波利齐亚诺关于这次马上比武的诗篇的插图。假如那样的话，他就会提出，应当将莱奥纳尔多最令人无法忘怀的素描之一，那个用手指向一袭瀑布的幽灵（图版8c），与诗中的西莫内塔相联系。他认为莱奥纳尔多《论绘画》[*Trattato della Pittura*] 中的一段文字证实了这个假定，在这段文字中，大师提醒艺术家，在描绘形象时不要忘记衣饰和外衣的厚度，只将一点除外，即表现“穿着极薄衣裳风吹贴身的仙女和天使”[①]的四肢的真实大小。

因此，这是支持瓦尔堡为“仙女”命名的主要的文字，他就是以此来称呼运动中的理想化的女性形象的。也许值得回忆的是，在这一辨认中，他将莱奥纳尔多对天使的提及撇到一边，这几乎和他漠视波蒂切利宗教题材的作品一样。雅各布·布克哈特在告知收到瓦尔堡的学位论文时表达了这样一种愿望，他也要对“波蒂切利，神秘主义的神学家”[②]做一番研究，那时他心中也许想到了这一点。

尽管如此，在这段描述中已经预见出来的结论在这个上下文中也许更加令人困惑。波蒂切利被指责为太“顺从”，屈从于他的顾问们的建议。但是，对古典遗产的矛盾心理这种成分在瓦尔堡这里仍然继续存在。“仙女”会吸引人们的注意力，但是也会引起焦虑。瓦尔堡在拉奥孔中感受到的放纵的激情，在来自帕特农神庙排档间饰的洗劫场面的群像中所描述的放纵的激情，对他产生了持续的吸引力。但是这种放纵的激情在审美上没有得到他的认可。

无论在此处还是在后来，瓦尔堡都不能想象，有哪种研究艺术

① 乌尔比诺写本 [Cod. Urb.] 170^v，麦克马洪译本 [Mc Mahon] 第569页。

② 援引自《瓦尔堡文集》，第1卷，第308页。

的方法忽视了道德情感。如我们已看到的，他关注的不是对绘画内
容的辨认，而是心理意象及其情感氛围。在此显然不可能将形式与 66
题材相分离。艺术家的主题和将它们形象化的方式之间存在着相互作用，对这种相互作用的兴趣在瓦尔堡的研究中仍然十分显著。论文结尾的“四个论点”其目的正是在于将人们的注意力吸引到这个问题上来。对它们的表述看上去几乎是故意令人困惑。瓦尔堡似乎希望暗示他仍然希望研究的更大的问题——然而，在阅读他的论文时应当记住这些问题。要解答它们，我们就必须转而考虑一下在理论上长期思考的问题，这些引领着瓦尔堡在构思与酝酿关于波蒂切利的论文期间的阅读。

第五章　超越艺术史（1891—1897） 67

哲学阅读与美学片断

1891年12月8日，瓦尔堡提交了他关于波蒂切利的学位论文。到1892年3月初他得到消息说系里已接受这篇论文时，瓦尔堡已经迁往柏林，他在那里聆听了心理学的讲座，以为学医做准备。瓦尔堡决定放弃对艺术的研究改而从事对人的研究，并不会令他的密友们大吃一惊。回想起来，这看上去无论如何都像是合乎逻辑的一步。因为甚至在瓦尔堡为准备论文而研究佛罗伦萨艺术和佛罗伦萨人文主义者期间，他的笔记本中也记满了关于一些基本的心理机制的思索，这些心理机制可以在人类进化的上下文中解释宗教、艺术和科学的存在。

我们已看到，这种思索在很大程度上受到瓦尔堡的一些主要的老师的激发。人们会记得，乌泽纳试图通过研究语言的功能和故障来解释神话的存在，兰普雷希特认为人类文化的整个发展就是人的联想储备的不断丰富，施马尔索同样关心关于姿势的本质和艺术的本质的进化论观念。瓦尔堡从一开始就如饥似渴地接受这些提示，并购买了在这些课程中供他查阅的书籍。他当时的许多笔记都反映了这些阅读，除非按照瓦尔堡试图吸收和扩充的那些理论，否则这些笔记是无法理解的。他养成了这样一种习惯，在一张张纸上草草记下警句或者标题，仔细地注明日期，并按时间顺序排列。随后让人将其全文抄写到一本大的总簿上，他又在上面加上注解，显然希望它们最终会凝结为一本重要的书。有时瓦尔堡会在页边上写道，
68 “我不再懂得这一点了”，或者会讥讽地对他先前的心血来潮做出评论：“这本来不必打扰我的睡眠。”有时他的自我特性描述更是情绪化的，如他在页边草草写下一个较早的警句：“一半侏儒，一半巨人。”（Halb Pygmäe, halb Riese.）无论如何，到1891年年底，他已经收集了227个条目，证明了他的研究有多么深入，证明了这些普遍的问题对于他的压倒一切的重要性。

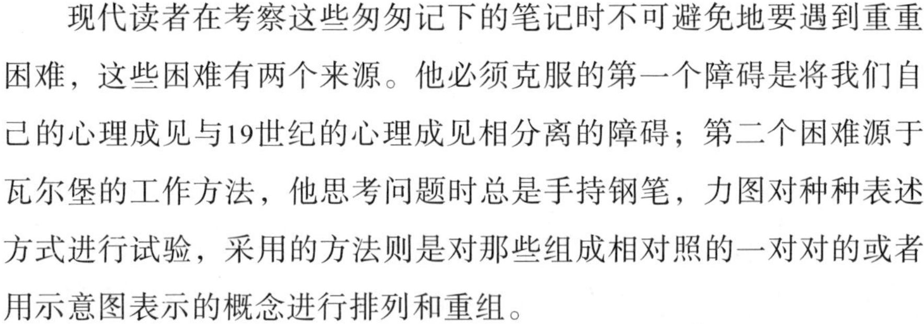

现代读者在考察这些匆匆记下的笔记时不可避免地要遇到重重困难，这些困难有两个来源。他必须克服的第一个障碍是将我们自己的心理成见与19世纪的心理成见相分离的障碍；第二个困难源于瓦尔堡的工作方法，他思考问题时总是手持钢笔，力图对种种表述方式进行试验，采用的方法则是对那些组成相对照的一对对的或者用示意图表示的概念进行排列和重组。

在某种程度上，这两个困难是相联系的。按照几条简单的原理来解释人类心灵的复杂事物是19世纪心理学理论公开宣称的目标。如我们已看到的，主要的心理学理论是联想主义。心灵是一块*tabula rasa*［白板］，直至它通过感觉得到了“印象”［impressions］。因此，存储在记忆中的这些感觉印象的残余形成了我们的精神生活的总和。印象可能联系起来，这些联系也许与外部世界一致，也许与其偏离。思想、想象、宗教、艺术和科学最终一定可以按照这个

简单的模式来解释。这种描述甚至一定也包括人类从动物状态到文明的进化。到瓦尔堡出席乌泽纳和兰普雷希特的讲座时，人们已经在这个方面做出了雄心勃勃的尝试。乌泽纳已将他的学生们的注意力吸引到一位意大利进化论者蒂托·维尼奥利的著作《神话与科学》[*Myth and Science*]，它的德文译本已于1880年出版。瓦尔堡在1886年的冬季学期立即购买了此书。瓦尔堡这样早就吸收了的维尼奥利的体系给他留下了十分深刻的印象，他后来的许多思想就来自这一体系。因此，有必要对这部现在已被人们遗忘的著作做一个简短的概述。

此书是它那个时期——科学高歌猛进时期——的令人吃惊的文献。在维尼奥利看来，心理反应的基本规律和进化论的原理足以一举解释整个的人类存在。对于这样一种取向，先前的时代所设置的 69
诸如文献学与历史学、生物学与哲学等不同学科之间的界线，只能形成障碍，必须将其打破。维尼奥利的这一主张显然赢得了瓦尔堡无条件的赞成；有一段文字提倡联合所有学科来研究人的问题，瓦尔堡在下面重重地画了记号。[①]人类学、人种学、心理学和生物学必须通力合作。心理学由于与生理学和人类学失去联系，已经走入死胡同。例如，神话及其和我们在正常与异常的“生理状态”下的反应的比较，会使我们对调节我们的想象力的规律有所了解（第36页）。

这样的规律会解释神话与隐喻、梦幻与幻觉的多种多样的现

① 《神话与科学》[*Mito e Scienza*]，米兰，1879年；德文译本（*Mythus und Wissenschaft*，莱比锡，1880年）的第32页。

象；必须将常态心理学与变态心理学看作一个整体，并与生物学和社会学联合起来。甚至科学与哲学的构成也必须放置在心理学的基础上，而心理学必须向下延伸到动物心理学的基础。维尼奥利的纲领足够宏伟。他必须提供的解决办法与这些雄心勃勃的承诺稍有距离，这是不足为奇的。

全书来自对一种简单的模型情境的一种直觉的回答。想象一下，一匹马一看到在风中飘舞的一张纸便骤然止步。它为什么受惊；是什么使它逃之夭夭？维尼奥利做出这样的假定，显然，马认为运动物体是充满敌意的行动者；它把它看作潜在的食肉动物，因此仓皇逃遁。但是这个反应不是偶然的。它是心灵的一种基本机制的表现，这种机制在动物那里和人类那里都起作用。在察觉到运动时，心灵也假定一个运动者；仿佛这是在一个基本上充满敌意的世界中所采用的更安全的做法。最近伯内特·泰勒所描述的“泛灵论”，甚至一切神话，除了是赋予环境其自己的生命这种心理倾向的表现外还会是什么呢？因此，在惊马的行动中发现的原理也可以帮助作者解释在宗教与诗歌中人类的拟人化倾向，并将这些原理追踪到科学的开端。它们都是从动物的知觉行为演化而来，在知觉行为中，他区分了三个相关元素，“纯知觉”“生命的投射”和对维尼奥利所称的“虚拟因果关系”的模糊意识（第104页）——因为，
70 倘若马没有在飘舞的纸中看到一个充满敌意的行动的“虚拟原因”，它会逃跑吗？从这个观点看，甚至首先由神话然后由科学提供的种种解释，也可以被看作来自寻找原因的同样的基本倾向。

在人类历史中，“物神崇拜”经历了一个升华的过程，这个过程以科学而告终（第119页），但是维尼奥利毫不费力地表明，我们

的语言仍然多么强烈地受到拟人化和具体化的影响（第六章）。他认为，逻辑学家仍然将他的“本质”和概念神话化。但是，尽管轻率的思想仍然被“拟人化”的原始法则所支配，人类却可以向理性奋力前进。科学是通向精神拯救、真理和自由的道路（第142页）。是维尼奥利创造了“实体化”[entification]这个词，表示一种行为，我们的心灵凭借这种行为认为我们的感觉和概念具有独立的存在（第143页），这种实体化既构成神话的基础又构成科学的基础。动物与原始人的精神生活仿佛是“一个连续不断的隐喻”（第146页）。强有力的心灵成功地冲破神话的外壳，但是神话在人类的心灵中继续存在下来。然而，最后，科学的观念，“一切自然现象都归结为数学概念和力学概念”（第222页），必然会盛行。神话日渐消除（第225页），但是，甚至科学，由于其力与物质的二元论，也仍然受到“实体化”的支配。

维尼奥利最后详细分析了在做白日梦、做梦、谵妄、幻觉的状态中我们的想象力的异常活动，和它们与投射的“普遍规律”的关系。正是在这里，他在他的体系中为绘画艺术的起源分配了一席之地（第271页）。实体化导致了“客观化”——导致了艺术。它的起源与魔法施展密切相关，因为人也赋予人工图像以生命和“虚拟的因果关系”（第276页）。如果我们探究我们的心灵，我们就必须承认，我们仍然赋予图像以*numen*[神灵]，我们仍然接近原始人。我们对于肖像的态度只能由对图像与人的同一性的模糊信念来解释（第278页），甚至真正的美学观照也仍然要求我们做出那种“投射”的行动，它是原始心灵的基本反应。难道我们不是常常听说过分详细的描绘对艺术有害吗？这个美学原理难道没有表明，我们都仍然

模糊地意识到我们需要根据自己的想象对外部印象做些补充吗（第279页）？甚至在建筑和音乐中，我们也发现了这种从原始魔法象
71 征到移情作用的投射的乐趣这一微妙的象征的进化（第280页及下页）。维尼奥利以一种得意的乐观主义的口气结束，期待着科学与自由的胜利。

在维尼奥利的书中，使瓦尔堡着迷的无疑是派给恐惧情绪在投射过程中的中心角色。瓦尔堡太熟悉这种情绪了。在他的一生中，他有过多次焦虑发作，这常常与国外流行病的报告息息相关。他本人在日记中提到了这些疾病恐怖的状态，他试图克服这种发作。因此，维尼奥利将人类进化看作理性对于非理性恐惧的胜利一定使此书对于瓦尔堡弥足珍贵。动物或者原始人的恐惧是由于将一种强有力的原因或者意志不很正确地投射进任何被观察到的运动中，这种对原因的投射——瓦尔堡称之为“原因设定”［Ursachensetzung］——成为他的思想的基础之一。他收集了关于一种艺术心理学的片断，其格言反映了这一专注：“你是活的但不伤害我。”（Du lebst und tust mir nichts.）我们将生命投射进艺术图像，但是我们不必害怕它们；它们仍然隔开了一段距离。

无疑在与瓦尔堡个人有重大关系的另一个问题——宗教问题上，维尼奥利同样是有启发作用的。身为一个虔诚的犹太教家庭的成员，瓦尔堡很快使自己摆脱了宗教与仪式主义，这令他的父亲悲伤不已。1888年秋，他匆匆写下了一部宗教史的大纲：

(A) 以一种任意的、不可预知的方式让人们感到其威力	(A) Persönliche Götter, deren Macht willkürlich und unberechenbar

的诸人格神——为特定目的的献祭。	eingreift—Opfergabe von Fall zu Fall.
(B) 一个人格神，稳定地实行统治，愤怒但可以得到调解——明确规定的和定期的献祭。	(B) Ein persönlicher Gott, stetig herrschend, zornig, aber versöhnbar—fest vorgeschriebene regelmässige Opfergaben.
(C) 基督，上帝是爱。圣保罗［St. Paul］的拒绝：献祭的粗野的感觉方面：献祭与仪式（律法）被从日常生活中排除；余留下来的是祈祷和一些仪式、洗礼、圣餐礼。	(C) J. Chr., Gott ist die Liebe. Ab- Paulus: stossung des grobsinnlichen Theiles der Opferhandlungen: d. Opfer, die Ceremonie (das Gesetz) aus dem täglichen Leben. 72 Es bleibt das Gebet und einige Ceremonien, Taufe, Abendmahl.
(D) 上帝在我们心中：日常工作和礼拜仪式一样。	(D) Gott ist in uns: Tägliche Arbeit eines mit Gottesdienst.

（《片断》，1888年9月4日）

后来的笔记再次将这个进化等级与焦虑的问题联系起来。异教信仰由于其特定的献祭由恐惧而引起，缺乏任何安全感。犹太教凭借持续不断的献祭获得了一种安全感。基督教凭借它的精神献祭和它将工作奉为神圣而获得了同样的安全感。科学世界观最终不用献祭就获得了一种安全感，因为它将生活与工作都视为神圣。

我们已看到，在瓦尔堡暂住佛罗伦萨师从施马尔索期间，当他最初构思学位论文的主题之时，这些他长期思考的问题也在他的思想中显得十分突出。正是在那个时期，另一本书进入他的视野，将他从维尼奥利那里引向他的更伟大的导师查尔斯·达尔文。瓦尔堡在佛罗伦萨的国家图书馆看到了达尔文的书《人类和动物的表情》[*The Expression of Emotion in Animals and Men*]，他在日记中写道：“最后有一本书帮助了我。”也许他在这里提到的帮助是一种直接的帮助。施马尔索曾要他的学生对马索利诺和马萨乔的作品中对面部表情的把握日益熟练这一情况进行分析，达尔文的书提供了一套词汇和许多观察资料。但是瓦尔堡也为达尔文的伟大著作的总的教导做好了准备，即这样一种假定，人类的表情动作可以在进化链条中追溯到动物的有目的的动作。皱眉曾经用来保护正在搏斗的动物的眼睛。进化意味着动作与其直接冲动的区分和分离。我们的面部表情是曾在生物学上有用的行动的象征性残余。

如果这些书为这名学子提供了科学心理学的背景，另一位富有创造力的思想家则帮助瓦尔堡在心理学和文化研究之间建立了联系。那位思想家就是美学家弗里德里希·特奥多尔·菲舍尔[Friedrich Theodor Vischer]，宽泛文化的黑格尔派哲学家，1887年，他为纪念E.策勒尔[E. Zeller]的文集撰写了一篇论文《论象征符号》[“The Symbol”]。与黑格尔形成对照，在黑格尔的美学中，
73 “象征符号”一词局限于对一种观念的神秘暗示，只应用于缺乏希腊人所取得的古典的明晰性的古代东方的艺术，而菲舍尔主张更宽泛的用法。

他提醒我们，在其最初意义中，象征符号是表现别的事物的一个视觉图像。它与文学形象有许多共同之处，但是有一个重要差异：文学形象是明确的。它使用诸如“如”或者“像”等词将“图画”与“意义”联系起来，“他声音如雷”。在散漫的言语中，隐喻

又迈进了一步。它放弃了明确的比较，似乎将内容与形象相同一，“他的声音在雷鸣”。但是仍然有上下文在指导我们，帮助我们了解在哪里隐喻结束，而对字面意义的应用开始。

在其视觉徽铭的最初意义中，象征符号很接近谜语。图像与意义之间的联系往往是纯粹约定的。狮子常常“意味着”宽宏大量，不过狮子并不是真的因这一性质而引人注目。在某种意义上，这个象征符号的意义总是“不适当的”（如黑格尔已看到的那样）——因为即使狮子是宽宏大量的，它无疑还是除此之外的许多事物，而象征符号只挑选了它决定要代表的其中某一个性质。离开明确的上下文，单独的象征符号就总显得意义模糊。

但是，这些逻辑探讨并不能使我们对象征符号的本质有多少了解。我们必须探询是什么将象征符号与其意义联系起来。在菲舍尔看来，这个问题不是逻辑问题而是心理学问题。可以凭借清晰的推理或者凭借梦幻般的联想建立联系。重要的是对这些联系进行分析。

象征符号与意义之间的最初联系不是一种理性约定的联系。它是在宗教中，尤其是原始宗教中建立起来的“隐晦的和不自由的”联系。图像与意义相混淆是这一阶段的特点。图像是理性词语的代替物，被当作它要表示的对象。我们处于魔法认同的领域。公牛由于其力量与生殖力而成为力量和生殖的象征符号。除此之外，在原始的心灵看来，它的图像与这一意义相同一。

菲舍尔举了一个假设的例子来说明他的观点。他论证说，如果一个原始部落注意到蝴蝶从蝶蛹中“复活”，为了获得它的生存能力而吃蝶蛹，就会成为一种神圣的仪式。从进化论的观点看，这

74 是使用象征符号的第一个和最原始的阶段，在这个阶段，将符号与它所表示的事物相同一是毫无争议的。这是在圣餐中犹存的关于象征符号的“圣礼”观点。吃圣饼不仅是一种象征的行为，圣饼不再“代表”基督的身体，它已与基督的身体相同一。因此，对信教的人们来说，象征符号与其意义的区分并不适用。

菲舍尔从对宗教的讨论又转到艺术领域。在我们与往昔的神话象征符号、与诗歌的神明和英雄的关系中，菲舍尔识别出类似柯尔律治［Coleridge］的“自愿中止怀疑”的事物。即使我们不将靡菲斯特［Mephistopheles］看作魔鬼，至少也将其看作邪恶的象征符号。除此之外，当我们被审美经验迷住之时，我们便心甘情愿地不去质疑我们是否把这些象征符号当作了现实。

菲舍尔会将感情误置的整个范围归入“隐晦的”象征与“明晰的”象征之间狭小的昏暗区域。在比较的行动中，在感知到“险恶的”雷声的瞬间，我们并没有意识到将一个图像与一种意义联系起来。此处对隐喻的这种草率接受，有些像在宗教象征符号中观察到的魔法认同，只是我们随时都能认识到象征符号与所表示事物的两重性。

我们不必跟随菲舍尔去阅读关于移情的长篇讨论，它构成了他的令人兴奋的论文的很大一部分。他将人们的注意力吸引到谢奈尔［Scherner］所发现的梦的象征，并将皮德里［Piderit］所讨论的面部表情的象征纳入同一个范畴。如果我们在听到令人不快的事情时做个苦脸，我们就仿佛它带有苦味一样对待这条消息。我们将苦的具体味道与不愉快的事情的性质相联系，却没有意识到这种象征行为。此处象征符号与意义也是融为一体的。在行文中，菲舍尔最后不再考虑他所称的寓言的“明晰的”象征及其约定的标志。他的论文的目的实际上是主张他的黑格尔式的泛神论，它试图在象征的可能性中发现“精神”与“自然”的一致性的标志。但是这些思索并没有吸引瓦尔堡。对他来说重要的是为图像研究增加一个新的维度这一事实。如果不了解它在这些坐标中的位置，对一个象征符号的任何分析都不会是完整的：我们必须知道象征符号与被象征的意义之间究竟是如何建立联系的，我们也必须知道这种联系是建立在哪个心理层面上的。我们处于魔法认同或者相貌认同的领域，处于理 75
性约定的明晰范围，还是处于这两极之间的那一大片*terra incognita*［未知领域］，在这片领域中梦幻般的混淆与理性的辨别似乎在争夺优势？

卡莱尔的《旧衣新裁》是瓦尔堡一生都珍爱的一本书，瓦尔堡在书中发现了一些警句般的话，谈到了象征符号的本质这一主题。在瓦尔堡的研究中，菲舍尔对象征符号的本质所做的系统的与历史的研究由这些话做了补充。卡莱尔扩充了这个词的意义来包含人类全部的精神活动。他在开头说，“在许多用绘画制作的徽征［Device］中，或者简单的印章徽铭［Seal emblem］中，最普通的真理也以新的强调得到显示，从而向我们凸显出来”，但是他很快扩充了这个词的应用范围：

> 人被象征符号……所引导和指挥着，因象征符号而感到快活，感到苦恼。他到处都发现自己被象征符号所包围着，已辨

认出或者未辨认出：宇宙不过是一个巨大的上帝象征符号；而且，如果你想这样说的话，人本身除了是上帝的象征符号还会是什么呢……他所建造的不是一间小屋，而是一种思想的有形体现，而是带有对无形事物的有形记载，而是在先验的意义上，既是真实的又是象征的。

……不是我们的逻辑的、适合测量的能力，而是我们的想象能力，是统治我们的国王……人正是自觉地或者不自觉地在象征符号中或者通过象征符号生活、工作和拥有自己的存在……

然而，关于象征符号，我更进一步说，它们既具有外在的价值又具有内在的价值；最经常的只是前者。例如，农民在他们的农民战争［Bauernkrieg］中……作为旗帜高擎的打过补丁的鞋中有什么呢？*这些丝毫没有内在意义：只有外在意义；作为或多或少神圣地团结起来的大众的偶然的旗帜……然而透过这一切或多或少闪烁着一种神圣的观念；正如透过军旗本身，闪烁着神圣的责任观念、英勇无畏的观念……

然而，当你的象征符号具有内在的意义时，那就是另一回事了，其本身就适合人们团结在它的周围……一切真正的艺术品都是后面这一类：在它们当中……你会辨别出永恒穿透时间而显现，神圣事物被描绘为可见的。（《旧衣新裁》，第三卷，第三章）

---

* 1524年爆发的德国农民战争中，农民秘密组织“鞋会”的旗帜上画着一只农民的鞋子。——译者

这样，卡莱尔和菲舍尔的神秘的非理性主义还是稍稍引起了瓦尔堡的兴趣。他通过这些作者已经从象征中辨认出非理性事物在人类文化中仍然极为接近表面层次。分析并解释既渗透在宗教中又渗透在艺术中的这种形式的非理性主义是一种科学的“文化心理学”的任务。于是，瓦尔堡的笔记继续围绕着一项自我强加的任务：将 76
这些活动纳入一种进化论的体系，它能从理性的、联想主义的方面仔细分析和解释人类的非理性反应。

在这样做时，瓦尔堡在一场辩论中明确地支持一方，当时这场辩论正引起美学研究者的兴趣。浪漫主义的黑格尔派哲学家（菲舍尔就是其中之一）遭到实证论者的反对，实证论者希望从科学的方面解释人类的想象。

赫尔曼·西贝克［Hermann Siebeck］是这场辩论的一名参与者，他的著作《审美观照的本质：对美和艺术的理论的心理学研究》［*Das Wesen der ästhetischen Anschauung: Psychologische Untersuchungen zur Theorie des Schönen und der Kunst*］（柏林，1875年）对瓦尔堡的术语产生了一些影响。西贝克是赫尔巴特学派的追随者，他的著作相当冗长而又缺乏创见，目的是解释移情作用的现象。他寻找这种审美经验所特有的一种联想类型。在审美行为中，我们并不将我们看到的对象与我们对它的用途或者对它的科学本质的了解相联系。我们所涉及的图像的组合或者集合体是表现的组合或者集合体。仿佛它具有一种表现意义一样，我们由此观看自然或者艺术中的形式。换言之，我们赋予它一种附加的观念（Zusatz）。审美统觉是一种特定形式的联想。我们把图像组合为一个有意味的整体。[①]

但是，此处和往常一样，瓦尔堡没有放弃他从蒂托·维尼奥利和达尔文那里学到的观点。他一直关注心理机能的生存值。我们在如下的一些笔记中发现了维尼奥利的观点的回声：

人对对象的知觉可区分为两个时期：

1. 任何活着的事物都被假设为充满敌意，能够行动和追逐，因此相应地占据一个位置。
2. 对任何活着的事物，都检查其行动、本能、力量的限度。原来人不仅是食肉兽，而且是懒惰的生物。

In der Betrachtung der Dinge lassen sich zwei Perioden unterscheiden:

1. Alles Lebende wird als feindlich sich fortbewegend und verfolgend angenommen und daraufhin zu diesem Stellung genommen oder.
2. Alles Lebende wird auf seine Gebundenheit in der Bewegung untersucht: Gesetz, Kraft. Man kommt dahinter, dass der Mensch ausser Raubthier auch ein Faulthier ist.

（《片断》，1890 年 9 月 14 日）

77 标题为“感叹词，比较，判断”［Interjection, Comparison, Judgement］的笔记可以使人们了解瓦尔堡为将每一个语言范畴纳入这个体系所做的努力（瓦尔堡编号的相反顺序暗示了总是被假定的进化顺序）。

① 西贝克徒劳地探索格式塔［*Gestalt*］的概念，而这个概念本来会使他的著作明白易懂得多，看到这一点是不无趣味的。

III.“松树是树”——通过将其限制在一个判断中而将个别的生物描绘为无害的。	III. Die Tanne ist ein Baum—das Einzellebendige gebunden an ein Urtheil und dadurch unschädlich gemacht.
II.“松树像人”——将个别的生物与另一个个别的生物联系起来（它希望保护自己；它像我一样，因此是无害的）。	II. Die Tanne ist wie ein Mensch—das Einzellebendige wird an Einzellebendiges gebunden (das sich erhalten will, das wie ich ist, nur deshalb unschädlich).
I.“松树！”这里的这棵！束缚于某个反复出现的感叹的兴奋状态，因此被约束。	I. Tanne!—Das da! An eine bestimmte Interjektive (Gleichmässigkeit d. Empfindung) gebunden und hierdurch gebunden.

（《片断》，1891年1月8日）

在证实他的观点的过程中，瓦尔堡发现了一个专门的逻辑术语，似乎有希望将艺术家的活动与科学家的活动结合起来。1891年在斯特拉斯堡的冬季学期即将结束时，他必须在齐格勒教授的哲学研讨班上阅读一篇关于康德哲学的论文，这篇论文使他对范围规定［Umfangsbestimmung］这一术语有所了解。在它的上下文中，这个词的意思是对一个类别的范围的规定。1891年3月，瓦尔堡画了一个简图，围绕三个个人A、B、C画了一个圆，如那时他正确地注意到的，“A是跛足的；A、B和C是岛民”。岛民的范围与跛足者的范围不同。有非跛足的岛民和跛足的非岛民。德语中表示范围的词是Umfang——按照字义，是“周长”或者“轮廓线”——瓦尔堡后来的许多笔记都尝试将对轮廓的艺术描绘，即对一个对象的确定，与这种逻辑操作相等同。

这一令人惊讶的等同的确有些道理。毕竟我们在描述我们在儿童画或者在原始艺术中发现的那种一棵树或者一个人的概要的简图时谈到“概念图像”。也许有人认为，这样一幅概要的图画涉及树或者人的整个范围，与写实主义的肖像不同，写实主义肖像涉及的是一个特定的个人。这一论点不是没有自身的缺陷，但是瓦尔堡一
78 定正是在这个方面看到了这个词的应用前景。他从乌泽纳和维尼奥利那里学会了将Ursachensetzung［原因设定］看作人类心灵的基本反应之一，现在这个词又有了作为他一生使用的术语之一的范围规定一词与之相伴。人们越来越将艺术与用来支配环境的心理活动相等同。

在这种将艺术看作心灵与现实相妥协的手段之一的概念中，我们也许可以察觉对康拉德·菲德勒［Konrad Fiedler］的哲学的效仿。菲德勒也关注“起源”与进化问题。他的重要著作《艺术活动的起源》［*Der Ursprung der künstlerischen Tätigkeit*］已于1887年出版，瓦尔堡的藏书表明他在那年购买了此书。但是不同于希尔德布兰德［Hildebrand］和他的追随者沃尔夫林［Wölfflin］，瓦尔堡从未完全接受菲德勒的观点，这种观点断然摒弃刺激与反应间的二元性。姿势与语言不仅是表现性的而且是创造性的这一观念，在瓦尔堡的自然主义的人的哲学中没有充当决定性的角色。他可能从菲德勒那里吸取的是姿势与视觉艺术是一种支配现实的手段的这种观点。

现代读者在阅读瓦尔堡所写的那些片断时一定会想到，在他的体系中为创造性想象所留的空间是多么小。在瓦尔堡看来，耽于幻想似乎对于镇定和清醒具有潜在的危险。个人的影响与理智的影响再一次似乎相互作用。因为进化论心理学的整个倾向必然将想象看

作敌对的力量，若要取得朝向理性的进步，就必须驯服这股力量。

瓦尔堡在斯特拉斯堡大学时的教师亚尼切克在他的论“文艺复兴时期意大利的社会与艺术”［Society and Art in Renaissance Italy］一书中已明确地系统阐述了这种态度。[①]我们在书中读到，想象赋予任何一个对象生命和个性：

> 但是，甚至最精深的想象其本身在艺术上也不是富有成效的。只有平添了艺术的超然态度后才会如此。这是将自我与内在观念世界相分离并允许它和这些观念相对抗的力量……超然态度的天敌是情感；它帮助一种个别的强有力的观念取得对整个内在世界的专横统治，最终破坏这种观念与自我的观念的区分。因此，世界的状况越是易于引起个人的激情，如果自我不想被内在力量的汹涌波涛所淹没，那么，需要艺术的超然态度的程度也就越大……

在这种解释中，想象的支配和冲动的支配在科学的超然态度 79

① 《文艺复兴时期意大利的社会与艺术》［*Die Gesellschaft der Renaissance in Italien und die Kunst*］，斯图加特，1879年，第29页：Doch auch die intensivste Phantasie ist noch nicht als solche künstlerisch produktiv; sie wird es erst, wenn die künstlerische Besonnenheit hinzutritt. Diese ist die Kraft, welche das Ich von der inneren Gestaltenwelt scheidet, es ihr gegenüber stellt ... Der natürliche Gegner der Besonnenheit ist der Affekt; er hilft einer einzelnen Vorstellungsmacht zu tyrannischer Herrschaft über die ganze innere Welt und vernichtet schliesslich die Scheidung dieser und der Ich-Vorstellung selbst. Je mehr deshalb die Weltverhältnisse angetan sind, das Individuum leidenschaftlich zu erregen, eines um so höheren Masses künstlerischer Besonnenheit bedarf es, das Ich in den Wogen innerer Kräfte nicht untergehen zu lassen ...

与道德控制的双重理想中融合起来。在他师从齐格勒在斯特拉斯堡大学所上的美学课程中，瓦尔堡也遇到了这种观念，在他的一生中，这一观念对他一直十分重要。我们读到，柏拉图主义者“在他面前看到希望得到的对象，但是他并不屈服于要抓住它的反射。冲动与抓之间的停顿被延长”(... sieht das zu erwerbende Object vor sich, aber er greift nicht sofort reflexmässig zu. Die Pause zwischen Antrieb und Zugreifen wird vergrössert) [①]。

正是瓦尔堡的老师尤斯蒂在论柏拉图哲学中的美学元素的早期著作中强调了这种学说。[②]因此，难怪它继续吸引了瓦尔堡。在他看来，艺术是与那些抑制的、控制的问题不可分离的，他的研究和他的经验都已教导他将这些问题看作是十分重要的。

人们做出了种种尝试，要在侵犯他们心灵的那些杂乱的令人惊恐的印象中获得秩序与超然态度，所有这些尝试其本身都是靠不住的；人被混乱、被恐惧所包围，而艺术活动可能带来的平静和由科学的因果关系的解释所达到的理性一样不稳定。艺术家要做到使一个描绘现实的图像稳定而清晰，必须以具有超然态度为前提，而这种超然态度就像科学家的不带偏见的分析一样罕见。适用于艺术家的事物也适用于图像的观看者。超然与理性的心灵能够解读对运动中的形象的再现，根据经验对先前的和随后的情景做出补充。正是

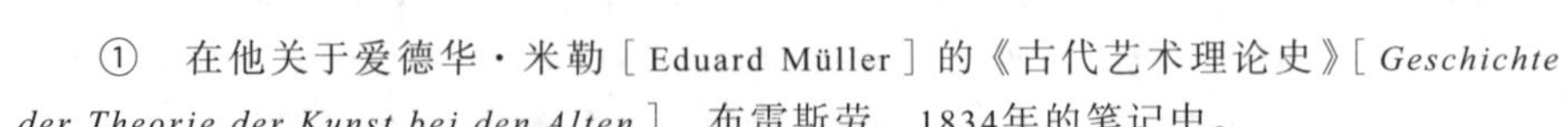

① 在他关于爱德华·米勒［Eduard Müller］的《古代艺术理论史》［*Geschichte der Theorie der Kunst bei den Alten*］，布雷斯劳，1834年的笔记中。

② 《论柏拉图哲学中的美学元素》［*Die ästhetischen Elemente in der platonischen Philosophie*］，马尔堡，1860年，第75页。

观看者的记忆，储存于他的心灵中的种种联想，使他有可能进行这种理性重构。在瓦尔堡看来，这种理性的行为胜过轻率的联想，凭借这种联想，我们往往赋予任何装饰形式以“运动”。他将后面这种反应与移情作用相联系，从而将其与原始恐惧相联系，那些原始 80
恐惧将威胁生命的模糊感觉投射进任何一个可被看作正追逐而来的食肉动物的形状中去。

那时他已偶然读到伟大的建筑师和装饰研究的先驱戈特弗里德·森佩尔［Gottfried Semper］的一篇文章。此文尝试对装饰（包括珠宝）的种种形式进行先验的分类，这种分类对附着的装饰和活动的装饰进行了区分。森佩尔认为，后面这种类型通过它的运动将表明佩戴者的活动方向，也表明他的移动速度。“飘动的衣饰、丝带等适合年轻的和女性的体形”，而沉甸甸的、静止的衣服“强调了一个庄重的人物的严肃的情念”（Gar leichtes flatterndes Bänder- und Schleifenwerk ziemt sich für jugendliche und weibliche Formen, wogegen dieser Schmuck, wenn er die passende Stimmung erhält, den ernsten Pathos, das Gravitätische der Gestalt hervorhebt ...）。森佩尔接着思索了装饰对于确定重点部位的重要性，这些重点部位充当了对于“作为具有意志者”的人的注意焦点。[①]

推理的语言与模式显然为瓦尔堡树立了模仿的榜样，我们发现，瓦尔堡在许多笔记中用“直接性”的观念及其对“意志”的影响进行实验。他希望借以将维尼奥利关于运动构成了一种潜在威胁的这

① 《论珠宝的形式规律及其作为艺术象征的重要性》［*Über die formelle Gesetzmässigkeit des Schmuckes und dessen Bedeutung als Kunstsymbol*］，苏黎世，1856年，第14页（重印于《短论集》［*Kleine Schriften*］，1884年）。

种观念，与对“无害的”运动的乐趣所做的解释结合起来，由此可以毫不畏惧地对“无害的运动”进行观照：

关于艺术品是向观看者移动的充满敌意的事物的假定。寻找一个起点和目标。花饰：明确的起点，漫无目标或者与外界隔绝——无害的运动的乐趣。

Annahme des Kunstwerkes als etwas in Richtung auf den Zuschauer feindlich Bewegtes. Suchen nach Ausgangspunkt und Ziel. Schnörkel: Fester Ausgangspunkt, ziellos oder in sich Zurückkehrend—Freude über das ungefährlich Bewegte.

（《片断》，1890年8月27日）

瓦尔堡为做出简洁陈述颇花了一番力气，由此可见，要将所有这些现象归到一个标题之下困难重重。幸运的是，当他在一封新年致函中求助于他的“同志”玛丽·赫兹时，他也试图以一种更易于传达的形式表达它们，他在信中解释了他所关注的那些问题：

81 艺术是如何成为装饰性的，这个过程如何有机地来源于艺术的本质？花饰为什么令我们喜悦？为什么在艺术成为装饰性的时候我们就谈到艺术的衰退？这是否也许来源于我们通过设想理由和原因而与外部世界相妥协的方式，在这个过程中，艺术创作

Wie wird die Kunst ornamental, und wie ist dieser Vorgang (organisch) im Wesen der Kunst begründet? Warum gefällt uns der Schnörkel? Warum sprechen wir vom Verfall der Kunst, sobald sie ornamental wird? Ist es etwa in der Art, wie wir uns mit der Aussenwelt durch Annahme von Grund und Ursache auseinanderzusetzen

不过是我们使外部世界的种种现象变得井然有序的尝试中的一个特殊阶段？这就会意味着，有些人立刻就指明某个确定的人是起因，并满足于这一解释，凡是比这些人更爱思考、更谨慎和更犹豫不决的人，都具有某种艺术家的风度？

因此，不太愿意指明某个确定的事物为原因，然而其次又感到有一种与知觉对象融为一体的愿望，这无疑是艺术家具有的特质。但是这个矛盾如何才能得到解决？……也许最好通过提出这样一种假定：艺术创作是向设想理由和原因的第三个阶段过渡的一个阶段，在第三个阶段设想的理由和原因可能是科学的理由和原因。

versuchen, in der Weise begründet, dass die Kunstproduktion nur eine besondere Stufe in diesem Ordnungsversuch den Erscheinungen der Aussenwelt gegenüber bildet? In der Weise zu denken, dass der, welcher besonnener (klüger, zögernder) ist als der, welcher gleich auf eine bestimmte Person als Urheber hinweist und sich dabei zufrieden gibt, schon etwas vom Künstler hat?

Also: erstens, etwas weniger rasch fertig sein mit dem Hinzeigen auf ein Bestimmtes als Urheber und zweitens, doch wieder die Lust, im Gegenstande aufzugehen, dies gehört doch wohl zum Künstler? Wie aber lässt sich dies Widersprechende verschmolzen denken ... Am besten doch so, dass die Kunstproduktion die Durchgangsstufe zu einer dritten Stufe, der Grund- oder Ursachensetzung bildet, etwa der wissenschaftlichen?

（1890年12月15日）

玛丽·赫兹在她情绪激动的复信中表示，不希望她自己作为艺术家的活动被降到一个更低的进化阶段，瓦尔堡在写于1890年年末的一封信中急忙打消她的疑虑：

至于有序化的种种阶段，我认为，这些阶段最初是以某种顺序获得的，但是现在却依照个人性情而同时使用。至于这些形式的秩序对于某个特定目的的适宜
82 性，绝不能肯定……更高的阶段（即后来达到的阶段）就一定总是更有效的。因此，艺术家绝非被剥夺了他们延续的生存权；相反，就其功能而言，应将他们理解为社会躯体中的一个特定器官。

... Was die Stufen im Ordnungsversuch angeht, so denke ich mir dieselben ursprünglich in einer bestimmten Reihenfolge erworben, jetzt aber nebeneinander, je nach dem Temperament der Menschen in Gebrauch ... Ist aber die höhere (zeitlich später erworbene) Betrachtungsweise durchaus nicht die zu allen Zeiten zweckmässigste, so ist damit den Künstlern das Recht zur dauernden Existenz entfernt nicht zu nehmen, sondern vielmehr als Funktion eines bestimmten Gliedes an dem Körper unserer Gesellschaft zu begreifen.

（1890 年 12 月 31 日）

但是，尽管他的笔记本写满了一般概念的越来越概要的排列，这些一般概念要用来界定和解释人的整个心理活动，然而关于波蒂切利的论文也在进展。人们会记得，那些曾经激发主题选择的一般问题，最终在发表的版本中占有一席之地的寥寥无几。不过那令人惊讶的结论——结论中将波蒂切利的风格归咎于他缺乏超然态度和道德素质——却把人们带回到瓦尔堡十分强烈地希望解决的那些心理学问题。

他研究的是历史情境的细节，而他实际上曾经希望解决的问题却具有一般性，两者间的这种一分为二继续折磨了瓦尔堡多年。“四个论点”反映了他的“片断”的风格与思维方式。在他出版的

第一本著作中，他通过将“四个论点”附加到自己的那些历史论文中，试图至少向公众表明他是一名艺术想象的心理学家。[①]很难说清瓦尔堡是否希望人们看懂这些论点。科学家过去常常发表一些字谜游戏般的东西以确立一种优先地位，也许他更是从这种性质上看待这些论点的发表的。甚至在今天，在了解了它们的背景后，“四个论点”的一些特点仍然有些神秘。第一个论点相对简单一些：

I. 在自律的和不朽的艺术中，对附加的平添活力的种种形式所做的艺术处理，是由个别情境的充满活力的图像发展而来，这些图像最初是在现实中看到的。

I. Die künstlerische Handhabung mit dynamisierenden Zusatzformen entwickelt sich in der selbständigen “grossen” Kunst aus dem ursprünglich im einzelnen wirklich geschauten dynamischen Zustandsbild.

瓦尔堡所称的“附加的平添活力的种种形式”[dynamisierende Zusatzformen]是他在波蒂切利的艺术中研究过的那些飘动的衣饰和“运动中的附属物”。他在这段陈述中说，这些形式源于对实际看到 83
的真实运动的感觉印象。因此，它与构成了瓦尔堡的出发点的自然主义和联想主义相一致。

II. 艺术家实际上是在某种情境［context］中看到有关对象的，如果他脱离这个情境，他描绘

II. Die Abkehr des Künstlers vom wirklichen Milieu des Objekts erleichtert den dynamisierenden Zusatz; daher

① 《瓦尔堡文集》，第1卷，第58页［已发表的著作，2a］。

这些平添活力的附加物就更加容易。因此，这种情况首先出现在人们所称的采用象征手法的或者寓言化的艺术品中，因为在这些情况下真实的情境无论如何已被排除，"通过比较而排除"。	tritt letzterer bei den sogenannten symbolisierenden (allegorisierenden) Kunstwerken *zuerst* ein, da das reale Milieu bei diesen von vornherein in Wegfall kommt, "verglichen" wird.

换言之，如果艺术家画他从未见过的形象，寓意画或者神，他就不会受到来自站在他面前的静态的真实模特的感觉印象的妨碍。这些形象更容易与艺术家以往所看到的那些运动的图像记忆相融合。最后这段话——'da das reale Milieu bei diesen von vornherein in Wegfall kommt，"verglichen" wird'［因为在这些情况下真实的情境无论如何已被排除，"通过比较而排除"］——导致了瓦尔堡对与这些理想形象有关的象征符号与隐喻问题的研究。如果我将一个真实的狂怒的男子与狂怒［Rage］的形象相比较，除去在这个形象中已经寓言化的那些性质之外，我在这一比较中就排除了经验上属于这个男子的一切。因此，瓦尔堡在一番实际上十分玄妙却没有造成特殊困难的话中能够将"排除"与比较相等同。

第三个论点表明了同样的自然主义—联想主义的偏爱。

III. 存在着对一般的富有活力的状态的记忆形象，后来新的印象又与其相联想，那种记忆形象成为理想化的轮廓，它在创作	III. Das den neuen Eindruck apperzipierende Erinnerungsbild an allgemeine dynamische Zustände wird später beim Kunstwerk unbewusst als idealisierender

艺术品时被不自觉地投射出来。

Umriss projektiert.

Apperzipierend*一词是在某种意义上使用的，那种意义指向了赫尔巴特心理学。它意味着图像记忆与一种新的感觉印象相融合，这个新的产物——两种印象的结果，一种是以往的，一种是现今的——成为“理想化的”艺术品的轮廓。换言之，“理想化”，就它意味着与实际的知觉相偏离而言，在此被看作印象干涉的结果。

这个解释又应当有助于说明“四个论点”中的最后一个论点，84
它是其中最玄妙的：

IV. 艺术中的手法主义和理想主义只是艺术想象的自动反射的特例。

IV. Der künstlerische Manierismus oder Idealismus ist nur ein besonderer Fall des automatischen Reflexes der künstlerischen Einbildungskraft.

“手法主义”和“理想主义”，作为感觉印象在艺术家心灵中得到修改的两种艺术模式，在此被相提并论，并在这样的意义上被解释为艺术想象的“反射”的一种特例，即，被新的感觉印象从记忆中唤出的心理意象作用于这些新的图像并与它们相融合，如在前面的陈述中所描述的那样。

阅读这些简洁陈述时，对于其作者觉得他仍然缺乏工具来达到自己所设定的目标，人们不会感到十分惊讶。他力求创立的正是“一元论的美学”，即按照心理学对艺术所做出的解释。但是心

* 统觉，在上面的英译文中译为了联想。——译者

理学不能独立存在，倘要仍然是科学的，它就必须以对有机体对刺激的反应所做的解释为基础。瓦尔堡在这一时期有越来越多的笔记都尝试从“神经节”的神经活动和沿某些通路的“振动”的方面来简洁陈述这些反应。他向往一种“思维物理学”——“反射”的理论，并热切地注意到H. v. 施泰因［H. v. Stein］的《新美学的兴起》［*Entstehung der neueren Ästhetik*］（1886年，第321页）中的一段文字，这段文字预言了在美学中会发现“一些和引力定律一样强有力的定律”。

因此，他在提交论文后竟然离开斯特拉斯堡，到柏林师从艾宾豪斯教授［Professor Ebbinghaus］学习心理学课程，这是再自然不过的事情了。他的笔记表明，他学习了中枢神经系统的结构并参加了一个关于视错觉的研讨班。

在他那一代学者中，在发表关于艺术的学位论文后转向对人的研究，不止瓦尔堡一人。在英国，卡尔·皮尔孙［Karl Pearson］（1857—1936）在成为生物统计学研究的创始人之前撰写了一本《圣容之布》［*Vernicle*］的著作。推测瓦尔堡的生涯是否可能有过相似的转变是毫无用处的。取得博士学位后，他必须报告军事当局，使他感到极为惊喜的是，他被接收服役一年，这是给予学位获得者的特权。骑炮兵部队的任务并不繁重，瓦尔堡那一年写给家里的信
85 和他后来津津乐道的故事表明，他甚至有点喜欢这段经历，因为这段经历迫使他控制住了焦虑情绪。他的论文于他在卡尔斯鲁厄时发表，那时他正在军队中，有些人对这类事情感到担忧，他几乎觉得十分奇怪。这种反应有一种自嘲的成分，但是它也揭示出瓦尔堡看待他的学术追求的矛盾心理。

从军的一年无疑对他的生活产生了影响，稍许造成生活的中断。他在1893年10月退役时27岁，却没有清晰的事业规划。过了一段时间他去了佛罗伦萨，再一次试图在那里定居，但是没有迹象表明他打算立即继续他对波蒂切利的研究。他在日记中频频谈到抑郁症和荒废的时日。在佛罗伦萨很容易消磨时光，因为在这个城市有趣的人比比皆是——简直是知识分子聚居区，来自德国和英国的临时来访者使其膨胀。但是，几个月后，一个偶然的发现为他提供了他恰如其分地称作“平衡杆”的事物，即一个研究项目，这个研究项目使他能够在抑郁症的深渊上走起了钢丝。

盛大庆典研究

瓦尔堡发现的是国家图书馆［Biblioteca Nazionale］一本专门论述戏剧表演的书中的一组由布翁塔伦蒂［Buontalenti］所作的素描。那时，布翁塔伦蒂的作品并未引起人们极大的兴趣，因为手法主义时期在当时仍然颇受冷遇。但是这组素描由于与舞台和盛大庆典有联系，因此引起瓦尔堡的好奇。他很早就对布克哈特称作“从生活到艺术的过渡”的这种渐渐消失的意象形式感兴趣，1589年，在费迪南德·德·梅迪奇大公［Grand Duke Ferdinand de’ Medici］与洛林的克里斯蒂娜［Christina of Lorraine］的婚礼上曾安排过一次著名的盛大庆典，他决定利用这些素描对其进行重构。有几篇当时对这些庆祝活动的描述已为人所知，包括组织者之一巴斯蒂亚诺·德·罗西［Bastiano de’ Rossi］的描述；但是这里是一次尝试借助于视觉来源进行重构的机会，如瓦尔堡所写，这种事以前从未有人涉足。瓦

尔堡凭借其研究天赋，发现了许多与庆祝活动有关的文件，包括制作服装的裁缝们所开的账单。但是他没有以单纯的古物研究的方式
86 对待他的发现。他将注意力集中在主要的组织者乔瓦尼·德·巴尔第伯爵［Conte Giovanni de' Bardi］那里。德·巴尔第在音乐史中以改革者著称，他是一个团体的一员，那个团体与复杂的复调音乐进行了斗争，最终结果是，歌剧作为一种新的艺术形式应运而生。

初看上去，在那个苦境［galère］中遇到这位进步的艺术家在瓦尔堡看来令人感到惊讶。因为如读者很快发现的那样，瓦尔堡在很大程度上也存在当时普遍存在的对手法主义时期的偏见。如德·罗西所描述的第一个幕间剧［intermezzo］的方案在他看来是改革者必须与之战斗的一切事物的典型。它是对天体和谐的表现（图版9a），由舞台造型中的一大群拟人化形象、塞壬和行星来进行表演，这个舞台造型一定耀目而悦耳，但是它把一个过于博学的方案的，因此是“巴洛克风格的”方案的一切特征都表现无遗。德·罗西的描述需要读者去查阅柏拉图［Plato］和其他古典作家的著作，以了解将形象装扮起来的大量的表征，这些表征只有凭借渊博学识才能看懂。抒情的表现会被如此之多的细节所窒息。

但是瓦尔堡做这番分析，主要是用来衬托第三个幕间剧的“过渡”性质，它表现的是阿波罗斗巨蟒的场景（图版9b）。此处，情节为动作与表现提供了更多的余地，合唱曲更加独立，表演可以整个被设想为早期歌剧场景的先驱。但是，这个先进的舞台造型和那衰退的第一个舞台造型一样，也是对一个古典神话的重构。古典时代——这是瓦尔堡的结论——可以令艺术下降，也可以将艺术擢升。它可以为空洞的浮华与夸张地炫耀不相关的学识提供托

词，但是也可以对它做出重新解释，以便为对激情的真正表现提供手段：

不仅在无伴奏重唱歌曲的音乐中，而且在花费了发明家、艺术家和裁缝大量精力的外部装饰中摆脱巴洛克风格的矫揉造作，无疑是古典化的音乐剧改革［Riforma Melodrammatica］的主要任务之一。但是这种反应没有使人们远离古典作家；相反，佛罗伦萨人在古代作家那里搜寻许久，直至相信已在那里发现他们实际上只归因于他们自己的天才的事物——音乐悲剧［tragedia in musica］和宣叙调［stile recitativo］……它增强了佛罗伦萨人对古典遗产的尊敬，是古典时代影响史中一段值得注意的插曲。

Es war gewiss eine der Hauptaufgaben
der bewusst klassizierenden Riforma
Melodrammatica, den barocken Schwulst der
Intermezzi nicht allein in der madrigalesken
Musik, sondern auch in dem äusseren Apparat,
der, wie wir sahen, so viel Spannkraft der
Erfinder, Künstler und Schneider in unwichtige
Äusserlichkeiten aufgehen liess, zu beseitigen.
Das führte nun nicht zur Abkehr von den antiken
Schriftstellern; sondern—ein schönes Zeichen 87
für die Pietät der Florentiner und zugleich
merkwürdig für die Geschichte des Einflusses
der Antike—man suchte in ihnen treulich weiter,
bis man zu finden glaubte, was man doch nur
dem eigenen Genie zu danken hatte: die tragedia
in musica und den stile recitativo ...

（《瓦尔堡文集》，第1卷，第437页）［已发表的著作，3］

瓦尔堡的论文表面上关注一些素描、版画、描述和文件，其结构十分丰富，因此人们很容易忽略这段决定性文字的意义。此处和他先前关于波蒂切利的论文一样，瓦尔堡对一种历史情境的生动细节的迷

恋与他在理论上长期思考的事情相冲突。在某种意义上，他在两篇论文中都提出的问题已经是他要他的图书馆专门针对的那个问题：古典时代对于我们的文明的真正意义的问题。在这两篇论文中，答案都不意味着赞成“古典传统”。相反，古典时代遗留下来的元素总是被看作对人类价值观的潜在威胁，但是也被看作通向对它们的表现的潜在向导。后来瓦尔堡将会求助于“极性”［polarities］的浪漫概念来阐述古典遗产在西方文明中充当的这种不明确的角色。这个概念很适合表达他自己的心灵的张力和“极性”。

瓦尔堡的论文用意大利文在佛罗伦萨皇家音乐学院研究院［Accademia del Reale Istituto Musicale］的学报上发表，研究院已接收他为成员。但是困扰他的抑郁症卷土重来。他1895年年初匆匆记下的日记，主要内容就是对枯草热、对焦虑和情绪低落的抱怨。2月17日被说成“白痴的一天”［un giorno cretinissimo］，3月被说成“饱经折磨的一个月”。他在四处寻找一个新的主题，在下一个月他提到，他已构想出一个致力于研究“致辞”［Salutations］的计划，并且已搜寻人种学的相似之物，加上赫伯特·斯宾塞的意味深长的名字。这个条目十分重要，因为它预示了瓦尔堡在去考察美国印第安人的旅行中寻求与人类学接触的计划。

88 美国之行

瓦尔堡美国之行的直接起因是他的弟弟保罗的婚礼。1895年9月，参加婚礼的人们乘“菲尔斯特·俾斯麦号”［Fürst Bismarck］启程。史密森学会［Smithsonian Institution］的一名职员当时也在船上，此人认识印第安人拉·弗莱什［La Flèche］，这个幸运的机遇可能对鼓励瓦尔堡寻求那家著名机构的指导起了作用。近三十年后回顾往事时，瓦尔堡也透露了他的一些更深刻的动机：

外表上，在我的心灵的表面，我要首先列出这样一条原因，对美国东海岸上的文明的无知非常令我不快，于是我决定前往华盛顿造访史密森学会，以考察实物并进行科学研究。这是东部各州的大脑和科学良知，在这里我真的发现了土著研究的先驱赛勒斯·阿德勒［Cyrus Adler］、霍奇先生［Mr. Hodge］、弗兰克·汉密尔顿·库欣［Frank Hamilton Cushing］，尤其是詹姆斯·穆尼［James Mooney］（不要忘记纽约的弗朗茨·博厄斯［Franz Boas］），他们使我认识到史前的和“野蛮的”美洲在世界范围的重要性。因此我决定访问美国西部，它既是现代的创造，又有着西班牙-印第安的较低的阶层。

Äusserlich im Vordergrund meines Bewusstseins würde ich als Ursache angeben, dass mich die Leerheit der Zivilisation im östlichen Amerika so abstiess, dass ich eine Flucht zum natürlichen Objekt und zur Wissenschaft auf gut Glück dadurch unternahm, dass ich nach Washington fuhr, um die Smithsonian Institution zu besichtigen. Sie ist ja das Gehirn und das wissenschaftliche Gewissen des östlichen Amerika und ich fand hier in der Tat zunächst in der Person von Cyrus Adler, den Herren Hodge, Frank Hamilton Cushing und vor allem James Mooney (mit Franz Boas in New York), Pioniere der Eingeborenen-Forschung, die mir die Augen für die weltumfassende Bedeutung des prähistorischen Amerika und ‘wilden’ Amerika öffneten. So dass ich mich entschloss, das westliche Amerika sowohl als moderne Schöpfung wie in seinen spanisch-indianischen Unterschichten zu besichtigen.

还必须加上浪漫的冲动；即这样一种欲望，要从事一次比到目前为止人们所承认的更有男子气概的活动。在闹霍乱期间，我没有像我的弟弟以及我的爱妻一家那样继续留在汉堡，这种羞耻与烦恼的情绪仍然在我心中徘徊不去。

此外，我已对美学化的艺术史真心地感到厌恶。对于图像的形式研究方法——对它作为宗教与艺术之间的产物的生物学
89 的必要性缺乏理解——……在我看来只会导致无聊的舞文弄墨……

Der Wille zum Romantischen trat hinzu zum Willen, mich etwas mannhafter zu betätigen als es mir bisher vergönnt war. Es wirkte der Ärger und die Scham immer noch nach, dass ich in der Cholera-Zeit nicht wie mein Bruder und die Familie meiner lieben Frau in Hamburg durchgehalten hatte.

Ausserdem hatte ich vor der ästhetisierenden Kunstgeschichte einen aufrichtigen Ekel bekommen. Die formale Betrachtung des Bildes—unbegriffen als biologisch notwendiges Produkt zwischen Religion und Kunstübung— ... schien mir ein steriles Wortgeschäft hervorzurufen ...

（《蛇舞仪式》讲座草稿，1923年3月17日，第1页）

此刻也许应当提到一个影响，不过不容易准确说明。人种学的老前辈和柏林人种学博物馆［Völkerkundemuseum］的创建者阿道夫·巴斯蒂安［Adolf Bastian］当时大声疾呼，提醒所有对从心理学角度研究人类文明感兴趣的人，时日已经无多。世界各地的本土文化都在衰退，倘若现在不收集用于原始人研究的材料，它就会不可挽回地丧失。要理解巴斯蒂安在考虑这种可能性时那种焦虑不安的心情，就必须回忆一下他的方法论的偏爱。他提倡一种对文化的“归纳”式研究方法，他所说的“归纳”式研究方法指的是精心收

集资料。他认为，倘若人们将它们用于“观念统计学”并对在世界各地观察到的多种多样的事物予以最密切的注意，由这些资料就会产生一种人类心理学的新的学科。

巴斯蒂安的著述使用了激昂的辞藻，毫无控制地堆积了来自世界各地的资料，应用的是朴素的认识论，句法也不稳妥，因此众所周知是难以卒读的。实际上，在瓦尔堡的笔记中唯一提到巴斯蒂安之处似乎是一种自责，即，他的简练叙述是以巴斯蒂安的风格［style à la Bastian］写成的。[①]但是，瓦尔堡无疑很早就购买了巴斯蒂安的书，兰普雷希特的一名学生竟然不受这位为服务于文化心理学而进行野外考察的强有力的提倡者的影响，这是不可思议的。

由于他有种种关系，瓦尔堡得到了种种重要的引荐，包括拿到了艾奇逊［Atchison］、托皮卡［Topeca］和圣菲［Santa Fè］之间的铁路的免费乘车证。尽管有人警告他说，冬季不适合去印第安人居留地进行这种旅行，他还是于11月中旬动身去芝加哥和丹佛，要在整个12月和1月都暂住在圣菲和阿尔伯克基［Albuquerque］地区。
他曾不很认真地考虑过要赴日本，西海岸之行后，他放弃了这种想 90
法，而是回到亚利桑那州，用3月和4月的时间周游了印第安人的居住地。他于5月返回欧洲。

关于瓦尔堡生活的这段插曲，用英语发表的文字比关于他的工作的任何其他方面都要多；在F.扎克斯尔的《讲演录》［*Lectures*］中有一段关于这次旅行的叙述，带有插图[②]，瓦尔堡自己关于他在印

① 1896年11月21日为1889年的一个片断所做的页边注。

② 《瓦尔堡的新墨西哥州之行》［“Warburg’s Visit to New Mexico”］，《讲演录》，伦敦，1957年，第325—330页。

第安人中间的经历的讲座，是他的著述中唯一可找到英文版的[①]。但是，那次讲座是几乎事后三十年才发表的，因此在这里必须按瓦尔堡的著作的年代顺序处理。在目前的上下文中，必须将去普韦布洛人［Pueblos］和纳瓦霍人［Navahos］那里的短途旅行看作瓦尔堡为突破艺术史研究的狭隘领域所做努力的一个高潮。诚然，这次旅行的日志表明，在最初的几个月中，瓦尔堡仍然考虑调查装饰品，打算向当地的工匠询问某些图案的意义。但是，他对庆典活动和仪式很感兴趣，这也促使他搜寻这类表演。

在返程途中，他在奥赖比［Oraibi］成功地参加了一次为期三天的节日，那里的部落舞蹈和仪式给他留下了深刻印象（图版10c)。毫无疑问，关于这些仪式，尤其关于蛇舞，他先前读过和听到过许多（他没有亲眼看到过）。在这里，他终于与在乌泽纳的讲座中和维尼奥利的体系中扮演重要角色的那个“原始人”面面相对；在这里，他可以观察象征符号在一种仍然充满魔法信仰的文化中的功能，从而证实F. Th. 菲舍尔的观念的正确性。蛇不只是闪电的符号。它与闪电融合为一个梦幻般的观念；支配蛇就是支配闪电、雨和雷暴。

在1月27日写于圣菲的皇宫酒店的一篇笔记中，我们发现他在仔细思考这些联系，重提了菲舍尔对吃蝶蛹以保证复活的部落仪式所做的假设的说明。普韦布洛印第安人的宗教行为表明了“原始人”对外部世界的“因果关系的”反应的本质。

---

① 《关于蛇舞仪式的讲座》［“A Lecture on Serpent Ritual”］，《瓦尔堡研究院院刊》［*Journal of the Warburg Institute*］，第2卷，1939年，第277—292页［已发表的著作，34］。

普韦布洛宗教的仪式行为揭示出在“原始人”（即仍然不能区分他们的自我与外部世界的人们）中因果关系观念的本质特征。感觉印象的“物质化”。

I. 具体化（医学魔法）

II. 身体内向投射（动物，模仿）

III. 身体的附加（工具的象征）

IV. 身体的添加（带装饰的陶器，实际上属于III。）

我相信我已最终发现了我的心理法则的公式，我自1888年以来就一直搜寻它。

Bei den religiösen Handlungen der Pueblo-Indianer zeigt sich der wesentliche Act im
kausalen Verhalten des “Primitiven” (d.h. 91
zur subjektiven Differenzierung unfähigen Menschen) zur Aussenwelt. Die ‘Verleibung’ des sinnlichen Eindrucks.

I. Einverleibung (medizinischer Zauber)

II. Hineinumverleibung (Thier, Nachahmung)

III. Anverleibung (Geräthsymbolik)

IV. Zuverleibung (ornamentale Töpferei, eigentlich zu III.)

Ich glaube, ich habe den Ausdruck für mein psychologisches Gesetz endlich gefunden; seit 1888 gesucht.

这段重提是富有特色的。在某种意义上，适用于大多数观察者的也适用于瓦尔堡。他看到了他曾希望看到的事物。作为一名笃信不疑的进化论者，他在新墨西哥州的印第安人那里看到了与异教信仰阶段相当的一个文明阶段，古希腊随着理性主义的曙光而将异教信仰阶段丢在了后面。[①]正是这一信念说明了对印第安人仪式的经历对于瓦尔堡的重要性。这次经历使得“异教信仰”在他看来生

① 对美国印第安人与古希腊人进行比较具有漫长的历史，可追溯到温克尔曼和其他18世纪的作者。参照F. J. 泰加特［F. J. Teggart］，《历史的理论与进程》［*Theory and Processes of History*］，伯克利和洛杉矶，1941年，第94页及下页。

动而真实。他是身为一名“文化心理学家”而非身为一名人种学者到来的。当然，人种学无论如何在史密森学会的专家们稳妥的掌握之中，他们了解瓦尔堡看到其村落的那些印第安人的语言和部落组织。但是，他对象征心理学的一般兴趣促使他设计出一个具有惊人独创性的实验。在旅行将近结束时，他请基姆斯坎宁［Keam Canyon］的一位教师让孩子们图解一个小故事，故事中发生了雷暴。他希望看到孩子们会怎样表现闪电。他的期待没有落空。尽管大多数已美国化的孩子使用了现代常用的锯齿形线条，在14名男孩中却有两名以带箭头的大蛇的形式描绘了闪电（图版10a）。

瓦尔堡在此试图调查的当然是人们是如何“想象”闪电的，他寻找心理图画，即画背后的观念［Vorstellung］。他的这种取向无疑
92 是追随了他的老师兰普雷希特。实验本身是否与兰普雷希特对儿童画的兴趣有关，这更难决定，四年后，兰普雷希特才向所有人种学者发出呼吁，要他们系统地收集儿童画，他正计划在莱比锡组织一份档案，这些画将存放在这份档案中。

这个实验预示了瓦尔堡对储存在一个文明的“记忆”中的象征符号所具有的潜能的兴趣。但是他从未考虑过要写一本书来详尽阐述他在印第安人中所做的这次短暂观察或者任何其他的短暂观察。他在返回汉堡后所做的事情不过是将他买来的物品赠送给人种学博物馆，并在摄影学会举行了一次讲座，展示了这次旅行中所拍的快照。①

① 这些画在展览“作为艺术家的儿童”［*Das Kind als Künstler*］上展出（汉堡，美术馆，1898年），并有瓦尔堡的注释（目录，第17、32页）。

当代艺术

瓦尔堡利用他在美国的经历撰写的唯一出版物所涉及的不是人类学，而是美国的现代运动。在旧金山，瓦尔堡曾与19世纪90年代涌现的“小杂志”之一——《云雀》[*The Lark*]的编辑们有联系。他致信德国新艺术运动的主要杂志《潘》[*Pan*]的编辑，建议刊登一篇关于这家美国期刊的报道，编辑告诉他说，最好还是写一篇关于几家此类刊物的简短概述。关于在美国对世纪末的这些思考的简短报道是以赞同却又超然的态度撰写的（图版11a）。瓦尔堡挑选出来加以赞扬的是与这场颓废的运动保持批评距离的意识：“……一种强烈的幽默感，它可以真正地超越于问题之上，与放纵而消沉的世纪末的姿态进行了强有力而又生机勃勃的战斗……我认为，我们应为着他们过时的理想主义而向远西地区勇敢的战士们献上一句友好的鼓励话语。”(... ein starker Humor, der dem Leben wirklich überlegen ist, kämpft einen frischen, fröhlichen Kampf gegen die fin de siècle Pose selbstgefälliger Müdigkeit; wir schulden, denke ich, den tapferen Streitern im fernen Westen für ihren altmodischen Idealismus einen freundlichen Zuruf.)[①]

在19世纪末的上下文中来看，对颓废派艺术家的这一抨击是关 93
于对艺术的真正“改革派”的信念的表白，在他们看来，艺术仍然是启蒙与解放的工具。这些改革派在汉堡有一个强有力的支持者，叫阿尔弗雷德·利希特瓦克，他是美术馆馆长和艺术教育的先驱

① 《瓦尔堡文集》，第2卷，第577页［已发表的著作，3］。

者。瓦尔堡与利希特瓦克的关系有些紧张和不明确，但是，尽管他可能不赞成这位比他年长者的宣传方法，他却无疑也具有利希特瓦克对当代景观的观点和对印象主义与现实主义的偏爱。他本人与李卜曼十分熟识，曾在李卜曼柏林的家中进餐；他同样与另一位主要的德国印象派画家莱斯蒂科［Leistikow］有联系，当时他造访了莱斯蒂科的画室。

瓦尔堡支持当时的进步艺术家，他被拖入这些斗争，首先有一个引人注目的个人原因——他与玛丽·赫兹的持续的友谊。他狂热地向她求爱，但是双方的家庭都反对这宗教背景和社会背景迥然不同的两个人结为伉俪，他们所造成的重重困难也许是那些年瓦尔堡心态不宁的部分原因。但是，两人的联系始终不断，他为1896—1897年的除夕聚会撰写了一出短剧，它毫无恶意却又妙趣横生地说明了当时的境况。[①]它在艺术上稍微有些炫耀，但是，即使如此，它也很好地反映了我们从当时的剧作家那里所了解的紧张状况，如易卜生［Ibsen］和萧伯纳［Shaw］。此外，他在为玛丽·赫兹抄写的副本上匆匆写下一段笔记，表达了瓦尔堡在他的文章中所提倡的同样的“理想主义”：“正义、空气和光也要由现代派画家们享用，他们在节略性上取得了进步。”（Die Gerechtigkeit, Luft und Licht auch für die Moderne, Der Fortschritt in der Abkürzung.）

① 《汉堡人的艺术话题》［*Hamburger Kunstgespräche*］。这不是瓦尔堡作为剧作家唯一一次尝试，在这种尝试中，按照当时的时尚，他试图以戏剧形式表现代际冲突。现存关于短剧*Als ein junges Mädchen die Duse sehen wollte*（《当一位颇有教养的少女要看杜丝的一场演出时》）的一份不完整的草稿（1893—1894）。富有特点的是，剧中至少明显有说服力地争论了在《茶花女》［*La dame aux camélias*］中看到的控告少女一案。

最后这句话由这出剧做出了解释，因为问题是艺术家进行简略、进行“缩写”的权利——李卜曼在他关于图画是“省略的艺术”的定义中所表达的将绘画简化为要素的做法。

剧中的主要人物是一位年轻的印象派画家，已与一名富有的有产阶级家庭的少女订婚，她傲慢的叔叔对自己颇具鉴赏力而感到自 94
豪，却讨厌一切“现代货色”。安德斯·左恩［Anders Zorn］的一次蚀刻版画展让叔叔特别恼火（图版11b）。他简直无法理解，这种丑陋不堪、混乱一团的胡涂乱抹怎么会被当作真正的艺术。艺术家试图解释，左恩对线条做了节略，这本身就是他风格上的进步。不懂得这一点的人们简直就看不出来。这番话说得这位叔叔无法下台。他向艺术家提出要求，要进行一场竞赛，检验一下谁的眼光更好一些。艺术家解释说，叔叔的眼力也许太好了，他看到了太多的细节，而这些琐碎的细节对一个风景的情感基调造成危害。叔叔改变了他的理由，声称现代派画家强调基调和薄雾，真有些病态。他希望看到令人愉快的、优美的事物。艺术家对他说，任何一个艺术家都不会从没有令他陶醉的印象中有所收获，必须教育公众。

现在甚至少女的母亲也提出异议；那些画她是付了钱的，她劳累了一天，疲惫不堪地回到家里时，为什么就不该让她看到友好的、令人愉快的景象。她喜欢诸如《母亲的幸福》［*Maternal Bliss*］之类的画。艺术家嘲笑了这种趣味，他现在支持勃克林［Böcklin］和克林格尔［Klinger］，人们却对他说，他们的一些作品完全不适宜，不能在任何有孩子的体面家庭的住宅中张挂。他认为，歌德的《浮士德》［*Faust*］也不是完全适宜的，艺术是为希望理解生活的那些成熟的、精力充沛的人们而存在的，人们觉得，他的这一观点令人震惊。公众应当监督艺术仍处于它的传统边界内。

人们已经按捺不住自己的脾气，一场危机正在步步逼近，此时，艺术家拿来一件礼品，以平息他未来的姻亲心中的怒气。他将他的一幅画送给叔叔。那是叔叔曾不赞同的印象派风景画，但是现在对一次野餐所做的精细描绘为此画增添了光彩。叔叔认为这种对“汉堡趣味”的让步是一个巨大的改进。现在，画中不仅有“气氛”，而且令人愉快的观念使眼睛和感官感到快活。但是，与此同时，画家低声告诉他的未婚妻，他赠送的画只是一件复制品。他仍然保留着未遭到损害的原作。

这份个人文献非常出色地揭示出的是，艺术问题、社会问题和道德问题在当时是如何交缠在一起的。现代主义等于解放，是与扬扬自得的有产阶级狭隘而沉闷的环境的战斗。那些妨碍瓦尔堡求
95 爱的习俗也妨碍了艺术的进步。在审美态度、社会态度和道德态度之间无法划出界限。文明是一个整体，正如人类心灵是一个整体一样。

很遗憾，甚至个人生活的问题和学术的问题也似乎是一个整体。他是一个没有职业、没有普通的事业前景的人，尽管他出身于一个富有的家庭，但缺乏实际的前途也一定是他的未婚妻的显贵家庭需要考虑的问题。有人说他曾谋求在基尔［Kiel］的讲师职位［Dozentur］，他的日记也讲述了不可避免的反应：“我缺乏恰当完成任何职责的能力；我已经断然地决定，我不适合做编外讲师［Privatdozent］。”（Nicht mehr die Kraft irgend welchen Pflichten zu genügen. Endgültig entschieden: ich tauge nicht zum Priv. Doz.）（1897年1月12日）

1897年5月，他赴巴黎一个月，试图在对瓦卢瓦壁毯［Valois Tapestries］和上面所表现的宫廷庆祝活动的研究中找到一个“道德的平衡杆”——他在30年后才发表这项研究。8月，他赴英国约4周，在那里见到了悉尼·科尔文［Sidney Colvin］和沃尔特·克兰，并在萨沃伊剧院观看了《艺妓》［*The Geisha*］。同时，7月，他的个人问题最后总算赢得了胜利：他宣布了与玛丽·赫兹的婚约。10月，他们的婚礼在汉堡举行，随后在佛罗伦萨安家，10年前他们就是在那里初次相遇。

第六章　返回到对佛罗伦萨的研究 96
（1897—1904）

文艺复兴艺术：莱奥纳尔多

1897年秋，瓦尔堡夫妇在佛罗伦萨建立家庭，直至1902年1月，他们至少在冬季的几个月中继续在那里居住。佛罗伦萨与其说是一个意大利城镇，不如说是一个世界性城镇。那里不仅有一大批美国与德国的作家、艺术家和史学家，而且有一大批英国的作家、艺术家和史学家。瓦尔堡在日记中匆匆写下的文字和他的书信表明，尽管他常常感到心情沮丧，他们的社交生活却十分繁忙，与那个圈子的许多著名的成员都有联系。有德国艺术史家海因里希·布罗克豪斯［Heinrich Brockhaus］，他不久就被任命为佛罗伦萨德国艺术史研究院院长，这是瓦尔堡感到浓厚兴趣的一个文化中心。还有佛罗伦萨的史学家R.达维德松［R. Davidsohn］，瓦尔堡经常与其晤面；还有小说家伊索尔德·库尔茨［Isolde Kurz］和雕塑家阿道夫·冯·希尔德布兰德，他的艺术和他的理论对他那一代人具有很大的吸引力。当然，瓦尔堡也见到了他并不喜欢的贝伦森［Berenson］和他很尊敬的赫伯特·霍恩［Herbert Horne］。他与荷兰的作家-哲学家A.若勒和比利时艺术史家雅克·梅尼尔［Jacques

Mesnil］建立了亲密的友谊。此外，他还必须招待许多来佛罗伦萨度假的过路的客人、亲戚、朋友和朋友的朋友。

瓦尔堡出入于这个圈子，这个事实不仅具有传记意义。他一定日复一日地听到人们关于佛罗伦萨艺术的谈话，这些谈话既充当了一种兴奋剂，也充当了一种强烈的刺激物。他在笔记中写满了关于“有教养的游客”及其对往昔艺术的看法的讽刺性评论。这种愤怒情绪使瓦尔堡的著述略具争辩性，这种争辩性使他的解释更加犀利，很像他在最后发表的版本中常常试图将这些关于热门议题的评论的语气缓和下来一样。

97 即使如此，瓦尔堡于1898年发表的第一篇文章也显然是因他对那种流行的唯美主义感到厌倦而写的，那种流行的唯美主义将波蒂切利挑选为它的偶像之一。身为一本论波蒂切利的专著的作者，瓦尔堡迫切希望人们不要将“他的”波蒂切利与拉斯金和沃尔特·佩特［Walter Pater］的那些读者的波蒂切利相混淆，他们在乌菲齐美术馆［Uffizi］中拥挤在这位艺术家的《尊主颂》［*Magnificat*］周围。他论证说，他们寻求的是萎靡不振的画家，他的忧郁心情迎合了他们自己的颓废的放纵情绪。[①]而寥寥几个聚集在《春》前面的人却在寻找这位艺术家的不同的特性。[②]他们知道，画家作为梦幻者的现代形象很不适用于洛伦佐统治下的佛罗伦萨的一位大师。他们在波蒂切利对古代的重现中看出一位勤于思考的艺术家为丰富他的形式语汇、为凭借理性探索这种不适当的工具取得一种新风格所

---

① 《瓦尔堡文集》，第1卷，第64页［已发表的著作，5］。

② 《瓦尔堡文集》，第1卷，第65页。

做的自觉的努力。[①]

提到不适当的工具有些令人惊讶，但是这既不与瓦尔堡的更早的解释不一致，我们可以设想，也不与他对当代艺术的感受不一致。在瓦尔堡写作的世纪末时期，学术理论简直满天飞，艺术家们试图通过这些理论取得一种新的风格。阿道夫·冯·希尔德布兰德本人就是其中之一。尽管瓦尔堡也许曾经怀疑这些理性工具的适当性，他却显然站在古典主义者一边而反对历久犹存的前拉斐尔派。他成为希尔德布兰德为汉堡所做的建筑项目之一的支持者，在1898年休假期间，他徒劳地东奔西走，争取人们接纳它。他完全支持革新派。

在1898年关于波蒂切利的论文中，瓦尔堡声明说他不希望那位画家得到颓废派的欢迎。正如他为其对这一时尚的冷淡态度及其“守旧的理想主义”而赞赏美国的“小杂志”一样，他也希望将15世纪从感伤心情的迸发中拯救出来。那时刚刚发现了一封当时的信，将波蒂切利的艺术描述为具有一种**男子气概**［aria virile］，这完全适用于他的书。正是文艺复兴的这一方面对他具有吸引力。

但是这里还要提防另一种流行的误解并与之进行斗争——布克哈特的见解的庸俗化形式，它在文艺复兴中看到了个人主义的胜利并喜欢“绝对恶棍”的形象，即一个无拘无束、无忧无虑的人，人 98
们已将其视为尼采的“超人”。我们不时地会见到瓦尔堡对“度复活节假期的超人”的抨击，他们比萎靡不振的审美家更使他恼怒不已。

① 《瓦尔堡文集》，第1卷，第68页。

对于兰普雷希特和尤斯蒂这位先前的学生来说，有一件事情显而易见：如文艺复兴这样一个时期是不能用任何简单的套语来概括的。无论发生了什么事情，都只能是种种复杂的矛盾倾向的结果，弄清和了解这些矛盾倾向是真正的史学家的职责。1899年，他为一家德国报纸撰写了悉尼·科尔文版本的《佛罗伦萨绘图编年史》[*A Florentine Picture Chronicle*] 的书评，这篇书评提供了一个良机，可以将人们的注意力吸引到这种复杂性上来。这部世界编年史的插图画家，瓦尔堡写道①：

……是他那个时代的产物；新与旧、神学所关注的事物与世间对生活乐趣的接受彼此斗争，但是他的世界观的独特之处是这样一个事实，中世纪与文艺复兴并非在激烈战斗，以争夺这位佛罗伦萨人的灵魂，而是两者都在平静地分享它。	... Er war ein Kind seiner Zeit, in ihm kämpfte Neues mit Altem, grübelnde Theologie mit weltzugewandter Lebensfreude, aber—und das ist das Eigentümliche seiner Weltanschauung—Mittelalter und Renaissance streiten nicht erbittert um die Seele dieses Florentiners, sondern teilen sich friedlich in ihren Besitz.

在这份文献中，正是表面上似乎不相容的态度的这种相容性令瓦尔堡着迷，并继续吸引他的注意力。圣经人物出现于伪古典的甲胄之中，对古典场面的表现就仿佛是对当代事件的图解②：

---

① 《瓦尔堡文集》，第1卷，第72页 [已发表的著作，6]。

② 《瓦尔堡文集》，第1卷，第74页。

一方面是“朴素写实主义”，它没有认识到现今与往昔之间存在的距离，认为描绘出这些生动的图像就能表现出往昔；另一方面是“古物研究的理想主义”，它要求服装与装饰要在某种程度上具有考古学上的精确性，认为要描绘再生的古代，这是必不可少的。佩塞洛［Pesello］和佩塞利诺［Pesellino］属于朴素写实主义一类，他们在箱柜［cassoni］上把那些来自异教神话的场景表现得宛若就发生在市政广场上（图版12a）；波蒂切利是第二类，即表现神话、研究考古学并以高贵风格作画的画家的先驱。

Auf der einen Seite der “naive Realismus”,
der keine Distanz zwischen heute und
der Vergangenheit gelten lässt und in den
leibhaftig erscheinenden Gestalten die
Vergangenheit zu erfassen glaubt; auf der
anderen der “antiquarische Idealismus”,
der eine gewisse archäologische Treue des
Kostüms und des ornamentalen Beiwerks als
wesentliches Merkmal des wiedererweckten 99
Altertums ansieht. Pesello, Pesellino gehören
zu der naiven Gruppe, die auf den Brauttruhen
Szenen aus der heidnischen Mythologie
malen, als trügen sie sich auf der Pizza della
Signoria zu; Botticelli ist der Vorläufer der
zweiten, der mythologisch-antiquarischen
Maler grossen Stils.

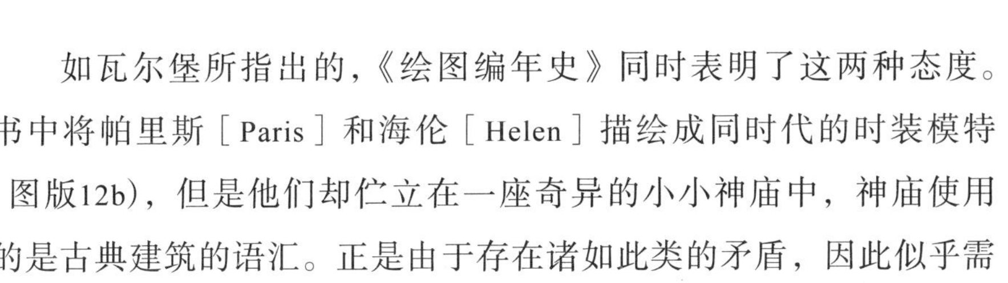

如瓦尔堡所指出的，《绘图编年史》同时表明了这两种态度。书中将帕里斯［Paris］和海伦［Helen］描绘成同时代的时装模特（图版12b），但是他们却伫立在一座奇异的小小神庙中，神庙使用的是古典建筑的语汇。正是由于存在诸如此类的矛盾，因此似乎需要人们对文艺复兴的发展的理解比任何一位艺术史家迄今所谈到的都要深刻。

在下一个十年中，瓦尔堡已发表的著作完全集中于向文艺复兴的过渡这个问题，以至读者往往很难看到他是如何解释文艺复兴发展的高潮的。因此，他在一系列关于莱奥纳尔多的讲座中提供了自己对一位文艺复兴大师的解释，而我们又拥有他为这些讲座所做的笔记，这是十分幸运的。

1899年在汉堡发表的这些讲座源于瓦尔堡的一种持续的愿望，他要找到工作和职业，以作为他对佛罗伦萨研究的平衡力。他向汉堡美术馆［Hamburg Kunstnalle］建议，他可以为美术馆收藏的一批遗赠的意大利素描编写目录，但是馆长利希特瓦克的态度并不令人鼓舞。他愿意为瓦尔堡申请一个永久职位，却不喜欢瓦尔堡所希望的那种松散关系，如果建立了那样的关系，那么，每当瓦尔堡觉得需要之时，他就可以继续在佛罗伦萨工作。那时，瓦尔堡又到基尔大学去过两次，想要申请编外讲师［Privatdozentur］的职位，而这两次造访同样令人失望。他觉得那里并不需要他。

但至少他希望向自己、向家人、向姻亲证明他会有所作为。于是，他于1899年秋在汉堡美术馆安排了关于莱奥纳尔多的系列讲座。这些讲座听众踊跃，大获成功。瓦尔堡很少写下所做讲座的全文，但是他通常写好开头和结论，以及一些更概括的评论的全部笔记。因此，即使这些笔记本身不适合发表，但是重构论证的要旨却轻而易举。

100 在发表关于莱奥纳尔多的讲座时，瓦尔堡履行了他在关于波蒂切利的学位论文中所做的承诺。在讨论关于运动的衣饰的话题时，他提到在莱奥纳尔多的《论绘画》中提出的建议，说的是如何表现“仙女或天使”，以及在风将服装吹得贴到身上时，如要展现四肢，艺术家应该模仿希腊人和罗马人的做法（第65页）。然后他声称，如果进行类似的研究，就会看到古代对比例准则的影响，对于这样的研究，莱奥纳尔多会是理想的见证人。[①]

结果瓦尔堡所谈更多。他在演说时不像在写作时那样拘谨，因此，在这些系列讲座中，他比在他已发表的著作中更多地透露出他的审美意识及他的艺术价值观。我们看到同样的“守旧的理想主义”在起作用，这种理想主义接受将文艺复兴盛期看作西方艺术的顶点这一传统评价。瓦尔堡看到，在莱奥纳尔多的“古典”阶段中，在《最后的晚餐》[*Last Supper*]和《蒙娜·丽莎》[*Mona Lisa*]中，已经达到了完美，正如瓦萨里时期以来人们在这些作品中看到的一样。实际上，正是由于这个原因，他更加急切地探询这种完美是如何达到的，大师在年轻时是如何顶住种种压力和佛罗伦萨艺术的种种矛盾倾向走出自己的道路的。

在第一次讲座中概述莱奥纳尔多的出身背景与学徒生活时，瓦尔堡尤其强调了这位伟大的艺术家抵御时尚诱惑的能力——波蒂切利却缺乏这种能力。莱奥纳尔多是

唯一能够以一种高度的表现性表现内心生活与外在生活而不屈服于线条手法主义、躁动不安的巴洛克风格的艺术家，自15世纪中叶以来，这种躁动不安的巴洛克风格就以分裂威胁着佛罗	Leonardo war eben der einzige, der im Stande gewesen wäre, das innere und äussere Leben im gesteigerten Ausdruck vorzustellen, ohne dem linearen Manierismus, der barocken äusseren Beweglichkeit zu verfallen, die schon seit der Mitte des XV.s als zersetzender

① 《瓦尔堡文集》，第1卷，第53页［已发表的著作，2］。

伦萨艺术。

Faktor die florentinische Kunst bedrohte ...

（《莱奥纳尔多》[*Leonardo*]，第1卷，第34页）

莱奥纳尔多在佛罗伦萨的学徒生活结束时——瓦尔堡概括说——拥有了两件东西：平静的内在美的意识和极迅捷的戏剧性骚动的意识。他将这两种性质完全和谐地结合起来，正是这一点成就了他的艺术奇迹。

101 有一段时期，意大利艺术已经受到这样一种危险的威胁，一方面，通过过分倾向于灵魂的平静状态而成为感伤手法主义的牺牲品，另一方面，由于偏爱过度的运动而倾向于一种使用粗糙轮廓线的装饰手法主义。在这个时期，莱奥纳尔多不允许自己随波逐流或者受到妨碍，并发现了表现心理状态的一种新的绘画手法……

In einer Zeit, wo die italienische Kunstentwicklung schon vor der Gefahr stand, durch den zu grossen Sinn für die ruhigen Zustände der Seele dem sentimentalen Manierismus einerseits und andererseits (durchstr.: dem barocken) durch Vorliebe für äusserliche übergrosse Beweglichkeit dem ornamentalen Manierismus der zerflatternden Linie zugetrieben zu werden, findet er unbekümmert für die Darstellung des seelich bewegten Menschen eine neue Vortragsweise.

（《莱奥纳尔多》，第1卷，第40页）

这一发展，如瓦尔堡在他的第二次讲座中所强调，绝非简单和不费力的：

倘若我们把他的发展想象为循着一条连续不断的直线，想象为一位具有反叛精神的天才的滑翔飞行，这位天才平静而充满蔑视地摆脱了往昔的文学和艺术的传统，傲慢地置实际生活的要求与观念于不顾，只是专心致志地要以闪电般的速度发展他自己的艺术语言，那么我们就会对莱奥纳尔多的个性产生非常错误的了解。相反，人们看到这位现代革命者注意到往昔与现今时的那种细致和认真的态度会感到吃惊。

Man würde von Leonardos Persönlichkeit ein ganz falsches Bild erhalten, wenn man sich seine Entwicklung gleichsam ungestört gradlinig aufsteigend dächte, als Aufflug des rücksichtlosen Genies, das die literarischen und künstlerischen Überlieferungen vergangener Zeiten in stiller Verachtung bei Seite lässt, und die Ansprüche und Ideenkreise des praktischen Lebens seiner Zeit vornehm ignoriert, nur darauf bedacht, pfeilschnell zu eigener Formensprache durchzudringen. Im Gegenteil: man ist erstaunt zu sehen, wie gewissenhaft sich dieser moderne revolutionäre Mensch mit Vergangenheit und Gegenwart auseinandersetzt.

（《莱奥纳尔多》，第2卷，第1页）

瓦尔堡提醒他的听众，莱奥纳尔多对中世纪作者们感兴趣，包括动物寓言集。身为盛大庆典的画师，莱奥纳尔多必须为寓言作插图，在瓦尔堡看来，就其“深奥的”象征而言，它们“仍然是中世纪的”。在此，如在关于1589年的庆祝活动的论文中那样，瓦尔堡也完全具有当时对于基本上“缺乏艺术性的”和“无聊的”徽铭传 102
统的偏见。他赞赏莱奥纳尔多的是他的这样一种能力，他能超越米兰的文雅环境对他提出的要求，并从不受妨碍的古典美的方面构思他的拟人化表现。像波蒂切利一样，莱奥纳尔多从随风飘动的和摆

动的衣饰的角度设想古典时代，但是不同于这位次要的艺术家，他也求助于威特鲁威比例的古典准则来创造与描绘一种美的理想。因此，莱奥纳尔多从智力训练的炼狱转移到在《岩间圣母》[*Virgin of the Rocks*]（图版13a）中达到的纯粹美的天堂：

中世纪艺术需要描绘传统的姿势，甚至需要画上带有铭文的纸卷，以使一幅画中的人物易于理解。文艺复兴艺术将自己从神学插图的工作中解放出来。要理解《岩间圣母》，我们对传统的要求只有这样一点：人的心灵和能够观看的眼睛。	Die mittelalterliche Kunst bedurfte der überlieferten Stellung oder sogar des beigefügten geschriebenen Wortes, um die Figuren im Bilde verständlich zu machen; die neue Kunst der Renaissance löst sich aus dem Dienstverhältnis der theologischen Illustration los. Um L.'s *Madonna in der Grotte* zu verstehen, braucht man vom Hergebrachten nur dieses: das menschliche Herz und Auge auf dem rechten Fleck.

（《莱奥纳尔多》，第2卷，第71页）

瓦尔堡对第二次讲座的概括，表明了他对莱奥纳尔多的发展所做的解释：

莱奥纳尔多向自己提出的问题——哪个更好一些，作画时师法古代还是师法自然；哪个更困难一些，画轮廓还是画明暗——直接把我们引到这位艺术家在米兰时期所经历的发展中	Eine Frage, die Leonardo an sich selbst stellte: Was ist besser, nach der Natur oder nach der Antike zu malen, oder was ist mühevoller, Profile, d.h. Umrisszeichnungen oder Licht und Schatten? führt uns mitten in den Entwicklungsprozess hinein, den L. in seiner Mailänder Zeit durchmachte, und

来，今天我试图尽可能地说明这一发展的几个阶段：它从一种线描的概念转移到纯粹的图绘的概念。

在掌握了运动中的人体的清晰的线条轮廓和对静止人体的清晰表达之后——部分是通过对古典侧面像的研究所掌握的——莱奥纳尔多转到迥然不同的问题。仿佛他已学会了一种语言的词汇与语法，此时在寻找一种缩写的和简明的表达方式，寻找一种新的句法。他不使用详细的描述性轮廓，而是寻找带有明暗的、简洁的、强调的符号……在他魔术师般的手下，虚幻的阴影成为表达手段，使得他能以其最微妙的细微差别强调或者隐蔽人体。

在他之前和之后，还没有人拥有同样的能力，可以将阴影用作一种沉寂的颜色，用作一种完美手段，来传达人们的内心世界，让人们通过他们的沉默来言说。

dessen Etappen ich Ihnen heute schlecht und recht darstellen wollte, nämlich: aus der zeichnerischen Auffassung zur rein malerischen durchzudringen.

Nachdem er den scharfen linearen Umriss des bewegten und die klare Gliederung des ruhenden Körpers—z.T. mit Verarbeitung der 103
antiken Profilmotive—wie wir gesehen haben zu handhaben schon gelernt hat, wendet er sich einer ganz anderen Frage zu; nachdem er gleichsam Wortschatz und Grammatik einer Sprache zu beherrschen gelernt hat, sucht er nach dem verkürzenden knappen Ausdruck, nach einer neuen Syntax. An Stelle der ausführlichen Umschreibung durch den Umriss tritt die kurz akzentuierte Bezeichnung durch Licht und Schatten ... die Beleuchtung.

Unter seiner Zauberhand wird der duftige Schatten zum Ausdrucksmittel, um die körperliche Erscheinung in den feinsten Abstufungen hervorzuheben oder verschwinden zu lassen:

Keiner hat vor oder nach ihm je so die Fähigkeit besessen, den Schatten, die schweigende Farbe so als adäquates Mittel anzuwenden gewusst, um das innere Seelenleben der Menschen mitzuteilen, sie schweigend sprechen zu lassen.

（《莱奥纳尔多》，第2卷，第74—77页）

沃尔夫林在前一年出版了一部著作，在第三次讲座中，瓦尔堡对那部著作中描述为“古典艺术”的事物提出了自己的见解。他再次将莱奥纳尔多的成熟作品，“平静心灵的产物”，与佛罗伦萨时期那些骚动的、不安宁的姿势相对比。“甚至在呈现出活跃姿势的瞬间，人体还保留着它自己的姿态的静态衬托物。”像沃尔夫林一样，但是无疑与他无关，瓦尔堡将莱奥纳尔多的《最后的晚餐》与卡斯塔尼奥［Castagno］的写实主义版本做了比较，卡斯塔尼奥的版本仍然缺乏集中与强调，正如吉兰达约［Ghirlandajo］的版本缺乏戏剧性动作一样。

他评论了莱奥纳尔多在众使徒中所使用的类型［types］与这位大师关于古典比例准则的一些习作的密切关系。古典图式现在成为个别描绘的基础，因而粗糙的人物性格描绘似乎不再与偶然的**特征**［traits］有关；我们觉得我们面临着这样一些人，他们属于柏拉图所
104 谈到的那种更高的现实。像沃尔夫林一样，瓦尔堡试图描述这位大师在他的《安吉亚里之战》［*Battle of Anghiari*］中明晰和高贵的风格。最后，他评论了莱奥纳尔多的肖像画，在这里，吉兰达约缺乏想象力的艺术再次为他充当了一个富有成效的衬托物（图版13b、14a）：

在文艺复兴早期的严谨的艺术中，被描绘的人物从不与观看者中途相逢；人物与观看者无关，即使朝画外看，也带着不可接近的冷漠表情。例如，在吉兰达约的一幅湿壁画中，托尔纳博

In der herben Kunst der Frührenaissance kommt die dargestellte Person dem Beschauer nicht entgegen; sie kümmert sich nicht um den Zuschauer, und wenn sie zum Bilde heraussieht, dann tut sie es mit abweisend kühler Haltung; Frau Tornabuoni z.B. auf den

尼夫人［Mrs. Tornabuoni］在一次庄严的贺喜拜访中走进房间，其双手与身体的姿势和蒙娜·丽莎如出一辙，头也同样朝向外面。但是她却全然没有蒙娜·丽莎那种平静、自由而稳固的人性，蒙娜·丽莎超然伫立，因为她理解这一切；相反，这是一位杰出人物妻子沉着持重的仪态，有些俗气而冷峻，她必须恪守礼仪，她只认识介绍给她的人。

Fresken des Ghirlandajo, hält zur feierlichen Visite in die Wochenstube hereinschreitend den Oberkörper und Hände ganz ähnlich wie die Mona Lisa; der Kopf ist herausgewendet. Aber sie hat noch nichts von jener heiteren, freien und sicheren Humanität der Mona Lisa, die sicher über allem steht, weil sie alles versteht, sondern hier herrscht noch die spiessige, herbe Abgeschlossenheit der Honoratiorenfrau, die auf gute Formen zu halten hat und nur kennt, was ihr vorgestellt ist.

（《莱奥纳尔多》，第3卷，第61—62页）

但是，如瓦尔堡通常的情况那样，这种对比可以用两种不同的方式来理解。在《蒙娜·丽莎》中所体现的那些艺术成就并非没有它们自己的危险：

在创造一种和蔼可亲的文雅的古典风格时，莱奥纳尔多已将艺术的欣赏置于一种不同的层次。这位艺术家使得观看者很容易产生一种移情作用。但是这种容易随之带来了严重的危险——友好的举止在绘画中

Leonardo hat mit seiner klassischen Stilisierung der entgegenkommenden Liebenswürdigkeit den Kunstgenuss auf eine ganz andere Grundlage gestellt. Dem Zuschauer wird die Einfühlung in das Bild erleichtert. Aber diese Erleichterung brachte die grosse Gefahr mit sich, dass die freundlichen Manieren im

十分流行，以致在莱奥纳尔多的弟子们中的机械重复必然导致了手法主义。	Bilde so beliebt wurden, dass sie von Schülern mechanisch wiederholt wurden, eben zu Manierismus führten.

（《莱奥纳尔多》，第3卷，第63页）

105 瓦尔堡在美国之行之前、期间与之后在笔记本中，写满了他在理论上长期思考的问题，表面上，在这些为讲座所做的笔记中，并没有什么东西将这些笔记与那些问题相联系。艺术心理学与神话心理学似乎已被推入不显眼的位置。但是，有些人在过去或者现在十分了解对于瓦尔堡来说非常重要的观念与价值观，在他们看来，一种纯粹的艺术史解释的出现是容易使人上当的。有一些能说明问题的话表明，在瓦尔堡看来，莱奥纳尔多通过炼狱抵达天堂的精神朝圣成了一种道德隐喻。如果说波蒂切利屈服于装饰运动的诱惑，莱奥纳尔多则摆脱了这种诱惑，采取了审慎［Besonnenheit］的态度，这个伦理学术语在德语中是用来表示希腊文*sophrosyne*［审慎］一词的确切含义的，意为抑制、超然、沉着。正是由于具有这种抵御冲动的刺激和时尚的压力的能力，莱奥纳尔多才能够取得他的那些杰作的经典风格。但是，如我们从瓦尔堡的结论所获知的，这种风格的取得，是在剃刀的刀刃上保持平衡的结果。它代表了从威胁着人的沉着的众多危险中，夺取的一个宝贵而又不稳定的瞬间。

关于仙女的片断

关于莱奥纳尔多的那些讲座十分成功，但是瓦尔堡在讲座之后并没有继续研究这位大师。传统的专题研究的形式，即探索一位艺术家的发展，没有真正地使这样一位史学家感到满意——他的兴趣在很大程度上集中于那位个体艺术家不得不宣称自己反对的趣味与时尚的非人的力量。瓦尔堡需要的是一批表明艺术家与环境间的相互作用的文献，而环境是伊波利特·丹纳采用的术语。瓦尔堡在当时援引最多的艺术史家，实际上是丹纳的一名追随者——欧仁·明茨［Eugène Müntz］，明茨在杰出的文献研究中曾探讨过历代教皇的和梅迪奇家族［the Medici］的赞助活动。佛罗伦萨15世纪末的环境对瓦尔堡具有特殊的吸引力，他的研究就是由那一时期开始的。那时伟大的佛罗伦萨赞助人几乎都是银行家，从洛伦佐本人到他的合伙人，托尔纳博尼家族［the Tornabuonis］、萨塞蒂家族［the Sassettis］、塔尼家族［the Tanis］和波尔蒂纳里家族［Portinaris］。当然，瓦尔堡本人就出身于一个银行家家庭，因此，在他看来，这些佛罗伦萨人的背景与他早年就已知晓的现代汉萨同盟城市的商业银行家的背景并非迥然不同。因此，瓦尔堡通过他们曾委托的作品 106
和他们的个人文件来研究的正是这些佛罗伦萨赞助人，以充分了解一个不但可以出现波蒂切利、吉兰达约，而且可以出现莱奥纳尔多和米开朗琪罗的环境的心理学。

但是，正是因为文化科学［Kulturwissenschaft］的吸引力非常强烈，要选择一个主题十分困难。瓦尔堡的学者气质使他不适合研究大幅画布上的绘画。不同于兰普雷希特甚至尤斯蒂，他需要一个精确的焦点，一个他可以将他的学识倾注其中的明确的问题。在关于波蒂切利的那些论文中，他最初曾试图在对那些“运动中的附属物”的研究中提出艺术史中的“进步”的整个问题，那些“运动中的附属物”似乎与日益趋近自然主义这一观念相抵触。现在他更加缩小焦点，以集中于一个单独的母题，那个身着飘动的衣服阔步行走的年轻女子，在整个他的先前的研究中，一直吸引住他的注意力，即他称作“仙女”的母题。

这一探究最初采取的形式实际上很可能受到“环境”理论的先驱伊波利特·丹纳的一段文字的启发。这段文字出现于丹纳的《意大利游记》[*Voyage en Italie*]。

在新圣马利亚教堂 [Santa Maria Novella]，有吉兰达约所作的一批湿壁画，是乔瓦尼·托尔纳博尼 [Giovanni Tornabuoni] 委托绘制的。在讨论这些湿壁画时，丹纳谈到形象类型“有些有产阶级的……单调乏味，缺乏宏伟的气魄……他给他们画上时髦的服装，半是佛罗伦萨的，半是希腊的，将对立物统一起来……并使古代与现代相协调……”：产生那些作品的社会本身就是“半现代半封建的”[demi-moderne et demi-féodale]。[1]

丹纳挑选出《圣约翰的诞生》[*Nativity of St. John*]（图版14a）中的一个形象，她似乎“une duchesse du moyen âge; près d’elle, la servante qui apporte des fruits, en robe de statue, a l’élan, l’allégresse, la force d’une nymphe antique, en sorte que les deux âges et les deux beautés se rejoignent et s’unissent dans la naïveté du même sentiment vrai” [是一个中年的公爵夫人，她的旁边是带来水果的仆人，身着雕像般的长衫，带有古代仙女的气势、欢乐与力量，于是两种年龄、两位美女会聚在一起，在天真无邪的真正意义上融为一体][2]。

① 前引书，第148页。

② 前引书，第149页。

这段分析，直到“仙女”一词，与瓦尔堡自己的方法是再接近不过了。只有“天真无邪”一词可能令他不快。他打算不是借助于轻而易举的套语，而是通过专心研究那种产生了种种风格的奇怪的混合物的环境，来解释在一个过渡时期明显迥异的态度间的这种冲突。

瓦尔堡向来觉得动笔写作并不是轻而易举的事，因此他一定
欢迎他的荷兰朋友若勒的一项计划，把“仙女”当作虚构的通信的 107
主题。通信的形式无拘无束，又不承担任何责任，这就会使作者能够尽情地插入一些离题的内容，以介于严肃与戏谑之间的语气探讨问题，任想象力最大胆地翱翔也不会显得不得体。瓦尔堡将这些信件的许多草稿保存在一个专用的文件夹中，这些草稿表明，这项计划已经进行了很长时间。作为一项文学计划，它注定要失败。诙谐与认真、审美热情与文献研究的成分并没有混合得天衣无缝。但是个别片断对我们却颇有价值，因为在这里，在他觉得没有学术出版物的严格规则的地方，瓦尔堡充分发挥了他的想象力。在某种意义上，关于瓦尔堡的个人思想的情况，这些片断使我们了解的比他的许多要严格自律的已发表的著述要多。

若勒以一封信开始了这番通信，这封信是要引出瓦尔堡的话。表述无疑是他的表述，但是那些观念却似乎主要是瓦尔堡的。若勒将它们付诸纸端是要帮助瓦尔堡阐述他的答案。托词是若勒爱上了吉兰达约的湿壁画上的“仙女”。

他描述了他在新圣马利亚教堂第一次见到她的情景，以及吉兰达约的《拜访产房》[*Visit to the Birth Chamber*] 的乏味的写实主义描绘与她的迷人身材的对比如何给他留下深刻印象。他描述了在做社交拜访的体面的佛罗伦萨贵妇们：

在她们后面，靠近那扇敞开的门，奔跑着——不，这个词不恰当，飞行着，更确切地说是盘旋着——我的梦幻的对象，它慢慢呈现出迷人的梦魇般的比例。一个极富魅力的形象——我应该称她为一名女仆，更确切地说是一位古典仙女吗？——走进了房间……戴着扬起的面纱。见鬼，难道就这样拜访病房，甚至还来贺喜吗？这种敏捷、轻盈和迅疾的步态，这种无法抗拒的活力，这种阔步行走，与所有其他形象的冷漠疏远形成对比，这一切意义何在？……在我看来，有时就仿佛是女仆用带翼的双脚疾
108 行于清澈的苍穹，而不是奔跑在真实的地面上……够了，我爱上了她，在随后的神魂颠倒的日子里我到处都看到她……在我一直喜爱的许多艺术品中，我发现了我的仙女的身影。我的状态变幻不定，有时做了一场噩梦，有时进入童话的境界……有时她是莎

Hinter diesen, gerade bei der geöffneten Tür läuft, nein fliegt, nein schwebt der Gegenstand meiner Träume der allmählich die Proportionen eines anmutigen Alpdruckes anzunehmen beginnt. Eine fantastische Figur, nein, ein Dienstmädchen, nein, eine klassische Nymphe, kommt ... mit weit wehendem Schleier ins Zimmer hinein. Aber der Teufel, das ist doch keine Manier, ein Krankenzimmer zu betreten, selbst nicht, wenn man gratulieren will. Diese lebendig leichte, aber so höchst bewegte Weise zu gehen; diese energische Unaufhaltsamkeit, diese Länge vom Schritt, während alle anderen Figuren etwas Unantastbares haben, was soll dies alles? ... Manchmal kommt es mir vor, als ob das dienende Mädchen anstatt auf den gangbaren Wegen zu laufen, mit beflügelten Füssen den hellen Äther durchschnellt ... Genug, ich verlor mein Herz, und in den vergrübelten Tagen die nun folgten, sah ich sie fortwährend ... so entdeckte ich denn in vielem, was ich in der Kunst geliebt hatte, etwas von meiner jetzigen Nymphe. Mein Zustand schwankte zwischen einem bösen

乐美［Salome］，在放荡的主公面前以致命的魅力翩翩起舞；有时她是犹滴［Judith］，迈着轻快的步伐自豪地、兴高采烈地持着被杀死的司令官的首级；然后她又似乎隐藏在小多俾亚［Tobias］的男孩般的优雅风度中……有时我在怀着崇拜的心情飞向上帝的撒拉弗［seraph］中，然后又在报喜的加百列［Gabriel］中看到她。我把她设想为在《圣母的婚礼》［*Sposalizio*］中表达着天真的喜悦的女傧相，又设想为在《屠杀婴儿》［*Massacre of the Innocents*］中面带死亡的恐怖正在逃跑的母亲。

……我失去了理智。在别的情况下本会很平静的场景，却总是因为她而充满了生机与运动。诚然，她似乎是运动的化身……但是做她的情人却非常令人不快……她是谁？她来自何方？我以前曾否与她谋面？我是说1 500年前？她是否出身于高贵的希腊血统，她的曾祖母是否与小亚细

Traum und einem Kindermärchen ... Bald war sie Salome, wie sie mit todbringendem Reiz vor dem begehrlichen Tetrarch angetanzt kommt, bald war sie Judith, die stolz und triumphierend, mit lustigem Schritt das Haupt des ermordeten Feldherrn zur Stadt bringt; dann schien sie sich unter der knabenhaften Grazie des kleinen Tobias versteckt zu haben ... manchmal sah ich sie in einem Seraph, der in der Anbetung zu Gott geflogen kommt, und dann wieder in Gabriel, wie er die frohe Botschaft verkündet. Ich fand sie als Brautjungfer bei dem Sposalizio in unschuldiger Freude, ich fand sie als fliehende Mutter bei dem Kindermord mit Todesschrecken im Gesicht ...

Ich verlor meinen Verstand. Immer wieder war sie es, die Leben und Bewegung brachte, in sonst ruhige Vorstellungen. Ja, sie schien die verkörperte Bewegung ... aber es ist sehr unangenehm, sie zur Geliebten zu haben ... Wer ist sie, woher kommt sie, hab ich sie schon früher, ich meine anderthalb Jahrtausende früher getroffen, ist sie von altgriechischem Adel und hatte ihre Urgrossmutter ein Verhältnis

亚人、埃及人或者美索不达米亚人有染？	mit Leuten aus Klein-Asien, Ägypten oder Mesopotamien ...?

（1900 年 11 月 23 日）

109 我们要重新体验若勒写这些文字时的心境，或者重新感受吉兰达约的湿壁画上的女仆形象对瓦尔堡及其朋友具有的吸引力，可能并非易事。即使我们考虑到若勒这头一封信使用的是半严肃半戏谑的风格，我们也发现他的评价十分奇怪。

人们觉得这次通信的性爱伪装不单纯是一种文学上的巧妙构思。这两位艺术研究者感到在这个形象中有某种事物是激情的体现。拘谨、刻板、“冷淡”的已婚妇女们和这位轻浮、脚步轻盈的少女之间的对比，不仅是作为身材的对比而吸引着他们。我们是在1900年，那是为着“新女性”、为争取解放［liberation］和解脱［emancipation］的斗争已经达到高潮的时期。将带子束得很紧以显得体面的风气和坚持自己在从事体育运动与跳舞时无限制的运动的权利的少女之间的对比，在当时是大家十分关注的话题。

在这场冲突中，服装问题十分突出。解放了的妇女摆脱了鲸须制品和硬领；她坚持自己这样一种权利，要穿自由飘动的服装，以及穿着这样的服装不是作为僵硬、沉闷的玩偶，而是作为活生生的人来运动。①

在艺术中对女性形象的描绘十分自然地被卷入这场冲突。1888

① 碰巧我们从瓦尔堡几年后的日记中知悉，他的夫人穿了一件“改良连衣裙”，而他对它的得体的问题非常敏感，因为一块白色布料（可能是衬裙）一直露出来，他们还“吵了一架”。（1905年5月17日）

年在慕尼黑举办过一次展览，瓦尔堡曾前往参观。展览中展出了阿尔贝特·塞弗特［Albert Seifert］所作的一幅平淡无奇的画，题为《夏季》［*Summer*］。在描述这幅画时，批评家路德维希·皮奇［Ludwig Pietsch］发表了一个长篇而激烈的演说，他说，画中的女子“根本无须遭受钢和鲸须的不自然的约束”，因此她的身体可以发育，“不受限制，不会损毁身体外形”。[①]

束缚与限制之间的联系十分明显，人们不会注意不到。而且身体用带子系得很紧确实不能自由活动，因此已解放的年轻女性希望分享户外生活与参加体育运动的要求，使人们注意到自由的、不受限制的运动这一问题。论行为举止的古老的书籍曾告诫女士们不要把手臂抬得高过肩膀，不要抬起肘部；步履轻快被认为不端庄，这几乎不言而喻。因此，甚至在世纪之交前后，那些幽默周刊仍然认
为骑自行车的少女或者打网球的年轻女性是一种令人愉快的有伤风 110
化的［risqué］主题。然而，过了不久，伊沙多拉·邓肯［Isadora Duncan］身穿松垂的服装、光着双脚的大胆表演，给公众的印象是一种新的行为准则的宣言。[②]

我们必须在这个背景下来看待瓦尔堡对行动迅疾的女性形象的反应。因此，在关于“仙女”的通信中的时代气息是明白无误的，但是它不应使我们无视这样一种可能，撰写此信时的特殊情境使他能够看得比我们今天看到的多。

瓦尔堡对若勒的情欲所做出的反应正导向他的个人取向的核

① 《慕尼黑周年纪念艺术展上的绘画》，慕尼黑，1888年，第2卷，第111页。

② 瓦尔堡观看了她的一次演出，讽刺性地评论了她的赤脚和“神圣的表情”。

心。在各种不同的草稿中，他把“仙女”说成是他捕捉不到的一只美丽的蝴蝶。

> 我曾捉住过的最美丽的蝴蝶突然穿过了玻璃，嘲笑地向蔚蓝的天空飞舞而去……现在我应该再次捉住它，但是我没有做这种活动的才能。或者确切地说，我想去捉，但是我的智力训练不允许我这样做。我也是出生于柏拉托尼亚［Platonia］，我想同你一起，在一座巍然高耸的山巅上观看思想盘旋飞翔；在我们的步履轻盈的少女走近时，我想满心喜悦地和她一起疾行而去。但是这种向上飞舞的运动我做不了。我往往只是回过头来，在毛毛虫中欣赏蝴蝶的发育过程。

> ... mein schönster aufgespannter Falter zerschlägt die Glasdecke und gaukelt spöttisch hinauf in die blaue Luft ... nun soll ich ihn wieder einfangen; auf diese Gangart bin ich nicht eingerichtet. Oder eigentlich, ich möchte wohl, aber meine wissenschaftliche Erziehung erlaubt es nicht. Auch ich bin in Platonien geboren und möchte mit Dir auf einer hohen Bergesspitze dem kreisenden Flug der Ideen zuschauen und wenn unsere laufende Frau kommt, freudig mit ihr wirbelnd fortschweben. Aber zu solchem Aufschwung ... mir ist es nur gegeben, nach rückwärts zu schauen und in den Raupen die Entwicklung des Schmetterlings zu geniessen ...

这段自白可以作为瓦尔堡的论文集的箴言。它实际上描述了他的研究的动力。他的中心主题总是美的解放，柏拉图哲学理想的飞升，但是他的学术良知并不认为狂喜和热情的表现是适当的手段。它迫使他“回过头来”，试图追根溯源，评价妨碍或者帮助了理想
111 的成长的那些力量。瓦尔堡极其崇拜古典风格，这就驱使他在档案

馆与图书馆中继续他的侦探工作。由于他迫切地希望了解它出现的条件，史学家的职责战胜了美的爱好者的兴致。

正是审美取向与历史取向之间的这种冲突构成了瓦尔堡所写的关于托尔纳博尼礼拜堂［Tornabuoni］湿壁画的草稿的真正主题。这个冲突在草稿中远未得到解决。瓦尔堡激烈抨击了当时的主要倾向，这就显露出他自己已卷入其中。他相信，从当时的浮浅的口号中并不能获得吉兰达约的秘密。瓦尔堡的愤怒再次降临到“复活节假期”的两类不同的游客身上。第一类是拉斯金的读者，前拉斐尔派，他们前来意大利寻找一种艺术，单纯而天真，一个田园诗般的世界，在里面可以逃避他们自己时代的问题；第二类代表更年轻的一代，戈比诺［Gobineau］和尼采的读者，陶醉于“超人”的观念，他们指望从文艺复兴这里寻求无限制的个人主义和感官享受的特许与模式，把它看作那些“赞成生活”的邪恶的“异教徒”的时代。瓦尔堡对这两种人都表示轻蔑：

现代的一位艺术爱好者萎靡不振，跑到了意大利，想让自己振作起来，面对着纷繁琐碎的写实主义绘画，他不屑一顾，带着审慎的微笑转身走开。拉斯金的教导使他走向修道院，走到一幅平庸的乔托派的湿壁画面前，在那里他一定在迷人的、完整而简单的14世纪作品中发现了自己	Mit dem diskreten Lächeln innerer Überlegenheit wendet sich der moderne müde Kulturmensch auf seiner italienischen Erholungsreise von so viel banalem Realismus ab: ihn zieht Ruskins Machtgebot hinaus auf den Klosterhof, zu einem mittelmässigen Giottesken Fresko, wo er in den lieben, unverdorbenen einfachen Trecentisten

的原始心性。吉兰达约不是那种
能使前拉斐尔派心旷神怡、水
声潺潺的田园小溪，也不是一道
富于浪漫色彩的瀑布，激励着
另一种类型的游客，一种在复
活节把《查拉图斯特拉如是说》
[*Zarathustra*] 揣在粗呢短斗篷口
袋里的超人，激励着他从那种疯
狂下落的飞瀑中寻找为生活甚至
为反抗政治权威而斗争的更大勇
气……生活给托尔纳博尼家族带
来沉重的压力，但是他们非常自
尊，不会将这一点立刻讲述给每
一位行色匆匆的游客。只有当他
112 静静地漫步，并对静静地探询他
们的命运不感到厌倦时，他们才
会允许他分享他们的生活的苦
难，而僵硬的锦缎和卢卡织物的
沉重的皱褶非常出色地将这些苦
难隐蔽起来。

sein eigenes primitives Gemüt wieder zu finden hat. Ghirlandajo ist eben kein ländlich murmelnder Erfrischungsquell für Präraphaeliten, aber auch kein romantischer Wasserfall, dessen tolle Kaskaden dem anderen Reisetypus des Übermenschen in den Osterferien, mit Zarathustra in der Tasche seines Lodenmantels, neuen Lebensmut einrauscht zum Kampf ums Dasein, selbst gegen die Obrigkeit ... Die Tornabuoni tragen schwer an sich selbst, aber sie sind zu stolz, um das jedem eiligen Wanderer gleich zu erzählen. Und erst dem, der schweigend verharrt und nicht müde wird, schweigend ihr Schicksal zu erfragen, den lassen sie ihr Leben mitleiden, das starrer Brokat und schwere Luccofalten so prächtig verhüllen.

瓦尔堡力劝他的通信者摆脱片面的审美取向：

把纯艺术享受的立场放弃片

Verlass einen Augenblick den rein

刻吧。奉献给圣母马利亚［Virgin Mary］的新教堂的唱诗班席的巨大墙壁不是天使般的舞蹈的场地，用于度过复活节假期，也不是疲惫的花花公子们富有浪漫色彩的废墟，有昏暗的角落可以藏身。它之于我们，即如它们之于今天的人们和艺术家们一样，首先应当是无足轻重的事。	künstlerisch geniessenden Standpunkt; die Riesenwände des Chores der Kirche zur neuen Jungfrau Maria sind keine Hallelujawiese für die Osterferien oder eine romantische Ruine für müde Raffinés mit helldunkeln Schlupfwinkeln. Was sie für den modernen Menschen und Künstler sind, sei uns zunächst gleichgültig.

对我们来说，在过了半个世纪之后，可能很难充分意识到隐藏在这些话背后的戏剧性的斗争，很难估计任何一个寻求对一个时期的平淡无奇的、严格基于史实的研究方法的人都要面临多么严重的困难，在世纪末的艺术爱好者看来，那个时期和15世纪一样被赋予了情感。今天很容易指出，瓦尔堡本人在这第一次尝试中并没有完全成功，甚至他也带着一种浪漫的偏见看待一些历史证据。但是正是这种内在张力使得这些片断作为人类文献饶有趣味。

有一段时间，似乎甚至是若勒对“仙女”表现出的兴趣也被瓦尔堡谴责为“唯美主义”味道太重。她的形象逐渐降到次要地位，因为——忠实于他的计划——瓦尔堡越来越感兴趣的问题是这种奇怪的植物能够生长的土壤。

……让我们在唱诗班座位上坐下来，不要出声，以免打扰他	... lass uns leise im Chorgestühl niedersitzen, damit sie sich nicht stören

们：因为托尔纳博尼家族正在这
里上演一出奇迹剧，以纪念圣母
113 马利亚和施洗约翰。乔瓦尼·托
尔纳博尼成功地获得了对唱诗班席的赞助权以及用绘画装饰它的权利，对此他十分满意，现在他的亲戚们可以装扮成宗教传说中的人物亲自粉墨登场。他们沉着而庄严地利用了这种许可：上流社会的常去教堂做礼拜的人，具有天生就无可挑剔的风度。人们允许你的异教的海燕冲入温和的基督教的动作迟缓、举止得体的氛围中，这一事实向我揭示了托尔纳博尼家族原始人性的令人费解、不合逻辑的方面，和你被你的未知幽灵的轻浮的魅力所吸引一样，这种原始人性也吸引着我。

你觉得被什么所促使着，以柏拉图式的爱的癫狂，如一个带翼的理念一般追随着她，通过一切领域；我觉得必须将我的文献学者的凝视转向产生她的背景，

lassen: die Tornabuoni führen hier nämlich ein geistliches Schauspiel auf, zu Ehren der Jungfrau Maria und Johannes des Täufers. Giovanni Tornabuoni ist es glücklich gelungen, das Patronat des Chores und das Recht zur bildlichen Ausschmückung zu erwerben, und nun dürfen seine Angehörigen als Figuren der heiligen Legende persönlich auftreten; von dieser Erlaubnis machen sie ruhig und würdevoll Gebrauch: patrizische Kirchgänger, denen tadellose Manieren im Blut liegen. Dass nun in diese schwerwandelnde Respektabilität ihrer christlichen Gedämpftheit Dein heidnisches Windspiel hineinwirbeln darf, das enthüllt mir die Tornabuoni von der rätselhaft unlogischen Seite primitiver Menschlichkeit, die mich ebenso sehr anzieht, wie Dich der pläsierliche Leichtsinn Deiner Unbekannten.

Es lockt Dich, ihr wie einer geflügelten Idee durch alle Sphären im platonischen Liebesrausche zu folgen, mich zwingt sie, den philologischen Blick auf den Boden zu

并惊讶地问："这棵精美而怪异的植物真的是根源于朴素的佛罗伦萨的土壤中的吗？"是否也许是一位狡猾的园丁（带有对文艺复兴文化的更高境界的隐秘的**偏爱**），将这样一种想法暗示给可敬的托尔纳博尼（尽管托尔纳博尼并不情愿），即，现在人人都必须拥有这种时髦的花儿——在他朴素的家庭花园中心，如此令人喜悦的妙景？是否更有可能，这位商人与他的园丁，充满同样的基本生命意志，在教堂墓地的黑暗土壤中，从严厉而苛刻的狂热的多明我会修道士那里为他们华丽的外来植物夺取了一席之地？

richten, dem sie entstieg, und staunend zu fragen: wurzelt denn dieses seltsam zierliche Gewächs wirklich in dem nüchternen florentinischen Erdboden?—Hat sie etwa dem eigentlich widerstrebenden Herrn Tornabuoni ein schlauer Gärtner (mit einer heimlichen Neigung für das Höhere der Renaissancekultur) als Modeblume, die jetzt jeder haben müsse, insinuiert, ein freudig phantastischer Fleck mitten in seinem solide grünenden Hausgarten? Oder erkämpfte nicht viel mehr der Kaufmann und sein Gärtner, beseelt vom gleichen elementaren Lebenswillen, für ihre üppige Zierblume einen Platz in dunkler Kirchhofserde gegen den starren Ernst fanatischer Dominikaner?

因此，瓦尔堡并不打算向19世纪文艺复兴崇拜的主要论点提出
挑战。他从"基本生命意志"和对修士的中世纪信仰的"固执的 114
狂热"之间的冲突的方面看待这幅湿壁画。很容易将这种19世纪特别喜爱的观念应用到托尔纳博尼家族的历史。乔瓦尼·托尔纳博尼，即豪华者洛伦佐［Lorenzo il Magnifico］的舅舅（洛伦佐之母卢克雷齐娅［Lucrezia］是他的妹妹），代表富有的文艺复兴商人，即

15世纪文化在最纯粹的本质上的世俗方面。他的富有的家族站在梅迪奇家族一边，这种党派偏见对于他的颇有天赋的儿子洛伦佐［Lorenzo］来说是灾难性的。洛伦佐在年轻时曾是梅迪奇家族政治的工具，因为他1484年与焦万纳·德利·阿尔比齐［Giovanna degli Albizzi］结为伉俪，是要试图使那个伟大的贵族家庭与统治家族和解，婚礼的安排炫耀而显赫。最后，当他1497年作为反对平民政府的阴谋者被斩首时，他为忠诚于梅迪奇政治而殉难。

洛伦佐·托尔纳博尼曾向萨伏那洛拉［Savonarola］在政治上的支配地位提出挑战。在这个阴郁的高潮中看到萨伏那洛拉的影响，从而将洛伦佐的死戏剧性地描述为修士向梅迪奇时代世俗的异教信仰复仇的牺牲品的死，那不过是十分自然的事情。而且，有证据表明，萨伏那洛拉实际上反对吉兰达约的托尔纳博尼礼拜堂湿壁画，或者至少反对在很大程度上有相同特点的作品。他抨击那些将圣母画成身着高雅华丽的服饰的艺术家，反对在描绘宗教传说时使用肖像，这是为人熟知的。也许人们过分重视了萨伏那洛拉反对时髦的面纱的态度——因为他既不是第一个也不是最后一个对特别过分的时尚进行猛烈攻击的传道者——但是，无论如何，有充分的证据表明，瓦尔堡认为“仙女”就是文艺复兴“异教信仰”的体现，并将他的研究集中于吉兰达约的赞助人对于宗教的态度的重大问题，这些赞助人是声称尊重宗教的。

这些湿壁画从根本上说是漠视宗教的，瓦尔堡对此毫不怀疑。他认为，它们应当是一位虔诚的天主教徒的耻辱，这是可以理解的。在他看来，这种对世俗的豪华富丽的炫耀是与真正的基督教的虔诚不相容的。换言之，自从鲁莫尔［Rumohr］和其他浪漫主义批评家将虔诚与中世纪的原始主义相联系以来，人们对文艺复兴写实主义提出了非难，瓦尔堡没有质疑这种非难：

> 在圣以利沙伯［Saint Elizabeth］分娩的场景中，完全排除了教会的和教义的元素。喜欢装模作样的商人与喜欢装饰的具有鉴赏力的艺术家在此以修道士们为代价和谐地协作，但是甚至在这个宗教传说必须凭自己的资格存在之处，如在撒迦利亚的献祭［Sacrifice of Zacharias］中，3P——祭司［Priest］、赞助人［Patron］和画家［Painter］——却分崩离析，从而暴露出这样一个事实，他们在艺术上的存在不是归因于一种有机化合物，而仅仅归因于一种任意的混合物。

> In der Wochenstube der hl. Elisabeth wird
> das kirchlich dogmatische Element gänzlich
> eliminiert: der repräsentationsfreudige 115
> Kaufmann und der geschmackvoll
> ornamentale Künstler treffen auf Kosten
> der Mönche einen harmonischen Ausgleich:
> verlangte nun aber auch einmal die
> heilige Legende ihr gutes Recht, wie auf
> dem Opfer des Zacharias, so zerlegen
> sich die drei K, Kirche, Kaufmann,
> Künstler, in ihre natürlichen Bestandteile,
> verratend, dass sie keiner organischen
> Verbindung, sondern nur einer willkürlichen
> Mischung ihre malerische Existenz
> verdanken.

瓦尔堡正是挑选出这幅表现撒迦利亚献祭的湿壁画（图版14b）进行专门分析，因为他看到画中体现了吉兰达约赞助人的愿望与心性。首先，他将这幅湿壁画的基本精神与原典的基本精神做了对比：

按福音书上所说，在室内景中有两个崇高的形象，一个是德高望重的大祭司的形象，在例行地进香时大吃一惊。在他面前是天使的形象，光彩照人，突然显现，宣布他将得子。除此之外，也能听到的声音只有前院正在祈祷的民众的轻柔细语，宛若玉米地的风声，顺从着那一阵神圣的低语，那是无名大众的**固定低音**［basso ostinato］。

现在托尔纳昆奇贵族集团［Consortoria Tornaquinci］是如何处理这个宗教剧的？他们把它改编为一个教会戏剧的样品，其中“附加人物”似乎成为了主角。

由于在剧中出场的人物大都能以某种程度的确定性辨认出来，因此，我向你们提供一下演员表来解释一下这个场景。

116 由于我们在尝试凭借自己的经验进入这样一个时期，设计滑稽的盛大庆典的欲望和再现性艺术的创造力量——用让·保罗

Die Worte des Evangeliums erfüllen den Raum mit zwei grandiosen Silhouetten, der ehrwürdige, in der Erfüllung des Räucheropfers aufgestörte Hohepriester, und vor ihm der hereinstrahlende Engel, der ihm die unerwartete Sohnesverheissung kündet; nur das leise Gemurmel des betenden Volkes im Vorhofe gesellt sich noch hinzu, wie Rauschen im Ährenfeld, das dumpf ergeben im Wehen des göttlichen Windes mitwogt, der anonymen Masse Oberton.

Was macht nun die Consortoria Tornaquinci aus diesem religiösen Drama? Ein kirchliches Ausstattungsstück, in dem die Statisten anscheinend zu Hauptakteuren werden.

Da man die meisten der auftretenden Personen mit einiger Sicherheit identifizieren kann, so überreiche ich Dir anbei ein bühnenmässiges Personenverzeichnis zur Erklärung der Szene.

Bei unserem Versuch, eine Zeit nachzuerleben, wo festlich spielender Gestaltungstrieb und künstlerisch

［Jean Paul］的一个用语来说——作为一棵树上的嫁接株仍在开花。因此这个戏剧节目不仅是一个牵强的妙语［jeu d'esprit］，还是在实质上十分合适的隐喻。	spiegelnde Kraft 'noch (um sich Jean Pauls Worte zu erinnern) auf einen Stamm geimpft blühen', ist dieser Theaterzettel kein gewaltsam herangezogener pikanter Vergleich, vielmehr eine wesensgleiche Metapher.

瓦尔堡已花费大量的时间与精力，收集关于托尔纳博尼家族的一切可得到的资料，试图以此来辨别湿壁画上的肖像并想象出这个家族的不同成员。但是，似乎他对结果并不满意。倘若他觉得对所有肖像的辨别都正确无误，他无疑会发表自己的观点。瓦尔堡认为下面这份名单还不完善，不能发表，它根据的是米拉内西［Milanesi］编辑的瓦萨里著作中所记载的一个传说。但是他表述它的形式实质上属于他希望唤起的图景，因此不能省略。

约翰［John］诞生的讯息
　　在托尔纳昆奇贵族集团
家族礼拜堂演出的
　　奇迹剧

撒迦利亚，耶路撒冷的大祭司
上帝的天使
} 在至圣所

舞台上：
这个家族在祭坛区域内的九人合唱。

1. 乔瓦尼·托尔纳博尼
2. 巴尔托洛梅奥·尼古拉·皮耶里·波波莱斯基［Bartolommeo Nicolai Pieri Popoleschi］
3. 希罗尼穆斯·阿多拉迪·贾基诺蒂［Hieronymus Adoradi Giacchinotti］
4. 莱奥纳尔多·托尔纳博尼［Leonardo Tornabuoni］

四名主要的男继承人，在祭坛左面的台阶上。

5. 乔瓦尼·托尔纳昆奇［Giov. Tornaquinci］
6. 吉罗拉莫·托尔纳博尼［Girolamo Tornabuoni］，教长
7. 焦万弗朗切斯科·托尔纳博尼［Giovanfrancesco Tornabuoni］
8. 西莫内·托尔纳博尼［Simone Tornabuoni］
9. 希罗尼莫·迪·斯卡拉博托［Hieronymo di Scarabotto］

五名晚辈男继承人，祭坛左面。

117 外面的人们的合唱，由其他亲属和当时的名人与显贵所代表：

左面：

10. 贝内代托·代［Benedetto Dei］，编年史家
11. 巴乔·乌戈利尼［Baccio Ugolini］(？)，圣洛伦佐教堂［S. Lorenzo］的乐师与教士
12. 蒂耶里·迪·托尔纳昆奇［Tieri di Tornaquinci］，亲属

13. 路易吉·托尔纳博尼［Luigi Tornabuoni］，坎波科尔博利的圣雅各布教堂［S. Jacopo］圣殿骑士团团长和受勋骑士，马耳他骑士团［Knight of Malta］
14. 乔瓦尼·巴蒂斯塔·托尔纳博尼［Giovanni Battista Tornabuoni］（？），里多尔菲［Ridolfi］（？）
15. 真蒂莱·贝基［Gentile Becchi］，菲耶索莱的主教，私人教师
16. 克里斯托福罗·兰迪诺［Cristoforo Landino］
17. 安杰洛·波利齐亚诺
18. 马尔西利奥·菲奇诺［Marsilio Ficino］

（16—18：研究古典时代的权威与主要学者）

右面：

19—22. 家族中的四名年轻贵妇
23. 费德里戈·萨塞蒂［Federigo Sassetti］，教廷最高书记
24. 安德烈亚·迪·梅迪奇［Andrea di Medici］，豪华者洛伦佐的丑陋保镖，年轻绅士
25. 詹弗朗切斯科·里多尔菲［Gianfrancesco Ridolfi］，其他来访者

这一情节发生于君士坦丁大帝［Constantine the Great］时代的一个罗马凯旋门的壁龛中（凯旋门用图拉真［Trajan］统治时期的浮雕装饰）。

时间：1490 年

右边拱门的上方有一块石板，刻有铭文：

AN. MCCCCLXXXX QUO PULCHERRIMA CIVITAS OPIBUS VICTORIIS ARTIBUS AEDIFICIISQUE NOBILIS COPIA SALUBRITATE PACE PERFRUEBATUR. [于1490年，是时，我们最美丽的城市，因财宝、胜利、艺术和建筑而增辉，享有财富、健康与和平。]

瓦尔堡倾向于同意这样一点，在这种以损害宗教故事为代价对家族自豪感的炫耀中，也有些漠视宗教和渎神的成分。在早期的草稿中，他以几分激昂的语气描述了他的最初印象，表明个人联想在他的反应中也起了一份作用：

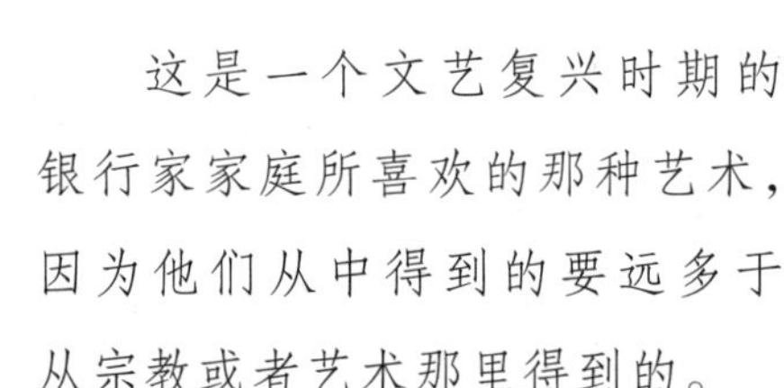

这是一个文艺复兴时期的银行家家庭所喜欢的那种艺术，因为他们从中得到的要远多于从宗教或者艺术那里得到的。

Das ist Familienkunst eines Renaissancebankiers, dabei kommt die Religion und Kunst schlecht, die Familie aber sehr gut ab.

118 他草草地写下了一些讽刺性的评论，如：

超过实物大小；家庭摄影师，炮兵军官群像，物品展示，丰富多样的精选物品，样品卡片，大批织物，猩红色与紫色交响曲。

Überlebensgrosses; Familienphotograph, Kanonierbild, aufgestapelt, ein reich assortiertes Lager, Musterkarte, das viele Tuch, Symphonie von Scharlach und Purpur.

最后他对这种最初印象做出简洁陈述，它预示了瓦尔堡的图像志描述这一最受他喜爱的手段。

你是否会即刻看出作为主要主题的圣经事件？当然不会；你几乎不会认为这是《新约》[*New Testament*]的一幅图解。人们反而会认为这是一次正式的家庭聚会；一位年老的侍役长伫立于一个文艺复兴时期的凉廊，在真的古代餐具柜前忙着准备香甜混合的饮料。一位年轻仆人急匆匆拿来了他等候已久的柠檬。	Würdest Du unmittelbar den biblischen Vorgang als eigentliche Aktion erkennen? Gewiss nicht, kaum würde sich Dir die Vermutung aufdrüngen, dass es sich hier überhaupt um eine Illustration des neuen Testamentes handelt. Man würde denken, da ist offizielle Familiengesellschaft, in einer Renaissanceloggia ist ein alter Haushofmeister an einem echt antiken Buffet beschäftigt, den Familienpunsch fertig zu machen, zu dem ihm ein junger Diener eiligst die längst erwartete Zitrone bringt.

瓦尔堡当然认识到，他已经危险地接近了他所轻视的对手们的观念。

这会是北方超人在他的复活节假日体验文艺复兴个人的神圣的异教自由的时刻。	Das wäre der Augenblick, wo der nordische Übermensch in den Osterferien die heidnische göttliche Freiheit des Renaissanceindividuums empfindet.

在史学家瓦尔堡心中有某种东西告诫他，不要这样过分简化。人们从文献中看到的事实与这幅备受珍爱的画并不一致。至少这些可以肯定。

无疑，乔瓦尼·托尔纳博尼和多梅尼科·吉兰达约绝非有意识地要亵渎神圣。	Eine bewusste Profanierung lag Giovanni Tornabuoni und Domenico Ghirlandajo gänzlich fern.

实际上，面对证据，人们怎能抱有这种怀疑？乔瓦尼·托尔纳
119 博尼显然不遗余力地要取得对这个圣地的赞助。瓦萨里描述了他是如何对先前的所有者里奇［Ricci］家族连劝说带欺骗的，无论人们是否认同这番描述，与吉兰达约签订的合同（在合同中非常详细地说明了那些湿壁画的主题）都清楚地表明乔瓦尼·托尔纳博尼非常认真地对待他的供养人角色。在研究过程中，瓦尔堡曾谈论过一个更加说明问题的例子，表明据称是“异教的”佛罗伦萨商人重视对教堂的赞助。这就是弗朗切斯科·萨塞蒂［Francesco Sassetti］和新圣马利亚教堂的多明我会修道士们之间发生的那场冲突，修道士们不同意让人将萨塞蒂的守护神方济各画在他们的教堂里，因为倘若画这样的组画，就会增加敌对修道会的荣耀；这场冲突的结局是，萨塞蒂撤出，而将组画画在圣三一教堂［Santa Trinita］。这个关于一位文艺复兴时期商人的心理的有趣线索，瓦尔堡后来将在他论萨塞蒂的论文中予以讨论。在他看来，这也阐明了乔瓦尼·托尔纳博尼的态度，而他幸亏有一位可被多明我会修道士们接受的守护神。

联系对赞助的这种兴趣来看，这幅湿壁画尽管原先看上去如此渎神而世俗，却失去了令人不快的性质。它似乎是

……一面镜子，反映了一种豪华而快乐的生活，然而它又与	... ein Spiegelbild freudiger Lebensfülle, und doch ist es etwas ganz anderes: eine

此迥异——它是一份文献。

赞助人乔瓦尼·迪·弗朗切斯科·迪·梅瑟·西莫内·托尔纳博尼把它看作用象形文字书写的一份宗教基金会宪章。七幅超大型的画为纪念圣母马利亚，七幅为纪念佛罗伦萨的和他自己的守护神施洗者圣约翰——《天使向撒迦利亚报喜》[*Annunciation to Zacharias*]却是那个基金会宪章的最后一页，上面用手书的形式标明了日期与地点。但是，没有出现签名，而是签署者的肖像凝视着我们。

Urkunde.

Im Sinne des Auftraggebers des Giovanni di Francesco di Messer Simone Tornabuoni ist es eine religiöse Stiftungsurkunde in Bilderschrift. Sieben Riesenbilder zu Ehren der Jungfrau Maria, sieben zu Ehren Johannes des Täufers, seines und der Stadt Florenz Schutzpatron, die Verkündigung an Zacharias ist gleichsam die Schlusseite dieser Stiftungsurkunde, mit Datum und Ortsangabe in wirklicher Schrift. Statt der Unterschriften aber, sehen nun die Abbildungen der Unterzeichneten uns an.

瓦尔堡觉得，在托尔纳博尼家族的心理中一定有某种东西促使他们在这个展示中登场：

我必须把发自中世纪人物之口的纸卷，在文艺复兴时期令人喜悦的人物那里恢复出来，他们洋溢着生命力。

Ich muss den freudigen, lebensvollen 120
Gestalten der Renaissance das mittelalterliche Schriftband, das ihnen zum Munde herausragt, wieder ansetzen.

对于瓦尔堡心中想到的解决办法，只能根据一些零散的暗示和他后来的论文中对供养人肖像这一主题的论述来重构。他将这些肖像与供养人蜡像相比，这些蜡像挤满了佛罗伦萨的教堂，尤其是圣母领报教堂［Santissima Annunziata］。文献表明，佛罗伦萨的市民向他们的教堂的圣徒奉献身穿真的衣服、与真人同大的偶像。这种习俗与原始的图像魔法十分相似，这一点给瓦尔堡留下深刻印象。但是，倘若如此，那么吉兰达约湿壁画上的那些供养人肖像也就绝非是世俗性的征兆和对宗教持漠视态度的征兆。它们具有宗教功能。他写道："Opfer im Bild, *ex voto*, keine Blasphemie."（图像祭品，为了还愿，而非亵渎神明。）

一旦他清楚地认识到这些"异教"湿壁画的宗教功能，瓦尔堡便寻求关于它们的意义的进一步的证据。合同的最初规定与实际绘制的湿壁画之间存在种种差异。通过这些变化，两幅描绘产房的画、《不育者约阿希姆的献祭》［*Sacrifice of Joachim the Barren*］、《圣母往见》［*Visitation*］和《天使向撒迦利亚报喜》更加贴近观众。[①]在瓦尔堡看来，这是一个证据，证明这些湿壁画是

……感谢神赐给的家庭福祉的绘画感恩供品，以及为继续繁荣兴旺进行代祷的祈祷者塑像。	... ein bildliches Dankopfer für das bestehende Familienglück und ein Gebet in Effigie um Fürbitte zu weiterer gedeihlicher Fruchtbarkeit.

① 瓦尔堡似乎忽视了这样一个事实，最初规定要画在湿壁画上的多明我会的圣徒，后来被转移到祭坛板上画（现存慕尼黑），由于这一变化，画面必须重新做出安排。

瓦尔堡试图将这种祈祷与已知的关于托尔纳博尼的传记事实相联系。焦万纳·托尔纳博尼已于1488年去世，为新的后嗣的祈祷也许与洛伦佐·托尔纳博尼的新婚相关。在此我们无须阅读瓦尔堡的论述就可以意识到，任何这样的具体解释都会对理解这些湿壁画产生影响。不能再从漠视宗教的世俗性的观点来看待它们。接受世俗的价值观，它们所显示的“异教信仰”，显然与对宗教习俗的真正 121
关注并非不相容。人们常常谈到文艺复兴时期的“自由自在的人”，即感到从教会的束缚中“解放”出来的“个人主义者们”，在这种老生常谈中一定有某种缺陷。

瓦尔堡草草写下相容性［*Kompatibilität*］一词，从而拨动了一根琴弦，像固定低音［basso ostinato］一样贯穿于他的全部著作。将文艺复兴仅看作“异教的”压根行不通。他不会知道，总有一天，史学家会试图完全否定“异教信仰”之说。在他看来，发现一位典型的文艺复兴时期赞助人的基本的宗教态度，使人们对于对文艺复兴的公认解释产生了初步怀疑。他还找不出什么理由来完全否认它。他没有怀疑吉兰达约的湿壁画根本上是非基督教的。因此他又被带回到“仙女”——那个异教的、感官的愉悦的体现——及其在托尔纳博尼家族和吉兰达约的精神世界中充当的角色这一难题。

通信的草稿并没有包括瓦尔堡打算提出的全部答案。我们只能根据为数不多的片言只语进行猜测。在一种取向中，瓦尔堡似乎想要在这个词的最初意义上来“分析”吉兰达约的湿壁画。他希望将画家的艺术个性的元素与周围世界的那些影响分离开来，那些影响在湿壁画中十分突出。我们在关于波蒂切利的论文中已十分熟悉这种取向。此处和那篇论文中一样，瓦尔堡倾向于相当严肃地评价屈服于外在压力与影响而非顺从自己的想象的艺术家。在那个阶段，他认为他的档案研究的结果是，这种研究使他能够表明吉兰达约所受到的乔瓦尼·托尔纳博尼的负面影响：

> 我冒昧地请你体会一下这位喜好沉思的古文物研究者异想天开的乐趣，因为只有通过这种长期伏案研读而获得的渊博学识，我才能证明环境对于吉兰达约的风格的非艺术影响，他没有成功地坚持自己的一致的艺术个性，因此给人留下这样一种强烈印象，仿佛在他自己的性格中就有实质上的庸俗的元素。

> Ich wage es, Dich zu diesen Roccocofreuden des beschaulichen Antiquars einzuladen, weil ich nur durch diese übliche sesshafte Gelehrsamkeit den stilbildenden unkünstlerischen Einfluss der Umwelt, gegen den Ghirlandajo als einheitliche künstlerische Persönlichkeit sich durchzusetzen nicht gelang und der deshalb so sehr als spiessbürgerlicher Oberton im innersten Eindruck ein Teil seines eigensten Wesens zu sein scheint, fassen kann.

122 从这个角度看，《撒迦利亚的献祭》代表了托尔纳博尼的影响；“仙女”代表了艺术家为奋力进入他自己的更高境界所做的努力。[1]但是这似乎不是瓦尔堡最后的解决办法。在他的礼拜堂的湿壁画中，有些特征乔瓦尼·托尔纳博尼本来不会赞成，而他竟然接受了，这似乎与瓦尔堡已形成的关于乔瓦尼·托尔纳博尼的观念不一

① “这两幅湿壁画构成了一种对比：在下面，赞助人让人们过度拥挤在一起的欲望取得了胜利；在上面，是艺术家对于清晰表达的愿望。”（Die beiden Fresken Gegenstücke, unten: der füllende Trieb des Bestellers siegreich, oben: der gliedernde Wille des Künstlers.）

致。因此瓦尔堡认为，应当将这样一件作品不仅当作了解艺术家的心理的钥匙，而且当作了解赞助人的心理并通过他了解整个时期的心理的钥匙。在这种取向的背后，我们可以觉察出兰普雷希特关于绘画艺术是一个时期的心性的直接指示物的观念；但是我们也认识到，在瓦尔堡的手中，这个方法已经改变。如通常一样，我们发现他在尽力探讨的不是抽象的观念，而是具体的实例。吉兰达约的湿壁画的那些具体元素，一定代表了文艺复兴心性——即我们从瓦尔堡已开始迫切地阅读的那一时期的文献中了解的那种心性——的不同方面。

在为关于“仙女”的通信所写的草稿中，只有为数不多的片言只语使我们可以断定，瓦尔堡后来联系萨塞蒂礼拜堂［Sassetti Chapel］所阐明的那些理论已经在他的心灵中逐渐形成。他看到了吉兰达约的艺术的两个方面：为富有的市民们作画的平静、理智、几乎感情麻木的肖像画家，坚固的尼德兰式［kompakt Niederländisch］，他的艺术是要服务于“祈祷者塑像”的原始宗教欲望，这是他的个性和他的时期的一个方面；另一个元素表现在他对罗马雕塑、凯旋门和罗马浮雕的兴趣，他用它们装饰背景，即对不再依旧是纯粹古文物的异教世界的兴趣。因为吉兰达约正是从这个世界为他的理想的想象、为运动中的形象、为“仙女”汲取了灵感。我们在瓦尔堡的笔记中读道：“活泼的姿势；古典时代允许表现这种姿势。”（Die lebhafte Geste; die Antike hat's erlaubt.）

他只能把“仙女”看作艺术家的心理结构中的所有尼德兰的、平静的和宁静的品质的对立物。如果将这种宁静的元素与市民的尊严以及体面的描绘——由《撒迦利亚的献祭》上的群像所象征——

123 相等同，这个对立物就否定并威胁了这位富商的冷静而有些乏味的风度。表现异教激情的这些象征符号带有他的祖先血统的痕迹，倘若没有这一事实，托尔纳博尼就永远不会允许这些激发强烈感情的事物打扰他的井然有序的心灵。一个在其他情况下本会遭到禁止的事物，由于其古典的血统而得到允许。文艺复兴时期的商人被习俗和礼仪所束缚的能量，找到了一种发泄途径，可以在猛烈动作的夸张姿势中得到释放，古典艺术则为这种动作提供了模式。正是这种观念在下面的尝试性表述中得到表达：

一位骑士血统的伊特鲁里亚商人以名声做赌注做了两件事：一是他死后将葬于的建筑，要崇拜出生于迦南地的圣母马利亚，二是用绘于它的墙壁上的图像讲述她的故事。（最初这是一种个人魔法的行为，一种个人的感恩供品，一种还愿物［ex-voto］，交感魔法［sympathetic magic］，社会性的自我满足。）其家族的成员是按照一种经过缜密思考的仪式以庄严的群体出现的。

Ein etruskischer ritterblütiger Kaufmann setzt seine Ehre drein, in einem Gebäude, in dem die jungfräuliche Mutter des im Lande Kanaan geborenen Erlösers verehrt wird, begraben zu werden und einem Maler im Abbilde an den Wänden die Erzählung zu verleihen (ursprünglich individuelle Zauberhandlung, persönliches Dankopfer, ein ex-voto und Sympathiezauber, soziales Selbstzufriedenes). Die Mitglieder seiner Familie erscheinen nach sorgfältig ausgedachtem Zeremoniell und in repräsentativer zusammengefasster Haltung.

旺盛的生命力，对一种正在萌芽的、创造性的生命意志的意识，以及对教会的严格戒律的

Die ungebändigte Lebensfülle, das Bewusstsein der ausbrechenden lebensbezwingenden Gestaltungskraft und unausgesprochene,

一种无言的，也许是无意识的反抗……需要为他们积蓄已久的压抑的能量找到一种发泄途径，而采用的形式则是表现性动作。于是，为找到一种托词，开始在得到允许的宗教故事中勤勉搜寻。然后，古典往昔必须作为一种先例，如果不是用词语，至少也是以绘画的形式提供它的保护性的、不容置疑的根据，来允许寻求表达的自由。

vielleicht selbst halb unbewusste Opposition gegen den kirchlichen Zwang verlangen ［durch］die innerlich angesammelte, zurückgedrängte Energie nach mimischer Entladung. Und nun wird in dem erlaubten Legendenstoff sehr eifrig nach Excüsen gesucht und dann in der antiken Vergangenheit nun die schützende Unwidersprechlichkeit des schon Dagewesenen, um dem Freiheitsdrange, wenn nicht Stimme, so doch im Bilde Ausdruck zu verleihen.

于是，这封信在对若勒的赞美对象的描述中达到高潮： 124

那么，“仙女”是谁？作为有血有肉的真实存在，她可能曾是获得了自由的奴隶，来自鞑靼地方……但是在她的真正的实质上，她是一个元素精灵，一个被放逐的异教女神。如果你想看到她的祖先，就看一下她脚下的浮雕。

Wer also ist die ‘Nympha’? Ihrer leiblichen Realität nach mag sie eine freigelassene tartarische Sklavin gewesen sein ... ihrem wirklichen Wesen nach ist sie ein Elementargeist, eine heidnische Göttin im Exil. Und willst Du ihre Ahnen sehen, so blicke nur auf das Relief unter ihren Füssen.

“仙女”脚下的浮雕，即那件吉兰达约在其中仿画了一件古典凯旋艺术的作品的浮雕。在瓦尔堡看来，“仙女”就是古典的“维多利亚”[Victoria]，在文艺复兴时期复活；更确切地说，她是在罗马艺术的“维多利亚”中形成的那些同样倾向的视觉表现。她是一个“异教精灵”，因为原始的激情在她的形式中并通过她的形式，可以找到一个发泄途径。

因此，瓦尔堡的结论令人惊讶地接近约翰·拉斯金这位遭到蔑视的“复活节假期的游客们”的预言者所说的某些话。在《佛罗伦萨的阿里阿德涅》[*Ariadne Florentina*] 中，他描述了他认为系波蒂切利所作的一幅版画，描绘了七件善事，他在这幅画的背景中辨认出被“胜利天使”加冕的一位方济各会修士：

> 请看，我将它称为胜利天使，是有相当把握的；尽管没有什么传说声称取得了哪场胜利，或者将这名天使与其他那些用花冠来装饰一群群被赐福的无名大众的天使中的任何一个区分开来。因为除去依据书面传说，波蒂切利还有其他讲述方式。我看一眼这名天使就知道，他是从一枚希腊硬币上选取了它的动作；我也知道，他自己具有丰富的想象力，最没有必要模仿任何形象的动作。因此，我就仿佛他向我讲述一般清楚地懂得，如果我是一位有教养的绅士，他就期待我认出这个特定动作是一名希腊天使的动作；并知道它所奖赏的是一次短暂的胜利。[①]

① 《约翰·拉斯金文集》[*The Works of John Ruskin*]，E. T. 库克 [E. T. Cook] 和A. 韦德伯恩 [A. Wedderburn] 编辑，伦敦，1906年，第22卷，第440页。

拉斯金于1847年发表了几次讲座，谈的是梵蒂冈的波蒂切利所作的《西坡拉》[*Zipporah*]，其中有一段类似的文字，他称她为“不过是伊特鲁里亚的雅典娜，成为基督教的谦卑的家族的女王”[①]。

瓦尔堡对拉斯金的态度，总的看来，一定比他已发表的著作所表明的更为复杂。霍尔拜因 [Holbein] 笔下的莎乐美身着北方服 125
装[②]，“穿得太讲究”，拉斯金对这个形象的“兽性”非常反感，而他用来表达这种反感的词句要先于瓦尔堡对艺术中的北方时尚那种粗野性质所做的道德评价。

当然，瓦尔堡的解释更接近他自己的一代人的解释。他在“仙女”中看到原始情感穿透基督教的自制和有产阶级的得体的外壳喷发而出。他发现这种解读在另一件艺术品中得到证实，如他所认为的那样，这件艺术品与同一位赞助人——乔瓦尼·托尔纳博尼相联系。那是巴杰罗博物馆 [Bargello] 的一件浮雕（图版15a），据信出自乔瓦尼的妻子弗兰切斯卡·托尔纳博尼 [Francesca Tornabuoni] 之墓，由安德烈亚·德尔·韦罗基奥 [Andrea del Verrocchio] 所作。弗兰切斯卡于分娩时去世，乔瓦尼写过一封信，保存至今，信中表达了他的深切的悲伤，十分感人。瓦尔堡发现，这幅纪念一位信奉基督教的贵妇之死，并为一座基督教教堂中的墓制作的浮雕，是对一口异教石棺上的一幅表现阿尔刻斯提斯 [Alcestis] 之死的古典浮雕的改编。那位古典艺术家以希腊化时期艺术的一切强烈的激情描绘了悲痛的行为——*conclamatio* [恸哭]（图版15b）。

① 前引文集，第23卷，第275页。

② 前引文集，第22卷，第402页。

这种毫无约束的喧闹似乎不适合一位信奉基督教的市民的妻子的墓，她怀着获得拯救的希望死去。实际上，这幅浮雕给人一种在基督教葬礼艺术中不曾有过的印象。异教世界的颇受赞赏的范例似乎允许并鼓励了一种对情感的迸发，而在其他情况下这种情感迸发似乎是不适当的，甚至是不符合基督教教义的。瓦尔堡的笔记谈到了这个方面：

> 试图具体表达出无法表达的事物的那种强烈的恸哭（因此成为范例）——阿尔刻斯提斯石棺。

> Die leidenschaftliche Klage, die für das Unaussprechliche Formen sucht (deshalb Vorbild) —Alkestis Sarkophag.

瓦尔堡的意图，显然是将乔瓦尼·托尔纳博尼在事业和肖像中表现出的个性，与这种对毫无约束的、强烈的悲痛的表现进行对比。瓦尔堡记下了一些富有特色的表述词语：

> 茁壮得如浸满了水的海绵……营养充足，身体肥胖……丰满而优雅的乔瓦尼·托尔纳博
> 126 尼，有着威严的块头和疲惫的大眼，他宽阔的后背曾舒适地沐浴在幸运的阳光中……

> Saturierter Schwamm des Glückes ... gesättigt und gepolstert ... der abgerundete Giovanni Tornabuoni, mit seiner stattlichen Leibesfülle, mit den grossen müden Augen, dessen breiten Rücken die Sonne des Glückes so behaglich beschien ...

他把它们用作富有成效的衬托物：

……不仅在他的气质中，而且实际上在对一口古典的阿尔刻斯提斯石棺的模仿中，给我们留下了对强烈的悲恸、尽情的哀号、一个异教-伊特鲁里亚的元素精灵的僵化表现，而连同这种风格化的悲痛，我们仍能听到他自己的话，这些话是他在这些事件的影响下写给洛伦佐·德·梅迪奇的。

... hat den versteinerten Ausdruck leidenschaftlicher Totenklage hinterlassen, masslose Klage, ein heidnisch etruskischer Elementargeist, nicht allein im Temperament, sondern tatsächlich in Anlehnung an einen antiken Alkestissarkophag, und neben diesem stilisierten Schmerz tönen noch seine eigenen Worte an unser Ohr, die er unter dem ersten Eindruck an Lorenzo de' Medici schrieb.

正是在这样的背景下，瓦尔堡打算概述一下他对托尔纳博尼的心理的解释，即这个出生于过渡时代的人的心理，如兰普雷希特所看到的那样。他委托的艺术品的范围反映了他的个性的范围，在他所委托的艺术品中，冷静的甚至感情麻木的尼德兰式写实主义和古典的甚至夸张的理想主义形成了鲜明的对比。在一种流行的还愿物艺术中对原始魔法信仰的恪守，文艺复兴时期成功的外交官和商人的理性的深思熟虑，在我们看来这两者互不相容，而它们却都在一个他那一时期与类型的人的灵魂和心灵中占有一席之地。蜡的许愿物［voti］的原始魔法，和恸哭与“仙女”的充满激情的姿势都属于异教一边；但是一个是惰性的元素，而另一个赋予自由与独立的个性以新的冲动。相冲突的倾向的张力本身使它们更加强烈地为争取得到表现而斗争。瓦尔堡写道：

人们必须了解用于安排外
在仪式的能量和有助于清晰表达
社会元素的能量的程度……还有
用于表达宗教联想的能量的程
度……即，了解在对相貌的冷静
127 的政治上的注意和（热切的）恶
魔的、迷信的、主观的朴实的魔
法之间的心理摆动的程度，即反
映了理想状态的虔诚的宗教的姿
势或者异教的姿势。只有那时人
们才能领会强化的身体表现性动
作的真正的解放意义。

Nur wenn man die Energie der zeremoniellen äusseren Abwägung und Verteilung, das soziale, auf klare Gliederung Drängende einerseits ... und die Energie ... der religiösen Verknüpfung andererseits begreift ... das heisst die Weite des Umfangs der psychischen Pendelschwingung zwischen kühler, politischer, verteilender Physiognomik und (heisser) dämonisch abergläubischer, subjectiv realverknüpfender, kirchlich religiöser oder ideal anknüpfender heidnischer Mimik, kann man die befreiende Bedeutung der gesteigerten Körpermimik begreifen.

尽管这些笔记只是片言只语，它们却清楚地揭示了瓦尔堡的方法的特性。在他看来，往昔的图像作为人类文献是十分重要的。只要我们能够成功地恢复它们的最初背景，成功地将它们置于产生它们的文化环境，只要我们揭开将它们与往昔的人们联系起来的线索，它们就向我们揭示出它们所在的时期的心理结构，和关于那一时期主要的精神状况与态度的一些情况。

这些片断和关于波蒂切利的论文采取的都是这种取向。但是，瓦尔堡对于古典元素在文艺复兴中充当的角色的解释自那时以来发生了根本的变化。关于15世纪的剧烈运动的形象其灵感源于古典影响的观念依然如故。然而，在关于波蒂切利的论文中，他仍然从由外界强加给非常顺从的艺术家的外来元素的角度来描述这种影响。

在关于“仙女”的研究中，观点几乎颠倒过来。在那里，我们看到了使艺术家感到烦恼并迫使他走上一种十分乏味的写实主义的道路的外来元素。表现性姿势和迅疾的运动的古典冲动不再是一种文学的问题：人们将它看作从单调的自然主义的解放，看作激情可以源源不断地倾泻的安全阀。古典雕塑的备受赞美的典范，凯旋门与凯旋浮雕，有助于消除中世纪禁欲主义艺术对于表达放荡不羁的情感所强加的禁令。在艺术史的这一观点中，“仙女”可以成为解放［liberation］与解脱［emancipation］的象征符号。

第七章　结果与退却（1900—1904） 128

回想起来，关于“仙女”的书一直没有问世，这是不足为奇的。它在很大程度上是瓦尔堡日益讨厌的那种思想态度的一部分。里面有一种历史小说的成分，那种关于文艺复兴的丰富多彩的传奇故事的成分，后来他把它们移到他的图书馆中称作“毒物橱”［poison cupboard］的一个特别的书架上。首先，没有足够的新事实可以编入这本书的脉络中，为出版这本书提供理由。的确，倘若关于文化研究的新的富有远见的方法要证明其本身有价值，就只能通过对人们以往实际所经历的生活做出新的论述。正是由于发现了这类文献和事实，出版关于“仙女”的片断一事就变得不那样迫切了，最终在瓦尔堡看来此事已经陈旧过时。因为1900和1901年有很多时候瓦尔堡都是在佛罗伦萨度过的，这两年他在发现方面成果特别丰硕，这些发现迅速确立了他作为专家的名望，并导致一些重要出版物的问世。

身为环境的研究者，他自然关注他所选择的时期的肖像画。我们已看到他对辨认托尔纳博尼家族的成员很感兴趣，不过他的辨认仍然只是猜测。他在对吉兰达约的另一名赞助人弗朗切斯科·萨塞蒂的研究中更幸运一些，因为在弗朗切斯科·萨塞蒂于圣三一

教堂委托绘制的那组湿壁画中，瓦尔堡辨认了洛伦佐·梅迪奇的儿子们的肖像（图版15c）。[①]因为他以一本书的形式将其出版，并打算以此作为《肖像艺术与佛罗伦萨有产阶级》[*Bildniskunst und Florentinisches Bürgertum*][②]系列中的第一本书，因此这一发现显然使他希望做出进一步发现。同年，他发表了另一篇重要论文[③]，研
129 究一位供养人的肖像：瓦尔堡通晓纹章学，因此能够辨认位于但泽[Danzig]的一幅梅姆灵[Memling]所作的伟大的三联画的供养人，此画在运往佛罗伦萨途中曾被海盗劫走。供养人是梅迪奇银行的另一位合伙人安杰洛·塔尼[Angelo Tani]（图版16b）。

瓦尔堡从这种研究中得到了快乐，这也促使他做出了回想起来一定算作是他一生中最重要的决定——请他的家人支持他建立一所图书馆。1900年6月底，他给弟弟马克斯写了一封信，信中他将对他的新的乐观心情的描述与需要更多的研究工具一事联系起来：

……最后我又有了一周的时间进行成功而紧张的工作。的确，我又感到疲惫不堪，不过我希望很快就会恢复精力。不要紧，我已看到事情仍旧进展得很顺利；在一个方面实际上甚至比以前还要好，因为现在我可以

... ich habe endlich einmal wieder mit Erfolg und eifrig eine Woche gearbeitet. Freilich bin ich auch wieder ziemlich kaputt, doch hoffe ich bald wieder ganz frisch zu sein. Einerlei, ich habe gesehen, dass es doch noch gut geht und insofern besser als früher, als ich mein

① 《日记》，1900年12月4日。
② [已发表的著作，9]。
③ [已发表的著作，10]。

从容自信地使用我的研究工具了。这一次我所关注的是凭借那些硬币、家谱、旧的编年史和纳税清单来辨认吉兰达约所作的一幅湿壁画上的人物。这件工作看上去枯燥乏味，但是，如果这能使一个人给予那些艺术品活力，就会变得趣味无穷；图像的衰弱的幽灵于是能再次生机勃发……的确，在从事这些研究时，手边缺乏两部著作，这给我造成很大的障碍，这两部著作是关于意大利诸家族的参考书；利塔［Litta］的《意大利的名门望族》［*Famiglie celebri italiane*］和海斯［Heiss］的《文艺复兴时期的徽章制模师》［*Les médailleurs de la Renaissance*］；这些著作的价格各为1 000法郎，因此是我力所不及的。我也极想得到那套奥地利的《艺术史年鉴》［*Kunsthistorische Jahrbuch*］，价格为1 500马克，每年120马克。因此我只想说，每年3 000马克的一笔款项实在只是一种缓解剂，但是仍会促使我每年独自地至少再花上2 000马克。

Handwerkszeug ruhig und überlegen gebrauchen kann. Es handelt sich diesmal darum, Persönlichkeiten auf einem Fresko des Ghirlandajo zu identifizieren vermittels Studium von Münzen, Stammbäumen, alten Chroniken und Steuerlisten. Das scheint eine trockene Arbeit, aber sie wird colossal interessant, wenn man dadurch Kunstwerke beleben kann; schemenhafte Bilder erhalten dadurch erst packendes Leben ... Bei diesen Untersuchungen bin ich freilich dadurch gestört, dass ich zwei Werke nicht besitze, die die Nachschlagewerke für italienische Familienkunde sind. Litta, *Famiglie celebri italiane* und Heiss, *Les médailleurs de la Renaissance*. Beide Werke kosten je 1,000 frcs., also unerschwinglich. Die Serie des Oesterreichischen Kunsthistorischen Jahrbuchs, die mir ferner so sehr fehlt, ca. 1,500 M. und 120 M. jährlich. Deshalb wollte ich nur bemerken, dass 3,000 Mark jährlich eigentlich mich nur soulagieren, aber mich doch ruhig zu einer eigenen Ausgabe von mindestens M. 2,000 jährlich

归根结底，我们都是**靠剪
息票过活的人**［rentiers］，一心
130 对利息感兴趣。建立像图书馆之
类的事物，只能亏本来做。我们
必须有勇气这样做。毕竟，我们
为艺术做了什么？在孔叙尔·韦
伯［Consul Weber］那里卖出两幅
画就会满足我们的年度总需求。
我将片刻也不会踌躇地把我的图
书馆作为金融财产记入公司的账
目。只要我先前没有睡昏了头，
我的书就不会是公司将获得的最
糟糕的书。不要笑；我绝非因傲
慢而变得盲目；相反，我实在很
愚蠢，因为我没有更加强调我们
应该用我们的例子证明，资本主
义也能够取得一个领域的智力成
就，而这些成就在其他情况下是
不可能取得的。如果有一天，人
们在谈论雅各布·布克哈特的
《意大利文艺复兴时期的文化》
［*Civilization of the Renaissance*］时
提到我的书，并将我的书看作对
此书的补充，这将是对你我二人
所作所为的补偿。

weiter veranlassen würden. Wir sind doch eigentlich alle furchtbare Zinsenmenschen. So etwas wie eine Bibliothek muss eben mit Opfern gegründet werden. Und dazu müssten wir den Mut haben. Was tun wir denn für die Kunst? 2 Bilder von Konsul Weber decken den ganzen jährlichen Bedarf. Ich würde mich nicht einen Moment besinnen, meine Bibliothek dem Geschäft, der Firma geradezu auf's Conto zu setzen. Wenn ich nicht vorher abkratze, dann ist mein Buch noch nicht das schlechteste gewesen, was die Firma fertig gebracht hat. Lache nur nicht; ich bin garnicht verblendet, im Gegentheil, ich bin eigentlich ein Narr, dass ich nicht mehr darauf bestehe, dass wir an uns zeigen, dass der Kapitalismus auch Denkarbeit auf breitester, nur ihm möglicher, Basis, leisten kann. Wenn mein Buch später neben Jacob Burckhardts *Cultur der Renaissance* ergänzend genannt wird, dann ist's schon compensiert, was ich und Ihr gethan habt ...

（1900年6月30日）

这个恳求显然是无法拒绝。两周后，瓦尔堡十分感激地回复说：

> 知道能够自由地购买书籍，对我和我的研究都是一种激励，因为这样我就能够自由地对文学、艺术和政治史这三个方向进行探索……
>
> Das Bewusstsein, in Bezug auf Bücheranschaffungen freie Hand zu haben, belebt mich und meine Forschungen, weil ich dadurch souverän nach den drei Richtungen der Litteratur, Kunst und politischen Geschichte ausgreifen kann ...
>
> （1900年7月14日）

于是关于建立一座多方面的图书馆的想法初步形成，对于图书馆的名称和藏书范围，瓦尔堡毫无疑问。8月，在惯常的海滨度假期间，他与弟弟在赫尔戈兰岛相聚。他在日记中写道："与马克斯讨论了建立瓦尔堡文化科学图书馆的想法；他并不反对这个想法。"(Mit Max die Idee einer Warburg-Bibliothek für Kulturwissenschaft 131
besprochen; er war nicht dagegen.)(《日记》[*Diary*]，1900年8月4日)

这种同意的态度表达得有些暧昧，如果对此感到满足，那并不符合瓦尔堡的性情。此时，他还是放心不下，非要得到更正式的保证才行。如他一生中经常出现的情况那样，他知道如何利用自己身体的羸弱和心理的脆弱来达到自己的目的。在次月的巴黎之行中，他因未能在国家图书馆［Bibliothèque Nationale］找到一本需要的书而倍感苦恼，于是便有了向这位公司首脑施加压力的另一根杠杆：

> 总之，我越来越看到，只
>
> ... Ueberhaupt sehe ich mehr und mehr

有能够支配不寻常的资金，我才能干得更出色。我一再愚蠢地不再相信我的天赋的益处，因此偶尔扮演着小职员和谦虚的教授的角色，而不是在经济问题上大胆地行动，这种大胆与财政上独立的私人学者相称。我身体上的不适不时地加重了这种心理上的脆弱。你们作为讲究实际、富有远见卓识的商人们，实在应该鼓励我毫无顾忌地购书。我需要鼓励，然后其余的方面也会起作用。因此我想尽快地找到图书馆的支出的转账方式。你再次考虑这个问题了吗？

ein, dass ich nur dazu kommen kann, etwas Besseres zu leisten, wenn ich auch über ungewöhnliche Mittel verfüge; ich verliere einfältiger Weise immer wieder den Glauben an die Rentabilität meiner Begabung und markiere zeitweise den kleinen Beamten und den bescheidenen Professor anstatt den nationalökonomischen Wagemut des unabhängigen Privatgelehrten zu bethätigen. Mein körperliches Unbehagen erhöht nun diese moralische Schwäche von Zeit zu Zeit. Ihr müsstet mich eigentlich als praktische und weitsichtige Kaufleute direkt zur Rücksichtslosigkeit in Anschaffungen encouragieren. Ich muss nur ermuntert werden, dann gehts auch sonst. Ich möchte deshalb möglichst bald eine Form für die Uebernahme der Bibliotheksunkosten finden. Hast du mal weiter darüber nachgedacht?...

（1900年10月28日）

到同年11月，家人已被说服。瓦尔堡写道：

……我在期盼着收到图书馆的规章。我和你有同样的想法，即，捐献出我自己当前的图书馆作为基础。我手中仍有所有我的大学时代以来的主要账单，从中

... Dem Bibliotheksstatut sehe ich entgegen; ich hatte schon die gleiche Idee wie Du, nämlich meine jetzige Bibliothek als Grundstock beizusteuern. Ich habe noch alle grösseren Rechnungen seit meiner Studentenzeit, aus denen hervorgeht,

可以看出，自1889年以来我已为我的图书馆投资大约10 000马克。在最近几年，我花费了大约2 500—3 000马克。有3 000马克，我可以将就过去，有4 000马克，我就自由了，有5 000马克，我就可以达成非常出色、不同寻常的事情。在后面这种情况下，也可能更大规模地拍摄照片了。

我的学术工作有了进展，有了些头绪，需要进行传播；发现的本身不再是我内心关注的中心。遗憾的是，疲惫的最初迹象也出现了（动机不明的焦虑状态），但是我希望克服它们……

dass ich ca. M.10,000—seit 89 in meine 132
Bibliothek gesteckt habe. Die letzten Jahre habe ich jährlich ca. 2,500—3,000 M. ausgegeben. Mit 3,000 M. kann ich es machen, mit 4,000 bin ich frei und mit 5,000 kann ich etwas wirklich gutes und aussergewöhnliches fertig bringen. Es würden in letzterem Falle eben auch photogr. Aufnahmen in grösserem Maasstabe möglich sein.

Meine wissenschaftlichen Arbeiten schreiten fort, auch formuliert und drängt es sich jetzt zur Aussprache, die Entdeckung als solche steht nicht mehr im Mittelpunkt meines inneren Interesses. Leider sind auch schon die ersten Anzeichen der Ermüdung da (unmotivierte Sorgenzustände) , doch hoffe ich, dagegen anzukönnen ...

（1900年11月13日）

这段援引的文字不止在一个方面预示了未来。发现所带来的快乐本身没有持续很久。他的抱负是在文化史的语境内了解这些发现的意义，而需要的智力劳动又增加了疲惫和焦虑的倾向。

布克哈特在发表于1898年的论意大利艺术的三篇遗作中讨论了一个表面上的悖论，即文艺复兴时期的赞助人对北方写实主义的偏好。[①]在瓦尔堡的解释中，吉兰达约的肖像画和塔尼家族的肖像画都将人们的注意力吸引到这个悖论。

和人们所有的预料都相反，种种记载与文献的确表明，伟大的佛罗伦萨的赞助人——按照陈腐的说法——本应偏爱文艺复兴时期的"进步"的艺术家，实际上却格外喜欢"哥特式"北方的作品。即，佛罗伦萨人本身显然并不觉得，他们的艺术和他们的世界由一条不可弥合的深渊与佛兰德斯和法国的艺术分隔开来。他们并不像瓦萨里会使我们相信的那样，感到文艺复兴与"哥特式"艺术存在
133 着什么差异。在我们看来是"现代"时期的先驱的那些人，却用旧世界的种种表现形式把自己环绕起来，而人们原以为他们会将其推到一边。

1901年11月，他在柏林的艺术史学会［Kunstgeschichtliche Gesellschaft］发表了一次讲座（1902年年初发表了关于这次讲座的一篇报道[②]）。在讲座中，瓦尔堡首次提出了一些事实，在未来的几年中他的研究将围绕的就是这些事实。他谈到了在四个密切相关的领域中佛罗伦萨的趣味的令人惊讶的倾向。梅迪奇家族的财产目录（已由明茨出版）和梅迪奇公司成员的信函使他认识到，北方壁毯在15世纪的佛罗伦萨颇受垂涎。对于这些壁毯在描绘特洛伊的故事或者亚历山大［Alexander］的故事时使用的怪异手法（图版16a)，人文主义者的朋友和支持者似乎并不反对。他们在讨论正确的拉丁词语的细微之处

① 《意大利艺术史文集：祭坛画—肖像画—收藏家》［*Beiträge zur Kunstgeschichte von Italien: Das Altarbild—Das Porträt in der Malerei—Die Sammler*］。

② 《瓦尔堡文集》，第1卷，第209页［已发表的著作，8］。

时，被歪曲为哥特骑士的恺撒［Caesar］或者西庇阿［Scipio］却从墙壁上凝视着他们，他们对此并不介意。确实，这些作品在财产目录中被列为法兰西式［alla franzese］，但是没有迹象表明这个标签暗含着一种指责。

这种法兰西式艺术对文艺复兴时期的人的心理意象的支配程度一定远远超过了我们的想象。当瓦尔堡发现了梅迪奇家族的卡雷吉别墅［Medicean Villa Careggi］中的一份艺术品财产目录时，在这个方面，人们会感到惊讶至极。在关于波蒂切利的论文中，他曾对认为《春》属于卡斯泰洛别墅［Villa di Castello］的传统观点提出质疑。他认为，这样一幅作品更有可能是指定给卡雷吉别墅的，那是柏拉图哲学信奉者的集会之地。人们可以想象，瓦尔堡是如何急切地搜寻证据，来证实对菲奇诺的《会饮》［*Convito*］中的景象的这种心理重构。因此，那份财产目录在所拥有的艺术品中列出了众多北方作品，而且，不仅有贵重的壁毯，还有北方以工业方式大批量生产的廉价替代品——布画［panni dipinti］，这让他感到特别不协调。

在这些绘画中，有一些被列出了主题，结果它们又似乎与一座戈比诺风格的文艺复兴时期别墅的形象不协调。人们在那里看到的是通俗场景，一幅《莫里斯舞》［*Moresca*］、一幅《女子洗浴》［*Women's Bath*］、一幅《爱之园》［*Love Gardens*］、一幅《孔雀》［*Peacock*］——简言之，来自我们主要通过北方雕版画家的作品所了解的那套通俗意象的主题（图版16c、d）。瓦尔堡至少能够追溯这些布画中的两幅，并表明它们是如何经由斯特罗齐［Strozzi］家族到达了梅迪奇家族那里。在梅迪奇的城市宫殿中也有类似的作品，134

一旦他的注意力集中于梅迪奇藏品的这一方面，瓦尔堡就能指出可证实这一倾向的其他一些作品：

……在起居室和卧室，大厅和礼拜堂——即在这样一些房间，梅迪奇家族在那里度过了其光明和黑暗岁月的私人时光，在古典雕像碎片旁边，人们只会以为看到当地艺术的最上乘精品——却发现来自同时代的勃艮第的艺术品……

... wo die Medici die intimen Stunden ihrer hellen und dunklen Tage verlebten und wo man neben antiken Statuenfragmenten nur die feinste Blüte einheimischer Kunst vermuten möchte, in Wohnräumen und Schlafzimmern, in Festsälen und Kapellen, Kunsterzeugnisse, die aus dem damaligen Burgund gekommen waren ...

（《世俗的艺术》[*Weltliche Kunst*]，第2页）

瓦尔堡并不满足于将这个事实当作一件怪事记载下来。他希望使由这份财产目录所显现出来的梅迪奇家族的趣味的图景，与流行至今的文艺复兴的观念相一致。要这样做，他首先必须根据那些财产目录所提供的些许迹象来重构那些布画。他不遗余力地搜求表现类似主题的作品，构建卡雷吉别墅中的作品内容的心理图像，这些内容引起了他极大的兴趣。他相信，只有这样，我们才能获得真正的文艺复兴——一种新的纯净化的艺术的出现这一奇迹——的正确背景。正是这个信念解释了瓦尔堡缘何长期以来专注于次要的艺术品，即佛罗伦萨和勃艮第的通俗图像的作品。他重视它们，与其说是为了它们本身的缘故，不如说是将它们看成在文艺复兴的堡垒、在它的理想的诞生地卡雷吉别墅表现出来的一种心性的痕迹。

瓦尔堡以几分迷惑而赞美的态度又提到的还有北方趣味的另一个方面：佛罗伦萨商人对于北方基督教艺术的偏爱。在卡雷吉别墅的布画中，至少有两幅表现了宗教主题，一幅《博士朝拜》［*Adoration of the Magi*］和一幅《圣哲罗姆》［*St. Jerome*］。但是在此无须财产目录的间接证据就可表明梅迪奇的圈子对北方艺术的偏爱。佛兰德斯的一些最优秀的大师于他们在布鲁日等地的逗留期间曾为佛罗伦萨人效力。凡·艾克描绘了阿诺尔菲尼［Arnolfini］夫妇；波尔蒂纳里［Portinari］委托绘制了许戈·范·德·胡斯［Hugo van der Goes］的最伟大的杰作之一；罗希尔·范·德·韦登［Rogier van der Weyden］在意大利时似乎曾为梅迪奇家族效力。最后但并非最不重要的是，瓦尔堡自己在梅姆灵三联画上发现了安杰洛·塔尼的肖像（图版16b）。通过这一辨认，梅姆灵的赞助人安杰 135
洛·塔尼及其妻子步出画面，恢复了生机。在瓦尔堡所援引的她的一封信中，亚历山德拉·斯特罗齐［Alessandra Strozzi］打量了一番安杰洛·塔尼的未来的妻子，她本来希望她成为她的儿媳。在瓦尔堡看来，这种人情味只是他的研究的一个副产品。在他看来，问题首先仍然是集体心理学的问题——对北方基督教写实主义艺术的这种偏爱是如何与文艺复兴时期的“超人”的观念相容的？

显然，不只是艺术赞助人对壁毯、布画和板上画中的北方写实主义的成就印象深刻，因此，这个问题就更加惹人注意。艺术家本身——“人的发现和世界的发现”的先驱本身——同样对这些北方的倾向感到痴迷。法兰西式壁毯的世界显然得到箱柜［cassone］画家的赞赏和模仿，他们以同样的表现骑士传说的北方风格来讲述古典故事。布画的通俗写实主义在菲尼圭拉［Finiguerra］和巴尔迪尼

[Baldini] 的圈子的雕版画、“奥托版画”[Otto Prints] 和类似作品中得到反映。

最后，北方绘画的写实主义并非未能给15世纪最杰出的佛罗伦萨的大师们留下深刻印象。波蒂切利的和吉兰达约的圣哲罗姆和圣奥古斯丁 [St. Augustine] 显然仿效了北方范本的静物写实主义，而吉兰达约的肖像艺术从对尼德兰作品的研究中获益良多。最明显的征兆是，他对许戈·范·德·胡斯的波尔蒂纳里祭坛画中的一组朝拜的牧羊人加以改动，然后用于他自己在萨塞蒂礼拜堂中的作品《朝拜》[*Adoration*] 时所采用的方式（图版17a、b）。如果有什么事物能够表明必须认真对待佛罗伦萨的北方趣味，那就是这种对北方艺术家在某些领域中出类拔萃的实际赞扬。

瓦尔堡越是深入研究15世纪关键岁月的佛罗伦萨社会，越是发现更多的证据表明人们所公认的情况是十分肤浅的。北方的趣味通过佛罗伦萨与勃艮第布匹贸易之间的密切的商业联系输入了佛罗伦萨。梅迪奇家族与他们在布鲁日的办事处之间的信函表明，这两个区域之间存在着密切联系。佛罗伦萨商业的命运在很大程度上依赖于勃艮第贵族的兴旺发达。大胆的查理 [Charles the Bold] 是个典型的骑士般的人物，仿佛是从骑士故事中走出来的，他通过佛罗伦
136 萨商人，即人文主义者的赞助人，为他的草率的冒险筹款。人们认为，佛罗伦萨是陷入黑暗的欧洲中的一个现代性岛屿，有一种悖论却与这一观念不符，而这就是那个悖论的另一个方面。

而且，文献没有提供任何证据，表明佛罗伦萨商人对他们的“哥特的”“中世纪的”顾客有一种优越感。相反，证据表明了相反的情况。一座自由的意大利城市的这些市民迫不及待地要采用封建时代的北方的习俗，在炫耀财富上与北方一争高低，甚至模仿他们

骑士制度的仪式和典雅爱情的习俗。难道瓦尔堡没有表明，古典时代再生的象征符号，波蒂切利的《春》和《维纳斯的诞生》，其灵感来源于波利齐亚诺的诗歌，而这首诗歌颂扬的是为向典雅爱情的偶像西莫内塔表示敬意而举办的一次比武式的彻底的“中世纪”的盛会吗？

如果认为这个例子是一个孤立的反常事件而不予考虑，也是行不通的。文献又提供了证据，表明文艺复兴艺术的先驱与骑士习俗的热爱者之间的这种和平合作绝非罕见。随着瓦尔堡开始寻找关于佛罗伦萨比武的描述，他发现了与这些盛会有关的许多伟大的艺术家的名字和最显赫的佛罗伦萨家族的名字。创作科莱奥尼［Colleoni］骑马像的雕塑家韦罗基奥曾为1484年的比赛设计了一面马上比武的旗帜；波拉约洛兄弟［the Pollaiuoli］的画坊——在我们看来它代表了最繁盛时期的文艺复兴的艺术——曾忙碌地为一场比武绣旗帜和服装；而波蒂切利本人曾为那次著名的为向西莫内塔表示敬意而举办的马上比武设计朱利亚诺·德·梅迪奇的典礼旗帜和徽章。更奇怪的是，有证据表明，人们最初正是为了这些“中世纪”的盛会而向艺术家们委托绘制了表现“异教”主题的作品。古典的神明阿摩耳［Amor］与帕拉斯［Pallas］、维纳斯与马尔斯［Mars］进入绘画艺术，似乎不是缘于人文主义者的努力，而是缘于骑士传说输入佛罗伦萨。

和卡雷吉别墅的财产目录一样，对佛罗伦萨盛大庆典的片断描绘揭示了一个已然消失的世界，我们所知晓的佛罗伦萨15世纪的绘画与雕塑就牢牢地扎根于这个世界之中。倘若我们能够成功地重构这个环境，它们的整个关系与意义就会变化。人们就不再能将哥特式北方艺术和文艺复兴式南方艺术截然分开而分别予以探讨，或

137 者认为人的发现和自然的发现的时期与僧侣的中世纪全然无关。瓦尔堡在自己和其他人那里发现的正是对这一认识的本能的抵制：

> 因为我们不愿承认，文艺复兴时期的人，我们称颂为超人的人，将个人从教会的黑暗牢房中解放出来的人，实际在多大程度上是中世纪的。
>
> Denn wir wollen nicht gern einsehen, wie mittelalterlich der Renaissancemensch eigentlich ist, in dem wir den Übermenschen, den Befreier des Individuums aus dumpfer kirchlicher Gefangenschaft begrüssen.
>
> （《佛兰德斯与佛罗伦萨》[*Flanders and Florence*]，手抄本的草稿）

他越是将历史分析集中于文艺复兴的关键岁月，即15世纪的后半叶，这幅图景就越有可能分裂为种种不协调、不相容的元素。一边，是高贵风格的再生，异教的古代所赞许的动作与姿态中充满激情的表现的回归，“仙女”的世界及其代表的一切；另一边，是忠诚于勃艮第的中世纪价值观的迷人符号，由法兰西式的壁毯、放纵而粗俗的布画、描绘着荷兰供养人肖像的宗教艺术，最后还有骑士风度的盛大庆典向佛罗伦萨土壤的转移，这些都是这种符号的示例。这个等式对瓦尔堡的历史心理学所具有的独创性是一个考验。

他为完成这一自我强加的任务而经历了种种困难，这些困难对他未来生活的整个方向产生了深远的影响。他觉得，他必须离开佛罗伦萨，从画布前后退，以看到整个画面。1903年9月7日，当他还在赴汉堡的夏季之行期间，他在日记中写道，他已在那里查看了一处住宅，“因为我只能在汉堡，也就是说在德国完成我的书：只是现在我才理解了我的那些发现，因为我需要内心的宁静来从各个方面审视它们”（Weil ich doch das Gefühl habe, dass ich nur in Hamburg, bezw. Deutschland mein Buch vollenden könnte. Erst jetzt werden mir meine Fundstücke klar, weil ich die innere Ruhe brauche, sie von allen Seiten zu betrachten ...）。

内心宁静的时期从未来临，但是他和他的家人在德国度过了1903—1904年的冬季。当他于1904年3月返回佛罗伦萨时，他似乎凭着一时冲动，放弃了他的住宅。他于5月离开佛罗伦萨，与他的家人定居于故乡。[①]诚然，他绝非与佛罗伦萨完全断绝了关系，因为 138
在前一年他当选为那里的德国艺术史研究院委员会委员；但是，他在后来的一次访问期间（1906年4月）对院长布罗克豪斯的活动所做的批评说明了他对这些事情的看法：他把研究院缺乏真正的进步归咎于布罗克豪斯的

……缺乏系统；他对他的材料没有批评态度，我们仍处于发现者的精神状态，而发现者对新事实的乐趣促使他高估他的发现：新的东西！……他从来也不自问，他的扩张主义冲动与他的同化能力有何关联……

... daran sei seine Systemlosigkeit Schuld, seine Kritiklosigkeit dem Material gegenüber, wir sind immer noch in der Entdeckerstimmung, die Freude am Neuen lässt uns das Fundstück überschätzen: was Neues! ... er überlegt sich nicht, ob seine Expansionslust im Verhältnis zu seiner Verarbeitungskraft stände ...

（《日记》，1906年4月8日）

① 他有一个女儿玛丽埃塔［Marietta］和一个儿子马克斯·阿道夫［Max Adolf］，第三个孩子弗雷德［Frede］即将出生。

也许由于瓦尔堡对佛罗伦萨的研究院持保留态度，他更加迫不及待地要通过一家与之竞争的机构来表明他对问题的看法。显然，倘若要建立一所瓦尔堡图书馆，它就必须位于汉堡。我们从他致弟弟保罗的一封信中获悉，他在1903年购买了516本书，从而已经“增加了他的学术设备”：

……这批书中，有一大部分我确切地知道它们的内容还有哪些我不了解。由于那个缘故，它们对我极有帮助，不过那年我确实也添了至少516根灰发，如果事情以这一速度进展——就购买书籍而论，恐怕情况无疑会如此——今年我将再添至少500根灰发（即书籍）……除去其他的一切，我们当前的房间的大小也限制了图书馆的扩张。今年春天我们必须决定，我们希望住在汉堡的什么地方以及我们是否希望住在汉堡……

... Ich babe 516 neue Bücher im vorigen Jahre angeschafft und weiss bei den meisten ganz genau, was ich von ihrem Inhalt nicht weiss. Dadurch haben sie mir auch schon vortreffliche Dienste geleistet, allerdings habe ich im vergangenen Jahre auch mindestens 516 graue Haare bekommen und wenn das in diesem Tempo so fortgeht, und was ich fürchte, bestimmt für meine Bücheranschaffung der Fall sein wird, dann werde ich in diesem Jahre noch 500 neue graue Haare bzw. Bücher erwerben ... Ausserdem ist freilich durch die Enge der jetzigen Wohnung dem weiteren Zuwachs eine Schranke gesetzt. Wir werden uns im Frühjahr entscheiden müssen, wo und ob wir in Hamburg weiter leben wollen.

（1904年1月4日）

139 在致弟弟的那封信寄出几周前，他曾在日记中写道：“Idee in Hamburg eine kulturhistorische Station zu errichten.”（在汉堡建立文化史观测

所的想法。）

他向利希特瓦克解释了这种想法——如人们可能料想的那样，不无一种辩论的锋芒，因为他认为利希特瓦克这位现代主义者“憎恨意大利”。

日记没有提供什么迹象，表明移居汉堡之举带来了瓦尔堡曾希望的那种心理距离。他致力于对他在佛罗伦萨的发现做出解释，并在一次论“15世纪北方与南方之间的艺术文化交流”［The Exchange of Artistic Culture between North and South in the Fifteenth Century］的讲座中提出关于这些解释的种种看法，这次讲座的概要已发表。① 在一篇论“爱情徽铭”［Imprese Amorose］的论文中他再次举例说明了这些倾向之间的冲突，他的佛罗伦萨的朋友乔瓦尼·波吉［Giovanni Poggi］翻译了这篇论文并在意大利发表。可以表明，与布画有关的令瓦尔堡感兴趣的某些主题在民间艺术和农民艺术中延续下来，于是他着手工作，在汉堡组织了一次民俗学者大会［Congress of Folklorists］。那时他38岁，尚未放弃到大学任职的想法。有迹象表明，他的母校波恩大学会欢迎他申请在大学授课的资格［Habilitation］。诚然，他的先前的老师索德现在在瓦尔堡看来是虚伪而做作的*laudator temporis acti*［今不如昔论者］，但是他对严厉而上了年纪的卡尔·尤斯蒂的尊敬，如果说有什么变化的话，就是甚至更深了。在一次波恩之行中，尤斯蒂给了他极大的鼓励，中世纪史专家保罗·克莱门［Paul Clemen］支持瓦尔堡取得候补者身

① 《15世纪北方与南方之间的艺术文化交流》［“Austausch künstlerischer Kultur zwischen Norden und Süden im 15. Jahrhundert”］，《瓦尔堡文集》，第1卷，第177—184页［已发表的著作，13］。

份。他甚至来到汉堡视察瓦尔堡的图书馆，并“留下了深刻印象”，但是他表达了这样的意见，鉴于已工作多年这一情况，他认为瓦尔堡出版的东西太少。然而瓦尔堡享有很高的声誉。1906年，他在德累斯顿为筹备艺术史大会而召开的委员会会议上十分活跃，此年秋季，他被正式邀请接受布雷斯劳大学的一个教授职位。人们希望，如果出现了一位真正的学者，就能抵制现代主义的支持者里夏德·穆特尔［Richard Muther］在那所大学的影响，穆特尔是新闻工作者和批评家，而非训练有素的史学家。

然而，这一切无法说服瓦尔堡。当人们发现他患了轻度糖尿病时，他的心理困惑加重了，与一位同人进行持续战斗的前景无论如何对他没有吸引力。

更严重的是，他感到他所写的关于佛罗伦萨的书毫无进展。

140 对梅迪奇财产目录及其意义的一番讨论部分地存在于长条校样中[①]，但是他在上面做了无数的改正与变更，证明他遇到了重重困难。1907年，在受到邀请为他先前的老师施马尔索的《纪念文集》［*Festschrift*］写一篇论文时，他反而返回了他较早时期对赞助的研究，将梅迪奇的另一个合伙人弗朗切斯科·萨塞蒂选作他的主题。即使如此，他怀有这样一种抱负，即，要表明应当如何将这种材料“同化”到一种值得花费时间做出的解释中，这给他带来了种种苦恼，他的日记和许多草稿都可做证。

因此，当克莱门最后在波恩写道，只要瓦尔堡提交他的大学授

---

① 《梅迪奇家族治下的佛罗伦萨来自佛兰德斯的世俗艺术》［*Weltliche Kunst aus Flandern im Mediceischen Florenz*］。

课资格论文［Habilitationsschrift］（对财产目录的讨论），一切就水到渠成，此时他只好不情愿地留在汉堡，而没有对工作做出计划以如期完成。关于此事的解释从未公开。这里的困难和通常一样，在于将他发现的历史事实与他的理论观念紧密结合起来。

在障碍有望逐渐消除的时刻，他于1907年春写道：

仿佛直至我40岁之时，在负载我的一般观念的纤维和与构成这些观念的基础的视觉印象有关的纤维之间的联合纤维中，一直存在一种障碍物，仿佛这种障碍物使它们不能自然交织，并以这种形式越过意识的阈限。然而，对于我所高度重视的这些一般观念，某一天人们也许会说或者认为：就它们激发他翻腾出他前所未知的个别事实而言，这些谬误的概要的观念目前至少有一个好的结果（歌德说的是激发［excited］而非刺激［stimulated］）。猪在拔除块菌中所起的作用。*	Es ist, als ob die Assoziationsfasern der allgemeinen Ideen und die ihnen zu Grunde liegenden visuellen Eindrücke sich bis zu meinem vierzigsten Jahr gesträubt hätten, in ihrer natürlichen Verwebung über die Schwelle des Bewusstseins zu treten. Und von diesen von mir so hochgeschätzten allgemeinen Ideen wird man vielleicht später sagen oder denken: diese irrtümlichen Formalideen haben wenigstens das Gute gehabt, ihn zum Herausbuddeln der bisher unbekannten Einzeltatsachen aufzuregen. (Aufregung sagt Goethe anstatt Anregung) Trüffelschweindienste.

（《日记》，1907年4月8日）

* 块菌，亦称松露，是药食兼用、价格昂贵的食用菌之一。块菌是地下真菌，难以发现，农民往往依靠猪和狗来采挖。但猪比狗容易训练，而且猪的记忆力远胜过狗。——译者

瓦尔堡觉得很难应用于他在佛罗伦萨档案中的实际发现的那些“一般观念”，无疑仍是在他斯特拉斯堡的岁月中写满了笔记的那些同样的观念，即，关于图像的本质及其与原始的表现性动作的联系的观念。

141 一份为1903年8月的一封信所写的草稿透露了一些内情。在草稿中，瓦尔堡概括了他与他的朋友——伟大的中世纪史专家阿道夫·戈尔德施米特的一次谈话。他在草稿中以表格形式描绘了如他所见的艺术史学科的整个地图。尽管这封信无疑其本意并不完全是严肃的，当然也不想发表，然而，由于它表明了瓦尔堡非常厌恶的东西和他认为自己在地图上应处的位置，它却十分重要：

亲爱的阿道夫：

我们在柏林中央火车站［Lehrter Bahnhof］谈话的主题一直萦绕在我的脑际，因此我冒着无知者的胆量（它通常是作为无知孩童的天真而委婉地提出的），写出我的心中所想。现代艺术史的各种各样的倾向源于种种不同倾向，它们并不必然地和有机地属于同类。

Mein lieber Adolph,

Das Thema vom Lehrter Bahnhof hat nicht aufhören wollen, mich zu beschäftigen und so habe ich denn die Courage der Ignoranz (die man euphemistisch als Unbefangenheit des reinen Toren zu servieren pflegt) und schreibe Dir, was mir eingefallen ist. Die Richtungen der modernen Kunstwissenschaft kommen aus verschiedenen organisch nicht selbstverständlich zusammenhängenden Richtungen:

I

A1. 15世纪的起点：具有强调与夸张当地景况的天然倾向的

A1. Ausgangspunkte im XV. S.: die *mirabilia* Literatur mit der natürlichen Tendenz, *mirabilia*［奇迹］文学……

A2. 颂词英雄崇拜：名人［uomini famosi］（彼特拉克［Petrarch］的《胜利》［*trionfi*］），名人，卡斯塔尼奥，事物的发明者，后来的波利多尔·弗吉尔［Polydore Vergil］，最后的派生物：各种事物的目录［catalogo delle varie cose］；百科全书。

尽管A组代表了为想要获得提高的外行人所写的艺术史，现在B下所列的却是艺术家撰写的艺术史（典型的：瓦萨里）。

B. 从进步的艺术天才的观点撰写的艺术家的历史，这种艺术天才日益征服创造错觉的技巧，直至达到“当前的高标准”，从另一方面说，他发明并要求更加崇高的风格的更加理想的世界。

C. 后面的这种理想化风格——在柏拉图主义和新柏拉图主义中都颇受偏爱——通过温克尔曼和康德导致在古典化艺

das lokal Sehenswürdige übertreibend hervorzuheben ...

A2. Die panegyrische Heroenverehrung: *uomini famosi* (Petrarcha *trionfi*), berühmte Männer, Castagno, die Erfinder der Dinge (später Polidoro Vergilio), Ausläufer: catalogo delle varie cose; Konversationslexikon.

Während Gruppe A die Kunstgeschichte, geschrieben für den Laienzuschauer, der ‘erhoben’ werden soll, bezeichnet, kommt unter B die Kunstgeschichte hinzu, geschrieben vom Künstler (Vasari als Typus).

B. Künstlergeschichte vom Standpunkt des 142
fortschreitenden künstlerischen Genies, das die Technik des Wirklichkeitvortäuschens immer mehr, bis zur ‘Höhe der Jetztzeit’ fortgeschritten erringt und andererseits eine idealere Welt der gröseren Idealform erfindet und fordert.

C. Diese letztere Idealform—durch Platonismus und Plotinismus tätig gefördert—wird dann durch Winckelmann

术中体现的更高的美的假定。

就人们把它们看作个别的和增进性的力量而言，A、B和C组以最高级的形式既谈论了艺术品（A与C），又谈论了艺术家（B与C）。这些倾向仿佛是关于最高峰的地理学，它们产生了我们普通、热情、传记型的艺术史。个人的细微差别是历史回顾的缓和剂，人们尝试描述这种细微差别是为了使人物显得真实。于是下面的表格便不解自明了：

热情的艺术史家

1. 富于想象的—怀旧的——海因泽［Heinse］，《阿丁海洛》［*Ardinghello*］……R.穆特尔。
2. 诗意的—英雄的，根据历史进行重构——格林［Grimm］。
3. 感伤的—英雄的，宗教的—政治的，根据历史进行重构——索德、施泰因曼［Steinmann］。

und Kant zum Postulat der höheren Schönheit der antikisierenden Kunst.

Gruppen A, B und C befassen sich also im superlativistischen Sinne mit Kunstwerk (A, C) und Künstler (B, C), insofern sie besondere persönlich differenzierte und sich steigernde Kräfte sind: von diesen Richtungen her, die gewissermassen nun eine Gebirgskunde der höchsten Spitzen sind, kommt unsere landläufige, enthusiastische, biographische Kunstgeschichte. Die persönliche Nuance besteht in der mildernden Dosis historischer Retrospektive, die versucht wird, um die Figur echt erscheinen zu lassen; das folgende Schema versteht sich danach von selbst:

Enthusiastische Kunstgeschichtler

1. Phantastisch sehnsüchtige—Heinse, Ardinghello ... R. Muther.
2. Poetisch heroisch rekonstruierend auf geschichtlicher Grundlage—Grimm.
3. Sentimental heroisch, religiös politisch rekonstruierend auf geschichtlicher Grundlage—Thode, Steinmann.

4. 道德上的英雄的，根据历史进行重构——布克哈特（对他的戏仿：戈比诺）。
5. 为不受环境制约的人们撰写传记的作者，根据历史——尤斯蒂、诺伊曼［Neumann］。
6. 这组充满热情的人们也包括鉴赏家和“确定作者归属者”，因为他们是专业欣赏者，渴望或者通过限定或者通过延伸来捍卫主人公的特色，以将他理解为逻辑上一致的有机体——拜尔斯多弗尔［Bayersdorfer］、博德［Bode］、莫雷利［Morelli］、文图里［Venturi］、贝伦森和整个喜爱打探的部落……

这些人是英雄崇拜者，但是，说起他们的最终根源，他们只是受到美食家性情的启发。中立而冷静的评价形式恰巧是有产阶级、收藏家及其圈子所特有的热情的最初形式。

在这个传记式艺术史的顶端出现了（II），风格史方法，即典

4. Moralisch heroisch rekonstruierend auf geschichtlicher Grundlage—Burckhardt (sein Affe: Gobineau).

5. Als das Milieu überragende Personen auf 143
geschichtlicher Grundlage—Justi, Neumann.

6. Zu dieser Gruppe der Enthusiasten gehören auch die Kenner und ‘Attributzler’, denn sie bewundern ohne Adjektiv, indem sie die Eigenart ihres Helden abgrenzend zu schützen oder zu erweitern suchen, um ihn als einheitlich logischen Organismus zu begreifen—Bayersdorfer, Bode, Morelli, Venturi, Berenson, sowie das schnuppernde Gelichter ...

Es sind Heroenverehrer, die aber in den letzten Ausläufern nur noch das Temperament eines Gourmand beseelt; die neutral abwägende Schätzung ist eben die urtümliche Enthusiasmusform der besitzenden Klasse: des Sammlers und der seinigen.

Dieser Künstlergeschichte überordnet sich II als Methode die Stilgeschichte, also die Wissenschaft von den typischen Formen; während Gruppe I die speziellen Differenzierungen beschreibt und feiert,

型形式的科学。尽管第I组描述并赞扬了特别的区分，第II组却以研究社会学状况、普遍存在的限制为自己的目标，英雄的个人必须反抗这些普遍存在的限制。

II

A. 限定条件，技法（森佩尔、朗格［Lange］、弗格［Vöge］、小阿道夫［Little Adolph］?）。

B. 限定条件，归因于原始人的本性（格罗斯［Groos］、格罗瑟［Grosse］、游戏理论）。

C. 限定条件，归因于有教养的人的空间感的本质（沃尔夫林、施马尔索、小阿道夫?）。

D. 限定条件，归因于人的表现性动作的本质（瓦尔堡）。

E. 限定条件，归因于社会的本质（黑格尔、丹纳）。

144 F. 限定条件，归因于图像志传统（施纳泽、施普林格、施洛塞尔［Schlosser］、沃尔夫林、施特尔奇戈夫斯基［Strzygowski］、维克霍夫［Wickhoff］、小阿道

hat Gruppe II es sich zum Ziel gesetzt, die soziologischen Bedingtheiten zu untersuchen, die gleichmässigen gegebenen Hemmungen, mit denen sich das heroische Individuum auseinanderzusetzen hat.

II

A. Bedingtheiten der Technik (Semper, Lange, Vöge, Adölphle?).

B. Bedingtheiten durch die Natur des primitiven Menschen (Groos, Grosse, Spiele).

C. Bedingtheiten durch die Natur des raumempfindenden gebildeten Menschen (Wölfflin, Schmarsow, Adölphle?).

D. Bedingtheiten durch die Natur des mimischen Menschen (Warburg).

E. Bedingtheiten durch die Natur der Gesellschaft (Hegel, Taine).

F. Bedingtheiten durch die ikonographische Tradition (Schnaase, Springer, Schlosser, Wölfflin, Strzygowski, Wickhoff, Adölphle, Kraus).

G. Bedingtheiten durch Sitte und Gebrauch

夫、克劳斯［Kraus］）。

G. 限定条件，归因于习惯和习俗（兰普雷希特、明茨、古利特［Gurlitt］）。

不言而喻，这些作家大都属于几个范畴。但是让我重复一下我的草图：

I. 颂词艺术史，始于个别艺术品或者艺术家。

II. 风格史，始于典型的赋形（社会）力量的限定条件。

(Lamprecht, Müntz, Gurlitt).

Selbstverständlich gehören die meisten Schriftsteller mehreren Kategorien zugleich an; also um meine rohe Skizze noch einmal hinzumalen:

I. Panegyrische Kunstgeschichte vom einzelnen Kunstwerk (Künstler) aus.

II. Stilgeschichte von den Bedingtheiten der typisch gestaltenden (sozialen) Kräfte aus.

（《艺术史家》［*Art Historians*］）

也许值得指出的是，在1903年撰写以上文字时，瓦尔堡将图像志研究领域看作大多数同人正在耕耘的领域，但是他并不认为自己是这批人之一。他声称属于自己的那种“科学”方法反而是对植根于“人的表现性动作的限定条件”（Bedingtheiten durch die Natur des mimischen Menschen）的研究。人们很可能想知道戈尔德施米特是如何理解这句话的。但是瓦尔堡在此无疑是认真的。在“仙女”片断的作者看来，风格与姿势是不可分离的：人在艺术和生活中如何屈从于冲动，一定以某种方式是理解他的想象的图像的“科学的”钥匙，因此也是理解他的艺术的图像的“科学的”钥匙。冷漠的静止不动和过于激动的动作之间的对比，一定以某种方式握有通向“风格心理学”的钥匙。

他在任何一篇发表的论文中都没有成功地证明这一信念，这一定使瓦尔堡十分烦恼。但是，如我们已看到的，这个困难并没有使他对不科学的热心者更加宽容。甚至雅各布·布克哈特也不再完全
145 逃脱他的不耐烦的责难。的确，《肖像艺术与佛罗伦萨有产阶级》的发表的版本开篇就是对意大利文艺复兴研究的领袖和先驱的慷慨颂词。然而，在为此段文字所写的草稿中，他的矛盾心理显而易见。瓦尔堡谈到了《意大利文艺复兴时期的文化》的英雄崇拜，将《古物指南》[*Cicerone*] 称作“通向美的享乐主义的旅游指南”——这是对此书副标题的讽刺性变换，而此书副标题是《意大利艺术品欣赏指南》[*A Guide to the Enjoyment of Works of Art in Italy*]。

同时，对于游客们的文艺复兴崇拜的抨击，我们已从“仙女”片断中看到了几个例子（参照第111、118页），这种抨击在他的笔记中继续存在并积累。他发出的抱怨总是针对有教养的公众不愿考虑“影响”与社会力量。审美家们希望赞美独立的天才，他们不希望听到任何别的事情。[①]

他们一旦觉得有什么危险威胁着文艺复兴时期的“个人”，一个以那些“可怕的统治者”[capitani spaventosi] 为首的成分混

Eine bunte Schutztruppe macht mobil, sobald dem Renaissanceindividuum Gefahr droht, an der Spitze als ‘capitani spaventosi’ die Jünger Gobineaus, unschädliche Leute,

① 关于这一态度的一个适当样本，参照莫德·克拉特韦尔 [Maud Cruttwell]，《安东尼奥·波拉约洛》[*Antonio Pollaiuolo*]，伦敦，1907年，第31页：“关于安东尼奥的艺术影响，无须说些什么。他首先是富有独创性的，对他的作品产生主要影响的是大自然……”

杂的护卫队就会动员起戈比诺的信徒，他们是无害却又无能的人……在他们看来，15世纪一定仍然是度过复活节的幸福岛……	aber schlechte Musikanten ... Das 15. Jahrhundert soll nun einmal die glückselige Insel für die Osterferien bilden ...

（《节日庆典》[*Festwesen*]，第170页）

从业的艺术家今天比过去任何时候都更加关心他们作为艺术人物的不可侵犯的权利，他们也认为天才是一种创造力，与往昔和当今无关。因此，他们不愿倾听寻求相互关系与影响的知识分子的话。	Die künstlerisch Produzierenden, heute mehr als je um das unantastbare Recht ihrer Künstlerindividualität besorgt, sehen das Wesen des Genies in einer von Vorwelt und Mitwelt unabhängigen spontanen Schöpferkraft und leihen ihr Ohr nur unwillig den nach wechselseitigen Beziehungen und Beeinflussungen spürenden Intellektuellen.

（《节日庆典》，第143页）

无疑，瓦尔堡曾不止一次地遭到这种充满敌意的回应。我们也不可忘记，他关于影响的观念的确很极端，尤其在他首次出版的关于波蒂切利的著作中，在书中他将波蒂切利的衣饰风格归因于波利 146
齐亚诺的建议。他看到在15世纪末有种种非人的力量在起作用，详细阐述这些力量是他给自己强加的任务。在他奋力要完成这项任务时，这种敌对立场显然增加了他的孤立感。他就像一个在迷宫中迷路的人，而对于尝试要阅读下一章的读者，也许应当预先提醒一下，你也会不得不进入那个迷宫。

第八章　风格冲突之为心理学问题（1904—1907） 147

尝试描述瓦尔堡在迷宫中徘徊的过程似乎是不适当的，但是至少可以表明为什么他觉得厘清它的头绪是非常艰难而痛苦的事情。简言之，他在使用的元素似乎在不断改变着价值与地位。瓦尔堡的许多笔记中，有一篇说明了这一困境：

在绘画中，中世纪与文艺复兴在何处再次相逢？

约 1465 年，佛罗伦萨，梅迪奇宅邸中。这一相遇是否是：

（1）基督教的中世纪和异教的文艺复兴之间的敌对的相遇；一种道德的、宗教的、政治的或者民族的冲突？

还是

（2）轻率和自发的友好合作

还是

（3）在那个做出种种发现的时代，具有潜在的灵活目标的成长过程？

Wo trifft Mittelalter und Renaissance noch einmal in der Malerei zusammen?

In Florenz im Hause der Mediceer bis etwa 1465. Ist dieses Zusammentreffen:

（1）ein feindliches zwischen christlich mittelalterlicher und heidnischer Renaissance; ein moralischer, religiöser, politischer Rassenkontrast?

oder

（2）ein unbewusst gemeinschaftliches kollegiales Zusammenwirken

oder

（3）ein Wachstumsprozess mit latenten plastischen Zielen im Zeitalter der Entdeckungen?

（《节日庆典》，第 129 页）

简言之，如在他关于“仙女”的片断中那样，瓦尔堡关心的是种种文化力量的冲突。但是，尽管在那个片断中他采用了这样一种看法，即，哥特式趣味粗略地来说是一种“坏的事物”，而古典理想最终战胜了它，然而，由于他日益卷入，又提出了三种替代性看法的问题。哥特式趣味是否是推进文艺复兴的最终胜利的助手？如果它有助于促进文艺复兴的出现，它是通过激发了一种反应还是
148 通过帮助它前进来做到这一点？或者，在文艺复兴时期本没有不可调和的矛盾，我们却看到一种不相容事物间的冲突，这是否是错误的？或者，最后，古典理想的胜利是否的确是纯粹的幸事？他在莱奥纳尔多最伟大的作品中发现了一种平衡，难道它没有也威胁到要使艺术保持这种平衡而在心理上所必需的价值观？

对这些解决办法，都可以做出令人信服的论证，而瓦尔堡能够十分雄辩地提出这些十分矛盾的观点，这却又使他不可能将它们令人信服地综合到一起。他曾将自己说成潜在的剧作家①：他能够以富有戏剧性的神韵来表现种种文化力量的冲突，以至读者以为他的主张是一种历史的判断，结果却发现另一页或者另一份草稿试验了另一种评价。这种万花筒般的变化的确有些难以捉摸，使人不安，这可以反映出瓦尔堡自己的一些矛盾心理。但是，尽管尝试梳理这些观点将不可避免地造成某种重复和贫乏，然而倘若读者要了解瓦尔堡的真正目标，就必须进行这种尝试。

---

① 《日记》，1909年4月28日：“我觉得自己作为潜在的剧作家，与萧伯纳很相似。”（Shaw fühle ich mich als latenter Dramatiker verwandt.）

作为障碍物的哥特式写实主义

有一段时期，在瓦尔堡看来，尤其是法兰西式风格体现了一切对真正的美的出现怀有敌意的力量。试图依据当代的生活去想象英雄的往昔的人物，将古代神话用作衣食考究的时尚人物进行炫耀的单纯托词，在瓦尔堡看来就意味着艺术的衰退。兰普雷希特曾经强调，中世纪缺乏历史距离感，这种历史距离感标志着文艺复兴的开端。从这种观点看，那些被北方壁毯的风格所征服的箱柜画家和雕刻师的确是新的理想风格的敌人：

> 一方面，一种“朴素写实主义”缺乏在现今与往昔间的任何距离感……另一方面，“古物研究的理想主义”……波蒂切利是第二类的先驱，从神话与古物研究中汲取灵感的高贵风格画家的先驱。
>
> Auf der einen Seite der ‘naive Realismus’, der keine Distanz zwischen heute und der Vergangenheit gelten lässt ... auf der anderen der ‘antiquarische Idealismus’... Botticelli ist der Vorläufer der zweiten, der mythologisch-antiquarischen Maler grossen Stils ...
>
> （《瓦尔堡文集》，第1卷，第74页）[已发表的著作，6]

我们已看到，对“仙女”的研究如何证实了他的这样一个结 149
论，即，勃艮第服装的“时髦的原始风尚”是文艺复兴的美的对立面。

这种“法兰西式”写实主

Dieser realistische Trachtenstil ‘alla

义服装风格，尽管看上去十分无害而朴素，实际上却是“仿古典式”[all’antica]那种更高尚、更高贵的风格的道路上最强有力的障碍；要摆脱繁复服装那厚重的华美，需要安东尼奥·波拉约洛的英雄姿态（图版18a）。	franzese’, anscheinend so harmlos und naiv, ist jedoch tatsächlich der mächtigste Feind jenes höheren pathetischen Stils ‘all’antica’ gewesen, der schliesslich erst mit Antonio Pollajuolos heroischem Gestus den lastenden Kleiderprunk abschüttelte.

（《瓦尔堡文集》，第1卷，第333页）[已发表的著作，14]

这段文字出自瓦尔堡论爱情徽铭的论文，发表于1905年，G.波吉译。因此它表明，他到那时还没有完全放弃在早些时候的片断中所采取的态度。相反，这篇论文集中论述了服装的重要性的问题，即在瓦尔堡特别喜爱的一本书中，卡莱尔笔下的托伊费尔斯德勒克教授[Professor Teufelsdröckh]曾深入研究的那个“服装问题”。

在一幅“奥托版画”中（图版18b）——瓦尔堡在画中看到对洛伦佐·德·梅迪奇及其妻子卢克雷齐娅·多纳蒂[Lucrezia Donati]的暗指——那名男子仍身着他那个时期追求时髦的纨绔子弟的装束。然而，那个女性形象却被表现为处于真实的肖像与理想化之间的一个奇怪的过渡时期。她的服装的一些特征显然是写实主义的，而其他一些特征却显露出古典雕塑的影响：

她头戴沉甸甸的发卡[fermaglio]，酷爱物质财富的佛罗伦萨商人们由于好夸耀而喜欢	Auf dem Kopf trägt sie den schweren fermaglio, mit dem die materielle Besitzesfreude der florentinischen

用它装饰有产阶级的新娘。但是，她的头发却是安排得“仙女一般”［alla ninfale］，毫无拘束地卷曲着轻快地垂落下来；属于伊特鲁里亚的墨杜萨［Medusa］的那种双翼高高位于她的两个鬓角之上，这个象征符号直接来自古典时代，通过这个象征符号暗指女子气质的崇高的古典理想。她的服装同样表现了平淡无奇的现实与理想之间的对比。上身剪裁得十分时髦［à la mode］，袖子也是如此，并在肩部镶有风格奇异的荷叶边，可以想象会与化装舞会上穿的一件真实的服装相称，这件服装也许看上去很怪诞，却能够实际制作出来。然而，人们绝不会见过当时的人们把裙子穿得这样飞扬而缠卷，而且裙下还露出异教习俗中才会有的赤裸的双足。飞翔的胜利女神们，就是这样出现在罗马的那些凯旋门上的，而那些翩翩起舞的酒神女祭司通过刻意的模仿又出现在多纳

Kaufleute die bürgerliche Braut prahlerisch
schmückte, das Haar dagegen ist ‘alla
Ninfale’ frisiert und wallt in freien Locken
lustig nach hinten; zwei Flügel, wie sie der
etruskischen Medusa eigen, wachsen über
den Schläfen empor, die höhere antikisch
ideale Art der Frauengestalt mit diesem
direkt aus der Antike übernommenen
Symbol andeutend. Denselben Kontrast
zwischen platter Wirklichkeit und Idealität
zeigt das Gewand: die Taille ist *à la mode*
ausgeschnitten, auch die Ärmel könnten mit 150
ihren barock gezeddelten Schulterstücken
einem zwar phantastischen, aber
immerhin konstruierbaren Maskenkostüm
entsprechen; dagegen war der eigentliche
Rock, aus dem die heidnisch nackten
Füsse hervortreten, in diesem beflügelten
Schwunge bei irdischen zeitgenössischen
Wesen nie so zu sehen; so traten die
fliegenden Viktorien des römischen
Triumphbogens oder jene tanzenden
Maenaden auf, die, bewusst nachgebildet,

太罗［Donatello］和菲利波·利皮［Filippo Lippi］的作品中，在那些作品中，艺术家复苏了表现运动中的生命的崇高的古典风格。	zuerst in den Werken Donatellos und Filippo Lippis auftauchten und den höheren antiken Stil des bewegten Lebens wiedererweckten.

（《瓦尔堡文集》，第1卷，第336页及下页）［同上］

这段文字十分重要，因为它以一个典型实例表明了瓦尔堡的风格与方法的特性。在他的分析中，一幅15世纪版画中一个女性形象的服装的细节，对于不仅是艺术史的而且还是人类文明史的最大的问题具有了征兆性的价值。描述这些个别特征所用的词语本身就集中体现了瓦尔堡所得出的历史的和道德的结论。“沉甸甸的发卡”成为有产阶级追求物质享受和喜爱浮夸的征兆；“毫无拘束地”卷曲着“轻快地”垂落下来的头发和双翼成为“崇高的”古典领域的象征符号。十分时髦的上身是平淡无奇的现实世界的一部分，“异教习俗中才会有的赤裸”的双足和“飞扬而缠卷”的裙子一样，都像一个理想世界的标志。

做出这一评价的原因与瓦尔堡的运动概念密切相关。“仙女”若要具有作为放纵的情感的发泄途径的真正的心理功能，就必须改革她的衣着，就必须脱掉体现出刻板的习俗和有产阶级的体面的沉重服装。一旦摆脱了僵硬的锦缎和高耸的头饰这些沉重负担，她就能引领人们走上对人类激情的自然表现之路。因此，做到了这一点的那一时刻，就不仅是文艺复兴艺术史中的决定性时刻，而且是人类史中的决定性时刻，人们又重新意识到未遭扭曲的人性之美。

有一个图像文献呈现了同一幅版画的两种状态，瓦尔堡从中看到，这一过渡时刻在这两种状态的狭隘限制中固定下来。那是来自菲尼圭拉-巴尔迪尼团体的另一幅雕版画：行星系列之一（图版19a、b)，表现了维纳斯和她的“孩子们”。在较早的状态中，我们看到一对舞者，那名女子身穿“勃艮第”式样的服装，妨碍了她身体的灵活，使她的动作显得世俗而笨拙。在第二种状态中，她被变形为一位“仙女”，一个值得维纳斯自己喜爱的幽灵。 151

……在这幅版画的那些较早版本中，我们发现对一名翩翩起舞的贵妇的描绘，她身穿真正的勃艮第样式的过时盛装。裙裾曳地的笨重服装将她束缚在地面上，圆锥形女式高帽［hennin］上宽大的面纱向下垂落，将她的头压弯。在描绘同一行星的后来的版画中，古典的蝴蝶从勃艮第的蝶蛹中脱颖而出。她的飘垂的衣服令人想起胜利女神，她头上的墨杜萨之翼，作为飞行器官为这位空中仙女提供了可喜的帮助，赶走了愚蠢而傲慢的尖帽。在此我们偶然发现了关于运动的那种本土的古典化的理想主义的基本表现形式，波蒂切利不久将这种理想主义变

... hier ... finden wir in den früheren Drucken eine tanzende Dame abgebildet im fossilen Staat der echten burgundischen Mode; ein plumpes Schleppkleid fesselt sie an den Boden, den Kopf belastet der Hennin mit breit herabwallendem Schleier. Auf dem späteren Abdruck desselben Planeten hat der antike Schmetterling die burgundische Larve gesprengt; Viktorienhaft wallt das Gewand, und auch die Medusenflügel am Kopf, willkommend helfende Flugwerkzeuge der schwebenden Nymphe, haben die stumpfsinnig prahlerische Spitzhaube verjagt. So offenbart sich elementar der autochthone antikisierende Bewegungsidealismus, den dann Botticelli zur sublimsten Ausdrucksweise der Frührenaissance

为文艺复兴初期的最崇高的风格。　gestempelt hat.

（《瓦尔堡文集》，第1卷，第338页）[同上]

现代的类似事物

这一分析证实了这样一种感觉，即，对瓦尔堡来说，这个“服装问题”所涉及的不仅仅是风格的变迁。关于论“仙女”的片断，已提到了这样一种可能，即，强调无拘无束的运动，敌视僵硬的锦缎，与瓦尔堡写作时的关于服装改革的热点话题有关。对于佛罗伦萨银行家们的有产阶级趣味的这种抨击还有更多的含义，而这种抨击暴露了瓦尔堡的个人卷入。在关于对他的早期生活的潜移默化的影响的自传性札记中，他列举了他“对财富与法国化优雅——阿尔

152 斯特河岸地区的反对态度”(Die Opposition gegen den Besitz und die französisierende Eleganz—Alsterufer)[①]。

人们会记得，在他为未婚妻所写的讽刺短剧中，瓦尔堡曾取笑那位汉堡的门外汉，这个人要求画一幅使人愉快的、写实主义的艺术品，并发现勃克林和克林格尔的作品令人震惊。显然，在这些圈子中，诸如胡戈·福格尔[Hugo Vogel]的雄心勃勃的大型油画(图版20a)那种的属于沙龙传统的“服装画”仍然盛行，而勃克林的裸体嬉戏的水仙女与森林之神的愉悦感官的场面却受到怀疑。在瓦尔堡及其朋友们看来，勃克林代表了从庸俗趣味中的解放。在他于1898年的巴塞尔之行中，他曾在日记（6月22日）中写道：“勃

---

① 《笔记》[*Notizen*]，笔记本，1927年。（阿尔斯特河岸地区，汉堡的一个高雅地区。）

克林的作品妙不可言，犹如沐浴在风浪之中，令人神清气爽：嬉戏的那伊阿得。”(Wundervolle Böcklins, wie ein Luft- und Wasserbad erfrischend, Spiel der Najaden.)（图版20b）

1901年，勃克林在佛罗伦萨辞世，瓦尔堡写了一篇关于葬礼的粗略报道，这篇报道表明，他受到多么深刻的影响，他已经多么彻底地将这位瑞士艺术家的“异教”想象与他本人正在文艺复兴中寻求的那些态度联系起来。有一名摄影记者出席了葬礼，他对此极为震惊与愤慨，他将技术时代的这种侵扰与这位艺术家曾在一切既定的宗教之外所创造的想象世界相对照：

这让牧师感到为难。他早已与此人失去联系，尽管他仰慕与尊敬这位艺术家，却不想宣称他属于基督教……

Der Pfarrer hat es schwer: den Menschen kannte er schon lange nicht mehr und den Künstler, den er ehrfurchtsvoll fühlt, will er hier nicht einfach sub Christentum verbuchen ...

在暮色苍茫中，在敞开的墓穴前，人们抬着他，他躺在打磨得十分光滑的栎木棺材中，棺盖上有一枚熠熠闪光的十字架。

Im Abenddämmer bringt man ihn vor die offene Gruft im braunpolierten Eichensarg mit einem blanken Kreuz auf dem Deckel.

大地也希望认领这个儿子，就如它认领所有其他人。难道不会有神秘的海盗突然出现在菲耶索莱的山峦，他们面色苍白，胡须乌黑，身上裹着破烂不堪、飘

Auch diesen ihren Sohn will sich die Erde aneignen, wie alle anderen. Tauchen denn nicht auf den Hügeln von Fiesole unbegreifliche Piraten auf, fahle, schwarzbärtige, umflattert von roten

动不止的红斗篷，疾如闪电般地
153 将他扛到他们的鬼船，划到波涛汹涌的深蓝色大海上？

难道没有什么缄默不语的蓄着胡须的牧师，希望抬着他越过绿茵茵的草地，走向渐渐暗下来的夜空，后面跟着轻声吟唱的身穿白衣的女人，一直抬到火葬柴堆？……没有胆怯的农牧之神从月桂树和柏树后面怜悯地向他的主人——魔术师凝视。相反，面对着敞开的墓穴的，是技术时代的粗鲁无礼的用单眼凝视的独眼巨人——照相机……

zerfetzten Mänteln, entführen ihn auf ihren Schultern pfeilschnell hinaus auf ihr Gespensterschiff, hinein in das blauschwarze tobende Meer?

Wollen ihn nicht stille, bärtige Priester über grüne Wiesen gegen den dunkelnden Abendhimmel schreitend, gefolgt von leise singenden weissen Frauen zum brennenden Holzstoss tragen? ... kein scheuer Faun lugt mitleidig hinter Lorbeer und Cypressen hervor nach seinem Zaubermeister. Statt seiner steht vor der offenen Gruft breitspurig der freche einäugig glotzende Zyclop des technischen Zeitalters, der photographische Apparat ...

在我们的交通时代，能够消除距离的混沌时代，人们仍然能够发现他抵抗潮流，强有力地维护浪漫理想主义这种海盗的权利：通过图像的创造神话的力量来唤起形象……

... sich noch in unserem Zeitalter des Verkehrs, des distanzzerstörenden Chaos er sich noch fand um gegen die Strömung das Piratenrecht romantischen Idealismus wuchtig zu behaupten: durch die mythenbildende Kraft im Bilde ... auszulösen ...

（《当代艺术：勃克林》[*Contemporary Art: Böklin*]）

瓦尔堡在这样赞颂一位他显然认为是一场新的文艺复兴的斗

士的画家的同时，也努力为另一位当代艺术家辩护，他认为，必须为他辩护，使他免遭市侩们的攻击。这就是雕塑家胡戈·莱德雷尔［Hugo Lederer］，他为汉堡的一座俾斯麦［Bismarck］纪念碑（图版20c）所做的高度风格化的模型曾遭到抨击，因为它摒弃了寻常的写实主义。瓦尔堡对他的同胞们的趣味做了讽刺性评论，这些评论有时读上去就像对他评论佛罗伦萨有产阶级嗜好所做的释义。

154

与其他的纪念碑相比，莱德雷尔和绍特［Schaudt］创作的纪念碑标志着纪念碑艺术史中的一个转折点。通过这座纪念碑，一般公众不仅得到告知，他们必须学会不再去期待构成一种魅力的种种明显的成分，那些成分更适合音乐厅和马戏团哑剧表演，艺术品要吸引人，不是通过平等主义的过分热情的态度和为讨好人而表现得和蔼可亲，而是凭借保持距离和要求一种更深邃的客观性。

Das Denkmal von Lederer Schaudt macht allein im Vergleich mit den übrigen Denkmälern einen Wendepunkt in der Geschichte der Denkmalkunst. Nicht allein erfährt das grosse Publikum durch sein Denkmal, dass es lernen muss, auf die Reizmittel des Varieté Theaters und der Zirkuspantomime als selbstverständliche Zugabe zu verzichten, dass ihm Zugang zum Mann im Kunstwerk nicht durch kollegiale Gleichsetzung oder liebenswürdiges Entgegenkommen, sondern nur durch Distanz haltende objektive Vertiefung gewährt wird.

当一件艺术品仅用于获得一个已失去的客体的肖像，它就标志着审美文化的最低阶段。趣味的更高级的发展在于保持自己的

Das Kunstwerk als Mittel zu gebrauchen, um ein verlorenes Objekt im Bilde aneignend zu besitzen, bezeichnet die unterste Kulturstufe in der Betätigung künstlerischen Geschmacks, die höhere besteht darin, dass man in fest gehaltener Entfernung im Blickfeld das Objekt

距离并试图通过在视野内进行比较而理解客体。从事商业的门外汉不喜欢通过更加接近而获得的欲望受挫（我的俾斯麦，我们的俾斯麦），如果他在艺术的进食时间中受到打扰，他就会感到恼火，凶相毕露。

vergleichsweise zu begreifen versucht. Der kaufmännische Spiesser lässt sich in diesem Drange zu platter Besitzergreifung durch unmittelbare Annäherung (mein Bismarck, unser Bismarck) nur ungern stören, und wenn man ihn in seiner künstlerischen Futterstunde stört, wird er gereizt und unangenehm.

瓦尔堡的草稿继续详述甚至在传统纪念碑的象征性人物中显示出来的索然无味的写实主义：

一大群鲁莽的真的动物和带翼的精灵，其本性互不相容，彼此冲突，在观者心中引起了不一致的反应：大部分想到了哈根贝克动物园［Hagenbeck］，也有少数想到的是《维勒哈尔姆》［*Willehalm*］中的场景。当主要形象是用写实主义手法描绘的，而附属物却是用理想主义风格表现时，这种冲突就变得尤其无法容忍；例如，当一名地妖突然将皇冠递给一个合唱团……

... ein aufdringliches Gewimmel von wirklichen Tieren und geflügelten Geniussen zu veranschaulichen, deren unvereinbare hart aneinandergesetzte Körperlichkeit im Zuschauer heterogene Stimmungen weckt: viel Hagenbeck und etwas Willehalm; dieser Konflikt wird besonders unleidlich, wenn die Hauptfigur real, das Beiwerk ideal behandelt wird: wenn z.B. ein Erdgeist plötzlich die Kaiserkrone einem Männerquartett überreicht ...

（《当代艺术：莱德雷尔》［*Contemporary Art: Lederer*］）

莱德雷尔因抵制这一切不相干的东西而受到赞扬。当纪念碑于1906年最终揭幕时，瓦尔堡满腔热情：“……简直令人赞叹，富有 155
雕塑风味，然而具有高超的幻想特质。”（... einfach grandios, plastisch und doch visionär überragend.）[1]

1901年年末，他也有一次机会抨击肖像画中的流行趣味。李卜曼和卡尔克罗伊特［Kalckreuth］所作的两幅汉堡名人肖像显然已被利希特瓦克为美术馆购买下来，这两幅肖像遭到了一些人的批评，瓦尔堡再一次抨击了希望把“用油彩绘制的”亲爱的叔叔挂到沙发上方的那种小资产阶级分子的多愁善感：

> 任何一家公共机构都更应该……支持那场艺术运动，那场运动试图师从自然而不计后果，而且十分自尊，不会通过一种廉价的吸引力讨得赞助人的青睐。
>
> ... um so nötiger ist es, dass die staatlichen Institute ... jene Kunstrichtung unterstützen, die unbekümmert von der Natur zu lernen sich bemüht und aus Selbstachtung darauf verzichtet, sich dem Besteller durch wohlfeile Liebenswürdigkeit zu insinuieren.
>
> （《当代艺术：李卜曼》［*Contemporary Art: Liebermann*］）

在已援引过的瓦尔堡于新年之际致保罗·瓦尔堡的信中（第138页）[2]，他对两种“有产阶级”的文明及其缺点做了更加明确的比较：

---

① 《日记》，1906年6月2日。

② 注明日期为1904年1月4日。

不仅佛罗伦萨商人们所拥有的绘画，而且还有他们的生活方式，使我们得以发觉他们偏爱法国化的时髦姿势。老科西莫谨小慎微，十分讨厌将人们的注意力引向自己，而他的儿子皮耶罗［Piero］和乔瓦尼［Giovanni］却已经是预备警卫队军官，不过的确不是什么尚武之人，而是喜欢寻欢作乐的花花公子，皮耶罗年纪轻轻就罹患痛风，而乔瓦尼因暴食身亡。当然，我们崇高的艺术史从不考虑生活方式和社会习
156 俗的这种影响，不过，倘若我们记得，当时卡斯塔尼奥和多纳太罗正处于他们能力的高峰，人们偏爱像贝诺佐·戈佐利［Benozzo Gozzoli］之类的艺术家应当是引人深思的。换言之，当时的情况和如今一样：人们喜欢令人愉悦的折中之物而不喜欢卓越而给人深刻印象的事物，在本应塞冈第尼［Segantini］所在的位置，人们看到的却是卢特罗特的作品

... nicht nur im Bild, auch in den eigenen Lebensgewohnheiten der florentinischen Kaufleute lässt dasselbe Wohlgefallen an allamodischen französirenden Allüren (sich) nachweisen. Die Söhne des alten vorsichtigen Cosimo, der noch so ungerne auffiel, Piero und Giovanni, waren eben schon Ritter der Reserve, freilich keine schneidigen, eher fidele Gigerl, bis Piero in frühen Jahren das Zipperlein kriegte und Giovanni an Magenüberladung starb. Mit diesem Einschlage der Sitte und Konvention rechnet natürlich unsere hochtrabende Kunstgeschichte nicht, obgleich auch die Bevorzugung eines Künstlers wie Benozzo Gozzoli zu denken geben sollte, wenn man bedenkt, dass um dieselbe Zeit Castagno und Donatello am Höhepunkte ihres Schaffens standen. Es war eben damals nicht anders wie heute: Das liebenswürdig Vermittelnde wurde dem pathetisch Eindrucksvollen vorgezogen, die Lutteröthe nahmen die Stelle ein wo Segantini sitzen sollte, was［woran］mitunter auch der

［Lutteroths］——此事偶尔要怪“对艺术深有了解”的长子——克林格尔的《爱》［*Eine Liebe*］，被作为赠送给梅金博士［Dr Magin］的礼物，毫不惋惜地送给非洲的祖鲁人。正如米诺·达·菲耶索莱［Mino da Fiesole］——佛罗伦萨雕塑家中的男子德博尔［de Boor］，描绘了皮耶罗一家，现今人们让他们的亲属任由一名叫费拉里［Ferrari］的人摆布。从另一方面说，当我们把我们的将要流传后世的肖像委托给诸如菲利普［Philipp］、尼尔斯［Niels］或者费特［Veth］等自觉而严谨的当代艺术家时，我们可能也会犯相反的错误。	älteste so kunstverständige Sohn schuld hat, und Klingers ‘eine Liebe’ wurde ohne Bedauern zu den Kaffern nach Africa als Geschenk für Dr Magin expediert und wie Mino da Fiesole, der männliche de Boor, unter den florentinischen Bildhauern die Familie des Piero porträtierte, so liefert man in unserer Zeit die Angehörigen einem Ferrari aus; anderseits mögen wir auch in einen entsprechenden Fehler nach der anderen Seite verfallen, wenn wir der mehr oder weniger koketten Herbigkeit zeitgenössischer Künstler (Philipp, Niels, Veth) unsere Visage zur Überlieferung an die Nachwelt anvertrauen ...

肯尼思·克拉克［Kenneth Clark］曾在一次讲座中把将往昔与现今相比较称为“史学家的白兰地酒瓶”。瓦尔堡以某种方式将他自己的时代与环境和佛罗伦萨的时代与环境相等同，这无疑有助于解释他长期以来在摆脱佛罗伦萨15世纪末的魔圈上所遇到的困难。但是，我们无须因此怀疑，种种经历融合在一起已使他目光敏锐，看清了一种典型的重商主义文明的某些方面。

在一篇饶有趣味的笔记中，瓦尔堡试图从心理学方面简洁陈述风格变迁所象征的中世纪心性与文艺复兴心性之间的冲突：

在这种表面冲突的背后真正发生的事情究竟是什么？

法国化的野蛮的中世纪态度……和古典化的现代态度之间的冲突吗？

157 它是从颠簸前进的一种静态兴趣向着康德所谈到的不关利害的快乐的转移；它是一个加倍的过程。

需要一种积累（聚集和装饰）——一种简单的行为——的那种通过接触的挪用，正被一种由姿势表现的身体移情的过程——一种双重行为——所取代。

因此，从根本上说，它是对于裁缝（Sartor!）来说的问题……这为什么如此之难？

因为佛罗伦萨人既是他们的物质文化的主人，又是他们的物质文化的奴隶：丝绸衣服、锦缎织布工、金匠、石匠、颜料研磨工。

他们那种被记忆行为所增强

Was ist denn eigentlich hinter diesem Pseudo-Kampf vorgegangen?

Zusammenstoss zwischen französisierendem barbarischen Mittelalter ... und antikisierender 'Neuzeit'?

Das Interesse im Kunstgenuss verschob sich, bekam einen Ruck nach vorwärts im Kantischen Sinne des interesseloseren Wohlgefallens; wird dupliziert.

Die abtastende Aneignung ... die Häufung (Agglomeration und Ornament) verlangt ... ein simplexer Akt—ersetzt durch mimische Einfühlung in den Körper—ein duplexer Akt.

Also eigentlich eine Schneiderfrage (Sartor!) ... Warum war das so schwer?

Weil die Florentiner Herren und Sklaven der stofflichen Kultur waren: Seiden, Brokatweber, Goldschmiede, Steinmetzen, Farbenmischer.

Die Fähigkeit der Abwendung

的使自己分离出来的能力是令人惊讶的。

staunenswert, durch retrospektiven Akt selbstverstärkt.

（《节日庆典》，第 102 页）

对织物与华丽服饰的这种时髦展示一定对佛罗伦萨市民产生了诱惑，这是瓦尔堡笔记中反复出现的主题。他甚至认为，梅迪奇公司的衰落是由于这种封建的展示对他们在北方的代表产生的吸引力。他们倘若没有十分慷慨地向大胆的查理贷款，也许就避免了由他的垮台所造成的金融危机。在其他的场合，查理本人作为对妨碍身体活动的笨重服装的中世纪信念的受害者出现。他和他的贵族们倘若在与瑞士农民对峙时四肢不是被锦缎和铁甲所压低，本可能在穆尔滕取胜。

佛罗伦萨商人的这种封建偏见与挂毯［arazzi］的进口之间的联系十分密切：

……因为属于优质室内装饰品的“豪华舒适的设备”［commodità a grandezza］只能见于真正具有宫廷气派的“格布林”式壁毯；许多个别的壁毯只表现了梅迪奇家族的盾形纹章和纹章图案，它们显然流露出这些挂毯的一个附带的然而却十分重要的意图：要将优雅的骑士风格灌输

... denn die ‘commodità a grandezza’ des
wirklich standesgemässen Wohnschmuckes
ging doch nur vom echten höfischen Gobelin
aus und die vielen einzelnen Teppiche, welche
nur Wappen und Devisen des Hauses Medici
zur Schau trugen, verraten deutlich jenen
sehr erwünschten Nebenzweck des Arazzo, 158
die Atmosphäre der höheren ritterlichen
Lebensart im kaufmännischen Hintergrunde

到商业环境中去。归根结底，组织豪华的比赛与仿效骑士生活方式服务于同样的目的。

zu verbreiten, wo man sich ja auch in Prunkturnieren so eifrig eines chevaleresken Wesens befleissigte.

（《世俗的艺术》，第36页）

在他看来，布画［panni dipinti］（第133页）代表了这种有产阶级心性的另一个方面。其主题的那种粗俗的幽默感与波蒂切利的艺术的理想主义形成了鲜明的对比。《莫里斯舞》的舞女们那种直率的下流动作与出自卡雷吉别墅的信奉柏拉图哲学的爱情诗形成了奇异的对比。这种北欧人的色情幽默的意象的另一个例子是《争夺男式紧身裤》［*Fight for the Hose*］的版画，此画将以赛亚［Isaiah］的一个预言当作托词，表现了拉伯雷式的幽默（图版21a）。

这些争夺男子气概象征符号的时装模特与波蒂切利的神话绘画中揭示的典雅爱情的理想领域存在着多么巨大的鸿沟。因此，我们发现，作为理想化风格必须克服的敌对的原则，布画经常与法兰西式壁毯相提并论：

甚至在赞同新风格的梅迪奇家族的环境中，新的理想手法也必须克服一些严重的障碍：新近觉醒的对于真正古代雕塑的意识与法兰西式艺术相对立，在那种进口的风俗［genre］艺术中，服装写实主义与（挂在墙上的装饰

... Welche Hindernisse sich der Durchdringung dieses pathetischen Idealstils entgegensetzten, selbst in jenem mediceischen Milieu, das sonst dem neuen Stil sympathisch gesinnt war. Dem erweckten Sinn für die echte antike Plastik stand entgegen jene Kunst alla franzese, d.h. jene importierte Genrekunst, die durch

织物与布面绘画上的）粗俗的流行母题甚至用异邦的美观精致之网，窒息了来自他们自己的意大利历史中的形象……

Trachtenrealismus oder drastische Genrebilder (auf Webereien und Leinwandbildern) selbst die Gestalten der eigenen italienischen Geschichte mit wesensfremder Pläsierlichkeit übersponnen hatte ...

（《讲演录》[*Lectures*][1]，第2卷，第92页）

瓦尔堡的笔记表明，他曾打算在关于梅迪奇财产目录的论文的结尾处对这一改革过程做一番详细说明，并把彼特拉克的胜利诗作为中心主题。这篇关于一切世俗理想都微不足道的伟大组诗很快 159
在哥特艺术中得到绘画表现。在这些早期描绘中，凯旋的战车总是正面朝前，凯旋寓言面向观者（图版21b）。在这些早期例子中，有一些仍然保留了这个主题的僧侣式的庄严，但是不久法兰西式的时髦风格却往往排挤并压制了最初的意义。瓦尔堡援引了一篇值得注意的文献，来说明这第一次将彼特拉克的主题转换为单纯的装饰陈列品的情况。马泰奥·德·帕斯蒂［Matteo de' Pasti］致皮耶罗·德·梅迪奇的一封信所谈论的正是这个主题。[2]艺术家询问他应当让声誉［Fame］的形象穿什么服装，并允诺画出的效果会丰富多彩而又富丽堂皇，因为他学会了涂敷金色的一种新的方法。于是梅迪奇家族的这位时髦的艺术家成功地将彼特拉克的寓意转变为它的反面。在诗人创造了一个虚荣心的严肃象征符号之处，画家却只发现了炫耀虚荣心本身的良好托词，而永恒最终会战胜它们。一

① 选自1908—1909年在汉堡向一般听众发表的系列讲座，共七讲。

② 《博纳罗蒂》[*Il Buonarroti*]，第2辑，第4卷，罗马，1869年。

些版画与箱柜证明了对这个中世纪主题进行的这种改画所取得的成功。我们本会预料，人们会以古典的方式处理“胜利”的主题，但是实际上正面战车的中世纪设计却在15世纪的艺术中持续了很长时间。只是在曼泰尼亚［Mantegna］的圈子中才最终出现了“改革”（图版21c）。此处用真正的古典胜利的语言重新解释了这个古代的中世纪主题，因而恢复了它的真正的庄严。

作为催化剂的哥特式

不过，在某种意义上，将佛罗伦萨的哥特式保守趣味看作一种格格不入的却又纯粹起阻碍作用的元素的观点并没有使瓦尔堡感到满意。难道不会是这种保守主义本身激发了那种反应的力量，而这种反应在米开朗琪罗的一代取得了成功吗？如果情况就是如此，我们就必须当心，不要将15世纪文化中的中世纪元素仅仅解释为一个以往时代的虚弱不堪的落伍者，因为这种解读会使我们失去理解新时代的钥匙。新风格充满生机勃勃的能量，其驱动力来源于它必须克服的阻力。只有那些北方的元素为成功的古典形式提供了适当的衬托物。在他看来，对它的浮夸姿势的强调是那种障碍物的力量的
160 结果。米开朗琪罗在年轻时不得不反对有产阶级的无关紧要的事物，并将其抛到一边，他的严肃的令人敬畏的力量［terribilità］在这个背景下获得了新的意义（图版22a）：

要理解米开朗琪罗式高贵风格那充满强烈感情的特征，要认

... man versteht den leidenschaftlichen Akzent des grossen Michelangelesken Stiles, die Energie

识它如何强有力地抛弃了写实主义细节，就必须把它作为必然的解放来看待与体验，这种必然的解放是经过与一个绝不应低估的对手严肃而精心的较量而获得的。

der Abwendung vom detaillierten Realismus erst, indem man sie als notwendige, in ernster und bewusster Auseinandersetzung mit einem keineswegs unterschätzten Gegner errungene Selbstbefreiung begreift und nachempfindet ...

（《节日庆典》，第 82 页）

是米开朗琪罗迫使意大利绘画的风格转变了方向。他清除了佛兰德斯的手法，不是以一位天才的**漫不经心**置它于不顾，而是经过了绝非轻松的斗争，在这些斗争中他掂量过它，发现它的分量太轻。

... Michelangelo ist der gewaltsame Umschalter des malerischen italienischen Stils. Er hatte die flandrische Manier beseitigt, nicht etwa durch unbekümmertes geniales Ignorieren, sondern nachdem er sich nach gewiss nicht leichten Kämpfen mit ihr auseinandergesetzt, sie gewogen und zu leicht befunden hatte ...

（《节日庆典》，第 108 页）

波蒂切利也是如此：

他所描绘的神话形象显示出运动中的古典雕塑那种奇异的、耐人寻味的风味，因为他们是得到了解放的，而不是画家想象力的自由创造：从华丽夺目的高贵服装的符咒中解放出来，这种华

Seine mythologischen Gestalten atmen jene seltsam insinuierende antikische Beweglichkeit aus, weil sie befreite, nicht freie Geschöpfe der malerischen Phantasie sind, befreit aus dem Banne höfischen Kostümprunkes auf galanten

丽夺目装饰着豪华的箱子、行星书册和马上比武的旗帜。他描绘的维纳斯赤身裸体地从泡沫中升起，她是那些英雄的奥林匹斯神的先驱，仍有几分羞怯，而那些奥林匹斯神后来将令人难忘地教导佛兰德斯人讲更高尚的罗马形式语言。

Geschenkdosen, Planetenbüchern und Turnierfahnen: unbekleidet entsteigt seine schaumgeborene Venus dem Meere, die noch zaghafte Vorläuferin jener pathetischen Olympier, die dann später die ‘fiamminghi’ lehren, die höhere römische Formensprache effektvoll nachzusprechen.

（《瓦尔堡文集》，第1卷，第184页）[已发表的著作，13]

161 瓦尔堡觉得，倘若不将文艺复兴艺术看作反抗中世纪潮流的强大推动力，文艺复兴艺术为何如此强而有力就仍旧无法理解。在他看来，这不仅仅是一个单纯的隐喻。他从相冲突的能量方面来看这一历史过程，尽管他认识到无法证明这种观点是正确的，彼此竞争的真实力量的观念却深深地影响了他的意象：

遗憾的是，并没有什么压力计可用来测量新旧文化倾向之间的平衡状况，更不用说评定它们出现转变时所具有的能量了。因此，每一次做出解释的尝试最终都仍然是不充分的、拟人化的假设。我们的尝试也是如此。因为它不过是对于平衡状态的主观印

Leider gibt es keinen Manometer, um Gleichgewichtszustände zwischen alten und neuen Kulturtendenzen oder gar die Energie ihrer Umformung zu messen. Deshalb bleibt schliesslich jeder Erklärungsversuch eine unzulängliche anthropomorphe Hypothese; so auch der unserige. Denn nur auf Grund subjectiver Gleichgewichtsempfindung

象，这种主观印象令人想到了这样一种解释，新的仿古典式理想化风格，其能量产生于对法兰西式装饰物质主义的无法忍受的压力所做出的反应。	kann man die Energie des neuen Idealstils 'all'antica' gewissermassen als Reaktionsenergie gegen den übermächtig entgegenwirkenden ornamentalen Stoffsinn 'alla franzese' erklären wollen.

（《讲演录》，第3卷，第34页）

佛罗伦萨人是从古代艺术那里得到了驱逐中世纪写实主义的力量所需要的能量。古典艺术的再生于是部分地由对一种相异风格的反抗而得到解释：

北方艺术的这些产物……需要作为这样一些力量被理解与接受，这些力量对此时期风格的形成做出了不可或缺的贡献，因为早期意大利文艺复兴必须像和一个对手妥协一样与它们妥协，这个对手不可低估，值得尊敬。最后只能通过求助于更高尚的往昔，来将这个对手从拥有特权的外来者的位置驱逐出去。	... die nordischen Kunsterzeugnisse ... verlangten ... als lebendig eingegliederte stilbildende Mächte gefühlt und veranschaulicht zu werden, mit denen sich die italienische Frührenaissance auseinanderzusetzen hatte wie mit einem achtungsgebietenden und keineswegs ungefährlichen Gegner, den sie schliesslich auch nur unter Herbeirufung einer höheren Vergangenheit aus der Stellung eines privilegierten Fremdlings vertrieb ...
只能将朝向仿古典式高贵风格的强有力的趋势解释为对佛兰德斯写实主义的反应，因而非常	... die starke Ausschwingung ... in dem pathetischen Idealstil all' antica erklärt sich

162 清楚地证明了它对风格的强有力的影响。

经过长期的反省之后，我认为，看到了做出这种概要（它初看起来也许显得武断）的必要性，是我多年进行学徒般的研究的最有意义的结果；这个结果我只能逐渐地领悟出来。

eben nur als Reaktion gegen den flandrischen Realismus und zeugt so am deutlichsten von dessen stilbildender Kraft.

Die Notwendigkeit dieser zunächst willkürlich scheinenden Synopsis halte ich nach reiflicher Selbstprüfung für das bedeutsamste, mir erst allmählich aufdämmernde Ergebnis meiner wissenschaftlichen Dienstjahre ...

（《世俗的艺术》，第7页）

作为同盟者的哥特式

但是，如我们已看到的，这个概要甚至比这最后的阐述所表明的还要困难。因为，哥特式潮流只是以其反抗古典复兴才激发了文艺复兴的反应吗？难道它在某种程度上不也是一个同盟者，使艺术朝相似的方向行进吗？

瓦尔堡充分意识到这样一个事实，法兰西式写实主义是盛行于15世纪上半叶的那种国际哥特式风格的一部分。和一件马萨乔作品或者一件多纳太罗作品的朴素与宏伟相比，它的确是保守的，但是难道它不仍然是我们通常与文艺复兴相联系的那种对生活的热情、那种对世界的感性美的乐趣的征兆吗？这种风格也许不适合神话与史诗的伟大主题，但是作为佛罗伦萨的纨绔子弟［jeunesse dorée］所过的生活的一面镜子，它是绝不与布克哈特的想象相抵触的那种新的热情的一部分。瓦尔堡也用对箱柜画家和挂毯风格的这种解释进行试验。在另一段文字中，他以某种怀疑的态度看待这种特定的解释：

人们必须停止将朴实的中世纪民众那诱人的、令人愉悦的放荡不羁的生活看作朝理想化风格的转变中的一种当地的革命力量。它充其量也只不过没有妨碍在理想主义的或者写实主义的基础上进行的启蒙而已，这场启蒙是借助于古典时代在佛罗伦萨发生的。

Man muss eben aufhören, das äusserlich anziehende vergnügliche Ausleben der mittelalterlich naiven Individuen als bodenständig umwälzende Macht im Umschwung zur idealen Formensprache einzuschätzen: sie waren im besten Falle kein Hindernis für die Aufklärung auf idealistischer oder realistischer Grundlage, die sich in Florenz unter dem Zeichen der Antike vollzog ...

（《节日庆典》，第51页）

他们自己节日般的、绝妙的生活方式中那种充满活力的、纵情的欢乐，这种生活方式焦急地等待在舞台上允许出现对古代战役和诗意盎然的胜利的暗示……

... die energisch ausströmende Freude 163
an der eigenen festlich bewegten und
prunkenden Existenz, die antike Schlachten
und dichterische Triumphe als Stichwort zum
Auftreten ungeduldig erwartet ...

（《瓦尔堡文集》，第1卷，第188页）[已发表的著作，10]

马萨乔对切切实实的逼真描绘和理想化的概括所做的调和很早就取得了令人难忘的平衡，创造出种种成熟而简朴的类型。那

Masaccio’s monumentales Gleichgewicht zwischen naturwahrer Greifbarkeit und ideeller Verallgemeinerung hatte eben zu früh Typen von zu reifer Einfachheit für die

时，做着不断的探索的艺术家们仍在充满热情地一心要通过一种努力渗透的、深情地缠绵不去的写实主义将自己从过时的哥特式程式中解放出来。那些将这种对现实世界的细心周到的观察用作一种新获得的、将自己解放出来的工具的人们，不愿放弃对细节做精心描绘的乐趣。

我们必须认识到，那时有许多富有洞察力的艺术爱好者——除非他们属于布鲁内莱斯基［Brunelleschi］和多纳太罗周围的少数杰出人物——在布兰卡奇礼拜堂，在马索利诺所逼真描绘的大摇大摆地行走的纨绔子弟中，比在马萨乔的《用影子治愈病人》［*Shadow healing*］那阔步经过的圣彼得的冷漠形象中，更清楚地感觉到新时代的精神（图版22b、c）。

noch unruhig suchende Künstlerschaft seiner Zeit erzeugt, die zunächst leidenschaftlich danach strebte, durch emsig eindringenden und liebevoll verweilenden Realismus von dem verbrauchten ‘gotischen’ Formelwesen freizukommen und wer diese weltzugewandte Beobachtungsgabe wie ein neu errungenes befreiendes Werkzeug handhabte, vollzog nur widerstrebend die Abkehr von vergnüglich verweilender Detailmalerei. Man muss sich vorstellen können, dass viele und verständnisvolle zeitgenössische Kunstbetrachter, wenn sie nicht gerade zur erlesenen Minorität derer um Brunellesco und Donatello gehörten, den Geist der neuen Zeit in der Kapelle Brancacci deutlicher in Masolinos naturwahr einherstolzierenden Stutzern verspürten, als etwa in dem unnahbar vorüberwandelnden Petrus der Schattenheilung ...

（《世俗的艺术》，第40页）

甚至法兰西式壁毯风格与古典时代的关系也不能从纯粹消极的角度去看。在我们看来是对古典主题的天真戏仿的事物，实际上却

是一种非常认真的尝试，要依照在文学传统中流传下来的那种方式对故事做出重新描绘：

我们必须提防将这样的绘画仅仅解释为天真的，或者解释为单纯的戏仿。诚然，人们也许认为，画上当代的服装，是为了使画面更具魅力，但是有教养的观者也把它看作根据原文对《伊利亚特》[*Iliad*] 所做的图解，总的来说它与原文的关系比最初印象所表明的要贴近得多——即使不是贴近希腊文的原文。

Wir müssen uns doch wohl hüten, solche
Bilder einfach als naiv oder nur parodistisch
anzusehen. Die zeitgenössische Tracht war 164
wohl eine erfreuliche Beigabe, aber der
gebildete Zuschauer sah doch darin ebenso
eine Textillustration zur Ilias, die sich
stofflich meist viel enger an den Text—wenn
auch nicht an den griechischen Urtext—hält,
als es den Anschein hat.

（《理想的风格》[*Idealstil*]，第31页）

人们详细研究了北方印刷书籍中为异教主题所做的插图，这一研究通过对原典与图像间的比较，表明那种非古典的外貌尽管令我们大为恼火，却不应使我们的注意力偏离要点，即，这样一种认真的意图，要以几乎过于紧扣字面的准确性将古典时代形象化。

Bei genauerem Studium des paganen Bilderkreises im Gebiete der nordischen Buchkunst liess sich durch Vergleich von Text und Bild erkennen, dass die uns so irritierende unklassische äussere Erscheinung nicht von der Hauptsache ablenken konnte: dem ernsten, nur allzu stofflich getreuen Willen zu echter Veranschaulichung des Altertums.

（《瓦尔堡文集》，第2卷，第462页）[已发表的著作，26]

以童话风格描绘的过量的写实主义服装和浪漫的奇思怪想，即亚历山大壁毯的反古典风格的外貌……不应妨碍我们看到，恢复古典时代的宏伟这一愿望，在北方这里以在意大利的同样的内在能量得到表现，这种“勃艮第的古典时代形象”和意大利的古典时代形象一样，对创造现代……人做出了实质的和独特的贡献（图版23a）。

Der überladene Trachtenrealismus und die romantische Märchenphantastik, d.h. der äusserlich antiklassische Stil des Alexanderteppichs durfte uns nicht die Einsicht verschliessen, dass hier im Norden der Wille, sich antiker Grösse zu erinnern, mit derselben inneren Energie auftritt, wie in Italien, und dass diese ‘burgundische Antike’ ebenso wie die ‘itatienische’ ihren wesentlichen und eigenartigen Anteil hat an der Erzeugung des modernen ... Menschen.

（《瓦尔堡文集》，第1卷，第249页）［已发表的著作，29］

甚至布画这种粗俗样式也不能仅仅理解为对古典形式和自由运动的解放的充满敌意的力量。正如法兰西式的古典时代显露了对重新描绘古代世界的激动人心的向往（的确，是在较低的水平上实现的），《莫里斯舞》中的舞女的猛烈的动作也表明了对于不受约束的
165 姿势和充满激情的动作的同样的意愿，这一意愿将会产生古典的酒神女祭司和战争场景的新的风格。人们认为系波拉约洛兄弟所作的阿尔切特里的湿壁画（图版23b），提供了《莫里斯舞》中的舞女的奇异扭曲和表现正作战的裸体形象的著名雕版画的猛烈动作之间的缺失环节。[①]瓦尔堡有一些诱人的笔记，从未收入他已发表的论文版本中，在其中的一篇笔记中，他暗示了一些原始层次，北欧的幽

① 参照《讲演录1908—1909》［*Lectures 1908–9*］，第3卷，第21页。

默体裁和文艺复兴时期的强化的动作的情念都与之关联。[①]在这两者中，文明所力图抑制的对于无约束动作的原始冲动，若不是在现实中，至少也在图像中找到了发泄途径。

正如勃艮第壁毯——在勃艮第壁毯中，将封建领主们描绘为亚历山大或者赫耳枯勒斯［Hercules］——提供了古典主题在南方的复苏的重要的相似之物一样，对动作猛烈的伐木工人进行写实主义描绘的“伐木者”［bûcherons］壁毯（图版23c），只有在北方与南方之间的“概要”［synopsis］中才能得到充分理解。

如我们在这些勃艮第壁毯中发现的那种宏伟的风俗场面的艺术，成为那种北方写实主义的一个支流，北方写实主义这一风格反映了生活的幽默，它是作为对狄俄倪索斯式情念的风格的对抗而产生的，那时，对动作的描绘的问题尚在讨论中，并且情况一直如此，直至古典化意大利文艺复兴的人文主义社会在异教的萨梯［satyr］那里重新发现了它的压抑的激情的更适当的发泄方式之时。	Die monumentale Genrekunst dieser burgundischen Bildteppiche war gleichsam das Quellgebiet jenes nordischen Verismus, der seinen lebensspiegelnden Humor als eine unverächtliche Gegenkraft dem dionysischen Pathos im Kampfe um den Stil des bewegten Lebens entgegensetzen konnte, bis die klassizierende Hochrenaissance Italiens im antiken Satyr ihr eigenes und ihrer humanistischen Gesellschaft angemesseneres Temperamentsventil wiederentdeckte ...

（《瓦尔堡文集》，第1卷，第229页）［已发表的著作，18］

① 《节日庆典》，第80、84页。

瓦尔堡也在佛兰德斯影响的最后一方面，即虔诚的供养人肖像中，察觉出在作为它的对立面本身而出现的力量中朝向文艺复兴的辩证发展。在此，在这种艺术中所体现的不是运动的冲动，而是它的对立面——为了集中注意力而对运动的抑制。许戈·范·德·胡斯的波尔蒂纳里三联画上的三位朝拜的牧羊人——吉兰达约对他们进行改画后用于他自己在萨塞蒂礼拜堂中的那幅画（图版17）——在瓦尔堡看来是尼德兰人的这一优势的象征符号：

166 ……因为这些在全神贯注地观看的人的形象成为那种谦卑的客观观察的无意识的象征符号，在这种观察中，佛兰德斯人由于接受过古典教育，爱好修辞，因此在心理上优越于意大利人……

... weil das Abbild dieser ganz im Schauen aufgehenden Menschen in unbewusster Symbolik jene selbstvergessene beobachtende Unbefangenheit verkörperte, in der die Flandrer den antikisch gebildeten und rhetorisch veranlagten Italienern innerlich überlegen waren ...

（《瓦尔堡文集》，第1卷，第205页）［已发表的著作，10］

只要艺术的总的发展需要并容忍感受性注意的增长和对于细节的敏锐观察，即，直至意大利"雄鹰"在飞行中大胆地向上飞去，进入理想形式的更高境界，梅迪奇家族在布鲁日的代理人寄到他们故乡的那些绘画的独特的

Die von den Bildern, welche die Vertreter der Medici in Brügge in ihre Heimat entsandten, ausgehende künstlerische Eigenart musste daher so lange vertiefend auf die italienische Malerei einwirken, wie die allgemeine Kunstentwicklung eine verstärkte rezeptive Aufmerksamkeit und schärfere Einzelbeobachtung verlangte und vertrug, bis die italienischen 'Adler' ihren Flug

艺术品质，就必然会对意大利绘画产生积极的影响。

wagten, um sich zur höheren Welt der idealen Formen aufzuschwingen.

（《瓦尔堡文集》，第1卷，第205—206页）［同上］

在为同一篇论文所写的最初草稿中，他更加简洁地表达了北欧写实主义作为文艺复兴运动的同盟者的这种辩证角色：

佛罗伦萨人认为，来自佛兰德斯的杰作是争取以绘画征服世界的和平战役中的战友。

... als solche Mitkämpfer in der friedlichen Campagne zur Eroberung der Welt im Bilde empfanden die Florentiner die Meisterwerke aus Flandern ...

（《佛兰德斯艺术与佛罗伦萨的早期文艺复兴》［*Flandrische Kunst und florentinische Frührenaissance*］校样上的手写注）

在这个方面，供养人肖像（图版16b）具有充当中世纪的宗教虔诚和世俗的文艺复兴个人主义之间的缺失环节的功能。表面上，这些肖像是虔诚的。他们的姿势仍然是谦卑的祈祷的姿势。但是他们是以写实主义手法描绘的，这就显露出对以其本身资格而存在的个性的兴趣。我们在观看他们时就觉得他们的姿势不再是真诚的。祈 167
祷时合拢的双手似乎更适合去掌船舵，眼睛不再带有圣洁的梦幻般的神色——它们似乎在扫视地平线。世俗化心性的细菌已经渗入基督教艺术的种种形式，从内部来破坏它。[①]

① 《瓦尔堡文集》，第1卷，第205页［已发表的著作，10］与草稿。

在另一个方面，北方作品——壁毯、布画和肖像——作为文艺复兴的“同盟者”出现。它们是可以移动的，这一点有助于艺术朝着自律方向的解放。湿壁画是教会的一部分——不仅如此，也是宗教习俗的一部分；箱柜是婚礼仪式的一部分，生育盘［desco da parto］属于与分娩相联系的习俗。在所有中世纪的艺术表现形式中，图像与其功能间在井然有序的文明生活过程中的这种密切联系是至为重要的。我们太倾向于认为艺术的解放是理所当然的事情，太倾向于把15世纪的作品看作为展览或只为欣赏而作的架上绘画。

瓦尔堡非常强烈地感到，这种看法歪曲了15世纪的艺术的真正功能，15世纪的艺术在最广泛的意义上大量保留了中世纪对仪式的依赖。在他的笔记中，他列出了各种各样的功能和种种用具，艺术家对美化与装饰这些用具很感兴趣。但是他也在这里看到15世纪正在进行的一场辩证的运动。壁毯不再是独一无二的。它可以被任意复制，底图从一个国家送到另一个国家。它本身不再固定地挂在一个特定的房间或者一面特定的墙壁。[①]布画也是如此。这些物品在全欧洲运送和出售的方式有一种明显的“现代”倾向，它是后来的艺术品经销商的先兆。艺术从室内陈设和固定装置中解放出来的极端例子当然是版画。诚然，最初它们的主要功能是为艺术家充当范本，但是它们不久就导致了图像与其固定背景的分离，从而为对架上绘画的独立欣赏开辟了道路，而北方油画作品又反过来成为最早因为其本身的缘故而被收藏和欣赏的事物之一。在这方面，北方的影响也向15世纪的佛罗伦萨提出了挑战，佛罗伦萨在文艺复兴时期对此做出了回应。

---

① 《瓦尔堡文集》，第1卷，第223页［已发表的著作，18］。

协调对立物 168

到目前为止，我们所考察的瓦尔堡对洛伦佐治下的佛罗伦萨的文化情境的一切解释，都有这样一个共同点：它们将文艺复兴看作新旧之间的力量冲突。在观看这一冲突时，我们是在观看新时代伊始时的痛苦和混乱，从中世纪束缚中的解放，以及现代个体的兴起。瓦尔堡从未放弃这种解释；但是他显然对对立物的冲突、斗争的隐喻感到不满。因为记载表明，那些在现代观察者看来似乎不可调和的倾向不仅在同一个环境中，而且甚至在同一个人那里可以十分和平地共存。瓦尔堡并不是最先强调这个表面的悖论的文艺复兴史学家。J. A. 西蒙兹尽管认为文艺复兴是一场从中世纪信仰的枷锁中解放出来的运动，却仍然评论了这样一个事实，“文艺复兴时期的人们，依其性情来说，以灵魂的狂热的和充满激情的运动从邪恶与残忍……转向上帝绝不是不可能的”[①]。他在讨论洛伦佐·德·梅迪奇的诗歌时评论了这个令人困惑的问题，“这个怪人，在他复杂的秉性中，对立的性质得到协调并交缠在一起……”

诸如A. F. 里奥［A. F. Rio］这样的天主教作家，称赞了文艺复兴时期的教皇们在他们的赞助活动中平衡传统倾向和异教倾向的能力。[②]倘若他们只偏爱艺术中传统的和“禁欲主义”的元素，更富有远见和善于处世的赞助者们就会使他们相形见绌；因此他们必须找到他们那个时代相对立的倾向间的适当的“平衡”［équilibre］，

①《意大利文艺复兴·意大利文学》［*Renaissance in Italy. Italian Literature*］，第1卷，伦敦，1889年，第335页及下页。

② A. F. 里奥，《基督教艺术》［*L'Art chrétien*］，巴黎，1861年，第144页及下页。

并因这种平衡行为而值得称赞。进化论的伟大提倡者赫伯特·斯宾塞实际上为这种对立的统一制造了一个术语：他谈到了“相容性”[compatibility]，瓦尔堡在上面所援引的1904年1月4日致弟弟保罗的信中提到了这个词及其来源（第138页、第155页及下页），后来也以英语形式使用了它。[①]

于是为他将协调对立物的观念应用于关于洛伦佐治下的佛罗伦萨的艺术与赞助的这一专门研究开辟了道路。但是他从不满足于笼
169 统的表述。他希望通过当时的文字和视觉文献证明这种心理学解释的正确性。

在关于“仙女”的片断中，我们看到瓦尔堡在用“相容性”的观念做着实验，他对乔瓦尼·托尔纳博尼做出描述，吉兰达约在乔瓦尼·托尔纳博尼的家族礼拜堂中既表现了有产阶级的自鸣得意，又表现了异教的激情。当他因在吉兰达约为弗朗切斯科·萨塞蒂所作的一组湿壁画中发现了梅迪奇家族肖像，而将注意力集中于梅迪奇圈子这个进一步的赞助人时，他在公布他的发现的文章中更加充分地使用了这个观念：

在形成对照的生活哲学使一个社会的成员产生强烈的党派性并导致生死斗争的地方，它们就造成社会不可抗拒的衰退。然而这些对照也可能导致文化繁荣；

Gegensätze der Lebensanschauung, wenn sie, die einzelnen Mitglieder der Gesellschaft mit einseitiger Leidenschaft erfüllend, zum Kampfe auf Leben und Tod anstacheln, sind die Ursache des unaufhaltsamen gesellschaftlichen Verfalls

① 《瓦尔堡文集》，第1卷，第228页［已发表的著作，18］。

只要这些力量的冲突在个人的心灵中被抵消并得到协调，而非仍具破坏性，它便导致异花受精，导致全部个性范围的扩展。导致文艺复兴早期佛罗伦萨文化繁荣的情况就是如此。

一方面是中世纪—基督教的、骑士风度—富有浪漫色彩的和古典的—信奉柏拉图哲学的理想主义者，另一方面是世俗的伊特鲁里亚—异教的务实的商人，其一切多种多样的特征在这位梅迪奇家族治下的佛罗伦萨人身上彼此渗透和结合：它们融合在一种神秘莫测的个性之中，这位梅迪奇家族治下的佛罗伦萨人欣然欢迎任何打动心灵的事物，认为它们可以延伸他悄然发展与使用的他的心理范围，由这一点，这种个性所具有的爆炸性的却又十分和谐的生机勃勃的能量得到了表现。他无论在何处遇到这种学究式的想法，都拒绝接受“非此即彼”的严格约束，因为他尽管

und doch zugleich die zur höchsten Kulturblüte treibenden Kräfte, wenn ebendieselben Gegensätze innerhalb eines Individuums sich abschwächen, ausgleichen und, anstatt sich gegenseitig zu vernichten, sich wechelseitig befruchten und damit den ganzen Umfang der Persönlichkeit zu erweitern lernen. Auf diesem Grunde erwächst die Kulturblüte der florentinischen Frührenaissance.

Die ganz heterogenen Eigenschaften des mittelalterlich christlichen, ritterlich romantischen oder klassisch platonisierenden Idealisten und des weltzugewandten etruskisch-heidnisch praktischen Kaufmanns durchdringen und vereinigen sich im Mediceischen Florentiner zu einem rätselhaften Organismus von elementarer und doch harmonischer Lebensenergie, die sich darin offenbart, dass er jedwede seelische Schwingung als Erweiterung seines geistigen Umfanges freudig an sich entdeckt und ruhig ausbildet und verwertet. Er verneint die hemmende Pedanterie des ‘entweder—oder’ auf allen Gebieten, nicht
etwa, weil er die Gegensätze nicht in ihrer 170

完全感到了这些两难处境，却认为它们是相容的。因此，正是教会与尘世之间、古典往昔与基督教现今之间的妥协的艺术产物，表现了一种大胆而鲁莽的实验那充满热情却又受到控制的力量。	Schärfe spürt, sondern weil er sie für vereinbar hält; darum entströmt gerade den künstlerischen Ausgleichserzeugnissen zwischen Kirche und Welt, antiker Vergangenheit und christlicher Gegenwart die enthusiastische und doch gesammelte Kraft des frisch gewagten Versuches.

（《瓦尔堡文集》，第1卷，第100页及下页）［已发表的著作，9］

在《肖像艺术与佛罗伦萨有产阶级》这部专著中，他的注意力又转移到洛伦佐那里，吉兰达约为洛伦佐所作的肖像为他提供了良机，可以在那一时代的中心人物身上检验“妥协心理学”的观念。马基雅维利［Machiavelli］曾评论过，在洛伦佐身上奇怪地缺乏一致性，他实际上似乎是“两个人”，但是在瓦尔堡看来，这一评价暴露出他对洛伦佐统一对立物的能力缺乏了解。[①]当他在关于萨塞蒂的专论中返回到这个问题时，他试图既在这位赞助人的心理中又在他所委托的作品中（图版24a）说明这种对立物的和谐。

《弗朗切斯科·萨塞蒂的遗嘱》［“Francesco Sassetti’s Last Will and Testament”］这篇论文[②]在瓦尔堡的著述中占有中心地位，本书不能忽略对他的论点做出详细的概括。因为此处和别处一样，在瓦尔堡已发表的文章中，基本观念往往令读者无法理解，读者从个人文件被引向绘画，从哲学文本被引向纹章图案，从经济史被引向对语言

① 《瓦尔堡文集》，第1卷，第110页［已发表的著作，9］。

② ［已发表的著作，17］。

用法的考虑。这种论述的丰富结构让瓦尔堡煞费苦心，它展现了一种以往文化的生动画面，因此可以以其自身被人们欣赏。有一条线索将这些文献联系起来，有时要想不失去这条线索并不那么容易。

瓦尔堡的出发点是关于萨塞蒂生平的一则记录，由萨塞蒂的曾孙所写。我们获悉——当时的文献证实了这个故事——弗朗切斯科·萨塞蒂最初并没有打算将他的埋葬地设在圣三一教堂。他的祖先们的坟墓都在新圣马利亚教堂，他曾想将那座高贵的教堂的唱诗班席改成他的家族礼拜堂。然而，要在这块圣地中绘制一些湿壁画，围绕这些湿壁画的主题的问题发生了一场冲突。弗朗切 171
斯科·萨塞蒂希望用这些湿壁画来颂扬那位他以其名字为名的圣徒——圣方济各。新圣马利亚教堂的多明我会修道士们反对这一想法，因为方济各会修士们是他们在托钵修会中的对手。把圣方济各画在一座多明我会教堂的主祭坛旁边，似乎格格不入。人们会记得（第119页），萨塞蒂决不让步。他没有放弃在其埋葬地的墙壁上向自己的守护神表示敬意的权利，而是放弃了他抱有的将坟墓设在新圣马利亚教堂的想法。他将赞助转移到圣三一教堂，在这座教堂没有人干预将在那里画的湿壁画的方案。

这件事证实了瓦尔堡从乔瓦尼·托尔纳博尼的例子中得到的印象：这些精于世故的文艺复兴时期的商人对赞助的宗教方面绝非漠不关心。在现代的观察者们看来，吉兰达约的湿壁画的主题常常看来像是炫耀现世荣耀的单纯托词。然而，在订绘它们的人看来，主题非常重要，以至要与教会当局发生长时间的、令人烦恼的冲突，就主题问题进行交涉。因此显而易见，我们关于这些作品是文艺复兴的乐观的、个人主义的、世俗化的精神的表现形式的观念是没有历史根据的。这些元素是存在的，但是它们与对自己的守护神的忠诚是相容的，这种忠诚在中世纪再明显不过。

从这个角度来看，甚至将家族肖像画入湿壁画的做法，与其说是对宗教的冷漠或者亵渎——如在19世纪的学者们曾经看来那样——不如说是对瓦尔堡曾在先前的研究中研究的诸如蜡的许愿物［voti］那些宗教习俗的恢复。马尔西利奥·菲奇诺致弗朗切斯科·萨塞蒂的一封信证实了可从后者的赞助中得出的推论。这位哲学家称赞了他对宗教问题的虔诚的关注。与别人不同，他在他的宅邸中有两座礼拜堂。这样一个似乎将兴趣集中于来世的人，在世俗事务中会如何行动呢？作为那一时期的领先人物之一，他的哲学会是什么？

正是为着发现这些心理学问题的答案，瓦尔堡研究了萨塞蒂的遗嘱，萨塞蒂的曾孙在《传记》［*Life*］中提到了这份遗嘱。他期望在那里会遇到这位生活在从中世纪向文艺复兴过渡时期的佛罗伦萨商人的世俗方面的表现形式。在巴杰罗博物馆中有一尊萨塞蒂的胸像，以一位罗马皇帝的装扮予以表现，这份文件会揭示出我们似乎
172 在这尊胸像中辨认出的此人的这一方面吗？[①]（图版24b）至少初看上去不会。这份在萨塞蒂生涯中最危机时刻，即他不得不赴里昂防止梅迪奇的公司破产时写出的文件中，似乎没有任何东西与“身着古典服装、自我中心的文艺复兴时期的超人”[②]相符合。甚至在他的行动的生活［vita activa］中，萨塞蒂也受到宗教考虑的影响。这份

① 《瓦尔堡文集》，第1卷，第139页。

② 《瓦尔堡文集》，第1卷，第144页。

文件揭示的，不是布克哈特富有浪漫色彩的想象的“绝对的恶棍”，而是一个关心传统价值观的人，和对家族荣誉的保守的思虑。他恳求他的儿子们，无论财务状况如何，都不要不履行义务，要继承他们的遗产。这份遗嘱显示出中世纪关于忠于家族和忠于家族饰有纹章的盾的观念。

然而，更仔细地分析一下，它也提供了这位文艺复兴时期的人的另一个方面：他所受的人文主义教育。他谈到“福尔图娜”，仿佛她是拥有支配人的生活的权力的真正的异教恶魔一样。“我不知道福尔图娜将把我们带往何方……”“如果福尔图娜令你苦恼……”，瓦尔堡试图说明，这不仅是一种措辞。他的目的依旧是要领会相关的观念，从而洞悉往昔的心理。在萨塞蒂提起这位异教女神的形象时他心中想的是什么？一位佛罗伦萨文艺复兴时期的商人是如何设想支配他的生活的力量的？萨塞蒂的一位同时代人提供了答案。巨商乔瓦尼·鲁切拉伊［Giovanni Rucellai］曾挑选福尔图娜作为他的个人徽铭［impresa］（图版25a）。

没有哪种图像能比徽铭更适合瓦尔堡的历史取向了。它是一件仍然明显地嵌入它所产生的社会环境中的艺术品，而且这种作品的功能本身就将它与委托它的赞助人的个性相联系。文艺复兴时期的徽铭以一种真正的范式的形式，将瓦尔堡对文艺复兴艺术的分析所阐明的那些元素结合在一起。它符合中世纪传统，发源于以往封建时代的纹章，但是它的形式经历了文艺复兴艺术的“改革”。

鲁切拉伊的“福尔图娜”不再是复杂的中世纪寓意画中手持大轮子的女子。她被构思为一个异教裸体的形象，并被赋予生机勃勃的动作，对文艺复兴而言，那种生机勃勃的动作是真正的古典形式的标志。她的表征也表明她不再是使国王和乞丐平等的道德象征物。她手握一张鼓起的帆，仿佛暗指“福尔图娜”一词所表示暴风雨的用法。

173 遵循乌泽纳的研究诸神名字的方法，瓦尔堡在这个词的三重意义中——作为风，作为财富，作为命运——看到了一种共同的心理特征，它构成了女神的观念，并有助于在这位文艺复兴时期的商人心灵中形成她的形象。正是这同一个反复无常的恶魔——她既能够造就也能够损害他的“命运”——也在一位风女神的异教形象中被生动地形象化。

如果需要证据来证明，在鲁切拉伊看来，“福尔图娜”不仅是用来美化他的盾形纹章的装饰，这样的证据在他的书信中就可以发现。和他的许多同时代人一样，他被天意与自由意志、命运与美德的问题所困扰。我们知道，他找到马尔西利奥·菲奇诺，寻求实践智慧与人类理智对于抵制命运的反复无常是否有用这一问题的答案。菲奇诺的答复很有特点，他试图采取决定论与自由意志之间、对命运的反抗与屈服之间的折中办法。如果接受了这个答案，鲁切拉伊就能够调和他对异教女神威力的信仰与他的传统的宗教虔诚。因此他就能将福尔图娜安放在新圣马利亚教堂的立面上，他曾重建这个立面。在他看来，和在萨塞蒂看来一样，坚持文艺复兴文化与基督教的虔诚并非不相容。

瓦尔堡发现，在梅迪奇的公司许多商务合同的开头语中所象征的，正是基督教观念与异教观念的同样的互相和平渗透：“以上帝和命运女神的名义。”（Col nome di Dio e di Buonaventura.）这位异教女神帮助这些人发现一个套语，可以调和中世纪对上帝的信赖与文艺复兴时期的个人的自立之间的对立；它帮助他们达到一种和谐的心理状态，与修道士的超世俗的禁欲主义和好自作主张的妄自尊大的态度保持同样的距离。[1]

因此，这一时期的意象和对其心理学意义的研究，有助于阐明吉兰达约的赞助人在他的遗嘱中谈到“福尔图娜”时心中可能想到的观念。这一危急时刻，在他心中，这个古代象征符号作为他在人世希望得到和惧怕的一切事物的化身出现。瓦尔堡发现在将异教的“福尔图娜”与全能的上帝相提并论的套语中体现了对立物的调和，他也看到这同样的对立物的调和在弗朗切斯科·萨塞蒂自己的徽铭中得到例证。这是一个投掷石块的半人半马怪——对物主的名
字（*sasso*［石块］）的双关语式的暗指（图版25c）。我们又有了一 174
个古代恶魔，充当了徽铭。然而石块与投石器在萨塞蒂的纹章中最初曾和大卫［David］相联；但是弗朗切斯科·萨塞蒂并不觉得用一位异教恶魔取代笃信宗教的英雄无论如何都与传统的对宗教的虔诚不相容。因为大卫和半人半马怪都在他的墓地礼拜堂的装饰中出现——这同样是中世纪意象与文艺复兴意象间的和平调解，这种和平调解构成了鲁切拉伊的新圣马利亚教堂立面的特点。

最后，马基雅维利发现，出现于洛伦佐·德·梅迪奇心灵中的“两个人”，在萨塞蒂的两句格言中也被给予了形成对照的表达。一条是“尽我之力”［à mon pouvoir］，在瓦尔堡看来表达了对生机勃勃的能量的同样自觉的显示，这种生机勃勃的能量构成了半人半马怪的特点，这句格言和半人半马怪一起出现在萨塞蒂的藏书票

① 《瓦尔堡文集》，第1卷，第151页。

(图版25b)上，十分意味深长的是，藏书票装饰的是一本亚里士多德[Aristotle]的《伦理学》[*Ethics*]，那是一本充满异教智慧的书，鼓励人们果断地接受这位文艺复兴时期的商人所实践的生活。同时，这位哲学家对中庸之道的强调也在萨塞蒂的另一句格言中得到表达，它表明了一种与之形成对照的生活态度。这句格言是“*mitia fata mihi*”[愿命运对我仁慈]，瓦尔堡认为这是对那句法文格言的轻微的**傲慢态度**的必要矫正。将两句格言放到一起，似乎正表达了这位文艺复兴时期的人心中那种相容性原理，这正是瓦尔堡此时的兴趣集中所在：

萨塞蒂十分清楚地意识到这样一个事实，他的认同感的摆动趋于一种新的道德平衡状态，以至于他选择了两句恰恰相反的格言来做他的象征性自我描述。	Sassetti empfand sein schwingendes, einen neuen ethischen Gleichgewichtszustand erstrebendes Selbstgefühl so bewusst, dass er eben zwei antithetische Sinnsprüche zur sinnbildlichen Selbstcharakterisierung wählte.

(《瓦尔堡文集》，第1卷，第154页)

不管我们怎样看待这种解释，将它应用于礼拜堂装饰无疑还是富有成效的。因为，瓦尔堡曾猜想在萨塞蒂心中存在着两种倾向，在此他看到了这两种倾向，又经艺术家的手表现出来。一方面，有湿壁画的方案所表现出的方济各会的虔诚(图版26a)，萨塞蒂曾为这个方案据理力争；另一方面，有被认为是朱利亚诺·达·桑迦洛[Giuliano da Sangallo]所做的实际的陵墓(图版26b)，它似乎显示出完全非基督教的精神。就像被认为是韦罗基奥所做的巴杰罗博物馆的浮雕(图版15a)，在这些石棺上的死亡场景(图版25c)模仿的

不是一个基督教*ars moriendi*［善终术］的图案，而是那些异教艺术 175
的范本。我们再次见证了为死者所发出的尽情的恸哭，这是文艺复兴时期的艺术家们已从一口墨勒阿革罗斯［Meleager］石棺学到的。这种激烈的情感和放荡不羁的激情的语言也在周围的浮雕中反映出来。在这些狄俄倪索斯式的癫狂的环境中，萨塞蒂的半人半马怪也讲着异教狂热的语言。他充当着持盾侍从：

> 但是他的仪式活动并未妨碍他充满激情地挥动投石器，他的蹄子放纵地踩踏，和他挥动的尾巴疯狂地转动……

> ... aber seine zeremonielle Tätigkeit verhindert ihn hier nicht, die Schleuder leidenschaftlich zu schwingen mit ungebärdig stampfenden Hufen und wild flatterndem Schweife ...

（《瓦尔堡文集》，第1卷，第154页）

也许这些野蛮的怪物可追溯到提塞翁［Theseion］神庙或者帕特农神庙上的希腊的范本，奇里亚科·丹科纳［Cyriaco d'Ancona］曾在旅行期间临摹过它们。浮雕的异教信仰和湿壁画的虔诚间的对比十分明显。因此，正是在这座礼拜堂中，必须对瓦尔堡的对立物的调和的理论做一下检验。他认为，像萨塞蒂这样一个人竟允许异教的幽灵常常出没于他的埋葬地，而原因只是他觉得它们"富有装饰性"，简直不可思议。在他的陵墓的上方，他有表现其守护神圣洁的死亡的绘画；在他的陵墓上，是异教葬礼中拼命的哀号——他会如何使异教恶魔的激情与传统的中世纪生活哲学相协调？[①]

① 《瓦尔堡文集》，第1卷，第155页。

正是在吉兰达约为主祭坛所作的画中，瓦尔堡发现了这个难题的答案（图版17b）。在这里，异教元素也与基督教元素比肩而立。传统的虔诚领域在那些朝拜的牧羊人中得到象征，他们是艺术家从许戈·范·德·胡斯的哥特世界借用而来。古典复苏的现代元素似乎在风景所描绘的罗马废墟中和那口石棺中得到体现，那口石棺构成了圣婴降生的马槽。这种异教元素怎么会渗透到如此程度？它出现在这个圣诞故事的核心怎么会是有道理的？石棺上的铭文提供了答案。它提到一位异教先知的一个预言——他的墓总有一天会容纳一位神明。也许背景的柱子说明了同样的情况。瓦尔堡在柱子中看到了基督降生时坍塌的*Templum Pacis*［和平殿］的废墟。因此，异
176 教元素被用来称颂基督教世界的荣耀。它们象征着通过救世主的降生而被战胜的时代。古迹［Antichità］并没有被禁止在教堂的围地中出现。相反，它在象征论的历史图景中被分配到一席固定之地。它作为“救世之前的”世界的一部分可以与犹太教的《旧约》［*Old Testament*］比肩而立。

瓦尔堡不仅在神学方案中看到“相容性”精神的这一表现形式。他还看到，它也在对古典母题的艺术处理中起作用。吉兰达约在陵墓上方的墙壁上对古代场景进行了改画——实际上，是罗马硬币的放大的复制品[①]（图版26b）。但是，正如神学方案注意将古典元素保持在严格规定的地方之内，从而使它从属于基督教的世界图景，吉兰达约也注意使古典片断不与圣方济各的传说的神圣形象

① 现在也参见F. 扎克斯尔，《文艺复兴艺术中的古典铭文与政治》［“The Classical Inscription in Renaissance Art and Politics”］，《瓦尔堡与考陶尔德研究院院刊》［*Journal of the Warburg and Courtauld Institutes*］，第4卷，1940—1941年，第19—46页。

相竞争。尽管表现这一传说的湿壁画试图给人以栩栩如生的错觉，古典形象却是用灰色画［en grisaille］画出的，从而作为来自遥远世界的存在而被区分开来。它们只是当宗教戏剧在上方演出时必须保持距离的幽灵。[①]

在对古代元素的这种处理中，瓦尔堡看到了一种与调和哲学十分相似之处。在这两种情况下，都容许异教元素的存在，但是不允许它们将基督教信仰的传统形象排挤出去。不过，他在这种调和中也看到了内在的敌对元素之间不稳定的妥协，这种妥协不会长久。这个使古典世界适应基督教思想的大厦的乐观尝试遭到萨伏那洛拉的否定。[②]

因此，萨塞蒂礼拜堂充当了中世纪和文艺复兴之间过渡的短暂时刻的纪念碑，在这个短暂时刻人仍然认为自己能够协调相互对立的事物。这座礼拜堂揭示了，也在萨塞蒂的遗嘱中所代表的人类心性史中同样的阶段。

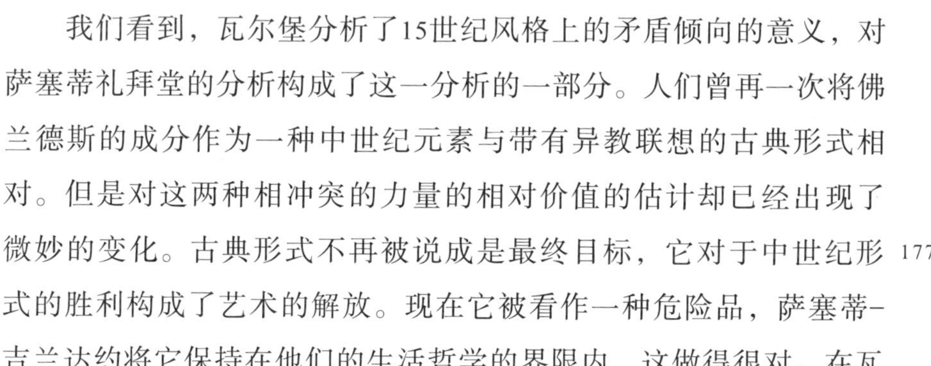

我们看到，瓦尔堡分析了15世纪风格上的矛盾倾向的意义，对萨塞蒂礼拜堂的分析构成了这一分析的一部分。人们曾再一次将佛兰德斯的成分作为一种中世纪元素与带有异教联想的古典形式相对。但是对这两种相冲突的力量的相对价值的估计却已经出现了
微妙的变化。古典形式不再被说成是最终目标，它对于中世纪形 177
式的胜利构成了艺术的解放。现在它被看作一种危险品，萨塞蒂-吉兰达约将它保持在他们的生活哲学的界限内，这做得很对。在瓦

① 《瓦尔堡文集》，第1卷，第157页。

② 《瓦尔堡文集》，第1卷，第158页。

尔堡对吉兰达约的作品的分析中，这个结论越来越引人注目。他曾假定，北方元素在争取美的斗争中充当了障碍物和同盟者的双重角色，他不仅在北方元素中而且在古典影响中看到了这种双重性［ambivalence］或者“极性”，而在关于波蒂切利的论文中已经预示了古典影响的内在危险。

古典情念及其危险

在瓦尔堡关于“仙女”及由此产生的思潮的研究中，对古典形式的采用最初代表了从以写实主义手法表现服装的绘画的限制性枷锁中的解放。尽管他后来强调了文艺复兴时期心理的特性，及其在相互对照的事物之间保持平衡的能力，另一种评价现在却盛行起来。正是平衡状态本身代表了最高的人类价值。任何威胁这一状态的事物都被认为是一种负面的影响，无论是对物质财富的炫耀所表达的占有的乐趣，还是对古典的浮夸矫饰的屈服，在巴洛克时期——瓦尔堡把它看作一个衰退的时期——最终这种浮夸矫饰将扰乱那种平衡。

结果，他将他对佛罗伦萨的情境的解释推移到一个新的水平：

佛罗伦萨文化发现自己处于一种特别令人尴尬的境遇中。它仿佛必须在两条战线上捍卫自己的独立；一方面要抵御从北方的佛兰德斯袭来的它自身时代的	Die florentinische Kultur befindet sich in einer eigentümlichen Verlegenheit: sie hat ihre Unabhängigkeit gleichsam nach zwei Fronten zu verteidigen. Gegen den von Flandern her aus dem Norden eindringenden

写实主义，在南面要抵御来自罗马的那种复苏的往昔的理想主义……

Realismus der Gegenwart und gegen den von Süden kommenden in Rom wiedererstandenen Idealismus der Vergangenheit.

（《节日庆典》，第122页）

艺术家希望利用这些对立的潮流而非向它们不协调的影响屈服，他就必须坚持自己的独立性。如果他维持他的沉着冷静，就能够对两种风格都表示欢迎，并将其看作扩展他心理范围的心理斗争 178
的同盟者，这很像弗朗切斯科·萨塞蒂在他自己的领域中所做的那样。

瓦尔堡将艺术家表现手段的这种扩展，与赫尔曼·奥斯特霍夫［Hermann Osthoff］在讲座《论印欧语系语言的最高级》［“Vom Suppletivwesen der indogermanischen Sprachen”］[①]中曾描述过的一种语言现象相比较。这个讲座围绕着这样一项观察，印度雅利安诸语言常常不是由同一个词根形成比较级。没有由词根*bon*形成的*bonum*［好］的比较级和最高级，而是有*melior*［更好］、*optimus*［最好］。奥斯特霍夫自问，这种不规则现象在哪些情况下出现，他得出结论，它在我们的情感极充沛的情况下出现。这种借用不同的词根来表示不同的级的做法似乎增加了强调的程度——这种现象在俚语中最为常见，在俚语中，最高级是由诸如“terrific”“smashing”等任何奇异的、响亮的词构成。我们的语言越是变得强烈和富有情感，我们往

① 《学术演说》［*Akademische Rede*］，海德堡，1899年；参照《日记》，1903年11月19日。

往就越是不会满足于一个常见词根的单纯合逻辑的屈折变化。

在这种向不同领域的借用中，瓦尔堡看到了对他正在研究的问题很有效的类似物。吉兰达约希望使相貌表情比通行的类型更强烈，或者一个姿势比他以前曾使用过的姿势更引人注目，像他这样一位艺术家当然完全可能研究过传统材料，并通过单纯地逐渐增加相关特征而取得了希望的效果。但是，他越是关注得到真正的强调这一问题，这样的步骤就越是不会让他满意。他会物色预示了这种“最高级”的不同的“词根”。瓦尔堡就是这样解释了吉兰达约所采取的行动，他一方面从一个佛兰德斯的范本选取了许戈·范·德·胡斯所描绘的正在朝拜的牧羊人，对其进行改画，来表达虔诚的专注状态的“最高级”，另一方面又运用古典形式来达到强烈表情的最高级：

他们竞争的真正目标，是描绘强化的心理状态或者身体状态的表现，无论是描绘内在的宗教情感，还是描绘装饰得十分优美的或者姿势十分粗鲁的人物形象。我发现了一些用于这种
179 描绘的程式，我不想过高估计它们，但是在视觉艺术领域存在着一个现象，与奥斯特霍夫在语言学中观察到的一样——对最高级中所使用的词根进行转

Das eigentliche Object ihres Wetteifers war die Schilderung des innerlich oder äusserlich gesteigerten Ausdrucks der einzelnen menschlichen Erscheinung, es sei nun der innerlich religiös ergriffene, der zierlich geschmückte oder drastisch bewegliche Mensch. Ich will die Formel, die ich dafür gefunden habe, nicht überschätzen, aber es gibt eben auf dem Gebiete der bildenden Kunst, wie Osthoff auf sprachlichem Gebiet betrachtet hat, ein Suppletivwesen, ein Austausch- und

换和增补。

Ersatzwesen der superlativen Formen.

最为激动（pathos［情念］）或者最深邃的沉思（ethos［品德］）之时，相貌表情的极端 } 需要强化

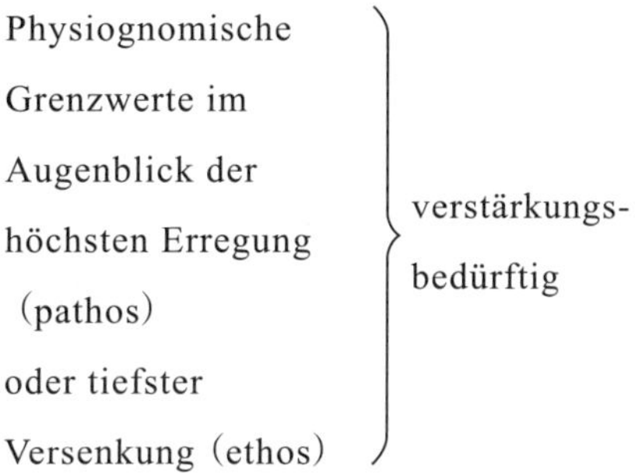
Physiognomische Grenzwerte im Augenblick der höchsten Erregung (pathos) oder tiefster Versenkung (ethos) } verstärkungs-bedürftig

（《节日庆典》，第79页）

凡是艺术家所做的选择是出于一种真正的强烈欲望——要利用一个人物形象所能产生的最大限度的表现力，它在艺术上都是有道理的，在审美上都是成功的。但是，如果他对带有高能荷的激情语言进行的改编只是追随时尚或者浮浅地追求轰动效应的结果，情况会如何？倘若是那样，这就会使艺术家画出我们通常与巴洛克风格相联系那种做作的姿势，但是瓦尔堡感到这在波拉约洛一些作品“对肌肉的浮夸矫饰的表现”中已初露端倪。因此在艺术中使用最高级存在一种内在的危险，只有最伟大的大师才能回避。一位和米开朗琪罗一样伟大的艺术家可以毫无所惧地使用它们，但是一位次要的艺术家却太容易屈服于它们的诱惑。瓦尔堡也在吉兰达约对古典的表情“最高级”的运用中发现了这一消极的方面。

在关于“仙女”的片断中，瓦尔堡曾强调，酒神女祭司或者“维多利亚”的古典形式被吉兰达约所运用，向他的佛罗伦萨市民们的感情麻木的社会吹进一阵运动和猛烈动作的狂风。现在他将吉兰达约的画坊和圈子的草图册纳入他的观察范围，以表明这

样一点，每当我们能够在吉兰达约已完成的湿壁画中发现使用了这些画稿中的一幅，那么使用这些古典程式就正是为着这样一个目的，即，为大师所描绘的形象那种平静的性情平添一种额外程度的表现性和“情念”[①]。在为新圣马利亚教堂所作的《耶稣复活》
180 [*Resurrection*]一画中（图版27a），这位艺术家使用了一个古典范本来表现士兵们，他们见到基督升天的奇异景象，惊恐万状，纷纷退缩。他们的头部是根据模仿图拉真纪功柱所作的草图改画而成，那些草图可见于草图册（图版27b、c）。

然而，使用古典“最高级”的最引人注目的例子见于托尔纳博尼礼拜堂的湿壁画。《圣母生平》[*Life of the Virgin*]中表现《屠杀婴儿》的湿壁画（图版28a），显示出与其他场景中的那种欢乐与华丽的气氛全然不同的特征。画中充满了肆无忌惮的癫狂与残暴，博得像瓦萨里这样的手法主义者最如醉如痴的称赞。瓦尔堡可以表明，在背景中高耸的罗马凯旋门矗立于此是很恰当的。[②]湿壁画的最富有表现性的形象直接模仿了罗马凯旋门的浮雕，尤其是来自君士坦丁凯旋门的图拉真的战争场景（图版28b）。我们无须到远处去寻找证据，来证明吉兰达约实际上知晓并研究了这些浮雕。他在表现《撒迦利亚的献祭》的凯旋门上所画出的浮雕时就仿画了这些浮雕（图版14b）。在那个较低处的场景中，佛兰德斯写实主义的“相

---

① 参照布克哈特：“无论何处出现情念，它一定是以古代的形式出现的”[Wo irgend Pathos zum Vorschein kam, musste es in antiker Form geschehen]；K. H. v. 施泰因援引，《美学讲座》[*Vorlesungen über Ästhetik*]，斯图加特，1897年，第77页。这是瓦尔堡的“情念形式”[Pathosformel]的最初的观念。

② 《理想的风格》，第52页。

貌”艺术坚守着阵地，罗马好战精神的纪念碑被牢牢地放置在灰色画技法的引号之间；然而，在那幅《屠杀》的湿壁画上，异教的形象却离开了考古学沉思的区域，在舞台上横冲直撞。此处“最高级”对轰动效应的追求淹没了艺术家审美的超然态度，诱使他将表现恐怖与暴力的元素聚积到一起，而这预示了巴洛克艺术的“过度表现”。

瓦尔堡对一位佛罗伦萨15世纪艺术家作品中猛烈动作的元素所做的分析，又一次返回到那篇关于波蒂切利的论文的最初结论。如果过于轻而易举地屈服于异教影响的诱惑，情念就会变得空洞，动作就会显得做作。尽管托尔纳博尼礼拜堂湿壁画的“仙女”象征着艺术家通过研究古代动作所得到的正面收获——表现性上的“加号”和表现了时代特征的那种活泼优雅——《屠杀》却能够代表负极，即艺术一旦受到新造的古典的极度情感之物的膨胀的威胁就会遭到的损失。[①]

如果说瓦尔堡曾通过研究北方元素对南方艺术家的影响来研究北方元素的迥异的功能，那么他又转到北方来研究古典情念的不明确的特性。这些“情念”程式及其语言的最高级向人们提出了挑 181
战，德国最伟大的艺术家丢勒对这种挑战做出回应的方式会是瓦尔堡对它们的内在意义进行估价的判例。在他的论文《丢勒与意大利古物》［“Dürer und die Italienische Antike”］[②]中，他返回到汉堡美术馆中所藏的丢勒的素描（图版29a），在这幅素描中可明显看出这位

① 参照多梅［Dohme］的《意大利的艺术与艺术家》［*Kunst und Künstler Italiens*］，1878年中K. 沃尔曼［K. Woermann］的定论。

② 1905年10月。《瓦尔堡文集》，第2卷，第443—449页［已发表的著作，15］。

年轻艺术家对古典时代的主题与形式很感兴趣。那是对“俄耳甫斯之死”[Death of Orpheus]——被狂怒的酒神女祭司杀死的歌手——的描绘，这位德国艺术家在画中模仿了来自曼泰尼亚的圈子的一个构图（图版8a）。那幅意大利作品又是借用瓦尔堡正在研究的古典类型的一个典型实例。这名孤立无援的歌手徒劳地举起手臂挡住残忍女子的殴打，他的形象和这些酒神女祭司的姿态一样，是古典艺术所演化出的一个类型。这些类型在希腊花瓶（图版29b）和石棺上持续使用，这证明了这些程式的生命力有多么旺盛，以及它们是多么充分地表现了神话的悲剧性情念，而这些程式描绘了神话的高潮。

对文艺复兴来说，这些母题也不仅是单纯的画坊技艺，用于把握一种困难的形式问题。在曼图亚宫廷上演的波利齐亚诺的《俄耳甫斯》证明，15世纪理解这些异教神话的精神与情感含义，它们源于遥远往昔的隐晦的狄俄倪索斯式神秘戏剧。丢勒所模仿的那幅构图所具有的情念和意义，源于异教往昔在波利齐亚诺的戏剧中得到的这种复苏。如果因此而使丢勒与真正的希腊“情念形式”相接触，他在意大利学徒期间所作的其他素描就证明，他也研究了波拉约洛和曼泰尼亚所表现的战斗场景。丢勒后来对这些视觉词语做了改编，在他的一些早期构图中来表现猛烈的动作。

但是丢勒没有放弃自己的个性来屈服于这种影响。在他少年时的一些作品中可以看到一定数量的矫揉造作的动作，但是我们感到，他具有当地的北欧人的镇静特性，从而本能地抵御了南方浮夸矫饰的过度表现。丢勒绝未放弃自己的天生的特性，而是通过一种自由的选择行为来求助于古典时代的另一个方面——它的宁静的阿波罗式的美的遗产，来抵制狄俄倪索斯式的激情的诱惑。《观景楼的阿波罗》[*Apollo Belvedere*] 构成了他对比例准则的研究的对象（图版29c）——而不是《拉奥孔》，尽管1506年对《拉奥孔》的发现极大地增强了人们对古典姿势的情念的热情。

在这样研究与吸收了“情念形式”的教训之后（他的早期作 182
品有充分的迹象表明，他理解与掌握了它的语言），丢勒有意识地选择了另一种风格，甚至招致意大利人的责难，认为他的“手法不是古典时代的”。因此他属于这样一些人，他们预言了最高级的膨胀的内在危险。必须把他看作反对正在出现的意大利式巴洛克风格倾向的战士。他给予这些移民古典演说家的权利，在他一生的不同阶段各有不同。但是他从不允许他们的语言占有他的自我。他的艺术个性仍然得到控制，来调节和掌握他希望注入其作品中的激情的程度。

当瓦尔堡于1914年返回到这个主题时[①]，他选择拉斐尔画派所作的《君士坦丁之战》[*Battle of Constantine*]（图版30a）来说明“情念形式”所具有的危险。这里是“改革”的一个实例，在这个实例中，主题被贬低，一个伟大传统的价值观被浪费。以前，在15世纪，《君士坦丁之战》曾被一位立于古典潮流之外的艺术家画过。瓦尔堡凭借19世纪初一些摹本的帮助，重构了皮耶罗·德拉·弗

---

① 《理想化古典风格进入佛罗伦萨早期文艺复兴绘画》[“The Entry of the Idealizing Classical Style into Florentine Painting of the Early Renaissance”]，上文作为《理想的风格》援引。在《瓦尔堡文集》，第1卷，第173页及以下中发表了一篇概要。全文可见于瓦尔堡著作的意大利文版，《古代异教的复兴》[*La Rinascita del Paganesimo antico*]，佛罗伦萨，1966年，第285—307页。

兰切斯卡［Piero della Francesca］的伟大的湿壁画（图版30b），如果说有什么不同的话，只不过是，这幅画属于北方潮流的“壁毯风格”[①]。将他的《君士坦丁之梦》［*Dream of Constantine*］和勒内王［King René］的一幅细密画（图版31a、b）并置来看就可表明，皮耶罗的艺术无论如何与他那个时期北方风格最伟大的成就非常相似。在这两幅画中，都是缺乏一切明显的动作，再加上光的魔力，造成了一种充满深邃的内在情感的气氛，预见了几分伦勃朗［Rembrandt］最伟大的绘画的基调。在《君士坦丁之战》中，皮耶罗也摈弃了通常的战争作品所轻易取得的效果。整个构图围绕着十字架标志中所含有的君士坦丁的胜利的精神意义。当皇帝在他的军队前面庄严地手持这个神圣的象征符号，敌军仿佛感到敬畏，慌忙

183 躲开。没有身体的接触，没有战斗的喧嚣，没有武器的撞击声。宗教艺术的传统手段，如一位伟大天才所解释的，足以唤起新时代的胜利的这种想象。

如果我们从这个最高成就转到在著名的梵蒂冈湿壁画中所描绘的同样的场景，我们就看到，对古典最高级进行过于认真的研究会引向何方。[②]这幅湿壁画的几乎每一个单个形象和姿势都是对一种真正的古典程式所做的改画。此画剽窃了石棺和凯旋门上的浮雕，

---

① 瓦尔堡在他于1901年春的阿雷佐之行中已为自己发现了皮耶罗的艺术。在他写给弟弟马克斯的信中，他称阿雷佐的组画为“色调暗淡然而富于色彩的外光画，它很可能是出自15世纪中期的最宏大的湿壁画”（Freilichtmalereien in matten und doch farbigen Tönen ... doch wohl das grandioseste Stück Wandmalerei aus der Mitte des 15. Jahrhunderts）（1901年5月1日）。

② 前引意大利文版，第304页及下页。

以形成这批武士的类型，或刺杀敌人，或英勇作战，或跌落下来，或刺穿敌人的身体。但是，在他们热衷于考古学研究的过程中，拉斐尔的弟子们似乎忘记了人们要求他们描绘的场景的含义。这不是基督教的胜利，而是一幅异教的战争作品。君士坦丁凯旋门的一幅浮雕描绘了一个可怕场景，一名士兵扬起手臂，托举着他的战利品，那是敌人的一颗血淋淋的头颅（图版28b）。对于异教癫狂的体现，那位罗马艺术家已经做得无以复加了。甚至这种残忍地割取敌人首级作为战利品的姿势，这些文艺复兴时期的艺术家们也离不开。他们把这个姿势画入他们的湿壁画中，作为君士坦丁战胜敌人的标志（图版30a）。在描绘一段宗教情节时这种无情地追求轰动效应的行为，在瓦尔堡看来，集中体现了不加控制地注入异教情念这一做法所隐藏的危险。正如北方风格的元素或者会引诱艺术家走上单调琐碎的写实主义之路，或者会帮助他反映人类面孔的真实表情，古代世界的语言也可以是走向对更高的理想境界的描绘的向导，或者可以是引向花哨、做作的空洞表现的诱惑物。如何利用他所继承的遗产，最终要由艺术家来决定。

瓦尔堡是心中铭记渐进式进化的观念，从而着手他的探求的。艺术的发展是攻无不克的天才们取得的巨大进步，这是人们公认的描述，菲利皮诺“不自然”衣饰的“手法主义”曾是需要与这种公认的描述相和解的第一个悖论。但是，对于这个悖论随之带来的那些问题，瓦尔堡仍然试图在进化论历史观念的框架内来解决。在分析15世纪的相冲突的倾向时，他最初曾认为，与促进了文艺复兴的来临的正面影响相比，“中世纪”元素代表着负面的价值观，这是理所当然的。不仅如此——在瓦尔堡看来，“中世纪”和“文艺复

184 兴”越来越呈现出价值观体系的特性而非历史实体的特性。

但是，随着他改进他的分析手段并不断变换角度来审视两个时期间的过渡时刻，这个固定的框架似乎倒塌了。即使从真正的个人主义的人文主义的观点看，“中世纪”的价值观也不是完全负面的；文艺复兴的价值观可能遭到可怕的滥用。15世纪的艺术家们被进步的浪潮从中世纪的黑暗穹顶下裹挟出来的这种观念，不能与事实相符。传统本身携带着往昔的形式与象征符号，它们对于后来者的价值既不是完全正面的，也不是完全负面的。瓦尔堡越来越从“极性”的方面思考这些象征符号，如他在《日记》中写下的那样①，他曾认为这个概念是他自己的创造，直至他在歌德那里发现了这一概念。实际上，对于浪漫主义哲学家特别喜爱的这一概念，人们在20世纪初就做了大量讨论。瓦尔堡具有关于“极性”的信念，而且他使用了来自奥斯特霍夫的语言学观念；而弗洛伊德使用了K.阿贝尔［K. Abel］撰写的论文《原始词语的相反意义》［“Vom Gegensinn der Urworte”］②，并由这篇论文得出结论，甚至词语最初也有相反的意义，它们在我们的无意识中还保留着这种极性；实际上，这两者之间有一种奇怪的相似性。瓦尔堡似乎直至很久以后在讨厌并否定弗洛伊德对性欲的强调时才注意到弗洛伊德。尼采从希腊思想的狄俄倪索斯式和阿波罗式的极性的角度来想象古代，瓦尔堡很可能是由此得出这一观念的。富有特点的是，他首先在他与当代艺术的接触中检验了这一取向：

① 1907年4月25日。

② S. 弗洛伊德，《弗洛伊德文集》［*Gesammelte Werke*］，第8卷，伦敦，1943年，第214—221页。

在勃克林和希尔德布兰德那里，古代在对运动的两种强调中继续生存：狄俄倪索斯式，增强，勃克林彩色轮廓；阿波罗式，抑制，希尔德布兰德，立面（图版32a、b）。

In Böcklin und Hildebrand lebt die Antike weiter in ihren beiden Bewegungsakzenten: dionysisch, steigernd, B. Umriss in Farbe, apollinisch, mässigend, H. Façade.

（《片断》，第394页［1900年2月］）

瓦尔堡不是弗洛伊德的信徒，也不是尼采的信徒。除了他
对“复活节假日的超人”的抨击，我们知道，他还谴责尼采在他 185
的《悲剧的诞生》的论著中依赖梦幻般的直觉，而非依赖人类学研究。[①]但是在世纪之交没有什么艺术研究者能不受这部开创性著作的影响。瓦尔堡正是在这里发现了风格倾向与持久的心理状态的同一性，那种同一性在瓦尔堡的思想体系中逐渐取代了进化论者的模

① 在他的《日记》中有一段札记既阐释了他对尼采的认同，又阐释了他的保留态度：

现在我认识到，俄耳甫斯之死的风格的图像志实际上触及了尼采的悲剧的诞生的问题；这是一个非常值得注意的巧合，除去它应当读为“悲剧从狄俄倪索斯的舞蹈—仪式的阿波罗风格的诞生”［The Birth of Tragedy from the Apollonian style of the Dionysiac dance-ritual］。前天，

Mir wird klar ... dass eine stilgeschichtliche Iconographie des Todes des Orpheus eigentlich das Nietzschesche Problem vom Ursprung der Tragödie trifft; in ganz auffälligem Zusammentreffen, nur müsste es heissen: ‘Der Ursprung der Tragödie aus dem apollinischen Stile des dionysischen Tanzspiels’. Ich sah

（转下页）

式。于是他的学者本能将他引向这样一个领域，在这个领域中，他对人类心灵的极性的解释可以最好地得到证实——人对于星辰的态度的研究。

（接上页）

我也看到尼采在他的结论中写到了再现风格［*stile rappresentativo*］的发展。如果尼采熟悉人类学和民间传说的资料该有多好！甚至就他而言，它们的比重也本会充当他的梦幻之鸟的飞翔的一个调节力。

auch erst vorgestern, dass Nietzsche über die Entwicklung des Stile rappresentativo zum Schluss schreibt. Wenn Nietzsche doch nur mit den Tatsachen der Völkerkunde und Volkskunde besser vertraut gewesen wäre! Sie hätten selbst für ihn durch ihr spezifisches Gewicht regulierende Kraft für seinen Traumvogelflug besessen.

（《日记》，1905 年 12 月 9 日）

第九章　星　辰（1908—1914） 186

众神与恶魔

关于丢勒的论文（第180页及以下）是于1905年10月在一次德国文献学家的会议上发表的。构成其出发点的那幅素描是汉堡美术馆的珍品之一。但是，这件在当时看来一定像一件旧物［pièce d'occasion］的作品，长远来看却是瓦尔堡学术生涯的一个转折点。不仅瓦尔堡的术语情念形式［Pathosformel］逐渐被人们采纳并与他的名字联系起来，而且在新的环境中对新问题的研究最终证明瓦尔堡离开佛罗伦萨是正确的。离开佛罗伦萨，使他得以摆脱困扰他几乎七年之久的那些问题的魔圈。

尽管梅迪奇家族治下的佛罗伦萨的种种对立的倾向仍然需要解释，这篇论文仍开辟了新的视野和视角。他探查了古代的俄耳甫斯神话和花瓶上对这个神话的描绘，对北方接受文艺复兴一事产生了兴趣，而这个话题也有其历史的和社会的寓意。那时有许多德国学者认为德国接受意大利文艺复兴是背叛民族传统。于是，瓦尔堡曾在佛罗伦萨的有利观察点长期研究的南北问题从德国的视角看来又呈现出另一种面貌。然而，正是只有在1907年完成了关于萨塞蒂的论文之后，瓦尔堡才充分注意了一些问题，这些问题导致他从事一项使他一举成名的研究——关于占星学图像的研究。他进入这个新的问题世界可能是由于一个幸运的事件。在接到于1908年12月在汉堡历史协会［Verein für Hamburgische Geschichte］发表演说的邀请后，他选择以文艺复兴时期的汉堡印刷商斯特芬·安德斯［Steffen Arndes］作为自己的主题，安德斯也是在意大利施展技
187 艺。[①] 1519年安德斯在吕贝克出版了一本历书，上面印有关于行星众神的粗糙的木刻（图版33a），其中有一些原来是对各种类型所做的改画，人们是从著名的北部意大利所谓塔罗牌［tarocchi］系列画（图版33b）了解这些类型的。这些改画物又在北方文艺复兴的装饰艺术中流行，并出现于德国的房屋正面。当然，瓦尔堡并不是第一次关心在德国和意大利版画艺术中对行星的描绘。毕竟，他特别喜爱的关于“仙女”脱颖而出的例子（第151页）来自与北方范本有关的所谓巴尔迪尼行星系列。但是这一次瓦尔堡打算向他的听众解释，古代的众神是如何获得他们在安德斯的历书中所穿的那种陌生装束的；1908年春，他在日记中写到，“刻苦钻研占星学”(Plage mich in astrologicis)。他更广泛地阅读神话志和占星学的历史，并发现了一些传统，而他的研究同时使我们熟悉了那些传统——中世纪文本中对异教神明的描述和星辰的意象从古典时代到近代的连续性。[②]

① ［已发表的著作，22］。

② 关于瓦尔堡所发起的这些研究的概述，参见让·塞兹内克［Jean Seznec］，《异教神明的遗风》［*The Survival of the Pagan Gods*］，博林根丛书［Bollingen Series］，38，万神殿书局［Pantheon Books］，纽约，1953年。

对瓦尔堡来说，使这个故事脱离纯古物研究领域的又是他对文艺复兴、对众神以其最初的人性与美重返奥林匹斯山一事所做的解释。他曾于1908年10月底去罗马查阅梵蒂冈图书馆中的一些神话志的写本（图版33c），但是，由日记中一段简短的记载推测，给他印象最深的是拉斐尔——是基吉礼拜堂［Chigi Chapel］天顶镶嵌画，上面以人文主义的、奥林匹斯山诸神的形式描绘着七颗行星（图版34a）。这里是与“人性化的仙女”相应的形象，神明们摆脱了中世纪的伪装；众神也抛弃了他们笨重的衣着，作为美的领域的居民以古典的裸体出现。

瓦尔堡在于12月举办的讲座中①强有力地表达了这种相似之处，尤其在引言中。听众中有些人以前聆听过瓦尔堡的讲座，确实，那段开场白在这些人听来一定很熟悉，其实则不然：

……我们习惯于这样一种观念，即古代众神在文艺复兴盛期复苏，以其强有力的奥林匹斯山诸神的情念把先前时代的原始的写实主义推到一旁。我们通常把这看作意大利艺术的独特成就。然而实际上这是通过南北方的合作而出现的，即使北方起初提供

... es ist uns geläufig, dass mit der
Hochrenaissance die antike Götterwelt
auferstand und mit ihrem mächtigen 188
olympischen Pathos den primitiven Realismus
früherer Zeiten beiseite schob. Wir sehen das als
spezifische Leistung der italienischen Kunst an.
Tatsächlich liegt nun ein Zusammenwirken von
Norden und Süden vor, wenn auch der Norden
zunächst nur durch Widerstand, der überwunden

① 《古代神明的世界与南方和北方的文艺复兴早期》［*Die antike Götterwelt und die Frührenaissance im Süden und im Norden*］（演说稿）［已发表的著作，19］。

的只是一种阻力，必须予以克服……我将试图通过观察15世纪阿尔卑斯山南北的古代众神来说明这一过程，其时，新的理想化风格克服了中世纪后期的写实主义……

sein will, mitwirkt. Um dies klar zu machen, möchte ich versuchen, die antike Götterwelt im 15. Jahrhundert gleichzeitig im Norden und im Süden in jenem Augenblick zu beobachten, in dem der neue Idealstil den Realismus des späten Mittelalters überwindet ...

瓦尔堡提到他的这样一种信念，在两个领域内都存在抵制这种新风格的元素，在北方也出现了抛弃写实主义桎梏的强烈欲望，只不过稍晚一些。

我们习惯于把文艺复兴盛期的新形式看作一场自发的革命不经寻求而取得的副产品，那场自发的革命是在艺术天才意识到自己的个性时开始的。人们相信，这些天才傲慢地无视中世纪的往昔，在他们看来那是黑暗的、哥特式的时代，那时，古典时代众神不过是居住在被禁止的昏暗之处的一群恶魔。然而，中世纪却遵循了古典时代晚期的传统，在它的文学和艺术的形式中完美地保留了对古典时代众神的记忆。

Wir sind gewohnt, die neue Formenwelt der Hochrenaissance gleichsam als Geschenk einer elementaren Revolution des zum Gefühl seiner Persönlichkeit erwachten befreiten künstlerischen Genies anzusehen. Man meint, dass das Genie die Vergangenheit als dunkles gotisches Mittelalter (für das die antiken Götter eine im verbotenen Halbdunkel hausende Dämonenschar war) überlegen ignorierte. Und doch hatte das Mittelalter, spätantiker Tradition direkt folgend, sehr wohl die Erinnerung an die antike Götterwelt bewahrt, sowohl literarisch wie künstlerisch.

瓦尔堡解释说，文学传统是由神话作家们开始的，他们描写众神的特征并用寓言手法来解释他们：

甚至奥维德的琐屑的寓言也获准使它们以这种奇异的伪装继续存在，直至人们再次揭示出它们真正的异教性质。

Sogar die leichtsinnigen Fabeln des Ovid dürften in diesem gravitätischen Gewande bis zu ihren paganen Enthüllungen weiterexistieren.

在一个迥然不同的领域中表明了这种连续的图像学传统，教会在这个领域中更难做出妥协：即在占星学中。众神作为它们最初在希腊象征中的星座形象幸存下来；如果不是由于其他原因，那么这是因为中世纪的宇宙志研究者们没有进行自己的研究，没有由他们支配的其他象征符号。

Die ununterbrochene künstlerische 189
Tradition zeigt sich auf einem ganz anderen Gebiet, wo es für die Kirche noch schwieriger war, einen Kompromiss zu finden: in der Astrologie. Die Götter lebten als Sternbilder ununterbrochen in den alten griechischen Symbolen weiter; schon allein deshalb, weil der mittelalterlichen Weltkunde auf Grund eigener Forschung ja gar keine neuen Symbole zur Verfügung standen.

但是，意大利文艺复兴与这些深奥的寓言，或者更糟，与毫无意义的占星学习俗有什么关系呢？难道这些事物不是位于天真的、本土的宁静的阈限之下，能够漠视那个枯燥无味、错综复杂的传说，只是以未遭破坏的感

Was hat aber die italienische Frührenaissance mit so spitzfindiger Allegorie oder gar mit sinnlosen astrologischen Praktiken zu tun? Liegen diese nicht unter der Schwelle naiver autochthoner Heiterkeit, die über jenen abstrusen Wust hinwegsehend, einfach mit frischen Sinnen zu jenen dem Boden wieder

觉去仰慕那些大理石形象吗？那些大理石形象已经拔地而起，使它们的创作者的后裔能够重复或重新创造他们祖先的更崇高的语言。

那个时代与一种我们误称为中世纪传统的僵化的古典时代晚期的传统进行了审慎而艰苦的斗争，在这场斗争中，首先必须把平静的奥林匹斯山诸神从烦琐哲学的、非视觉的渊博学识和在纹章学上十分严格的占星学的图画文字中解放出来，我相信，如果我试图向他们证明这一点，善于思考、深有素养的历史学家们不会觉得我破坏了他们的兴致，使他们失去了对于早期文艺复兴的成就的信念。

entstiegenen Marmorbildern aufblickte, die sie—die Nachkommen—befähigten, die höhere Sprache der Vorfahren ohne weiteres durch künstlerische Intuition zu wiederholen und doch neu zu schaffen?

Ich glaube, nachdenklichen und historisch geschulten Köpfen nicht die Freude und den Glauben an die Verdienste der Frührenaissance zu nehmen, wenn ich zu zeigen versuche, dass die Frührenaissance erst nach einer bewussten und schwierigen Auseinandersetzung mit der fossilen spätantiken Tradition (die wir fälschlich die mittelalterliche nennen) den heiteren Götterolymp gleichsam erst entschälen musste aus scholastischer anschauungsloser Gelehrsamkeit und heraldisch erstarrter astrologischer Bilderschrift.

瓦尔堡选择的示范品是金星［Vernus（维纳斯）］和土星的
190 形象。他概述了神话志的传统和占星学的传统，也提到了伟大的 *astrologicis*［占星学］专家弗朗茨·博尔［Franz Boll］曾研究的阿拉伯的种种潮流。瓦尔堡论证了在那种过渡性星辰图像中传统特征与古典化形式的混合，正如在里米尼的阿戈斯蒂诺·迪·杜乔的浮

雕（图版34b）中那样。他分析了在诸如塔罗牌（图版34c）等图像中古典元素与中世纪元素的混合，并返回到他的第一篇论文，即波蒂切利的《维纳斯的诞生》的主题，他强调说，它“不是通过革命，而是通过改革，来取得了那种真正古典精神的自由”。

他最后把话题转到北方，不仅是要结束他关于1519年安德斯的历书的论证，这本历书曾是他的出发点，而且是要解释这些元素是如何活跃在丢勒的艺术中的。亚里士多德哲学把土星的气质解释为最适于沉思的性质，这是菲奇诺所依靠的理论，如吉洛［Giehlow］曾表明的那样，在《忧郁》［*Melencolia*］中（图版42a），对土星的邪恶力量的占星学信念通过这种解释而得到“改革”。[①]与此相似，在他对塔罗牌的临摹中，丢勒通过将其用作他对人的完美的古典比例的探索中的工具而美化了行星的图像。

……然而对古代静穆之美的发现不是来自忧郁、沉思的土星，也不是来自快活的金星——我们归因于温克尔曼的那个美的王国，在那里没有旗帜飘扬。这种对古典时代解放之美的发现——保留行星的形象——来自阿波罗，他喜爱对于和谐与度

Nicht vom schwermütig brütenden Saturn, aber auch nicht von der heiteren Venus kam die Entdeckung der stillen Schönheit der Antike—‘Wo kein Fahnenschwenken ist’, die eben erst Winckelmann entdeckte; die Erkenntnis der befreienden klassischen Schönheit kam—um im Planetenbild zu bleiben—von Apollo, der die Suche nach

① 现在参见R.克利班斯基［R. Klibansky］、E.潘诺夫斯基［E. Panofsky］和F.扎克斯尔，《土星与忧郁》［*Saturn and Melancholy*］，伦敦，1964年。

量的探索。在此，丢勒和莱奥纳尔多一道——北方与南方一道——成为探索的现代人的先驱，忧郁不仅给现代人带来了荒谬的数字游戏这种令人苦恼的问题，而且她也教导他使用圆规来创造关于世界是基于自然规律的这一新概念。

每一个时代都只能看到它通过自身的内在视觉器官的发展而能够辨认并容忍的那些奥林匹
191 斯诸神的象征符号。例如，尼采教会了我们一个狄俄倪索斯的幻象。

因此，即使我今晚力图向你们概述的古代概念也许是被“时代精神”所主观地决定的，对古典时代的影响所做的任何认真的比较研究也是对欧洲精神的自我教育的贡献，这也仍然是正确的。我们尚未拥有这样的历史，但是正由于这个缘故，任何贡献都会具有其自身的重要性。

dem harmonischen Mass begünstigt: hier trifft Dürer und Leonardo—Norden und Süden—zusammen auch als Vorläufer des modernen forschenden Menschen, dem die Melancholie nicht nur die quällenden Fragen absurder Zahlenspielerei bringt, sondern auch den Zirkel brauchen lehrt, um die neue Weltanschauung vom Gesetz zu schaffen.

Jede Zeit kann nur schauen, was sie auf Grund eigener Entwicklung ihrer inneren Sehorgane von den olympischen Symbolen erkennen und vertragen kann. Uns z.B. lehrte Nietzsche Dionysos zu schauen.

Wenn nun aber die Vorstellung von der Antike, wie ich heute Abend wenigstens skizzenhaft klar zu machen versuchte, subjektiv durch den Geist der Zeit bedingt ist, so liegt in jeder gewissenhaften historisch vergleichenden Betrachtung über den Einfluss der Antike ein Beitrag zur Selbsterziehung des europäischen Geistes. Eine solche Geistesgeschichte besitzen wir noch nicht; jeder Beitrag kann wichtig werden ...

这个结论不仅是通过瓦尔堡的言论的影响力才引人注目。它表明，演讲人以一种新的宁静的心情意识到他的个人卷入，同时对于有待去做的工作有一个确定的计划。1908年实际上是瓦尔堡生活的转折点。他已退居到建立自己研究机构的独立学者的地位。那年夏天，他雇用了一位年轻学者许布纳［Hübner］做他的研究助手，到年底他已决定必须迁居，以便更充分地为他的不断扩大的图书馆提供用房。他购下了海尔维希街的别墅，那里直到终了都是他的家。1909年艺术史学家慕尼黑大会［Munich Congress of Art Historians］召开之际，他就兰茨胡特的一个文艺复兴时期壁炉上所描绘的行星图像的问题做了演说。[①]他研究了关于古典时代和阿拉伯的占星学的主要著作，即弗朗茨·博尔的《星相》［*Sphaera*］，1909年10月，他在这本书中发现了解释费拉拉斯基法诺亚宫的占星学组画的钥匙。他的学识受到广泛尊重，前来他的图书馆查阅资料的人与日俱增。他成了汉堡的特殊人物，活跃地参与当地的问题，公开严厉批评汉堡市政厅新壁画空洞无物[②]，参与了关于汉堡需要建立一所大学的讨论。许布纳于1909年秋辞职后，瓦尔堡雇用了威廉·韦措尔特［Wilhelm Waetzoldt］；1910年年初，弗里茨·扎克斯尔通过韦措尔特首次与瓦尔堡接触，让瓦尔堡看了自己关于占星学插图的著作。[③]

瓦尔堡总是试图通过诚心诚意地参加德国艺术史学家的年会 192
和参与对这些活动的组织来抵消自己在学术上的孤立。此时又计划

① ［已发表的著作，21］。

② 《瓦尔堡文集》，第2卷，第579页及以下［已发表的著作，23］。

③ G. 宾在对扎克斯尔的文字描写中生动地描述了这次相遇，载D. J. 戈登［D. J. Gordon］（编辑），《弗里茨·扎克斯尔，1890—1948：纪念文集》［*Fritz Saxl, 1890–1948: A Volume of Memorial Essays*］，伦敦，1957年。

召开一次国际会议，从而使得这些活动范围扩大，负担加重。1911年2月，他赴罗马与阿道夫·文图里［Adolfo Venturi］商议这次会议的准备工作，这次会议将以意大利艺术及其与其他国家的关系为主题。1912年，瓦尔堡的书信已呈现出官方秘书的特点。他又是劝诱又是恳求又是宣扬，以使这次大胆的国际活动获得成功。1912年1月，在45岁时，他又一次面临放弃独立的决定。戈尔德施米特去柏林时辞去了哈雷大学的教授职位，他被聘请担任此职。但是，“鉴于汉堡的教育状况”——这是暗指关于在那里建立大学的谈判——他谢绝了，汉堡参议院认为瓦尔堡谢绝邀请的决定含有爱国的成分，授予了他教授称号。早些时候离开了瓦尔堡并由扎克斯尔接替其职务的威廉·韦措尔特接受了哈雷大学的职位。

据说瓦尔堡在罗马会议上露面是那次会议和瓦尔堡公共生涯的高潮，他在会上提出了对斯基法诺亚宫中的神秘的湿壁画的解释。[①] 因为他要再次把他关于意大利文艺复兴的真正意义的观点阐释清楚，而这些湿壁画很适合这一意图。

这些湿壁画描绘了科萨［Cossa］等人的日历组画，最初有十二个场域，每个场域分为三个区域（图版35a、b）。我们在上面看到古代神明如在凯旋行列中一样乘着车，中间一条所绘是黄道十二宫，各伴有三个莫名其妙的形象，其下是取自该月份的活动和博尔索·德·埃斯特［Borso d’Este］的宫廷生活的场景。

---

① ［已发表的著作，26］。参见W. S.赫克舍［W. S. Heckscher］，《图像学的起源》［“The Genesis of Iconology”］，《波恩第21届国际艺术史大会论文集》［*Acts of the 21st International Art Historical Congress in Bonn*］，1964年，柏林，1967年，第3卷，第239页及以下。

上方区域的神明比较容易分析。这些身着当代服装的骑士和贵妇似乎脱离了骑士传奇，他们显然属于那种词语描述的中世纪传统，瓦尔堡在他对塔罗牌的分析中曾阐明过这一传统。然而在这两种同时代的遗物间有一种微妙却重要的差异。塔罗牌和许多此类作品把众神描绘为行星，与中世纪传统一致。费拉拉的众神通过他们的数目本身宣告他们不可能是七颗行星——有十二个场域，各画着一位神，只不过有一个场域画着两位神。在这个体系中，奥 193
林匹斯山众神被画成黄道十二宫的守护神，它与中世纪占星学无关，因为中世纪占星学所运用的是七颗行星。

瓦尔堡可以表明，为这幅湿壁画制订方案的人文主义者是从一位古典作家，即从马尼利乌斯［Manilius］那里撷取了奥林匹斯山众神对黄道十二宫的管辖者职位的观念，马尼利乌斯是出现这种分布的唯一的资料来源。尽管这些神明有着中世纪外貌，并与神话志文本的传统密切相关，他们在湿壁画中的角色却表露出即将到来的文艺复兴的迹象。知识的复兴于15世纪初使人们发现了马尼利乌斯，这场复兴将众行星拉下他们的凯旋车，用较少沾染原始魔法联想的奥林匹斯山众神取代了他们——至少在费拉拉是如此。

从这个角度看，第一幅湿壁画上的弥涅耳瓦［Minerva］的形象（图版36a）——她向来不是行星之一——代表了吸引瓦尔堡注意力的“恢复了的奥林匹斯山”的史诗的一个阶段。他又是喜欢把这个阶段与拉斐尔的艺术的最后成功相比较。在那里我们把身着真正古典服装的弥涅耳瓦看作支配着《雅典学院》［*School of Athens*］（图版36c）的背景的令人难忘的象征符号。她似乎与费拉拉的或出自乌尔比诺的一件镶嵌工艺品［intarsio］的形象（图版36b）相去甚远，出自镶嵌工艺品的形象似乎反映了波蒂切利为朱利亚诺·德·梅迪奇所做的马上比武的旗帜——必须记住，那是距此仅36年前绘制的。然而，她也很可能带有中世纪往昔的痕迹。正如马上比武的旗帜与《灵魂的奋斗》的中世纪传统相关一样，她脚下的浮雕和阿波罗下面的浮雕可能象征着这些智慧的化身所战胜的原则。

但是，按瓦尔堡的分析，如果费拉拉的上方区域因此揭示了“改革”的最初迹象，那么中间区域就表明方案的授意者更牢固地受到东方传统的束缚。瓦尔堡在博尔的《星相》中发现的正是在黄道十二宫两侧的奇异形象的来源。博尔以此为己任：通过它的许多折射来追踪希腊天文学和占星学思考的传统，并根据见之于中世纪和东方文献的一些片断和间接提及来重构古典时代关于天空的最有影响的论文之一，即托伊克罗斯［Teukros］的《星相》［*Sphaera*］。博尔的书包括9世纪阿拉伯占星学家阿尔布马扎［Abū Mā‘sār］的所谓《星相大序》［“Major Introduction”］的译文。这篇文章奇异地
194 把原始迷信与学术性的系统化相混合，在这篇文章中，瓦尔堡见到了所谓三十六“旬星”或者“十日守护星”，黄道十二宫每宫各有三个。阿尔布马扎讨论了关于这些旬星的外观的各种不同的主张，比较了阿拉伯的、托勒密的和印度的传统。在那里，在“印度的”旬星中，瓦尔堡发现了费拉拉的中间区域的最初形象，腰系绳索、皮肤黧黑、怒气冲冲的男子（图版37a）。发现在一座文艺复兴时期宫殿的墙壁上描绘了通过9世纪阿拉伯学者留传下来的印度占星学形象，不仅令人惊讶地证明了传统的顽固，而且它再一次使人们深刻认识到，关于文艺复兴的那种流行看法是很肤浅的，这种看法认为，文艺复兴只专注于古典学识，文艺复兴艺术是对感性美的

无忧无虑的追求。

瓦尔堡坚持他的文艺复兴的概念，他希望证明，甚至这个异国风味的形象也仍然再现了希腊形象，被戏仿和歪曲得无法辨认，然而能够改革。他用于支持这种理论的巧妙的论据没有令专家们信服，但是它们作为对瓦尔堡的最高方法的示例却十分有趣。如果查阅阿尔布马扎所援引的那段描述的印度原文，我们就会发现，第一个旬星被赋予的不是绳索，而是双斧。在这一点上他揭示了他真正的地中海血统，因为在从古典时代流传下来的对三十六个旬星的为数不多的描绘之一中——所谓tabula Bianchini［比安基尼版牍］，第一个旬星实际上手持双斧（图版37b）。他也以这种真正的形式出现于一部中世纪写本，西班牙—阿拉伯国王和学者智者阿方索（十世）［Alfonso（X）el Sabio］的《宝石志》［“Stone-Book”］中。瓦尔堡的理论是，这个形象只是夜空中靠近白羊座升起的英仙座［Perseu（佩耳修斯）］的低劣变体。①

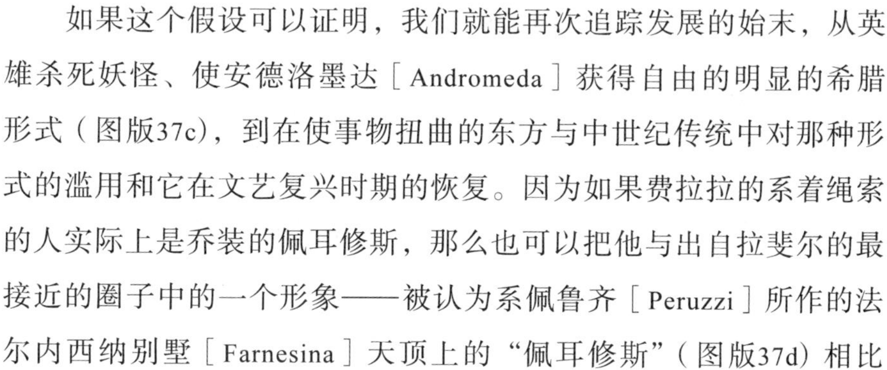

如果这个假设可以证明，我们就能再次追踪发展的始末，从英雄杀死妖怪、使安德洛墨达［Andromeda］获得自由的明显的希腊形式（图版37c），到在使事物扭曲的东方与中世纪传统中对那种形式的滥用和它在文艺复兴时期的恢复。因为如果费拉拉的系着绳索的人实际上是乔装的佩耳修斯，那么也可以把他与出自拉斐尔的最接近的圈子中的一个形象——被认为系佩鲁齐［Peruzzi］所作的法尔内西纳别墅［Farnesina］天顶上的“佩耳修斯”（图版37d）相比

① 《古典神明在进入意大利文艺复兴早期前的漂泊》［*Wanderungen der antiken Götterwelt vor ihrem Eintritt in die italienische Frührenaissance*］，演说稿，格丁根，1913年11月29日。

195 较。再一次可以表明，甚至这个形象，尽管它具有辉煌的古典美，却仍然与往昔的魔法传统相联系。这幅天顶画又一次不是美丽的奥维德故事的简单汇集——它再现了阿戈斯蒂诺·基吉［Agostino Chigi］诞生时刻的夜空形象；它实际上是一幅图解的天宫图。[1]

魔法与逻辑之间

瓦尔堡在罗马会议上取得成功的五年前，在他的《日记》中写下了那篇笔记，谈论了他头脑中使他无法将总的观念和视觉印象融会在一起的奇怪的障碍。[2]他表达过这样一种希望，即这个障碍在他年届五旬时会消失，他是正确的。在星辰图像的历史中，他发现了一个理想实例，可以证明19世纪90年代在他的笔记本中记满的那些总的心理学观念。那些时日所做的一些系统阐述曾显得虚假而枯燥，现在却可以变换为具体的例子。

人们会记得这些笔记是如何以原始恐惧和科学的超然态度间的对比为主题——可以说，是占星学与天文学间的对比。如维尼奥利和乌泽纳所强调的那样，如果原始恐惧导致了草率的和非理性的“原因投射”［Ursachensetzung］，这难道不正是表示占星学迷信的特点的事物吗？占星学迷信把遥远的星辰看作地上事件的直接原因。瓦尔堡把理性头脑的思维过程与逻辑学术语范围规定［Umfangsbestimmung］，即对界定了类别或范畴的限度的范围的规

① F.扎克斯尔，《讲演录》［*Lectures*］，伦敦，瓦尔堡研究院，1957年，第189页及以下，图版131a。

② 参见第140页。

定相联系。他也把这个字面意思为“周边限定”的术语应用于画物体轮廓的艺术家的活动——在天文学中这个术语的两种意义的确似乎融会在一起，因为，为着识别和定向，我们要围绕夜空上的发光点所构成的种种图形画一条线，除去这个愿望外，星座的起源还会是什么呢？

要使苍穹那熠熠闪烁的混沌世界井然有序，我们必须以某种方
式将群星组合起来——创造能够记住的固定图样。我们做这件事不 196
是通过抽象思索，而几乎是自动地通过把我们自己世界的图像投射进繁星。利用关于与某物相像的最微弱的暗示，我们谈到北斗七星*、大熊座［Plough］、天鹅座［Swan］，因此不仅让天空布满我们自己的创造物，而且使它易被我们的内心所领会。一旦我们完成了这个投射过程，我们就不再可能迷路。夜空能够引导我们，因为我们的想象力帮助了我们为着定向而创造出固定的陆标。

星座作为定向助手的这种功能一直保持至今。甚至天文学家们也使用这些古代神话里的名称，而不冒把它们与神话中的生物相混淆的风险。然而投射的过程却潜伏着这样的危险，历史不乏前车之鉴。最初只是作为记忆的辅助手段投射进天空的形象被误当作现实。在魔法思想的梦幻世界，用于定向的星座往往与它应该单纯地表示的事物相混合。换言之，出现了这样的信仰，即那些星座就是公牛、孪生子、鱼；这些生物真的居住在天上。只是视觉隐喻的事物变成了一种魔法信仰。

一旦迈出了这一步，原始逻辑的机制就会自然地得到发挥。莱

* Dipper，意为长柄勺。——译者

维-布吕尔［Lévy-Bruhl］所称的分享律［loi de participation］适用于这个发展阶段。如果天上有一只公羊，它一定带有公羊的一切特质。白羊宫升起时诞生的人们实际上一定也具有这些特质。他们可能成为羊毛商或牧羊人，他们的相貌一定像公羊，他们的性情亦然。从星座的简单形象编织出可用于发布预言的尽可能多的这些个别特质实际上是占星学技巧的本质。星座一方面是单独为了方便而安排的，另一方面又扩大为所有类似现象——过去的现象，现在的现象，未来的现象——的**原因**。

但是甚至在这种贬低的形式中，星座也仍然保留了它用于定
197 向的最初功能。[①]甚至在它们被用于占星学习俗之处，在这些星座形象中也仍蕴藏着古代的天文学知识。[②]希腊星座在阿拉伯写本中有时以奇怪的戏仿的形式出现——英仙座*可能包着头巾，佩带着一把弯剑（图版39a）——却以数学的精确性仔细记载了星辰的位置，因此仍保留了星座的功能。实际上占星学思想的这种双重功能把我们带到了近代的开端。人们知道，甚至现代天文学的奠基者蒂乔·布拉厄［Tycho Brahe］和开普勒［Kepler］也仍然根据天宫图算命。只是当它破坏了夜空的最初形式，而用一群纯想象的奇异形象来

① 参照N.克肖·查德威克［N. Kershaw Chadwick］,《诗歌与预言》［*Poetry and Prophecy*］，剑桥，1942年，第78页：“仪式与科学和历史的关系，以及它在脱离与其相伴的传统时堕落为魔法的过程，在波利尼西亚［Polynesia］可以很容易地追溯……当地土著中的无知者认为用于控制天气的Karakias［祈祷］或者歌曲常常不过是更聪明的tohungas［祭司］的备忘录，列举了在某个海岸刮的风，或者在某次航程中一定遇到的波浪的类型……”

② 关于这一点和下面一点，参见F.扎克斯尔，《古代晚期占星学的复兴》［“The Revival of Late Antique Astrology”］，《讲演录》，1957年，第73—84页（带有插图）。

* 即佩耳修斯。——译者

取代它时，魔法思想才真正威胁了定向的过程。

博尔令人钦佩地探索了这一步是如何在希腊化时期迈出的。真实天空中容易被分辨的星座为数不多，不再满足占星学家的需要。在特定时间升起的天上的星座与更古老的历书神明相混淆，埃及旬星，十日守护星，是它们的一个典型实例。尽管黄道十二宫的各星座确实标记——或曾经标记——在它们“守护”的月份中太阳的位置，因而保留着在科学思想中的重要功能，然而在天空中没有任何事物与埃及的十日一周的这些化身相对应。然而，在古典时代晚期的天空图解中，黄道十二宫和旬星却被认为享有同样的权力而予以并置。

这个过程也不就此而止。因为需要为预测未来而增加天上的星座的数量，占星学家们开始分割星座。人们发展了一种虚构的科学，在这种科学中，一种不同的图像对应于每天升起的每颗星——所谓“*paranatellonta*”［共同上升］。这些形象是如何发展起来的仍然有些模糊不清，但是富有特点的是，主要方式之一是把同义词解释为不同星座。如果对天空中的同一个形象希腊人称作武仙座*，而埃及人称作透特［Thot］，那么两个名称都列入了占星学家的目录，而它们与实际天球的关系却被忽略了。这些目录带有无数虚构的星座，包含了各种怪物，它们构成了博尔所研究的《异邦星相》［*Sphaera Barbarica*］。这是一种过量的增长，在这种增长中，把各种形象投射到天空中去的最初意义已消失殆尽。然而，这份不存在的星座的清单却是关于真实夜空的手册的强有力的对手。帕多 198
瓦的大会客厅［Salone］墙壁上的*paranatellonta*［共同上升］形象

* Heracles，即赫剌克勒斯。——译者

和最早的有插图的*incunabula*［古版书］之一——翁盖利［Angeli］的《星盘平面》［*Astrolabium Planum*］——可以通过意大利和阿拉伯的阶段来追溯到已失传的《异邦星相》。

然而，甚至在这里我们也尚未弄清底细。甚至*paranatellonta*［共同上升］也代表了至少与年度的循环有关的伪体系。有些文献更完全地把图像与定向的目的相分离。例如，在智者阿方索的《宝石志》中，这些虚构的星座又被赋予了独立的魔法效力。人们相信，把它们当作护身符佩戴在身上或镌刻在某些宝石上时，它们会产生某些影响。在文艺复兴时期甚至对这种十足的魔法施展的信仰也十分明显。像马尔西利奥·菲奇诺这样的人物严肃地讨论了这类图像的功效。[①]一旦我们达到了那个阶段，形象当然就不仅与定向完全脱离，而且与美学经验完全脱离了。功效不是取决于美与活力，而是完全取决于术士手册上所列举的正确属性。

一本这种手册，基于阿拉伯传统的所谓《皮卡特立克斯》［*Picatrix*］，实际上带有画着一系列最骇人听闻的怪异形状的插图（图版39b）。在这里，可清楚地看到为什么瓦尔堡认为对图像的美学用途与对图像的魔法滥用[②]是截然相反的，以及为什么他把古典

---

① 参照D. P.沃克［D. P. Walker］,《从菲奇诺到坎帕内拉的精神的和恶魔的魔法》［*Spiritual and Demonic Magic from Ficino to Campanella*］，伦敦，1958年。

② 参照C. S.刘易斯［C. S. Lewis］,《爱情的寓言》［*The Allegory of Love*］，牛津，1936年，第83页："只要人们相信，没有什么宗教会有我们在提香［Titian］、波蒂切利，或者我们自己的浪漫派诗人的诸神那里发现的那种美。至今你们也不会从基督教的天堂和地狱创作出**那种**诗歌。可以说必须**去除**神明的**信仰**；必须从他们身上冲刷掉献祭的、急迫的实际利益的、自私的祈祷的最后的污点，那么另一种神性才能在想象中显露。"在这个意义上，瓦尔堡会谈到"ästhetische Entgiftung"（美学的消毒）。

神明的纯正外形在文艺复兴时期的恢复比作英雄与怪物的战斗。后来，当他购买博尔的图书馆的一部分藏书时，他从翁盖利的《星盘平面》1494年威尼斯版中选出了沉思的天文学家的形象作为藏书票，并印上这样一句格言：*Per monstra ad Sphaeram*［天球上的怪物］（图版39c）。

因此，占星学为瓦尔堡提供了形象的两极性的最强有力的例子。15世纪的一个维纳斯形象可能兼有这两种功能；它可能被看作一颗行星，其图画应带来某种结果——或者被看作对古典爱神的描绘。 199

确实，极性的观念很可能来源于这个领域。占星学本身就了解这样一些星辰，其本身既不慈善也不邪恶，但由它们所在的场合获得了意义：水星［Mercury］就是这种行星的典型的例子，但是在某种程度上所有的行星都具有这种奇怪的不明确的特点。可以看到，甚至其中最邪恶的行星土星也赋予那些杰出人物以智慧和灵感，在这些人物的身上，邪恶的影响被像木星那样的某种积极的力量所抵消。丢勒的《忧郁》就是对这种极性的艺术表现。

于是，对占星学意象的研究又一次使瓦尔堡接触了人类的基本问题，即理性从魔法恐惧中的出现。但是它也向他表明，进化论并非这个永久的不解之谜的答案。每一种思想工具都仿佛是双刃剑。我们总是用形象进行思维，而这些形象具有自己的力量，它们启发我们，或者使我们误入歧途。

在瓦尔堡于那些年代所发表的讲座中，他大都选择了某些占星学母题的历史作为对这些一般问题的讨论的出发点。在汉堡向藏书家协会［Society of Bibliophiles］发表的关于占星学书籍的谈话中，他向听众解释说，如果适当地考虑，甚至希腊的天才们向人类提供的天球也不过是一个图像——但它正是那种指导并帮助我们的理解的图像（图版39d）。

天球，习惯上天穹的象征符号，是希腊文明的真正产物，产生自古希腊人的双重天赋：直接进行具体的富于诗意的想象的才能和进行数学的抽象想象的能力。

希腊人仿佛正是通过一种融合了这两种能力的体系在宇宙中创造了秩序。由于他们富有诗意的和拟人的想象的能力，与他们的凡人皆有的和富有生气的移情作用，他们把群
200 星分为星座，并把星座以其命名的生物或物体投射入它们想象的轮廓之中，从而在忽隐忽现的无限遥远的天体中创造了秩序。于是他们就把那些天体变成了可由人类感官所识别的个体。

从另一方面说，数学的和抽象的想象力使他们能够把这种

Dieser Globus, das übliche Symbol des Himmelsgewölbes, ist ein echtes Produkt griechischer Kultur, hervorgegangen aus der doppelten Begabung der alten Griechen zu poetischer konkreter Anschauung und zu mathematischer abstrakter Vorstellungskraft.

Gleichsam durch ein gemischtes System dieser beiden Kräfte haben die Griechen Ordnung im Kosmos geschaffen. Durch poetisch anschaulichen Anthropomorphismus, durch menschlich-beseelende Einfühlung haben sie die unendlich fernen flimmernden Weltkörper dadurch in Ordnung gebracht, dass sie einzelne Sterne zu Gruppen zusammenfassten, in deren imaginären Umrissen man Wesen und Dinge sah, nach denen man diese Gestirne benannte und dadurch für die menschlichen Sinne wiedererkennbare Individuen schuf.

Die mathematisch abstrakte Vorstellungsfähigkeit ermöglichte dagegen weiterhin, diese Gliederung durch Bilder zu einem

依靠形象的清晰表达，进一步扩展为经得起计算的点的体系；人们把空间与规则的球形结构相联系，这个球形结构使人们能够凭借虚构的线条系统标示位置和运动，因而计算星辰的运行路线。

berechenbaren Punktsystem zu erweitern, indem sie dem Raum eine regelmässig gestaltete sphärische Form unterlegte, die es ermöglicht, Ort und Ortsveränderung durch ein ideelles Liniensystem festzulegen und so die Laufbahn der Sterne zu berechnen.

（《关于从古代到现代的占星学版画作品》
［*Über astrologische Druckwerke aus alter und neuer Zeit*］，
讲座手稿，藏书家协会，汉堡，1911年2月9日）

在苍穹上标示星辰的希腊天文学家使用最抽象的图像展现了一幅世界图景，它与观察相一致并能进行数学的阐述。托勒密的有着均轮和本轮的天体体系仍然代表着这种科学的图像，创立出这种图像是要使天文学家掌握星辰的运动并预测它们的运行路线。我们已看到，东方的占星学是如何抛弃了这种最重要的天体图像及其对行星运动的数学计算，而代之以虚构的历书象征符号，以及东方的占星学如何因而破坏了历书象征的定向功能。但是这只是一个极端的例子。占星学也提供了理性思想和魔法思想相互渗透的更自相矛盾的景象。占星学家们借助微妙的数学方法在托勒密的宇宙图像中标示了行星的真实路线，却把群星看作支配着人类命运的强有力的恶魔。

在最早的关于宇宙的观念中可发现这个悖论的原因。又是想象力允许人们领会关于宇宙是被普遍规律所支配的实体的概念。天体运行路线的规律性似乎要求一种普遍的和谐，这种普遍和谐与魔法思想的原理是完全一致的。因为在原始的世界图景中，“分享”的 201

法则、“交感作用”的法则十分普遍。同类相影响。对图像所做的事也对图像所代表的对象发生作用，降雨或受孕的象征行为也支配着那些控制雨或者生育能力的力量。一旦把这个原则扩大到包含了整个世界，我们便得到了对应与和谐的体系，这个体系构成了宇宙的结构。某些颜色、金属、植物、动物或人类活动都具有同样的基本性质或本质，因此以相互影响的方式属于同类。[①]这些对应关系是按照某些联系构建的，那些联系是原始联想的联系。行星中最红的一颗星一定“支配”火元素，支配战争，支配像狼一类的野兽，支配多血气质。行星中运行最慢的一颗星，土星，一定影响一切缓慢、懒惰、衰老或者寒冷的事物；他的金属会是铅，他的动物会是犬。从另一方面说，运行最快的一颗星，水星，将支配一切微妙、机敏、“变幻莫测”[mercurial]的事物——比如水银，而其名称依然是mercury*。

把宇宙看作由这样的种种对应所构成的体系，这种想象不缺乏某种令人满意的和谐。它是被最不可避免的隐喻所完成的——与人的比较。宏观世界与微观世界的学说本身正是人凭借其征服混乱并为周围的令人迷惑的大量印象带来秩序的另一种图像。为达到这个目的，它有助于把宇宙看作被普遍的法则所支配的“有机体”，或把人看作“存在巨链”中的一环。

这幅从古典时代到文艺复兴支配着人类思想的宇宙图景[②]的双

① 《占星学版画作品》，第14页及下页。参照塞兹内克，前引书，第47页。

* 其拼写与水星相同。——译者

② 参照F. 扎克斯尔，《中世纪图画中的宏观世界与微观世界》[“Macrocosm and Microcosm in Mediaeval Pictures”]，《讲演录》，1957年，第58—72页（带有插图）。

重角色为瓦尔堡提供了另一个机会，来通过十分重要的人体象征符号例证他的两极性理论。而且他可以表明，一旦失去了其与定向的最初联系，他所称的“和谐的”体系就发展为原始魔法。宏观世界与微观世界间的对应的法则向黄道十二宫的各宫分配人体的一个部位（图版40a）。在人体仿佛遭到有害生物的围攻一样似乎被骇人形象包围的图像中，表明了脱离了它的更大的上下文的这种学说。

实际上，这些图像不再用于图解人与宇宙的关系——它们被兼 202
做外科医师的理发师仅仅用作一种辅助手段，以记住占星学习俗建议在哪个月份在身体某个特定部位放血。曾经是鼓舞人心的普遍和谐的图像的事物已沦为单纯的理发师的工具（图版40b）。我们援引一下瓦尔堡于1913年11月在格丁根［Göttingen］发表的讲座中的话[1]：

我在此向你们展示的在1503年“牧人历书”［Shepherds' Calendar］的木刻画中图解的那个放血的人，是希腊化文明的遗物。的确，若不加解释，人们可能把这个关于对应的哲学的象征符号只不过当作是对恐怖的爱好的幼稚产物；此人看上去像一名忏悔者，由于其罪过而遭到各种各样有害生物的惩罚。实际上它是关

Der Aderlassmann, den Sie hier nach dem Holzschnitt eines Schäferkalenders aus dem Jahre 1503 vor sich sehen, ist ein Nachzügler hellenistischer Kultur. Ohne nähere Erklärung würde man freilich dieses Sinnbild mikrokosmischer Philosophie als das naive Erzeugnis volkstümlicher Freude am Schauderhaften ansprechen; er scheint ein Büsser zu sein, der zur Strafe seiner Sünden von Ungeziefer aller Art gepeinigt wird. In Wirklichkeit ist er eine medizinische Anweisung zum Aderlassen, und die dem einzelnen

① 参照第194页，注1。

于放血的医学指导。通过把从白羊宫到双鱼宫的黄道环投射到从颅骨到脚的人体上，就可找到属于各月份的人体部位。摩羯宫在此被分配给……膝部。那座关于人与宇宙依照和谐法则彼此遥相影响的宇宙论思想的大厦，已失去了它异常的宽广性。人与星辰的象征符号在后古典的中世纪已经枯萎，成为交感魔法的乏味的工具。	Monat zugehörige besondere Stelle des Menschenkörpers wurde eben dadurch gefunden, dass man den Tierkreisgürtel vom Widder bis zu den Fischen wie ein Band vom Schädel bis zu den Füssen abrollte. Dem Steinbock fällt dabei, wie ich schon sagte, die Region des Knies zu. Der kosmologische Gedankenbau, in dem Mensch und Weltall nach den Gesetzen der Harmonie aus weiter Ferne aufeinander wirken, hat seine sublime Weiträumigkeit verloren; Mensch und Gestirnsymbol trocknen in dem spätantiken Mittelalter zu einem öden Sympathie-Zaubermittel zusammen.

然而，就在这些图画流行之时，宏观世界与微观世界的观念
203 也有助于加强人对美的探索。柏拉图的《蒂迈欧篇》[*Timaeus*] 关于数与比例的法则的毕达哥拉斯学说激发了艺术家们去研究“和谐的”关系的奥秘。对美的探索又一次似乎充当了魔法施展的矫正方法。哪里有沉思，哪里便无恐惧。

宇宙由数支配的观念又一次能够得到这种与命运有关的使用和滥用。在它的最原始的形式中，它使人把一种魔法的效能归于五种正多面体，根据柏拉图所说，它们代表了这些和谐关系的本质。瓦尔堡提出这样一种假设，甚至在古典时代，多面体就用来拈阄[①]——这无疑是因为人们相信它们具有支配宇宙的天生力量。

---

① 参照F.博尔，《星相》，莱比锡，1903年，第470页。

在文艺复兴时期，对数学沉思的这种滥用在“命运之书”［libri de sorte］中得到表达；显然是无害的游戏，然而被设计来依靠数学表格的复杂体系以占星学算命。[①]同样地，宇宙论的塔罗牌很可能——像我们自己的纸牌一样——用于某种算命。

但是导致这些原始迷信的同样的观念——数的法则的观念——也激起人类追求其最高的抱负。现代音乐的发展是与天体和谐的观念不可分割的。瓦尔堡已在他的《戏剧服装》［*Costumi teatrali*］中表明，对这种和谐的视觉再现如何站在歌剧发展的开端（第86页）。

科学最终“改革”了数的法则的观念，它使人能够征服恐惧，驱逐恶魔。这不仅是隐喻。瓦尔堡把人们的注意力吸引到这样一个事实，柏拉图多面体的观念仍然支配着开普勒的著作，对他来说，它既是确定行星运动规律的障碍，又是刺激物。甚至当开普勒感到必须放弃柏拉图关于行星的循环运动是最“完美”的运动的理论时，他仍然急切地表明椭圆也具有这种假定的和谐的完美。

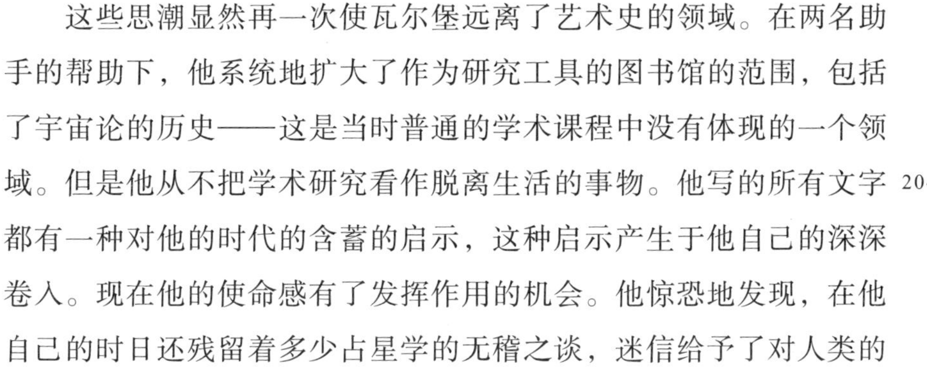

这些思潮显然再一次使瓦尔堡远离了艺术史的领域。在两名助手的帮助下，他系统地扩大了作为研究工具的图书馆的范围，包括了宇宙论的历史——这是当时普通的学术课程中没有体现的一个领域。但是他从不把学术研究看作脱离生活的事物。他写的所有文字 204
都有一种对他的时代的含蓄的启示，这种启示产生于他自己的深深卷入。现在他的使命感有了发挥作用的机会。他惊恐地发现，在他自己的时日还残留着多少占星学的无稽之谈，迷信给予了对人类的

① ［已发表的著作，19］。

轻信加以利用的人们什么样的机会。1913年他的注意力被吸引到伦敦的一位“罗克斯罗伊教授”[Professor Roxroy]，他凭借占星学的预言和咨询建立了一个庞大的商业帝国。瓦尔堡决心击垮他的这种职业，并收集材料来控告他。

但是这当然是一种副业。他在学术界的地位进一步提高，人们常常向他请教研究的问题，他慷慨地出让资料和他收集的材料。1914年春，他在佛罗伦萨学院就他的老主题“理想化古典风格进入佛罗伦萨早期文艺复兴绘画”[*The Entry of the Idealizing Classical Style into Florentine Painting of the Early Renaissance*]举行了讲座（第182页），但现在如我们所看到的那样，他强调宁静与沉着的价值。扎克斯尔与瓦尔堡同往，他回忆道，瓦尔堡就是在那时第一次与他讨论了把图书馆改为研究院的计划。

当然，在汉堡建立这样一所研究院的想法可以最早在1903—1904年冬季时瓦尔堡的书信和日记中追溯，那时他已决定离开佛罗伦萨去往北方。我们可以设想，那时是佛罗伦萨的德国艺术史研究院为一项与之相竞争的计划提供了范例与刺激物。但是很可能到瓦尔堡增加他的图书馆工作人员并雇用了扎克斯尔的时候，另一个机构给了他的计划和雄心以新的推动。1909年，他大学时代初期的老师和导师卡尔·兰普雷希特最终实现了自己的梦想，在莱比锡大学的一所研究院兼图书馆体现了他的“普遍历史”的方案。兰普雷希特的术语中的普遍历史[Universalgeschichte]意味着没有片面的政治偏见的历史，换言之，即在他从不停歇地倡导的心理学基础上的那种文化史[Kulturgeschichte]。

兰普雷希特1909年发表了这个机构的方案。[①]这个方案在某种
程度上读起来像将于后来在扎克斯尔和瓦尔堡操劳下发展起来的瓦
尔堡研究院图书馆的范例。无须说，那些着重点不同了；与瓦尔堡
有关的一切都不会缺乏他的个性的痕迹。他的个性未因随后的种种 205
事件所削弱，在其间发生了重重灾难后人们同意他仍然负责他所设
想的机构，这在当时看来一定是个奇迹。因为在他向扎克斯尔吐露
了他的梦想后不久，战争爆发，扎克斯尔应征入伍，瓦尔堡陷入情
绪的混乱，这最终威胁到他的健康与神志。

① K. 兰普雷希特，《莱比锡大学文化与普遍历史皇家撒克逊学院》[*Das Kgl. Sächsische Institut für Kultur- und Universalgeschichte bei der Universität Leipzig*]，莱比锡，1909年。

第十章　幽灵出没的宗教改革（1914—1918） 206

“瓦尔堡已经过了应征的年龄。由于他在最糟糕的岁月中感到焦躁不安，”扎克斯尔写道，“他四处奔波，要寻找一份适当的工作。他试着到战争慈善团体中去工作，但他从未接触过贫民的日常生活。他夜不能寐；他读了无数报纸；他希望了解真相。旧时的恶魔——疾病恐怖卷土重来。由于他是在对皇帝和军队的传统赞美中成长起来的，他竭力坚持这种赞美，但是他清楚地看到了某些事实：‘通过违反中立和焚烧卢万而失去的东西是无法恢复的’，他在日记中写道。现在他每天都在日记中记下前线发生的主要事件：在黑暗中摸索，依赖佯作诚实的简短的公报，不能区分宣传与真相，实在令人焦急。他到处打电话，在街头与人们谈话，和与柏林有联系的朋友谈话，他阅读外国报纸，但是矛盾不能消除。”[①]

依照他的学者的气质和训练，他开始收集剪报，按照各种各样的题目进行排列。他的家人不得不一起合作，从事这种无尽无休的工作，结果却没有带来任何启迪。最后他发现了某种发泄精力的途径。他意识到意大利放弃三国同盟的危险，并通过他的意大

---

① 援引自扎克斯尔的传记草稿。

利的熟人，试图抵制这一行动。1914年9月他会晤比洛亲王［Prince Bülow］，表示要发表评论，向意大利人通告德国人的观点。瓦尔堡和另外三名学者编辑的这份《评论》［*Rivista*］的第一期于1914年10月出版，但是，尽管他得到令人愉快的报告说它在意大利受到欢迎，然而动辄感到忧心忡忡的瓦尔堡对它的效果却不抱任何幻想。

他敦促佛罗伦萨的德国研究院重新开办，并于1915年2月主持
207 了它的第一次会议。但是他当然不能逆事情的潮流而动。当4月26日意大利签署《伦敦条约》［Treaty of London］时，他想摆脱意大利，甚至摆脱对意大利文化的关注。

无论情感的原因为何，这个决定再一次帮助瓦尔堡摆脱旧的主题，几乎重新开始了作为学者的生活。无论自觉抑或不自觉，他把新的研究与政治宣传和编写小册子的有关时事的经历联系起来。他希望研究德国历史中以前的一段危机时期，即宗教改革时期的这种短暂的文献。文献集中在路德身上，与他的时代和环境一样，瓦尔堡把路德看作伟大的人类解放者之一，看作为了启蒙和把信仰从狭隘教条的桎梏中解放出来而战斗的英雄形象。这个人是如何看待那些占星学的小册子，那些当时正从印刷机中源源不断地倾泻出来的预测和预兆的呢？

这个问题使瓦尔堡远离了他最初的艺术史领域。在这些粗糙的木刻画中发现不到什么美学价值，但是它们的作为征兆的趣味是不可否认的。在对这种材料及其在当时的文献中的反映的研究中，瓦尔堡开辟了全新的天地。他在1917年秋的几次讲座中描述了他的结果，但是当涉及出版曾允诺给海德堡学院的《会议论文集》［*Proceedings*］提供的材料时，他的心情又变得很不稳定，以致他只

能在弗里茨·扎克斯尔的帮助下组合这篇论文，那时弗里茨·扎克斯尔已于战后返回汉堡。

这篇论文[①]开头概括了瓦尔堡先前的研究结果，这番概括非常精练，充满意义，不熟悉背景情况的读者几乎不能理出其中的许多含义。我们得到提醒，如温克尔曼所见的古典时代实际上是博学的人文学家们的创造。必须把由奥林匹斯山神所代表的古代世界的形象从支配着中世纪生活的“恶魔的”遗产的危险境遇中拯救出来。在占星学传统中，对古代神明的信仰作为教会默默容忍的敌对的异教信条继续存在。这些星神在从希腊化世界经伊斯兰国家、西班牙和意大利到德国的长途跋涉中被忠诚地保留下来，他们作为日历神一直活跃着，同时，他们不仅表示年、月或者小时等数学上的时间，而且在个人的、神话的意义上“管辖”着它。

他们是恶魔，在他们身上汇合着神秘的矛盾的力量。作为星辰的象征符号，他们指导灵魂飞越宇宙，从而帮助扩展空间。同时，作为星辰的图像，他们是偶像，人在遭到不幸，像孩子般感到恐惧时，便凭借这些偶像，试图通过崇拜行为达到神秘的一

Sie waren dämonische Wesen von 208
unheimlich entgegengesetzter Doppelmacht: als Sternzeichen waren sie Raumerweiterer, Richtpunkte beim Fluge der Seele durch das Weltall, als Sternbilder Götzen zugleich, mit denen sich die arme Kreatur nach Kindermenschenart durch ehrfürchtige Handlungen mystisch zu vereinigen strebte. Der Sternkundige

① 《路德时期异教古代的词语与图像的预言》[“Heidnisch-antike Weissagung in Wort und Bild zu Luthers Zeiten”]，《瓦尔堡文集》，第2卷，第487—558页[已发表的著作，33]。

致。宗教改革时期的占星家欣然采纳现代科学家会认为不相容的这成对的极。数学的抽象和对作为灵验的原因的星辰的具体膜拜标志了原始心性能够摆动的范围。**逻辑**凭借推论的和独特的概念符号创造了人与外在世界之间的空间；**魔法**通过混淆人与外在世界并创造它们之间的想象的或者实际的联系的迷信习俗破坏了这个空间本身——这两种力量仍然为算命的占星家形成了一种原始工具，他用这种工具可以进行测量并同时施魔法。逻辑与魔法——如让·保罗就转义和隐喻所说的那样——仿佛嫁接在单一的一棵树上一样兴盛的时期实际上是永恒的。通过揭露这种极性，文明史就可以提供未被发现的证据，促进对我们的编史工作进行更深刻的建设性批评，而我们的编史工作仍在使用一种单独恪守时间概念的进化学说。

der Reformationszeit durchmisst eben diese dem heutigen Naturwissenschaftler unvereinbar erscheinenden Gegenpole zwischen mathematischer Abstraktion und kultlich verehrender Verknüpfung wie Umkehrpunkte einer einheitlichen weitschwingenden urtümlichen Seelenverfassung. Logik, die den Denkraum—zwischen Mensch und Objekt—durch begriffllich sondernde Bezeichnung schafft, und Magie, die eben diesen Denkraum durch abergläubisch zusammenziehende—ideelle oder praktische—Verknüpfung von Mensch und Objekt wieder zerstört, beobachten wir im weissagenden Denken der Astrologie noch als einheitlich primitives Gerät, mit dem der Astrologe messen und zugleich zaubern kann. Die Epoche, wo Logik und Magie wie Tropus und Metapher (nach den Worten Jean Pauls) 'auf einem Stamme geimpfet blühten', ist eigentlich zeitlos, und in der kulturwissenschaftlichen Darstellung solcher Polarität liegen bisher ungehobene Erkenntniswerte zu einer vertieften positiven Kritik einer Geschichtsschreibung, deren Entwicklungslehre rein zeitbegrifflich bedingt ist.

（《瓦尔堡文集》，第2卷，第491—492页）

最后的几行文字表明，瓦尔堡不再将拉斐尔的意大利的美学—
奥林匹斯山神的文艺复兴和北方占星学小册子的恶魔的“骇人的” 209
文艺复兴之间的对照完全看作是历史的问题。他并不将这些对立的力量看作接续的年代的表现形式。在他看来，它反而是一种长期冲突的具体化，这种冲突的战场过去和现在都是人的灵魂。

瓦尔堡的出发点——如以前经常出现的情况那样——是一种悖论，这种悖论似乎与人们公认的这一时期的情景相抵触。他援引了梅兰希顿［Melanchthon］所写的一封信，这位新教领袖在信中揭示了自己陷入迷信的恐惧之中。他谈到了彗星、征兆和预言，以及他对占星学的信仰。于是，就是这些帮助德国争取思想解放的斗争的人，这些热情地与罗马基督教异教信仰战斗的人，却是古代异教信仰的牺牲品。路德与梅兰希顿对这个历史悖论的反应方式在一种特有的做法上存在差异。路德只承认“自然”征兆的意义却拒绝接受占星学。然而，梅兰希顿十分相信占星学的预言，以至于他试图歪曲历史证据，使其符合星辰的运行路线。

关于这一重要插曲的故事构成了瓦尔堡的论文的下一部分。在证据丰富的一节中，他表明梅兰希顿和路德的其他朋友们想要篡改路德的出生日期，把1483年11月10日改为1484年10月22日，占星学的权威戈里库斯［Gauricus］就是依据这一日期画了路德的天宫图。戈里库斯所作的这个天宫图对路德实在极其不利，但是，路德的朋友们并没有认为它错误而摒弃它，而是更喜欢向对它的解释提出挑战，并对星座做出不同的解读。

瓦尔堡可以表明，在这个用出生日期和时刻进行的奇怪的欺骗的背后是强大的“神话的”历史观念，它将时代的大灾变事件与行星的“合相”学说联系起来。人们认为，许多强大的行星在一个“宫”中汇集是伟大和激动人心的事件的原因。例如，一次已被计算出发生于1524年的合相引起了一场真正的恐慌——人们认为洪水或者世界末日即将来临（图版40c）。当时的小册子文献中对这些恐慌的反映再一次使我们深切地感到，古典神明以这些木刻的怪异外形支配着人们的心灵，而美学静观清除了他们的恶魔的毒物。

210 路德虚构的出生日期尤其与关于一次“合相”的另一个预言相联系，瓦尔堡详细描述了它的奇怪的变迁。一则占星学的预言把将发生于1484年的木星与土星的合相与一位先知的诞生相联系。这则预言是在早期印刷机的最奇怪的产物之一——约翰内斯·利希滕贝格［Johannes Lichtenberger］所写的一本神谕书中提出的，此书于15世纪90年代首次面世。利希滕贝格宣称他知道这位先知将是一位修道士。他的出生将发生在行星合相的19年后。这本奇特的预言书的插图表现了一位颈上立着一个魔鬼的修道士（图版40d）。几乎不言而喻，这幅出自利希滕贝格著作的插图被路德的敌人所利用，他们希望看到他就是被魔鬼缠身的修道士。但是，路德显然决定采取果敢行动以应付艰险局面，于是，他又出版了这个小册子的一个版本，带有他自己撰写的前言。在私下的交谈中，据传他半开玩笑地接受了这种认定，他说，他在心中装着基督，而颈上的魔鬼象征着教皇和他的信徒们，他们使他不得休息，让他头痛。

尽管路德是占星学预言的无情的反对者，他利用利希滕贝格的预言性插图一事使我们想起，他也曾屈服于古代占卜的一种形式。他对占星家做法的怀疑态度建立在他对自由意志的强调的基础上。这不是对超自然物的力量的十分科学的怀疑。因此他自愿地倾听种种征兆和怪胎的故事，这类故事在宗教改革的关键岁月渐渐积累起来。他和梅兰希顿在他们的放荡不羁的反对基督教教会的宣传小册子中甚至都使用了这些报道。一幅古老的版画，表现了据称1494年发现于罗马的一位驴子般的修道士（图版41a），被解释为上帝对教皇的裁决，而一头小牛的故事被用于对修道士们进行攻击。于是路德和梅兰希顿以罗马的占卜师的伪装出现，这名占卜师根据这些征兆占卜神明的旨意。

但是，无论这种类型的意象对于我们了解这一时期的心性和它想象那些主宰它命运的力量的特定方式有多么重要，这些粗糙、丑陋的版画和这一时期的艺术之间有没有联系？

在也许是他的片断最精彩的部分中，瓦尔堡分析了丢勒的三幅版画，从而回答了这一问题。第一幅版画表现了丢勒毫无保留地服务于那种预言文献。那是表现一个患有“法国病”——梅毒——的 211

男子的插图，图解了一个叫乌尔塞尼乌斯［Ulsenius］的人在1496年的预言（图版41b），它不仅与路德所提到的征兆有关，而且与利希滕贝格的组画有十分直接的联系。男子头部上方的天球上有重要的日期1484，我们更仔细地看一下，就会发现丢勒图解的是木星和土星在天蝎座的那次著名的“合相”。

尽管年轻的丢勒这样作为一个这种心性的仆人出现，下一个例子却表明他活跃于它的“改革”的伟大事业中。丢勒的表现一只八脚猪的奇怪的雕版画（图版41c）所依据的是德国人文学家塞巴斯蒂安·布兰特［Sebastian Brant］于1496年出版的一份大幅报纸（图版41d）。在这份大幅报纸中，布兰特——明显参照古代的先例——试图利用这件奇事为马克西米连皇帝［Emperor Maximilian］服务。瓦尔堡能够证明，这位德国的小册子作者于是便直接步了古代传统的后尘。有一篇亚述语的文字，可追溯到公元前7世纪，在这篇文字中，占卜官内尔格勒-埃蒂尔［Nergal-etir］向国王报告了一只猪出生的事情，这只猪长有八只脚，两条尾巴，并将它变为有利的征兆。这种魔法施展在几个世纪中之所以顽固地存在，是由于一种强制性的需要：为怪异事件寻求虚构的原因。

在丢勒的雕版画中，取得了对巴比伦心性的胜利。这幅雕版画没有附加预言性的文字。内尔格勒-埃蒂尔——布兰特不再发现进行神谕性解释的余地。引导丢勒的雕刻刀的是对自然现象的科学兴趣。	Indessen ist die Überwindung des babylonischen Geisteszustandes auf Dürers Stich doch eigentlich schon vollzogen: Die Inschrift fehlt, Nergal-etir—Brant finden keinen Raum mehr für ihre Weissagungsdeutung. Das naturwissenschaftliche Interesse an der Erscheinung führt den Stichel.

（《瓦尔堡文集》，第2卷，第525页）

艺术的观照再一次清除并克服了魔法施展的原始恐惧与希望。

瓦尔堡对第三幅丢勒版画——《忧郁》（图版42a）——的分析是这个论证的最高结论。[①]它的背景深深触及了魔法恐惧的底土。我们处在导致黑胆汁的凶星土星的领域中。这幅版画更密切地与围绕着利希滕贝格的意象系列以及大合相相联系，因为在马尔西利

① 也参见第190页。

奥·菲奇诺看来，木星在某种程度上可以中和土星的深深的忧郁的恶性影响，并将它变为更轻松的形式，这种更轻松的形式是天才的特性。如果在合相中没有木星，就必须通过用魔法意象来替代，包括可在丢勒的版画中看到的数字幻方，来产生“愉快”的效果。关于木星的幻方具有有益的力量的这一学说又深深植根于古代东方传统，这一传统通过一本称作《皮卡特立克斯》的魔法手册传到西方。 212

瓦尔堡将丢勒的版画与丢勒的伟大的赞助人马克西米连皇帝联系起来，在丢勒的版画中，利用木星的影响将忧郁变为天才的表现。马克西米连认为自己是“土星之子”，许多线索将他与产生了利希滕贝格的通俗意象的传统联系起来。

只有放在这个背景中去看，只有我们领会构成了流传到丢勒的传统的那种类型的魔法神话，我们才能意识到他的艺术“改革”有多么巨大。这个黑暗行星的鬼怪，以小儿为食，生灵们的命运取决于它与其他行星的竞争，却被丢勒转变为正在积极沉思的人的视觉体现。

梅兰希顿本人将丢勒的性情诊断为英勇的忧郁，起因于土星和木星在**天秤座**的同一次合相，它导致了奥古斯都皇帝［Emperor Augustus］的崇高的忧郁。菲奇诺和梅兰希顿的这些观念部分地以亚里士多德的《问题集》［*problemata*］为基础，正是对古典文本的这种了解使人文学家们能够与“木乃伊化中世纪淡漠忧郁症”即懒惰之罪做斗争。古典时代曾遭到希腊化阿拉伯风格的歪曲，真正的古典时代向对这种歪曲的反抗提供了帮助。

但是，只有通过浮浅的自欺，人们才能将那场长期的战斗看作取得了胜利。原始的拟人化的心性可以得到艺术的升华，但是不能如此容易地清除。瓦尔堡再一次对比了利希滕贝格、丢勒和路德的态度，他从利希滕贝格的书中选取了这幅画，它表现了魔法传统所设想的品行恶劣和丑陋的星魔木星和土星的斗争。他们在为夺取支配地位而战，但是他们的竞争对象——人——却没有出现。在丢勒的作品中，古典艺术的理想语言得到恢复。他的“忧郁”的姿势让瓦尔堡想起斜躺的古典河神的类型，它在占星学意象中被波江星座
213 所代表（图版42b）。然而，这种转换仍然保留了它先前被希腊化阿拉伯鬼魔学所奴役的痕迹。

宇宙的冲突被反映为人本身的灵魂中的一个过程。危险的恶魔已经消失，土星的黑暗的忧郁已在人的冥想的图画中被赋予精神上的意义：

丢勒通过理性的积极作用使土星恶魔变得无害。这颗魔星要用最卑劣的外观折磨它，而这位行星之子通过它自己的冥想竭力防止魔星的险恶的诅咒。忧郁手中所握的不是卑劣、恭顺的铲子——在描绘行星之子的图画中，土星过去是拿着铲子的——而是标志着创造性天才的圆规。木星被神奇地唤来，以其对土星产生的安抚和有益的影响

Bei Dürer wird also der Saturndämon unschädlich gemacht durch denkende Eigentätigkeit der angestrahlten Kreatur; das Planetenkind versucht sich durch eigene kontemplierende Tätigkeit dem mit dem ‘unedelst complex’ drohenden Fluch des dämonischen Gestirns zu entziehen. Der Zirkel des Genies, kein niedriges Grabscheit, ist in der Hand der Melancholie. Der magisch angerufene Jupiter kommt durch seine gütige und besänftigende Wirkung auf den Saturn zu Hilfe. Die Errettung des

来助她一臂之力。在版画上，通过木星所具有的中和作用，对人的拯救已经成为事实。利希滕贝格所想象的恶魔间的决斗已经结束，幻方悬挂壁上，宛如对这位善良、获胜的星辰天才所立下功劳的感恩供品。	Menschen durch diesen Gegenschein des Jupiter ist auf dem Bilde gewissermassen schon erfolgt, der Akt des dämonischen Zweikampfes, wie er bei Lichtenberger vor Augen steht, ist vorüber und die magische Zahlentafel hängt an der Wand wie ein Ex-Voto zum Dank für Dienste des gütigen, siegreichen Sterngenius.

（《瓦尔堡文集》，第2卷，第530—531页）

于是，路德和丢勒都以各自的方式，对争取人类从对恶魔的恐惧中获得解放，以及反抗关于行星大合相的神话的斗争做出了贡献。我们在见证人类争取思想解放和宗教解放的斗争中的一章。但是我们所看到的只是这场斗争的开端，而不是它胜利的结局。正如路德仍对宇宙的*monstra*［怪物］和征兆——以及古代的Lamii［人面蛇身女怪］——充满恐惧，忧郁也仍未觉得已经摆脱对古代恶魔的恐惧。她的头上戴的不是桂冠，而是香科科属［teukrion］，即古时治疗忧郁的草药；她听从菲奇诺的忠告，用一个幻图，数字幻方，保护自己不受土星的邪恶的影响。

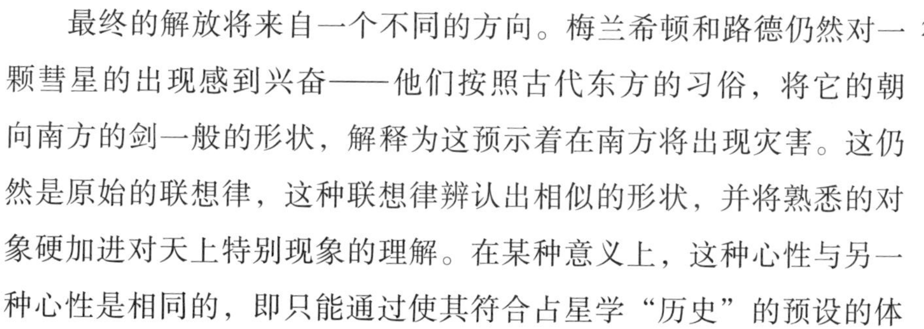

最终的解放将来自一个不同的方向。梅兰希顿和路德仍然对一 214
颗彗星的出现感到兴奋——他们按照古代东方的习俗，将它的朝向南方的剑一般的形状，解释为这预示着在南方将出现灾害。这仍然是原始的联想律，这种联想律辨认出相似的形状，并将熟悉的对象硬加进对天上特别现象的理解。在某种意义上，这种心性与另一种心性是相同的，即只能通过使其符合占星学“历史”的预设的体

系来领会诸如路德这样的非凡个性。这两种情况都是用一种现有的图像——对彗星而言是剑，对路德而言是利希滕贝格描绘先知的画——来限定一种人类似乎无法理解的现象，从而领会它。但是，当这种情况发生时，天文学家彼得·阿皮安［Peter Apian］已经发现彗星与太阳的关系，从而使它失去了恶魔的性质。然而，只有埃德蒙·哈雷［Edmond Halley］，通过发现调节彗星的出现的规律，最终使它们脱离了人类中心论心性的有限区域。

因此，恶魔的古代的复苏与图像的极性有关。在心理上，我们见证了记忆与移情共同导致草率地将任何记忆的图像与意外现象的原因相等同的一个过程。我们处于浮士德［Faust］的时代，在这个时代，现代科学家通过增强对自我与外界的距离的意识而努力——在魔法施展和宇宙论的数学之间——征服反省理性的领域。雅典必须总是由亚历山大重新征服。

Die Wiederbelebung der dämonischen Antike vollzieht sich dabei, wie wir sahen, durch eine Art polarer Funktion des einfühlenden Bildgedächtnisses. Wir sind im Zeitalter des Faust, wo sich der moderne Wissenschaftler—zwischen magischer Praktik und kosmologischer Mathematik—den Denkraum der Besonnenheit zwischen sich und dem Objekt zu erringen versuchte. Athen will eben immer wieder neu aus Alexandrien zurückerobert sein.

（《瓦尔堡文集》，第2卷，第534页）

凡是阅读这几页文字的德文原文的人，都不会觉察不到对其所描述问题的深切的精神上同情的语调。有的历史学家以吉本

［Gibbon］或者勒南［Renan］式的超然态度报告一些奇特的信仰和人的心灵的有趣的反常现象。这几页文字显然不是这样一位历史学家所说的话。每一个词都回荡着对于恐惧的力量和原始魔法心理的力量对理性与沉思的领域所构成的威胁的悲惨意识。瓦尔堡以如此 215
之多的形式描述的，并通过如此之多的折射追踪的斗争——我们的遗产的阿波罗式的一面，美、光明和纯洁的一面，和压制与歪曲它的那些敌对力量之间的斗争——显然是他自己已经充分经历过的一种冲突。在论丢勒的《忧郁》的那些话中——尽管其题材深奥而富有学术性，却充满了压抑的情感，读起来像是一首散文诗——我们意识到作者与他挑选来进行分析的作品之间有着深厚的亲切感。我们觉得，在他看来这场斗争也尚未取得胜利。他头上戴的也不是桂冠，而是茄属植物，即治疗土星的可怕影响的药物。因为在写下这几行文字时，这场斗争的问题尚悬而未决。战争岁月增强了瓦尔堡的兴奋和已降临在他头上的世界末日感。当1918年德国的战败证实了他最严重的恐惧时，他不再能成功地牵制侵入的恶魔。亚历山大似乎征服了雅典。

对瓦尔堡在患精神病的岁月所遭受的心理上的痛苦进行描述不属于本文的范围或者权限。[1]无论如何，除不应将他落入的地狱浪漫化之外，其他无须多说。他在学术生涯中长久思考的两件事情，激情的表现和对恐惧的反应，以可怕的大发脾气和恐惧症的形式吸引住他，这些强迫症和妄想症最终使他成为自己和周围环境的危险

① 关于简短的、富有同情心的目击者的叙述，参见卡尔·格奥尔格·海泽，《关于阿比·瓦尔堡的个人回忆》［*Persönliche Erinnerungen an Aby Warburg*］，纽约，1947年，第44页及下页。

因素，人们不得不把他幽禁在一间封闭的病房中。以前在他的生活中曾有一些时期，他担心过会发生这样的事。现在这已是可怕的现实。

第十一章　痊愈与综合（1918—1923） 216

关于蛇舞仪式的讲座

瓦尔堡精神病突然发作与德国于1918年10月在军事上的垮台正相巧合。他不得不被幽禁在各种不同的小型私人医院，最后在克罗伊茨林根［Kreuzlingen］由路德维希·宾斯万格［Ludwig Binswanger］护理。有几年的时间，他的病情看上去已毫无治愈的希望，但是到1923年他却开始康复了。他问医生们，如果他给医院的病人们做一次讲座，证明他已能自制，是否可以放他出院。医生们接受了这个挑战，不过不太相信他能做得到。但是他们错了。瓦尔堡选取了他26年前在美国印第安人中的经历作为讲座的主题（第88—92页），这段经历他从未发表过。1923年4月21日，他做了关于蛇舞仪式的讲座。为这次讲座所做的笔记和草稿表明，他煞费苦心，颇费了一番功夫。但是它们也揭示出这个主题对于瓦尔堡意味着什么。他回忆了求学时期关于人从魔法恐惧中解放出来的种种观念，这些都是维尼奥利和乌泽纳的学说，给他留下了深刻印象。他觉得，自己的精神病使他对这些“原始”状态有了新的见识，他相信，在描述这些状态时，他会再次获得足够的“距离”，来取得他一直深知其不稳定的那种平衡。

瓦尔堡在那些决定性的日子里所写的笔记和草稿，有许多都不可避免地回到他关于原始人的本质的早期思考。但是，此时那些警句却获得了新的连贯性。尽管它们是用几乎个人的术语来表达的，为翻译者造成许多无法克服的障碍，然而，这些笔记实际上却包含了瓦尔堡曾尝试过的对自己一般观念的最明确的表述。在下文中，在引文前面将给出对这些观念的释义，无须进一步的注解，读者就能理解瓦尔堡的意思。

217 原始人宛如黑暗中的孩童。在他的四周是一片骇人的混沌，不断危及他的生存。因此，最初的状态，是恐惧的状态，是蒂托·维尼奥利认为对于神话的起源、最终对于科学的起源极其重要的那些“恐惧反射”的状态，而瓦尔堡在学生时代的早期曾读过蒂托·维尼奥利的著作。[1]我们的心灵总是处于这样一种状态：随时准备对向我们袭来的可怕印象的真实的或想象的原因采取防御姿态。听着童话成长起来的儿童，听到门吱嘎作响，就会想象他听到了狼的嗥叫声。声音的刺激从他的记忆仓库中唤起了狼的图像。在他的心境中，狼是引起共同具有嗥叫性质的一切特定刺激的充分原因。因此，从逻辑观点看，可以把“狼”的图像比作一种抽象概念，其“外延”与某些现象的特定性质相一致。想象的狼是逻辑概念“嗥叫”的胚芽形式。这种恐惧反射用已知图像——无论它多么可怕——代替对未知原因的恐惧，它具有一种重要的生物学功能：就连最可怕的想象的原因，也不像令人恐惧的未知原因那样可怕。想

① 参见第68页及以下。

象的狼，仍然可以杀死，可以安抚，可以躲避。原始人感到，自己面临的不是未知的和无法控制的自然力，而是可以对付的危险。

在这方面，通过“命名”行为以及由此对逻辑思维的把握，恐惧反射为征服世界奠定了基础。

笔记1

对于任何刺激，无论视觉刺激还是听觉刺激，都会投射出明确而易解的生物形态的原因，使心灵能够采取防御性措施，这是神话时代的心性的特征（参照蒂托·维尼奥利，《神话与科学》）。例如，这适用于远处的声响，如门在风中吱嘎作响，因为这种刺激在未开化的人或儿童中引起忧虑，他们会把汪汪狂吠的恶犬的形象投射入这样一种声响。同样，当巴菲奥特部落的一员把火车头比作河马时，对他来说这是理性主义启蒙的行为：他通过将它看作这种他知晓的、习惯于猎杀的生物而领会了这种未知的、冲势迅猛而无法抵挡的动

Für die mythische Denkweise ist
charakteristisch (vgl. Tito Vignoli, *Mythus
und Wissenschaft*), dass ein visueller oder
Gehörsreiz für den wirklichen Erreger, einerlei
ob und wie er in naturwissenschaftlicher
Wahrheit nachweisbar ist, wie z.B. bei von
fernher kommenden Tönen im Bewusstsein
als Erreger eine biomorphe Ursache hinstellt,
die durch ihren erfassbaren Wesensumfang
eine Abwehrmassregel imaginär ermöglicht.
Z.B. wenn eine Tür in der Zugluft knarrt, so
ruft dieser Reiz beim Wilden oder beim Kinde
das Angstgefühl hervor: der Hund knurrt. 218
Oder wenn der Bafiote die Lokomotive
mit einem Flusspferd vergleicht, so ist das
für ihn ein aufklärerischer Rationalismus
in dem Sinne, dass er dieses unbekannte

物……这种通过用具有最大力量的生物在主体或者客体之间建立联系而做出的防御反应，是仍然按照童话进行思维的人们所做的那种生存斗争的基本行为，我们依然可以从那些生物的外延上来认识它们。

在原始人那里，记忆是通过用生物形态的比喻进行替代而发生作用的。可把这理解为抵抗现存敌人的生存斗争中的防御措施，在恐惧性冲动［phobic arousal］的状态下，记忆试图以其最清晰明了的形态领会这些现存敌人，同时也估量它们的全部力量，以采取最有效的防御措施。这些是识阈之下的倾向。

替代的形象将引起了印象的刺激客观化，并创造出一个实体，可以调动种种手段来防御它。

gewaltsam dahinstürmende Tier einfängt in das ihm bekannte Geschöpf, das er zu jagen und zu erlegen gewohnt ist ... Abwehr durch Verknüpfung von Subjekt oder Objekt mit Wesen von maximal gesteigerter umfänglich fassbarer Kraft ist der Grundakt der märchenmässig denkenden Kämpfer ums Dasein.

Beim primitiven Menschen funktioniert das Gedächtnis biomorphistisch komparativ ersetzend. Das ist als Abwehrmassregel im Kampf ums Dasein gegen lebende Feinde aufzufassen, die das phobisch gereizte Gedächtnis einerseits in deutlichstem und klarstem Umfang und andererseits in aller ihrer Kraft zu begreifen versucht, um danach die stärksten Abwehrmassregeln treffen zu können. Dies sind Tendenzen unter der Schwelle des Bewusstseins.

Durch das ersetzende Bild wird der eindrückende Reiz objektiviert und als Objekt der Abwehr geschaffen.

笔记2

童话中的生物尽管似乎是游

Ein Märchentier, anscheinend das

戏性想象的最典型的产物，在其最初状态中实际上却是为领会一种抽象观念所做的努力的来之不易的结果。它是为界定现象的外延所做的尝试，这些现象转瞬即逝，难以把握，不能以任何其他方式来领会。

konkreteste Produkt der spielerischen Phantasie, ist in *statu nascendi* ein mühevoll begriffenes Abstraktum. Es ist eine Umfangsbestimmung für Erscheinungen, die sich sonst in ihrer vorbeifliehenden Unfassbarkeit nicht erfassen lassen.

在瓦尔堡看来，“投射原因的恐惧反射”总是在我们的识阈徘
徊。人类从未克服过它。但是人类发展出了更高的因果关系概念，219
在这个概念中征服了恐惧症的无意识行为。这是两个图像间的因果联系的观念，它们各自在最初都被认为是一种恐惧感觉的直接原因。一旦人的神话想象达到了这种系统化的阶段，人们在这个阶段把神话的原因以固定的次序整理与排列起来，有结构的宇宙的观念就脱颖而出，科学的可能性也随之而至。

两个被投射的原因间的最初联系是母性的联系。它是原始的因果关系范畴。神话生物的家谱和它们通过图腾崇拜而与部落建立起来的联系预示了有结构的宇宙图景，而有结构的宇宙图景包含了科学的萌芽。

笔记3

对神话时代的思想来说，似乎作为种种事件的基础的那种意

Der Wille im Geschehen muss für den mythisch Denkenden aus biomorph,

志，必须借助于生物形态的界定来解释，亦即借助于把原因看作明确的生物体。人们将用这个原因来取代科学所界定的那种真正的动因。不确定的、难以捉摸的事物被泛灵论者所认为的熟悉的、可辨认的生物形态的创造物所取代。每当我尝试使自己的思想有条理时，我都在自身之外的图像间建立联系。生物形态主义……是一种恐惧反射。另一种是一种宇宙的行为……生物形态的想象的恐惧反射缺乏使以数学秩序为基础的宇宙图像加速出现的能力。在美国印第安人和希腊化诸文明对和谐体系的探索中，可以发现客观上使这种图像加速出现的情况。这里，构成对于原始生物形态主义的巨大进步的，正是原始生物形态主义以防御措施对记忆功能做出反应，而在结
220 构性思维的这些实验中手不再使用武器，而是使用探索工具，嘴唇形成声音。

das heisst, organisch umschriebener Umfangsbestimmung dadurch erklärt werden, dass sich diese für den naturwissenschaftlich ‘feststellbaren’ Erreger einsetzt, als Substitution des unorganisch zerfliessenden durch biomorph animistische bekannte und übersehbare Wesen. Wenn ich versuche zu ordnen, dann verknüpfe ich Bilder ausser mir miteinander. Der ... Biomorphismus ist ein phobischer Reflex. Das andere ist ein kosmischer Akt ... Es fehlt beim phobischen Reflex durch biomorphe Phantasie die Fähigkeit zum Niederschlag eines zahlenmässig geordneten kosmischen Bildes. Dieser objektive Bildniederschlag ist in diesen harmonikalen Versuchen, wie sie die Indianer (und der Hellenismus) haben, vorhanden und dessen Riesenfortschritt dem einfachen Biomorphismus gegenüber besteht darin, dass der einfache Biomorphismus auf die Gedächtnisfunktion mit einer Abwehrmassregel reagiert, während bei den Versuchen des strukturalen Denkens die Hand nicht die Waffe sondern das umreissende Werkzeug führt, und die Lippe den Laut.

笔记4

因果思想的原始范畴是母性。母子关系展现了一种有形的物质性联系的难解之谜，这种联系与一个生物和另一个生物相分离的令人深感困惑的创伤密切相关。主体与客体的分离确立了抽象思维的领域，这种分离源自割断脐带的经验。面对自然时感到茫然无措的“未开化人”成了孤儿，没有父亲的保护；他从原因方面进行思考的勇气在他对一个有选择性亲和力的动物父亲的选择中最先表现出来，这个动物父亲给予他在与自然做斗争时所需要的那些品质，而与此动物相比，这些品质他在自身中只发现微小的、孤立的一点点。这就是图腾崇拜的起源（涂尔干［Durkheim］）。

Die Urkategorie kausaler Denkform ist Kindschaft. Diese Kindschaft zeigt das Rätsel des materiell feststellbaren Zusammenhangs verbunden mit der unbegreiflichen Katastrophe der Loslösung des einen Geschöpfes vom anderen. Der abstrakte Denkraum zwischen Subjekt und Objekt gründet sich auf dem Erlebnis der durchschnittenen Nabelschnur. Der der Natur gegenüber ratlose 'Wilde' ist ohne väterlichen Schutz verwaist und sein Mut zur Kausalität erwacht in der Auslese eines wahlverwandten Tiervaters, der ihm die Eigenschaften gibt, die er im Kampf mit der Natur braucht und bei sich nur in schwacher Vereinzelung dem Tier gegenüber findet. Das ist der Urgrund des Totemismus (Durkheim).

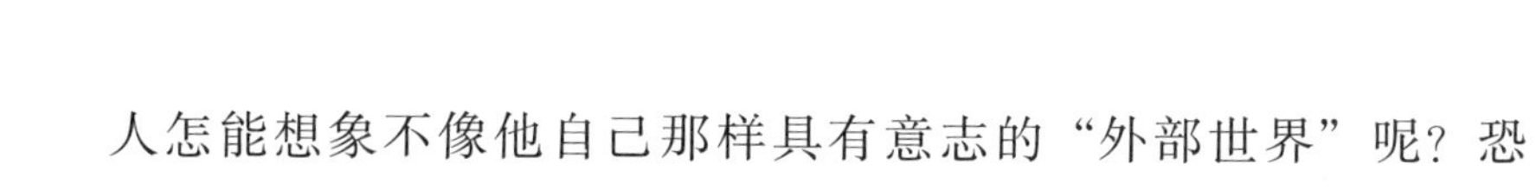

人怎能想象不像他自己那样具有意志的“外部世界”呢？恐惧反射使宇宙遍布着像他的能力那样的能力，只不过更加强大，更

是一个整体。羚羊奔跑起来速度飞快，狼贪得无厌；因此，对于令人联想到速度或贪婪的转瞬即逝的刺激，这些动物就能够充当被投射的原因。然而无生命的、无机的物质的观念在这最初的、泛灵论的阶段尚未出现。人只是通过使用工具才产生这个观念。正是工具给予了人关于可被操纵、连接或分离的客体的最初概念，从而提供了一种最初经验，具有结构的宇宙的观念就是以这种最初经验为基础的。

然而，人对他所使用的无生命物质的反应有一种未克服的二元性。它对他来说代表着“非我”——没有自己的意志的、无须出现恐惧反射的遥远的事物。然而他从一开始就使用这些无生命的事物

221 来扩大自我的延伸。在工具中，在装饰中，在服装中，人在无生命的事物中并通过无生命物质扩大了他的自我的范围。正是这种对于既属于我们的有机自我又不属于我们的有机自我的客体的体验，导致了对于无生命自然界的移情作用。实际上，自我与非我之间、我们的身体与外部世界之间的边界，并没有直接赋予原始人。因为，对于我们有机自我的某些部分，我们的头发，我们的指甲，甚至我们的体内器官，我们就和对于我们使用的无生命的工具一样缺乏直接了解。在作为自我的延伸和作为非我的代表的工具的这种双重功能中，存在着一种两极性，可能给人带来悲剧性后果。

笔记5

我的出发点是，我把人看作一种使用工具的动物，他的活

Der Ausgangspunkt ist der, dass ich den Menschen als ein hantierendes Tier ansehe,

动在于联结与分离。在这种活动中，他容易失去自我的有机感觉。手使得他可以操纵种种物体，这些物体作为无生物缺少神经系统，却仍然提供了自我的物质延伸。这是人的悲剧，他通过使用工具而超越了他自己的有机延伸……

当移情作用面临着无生命的自然界时，所有这一切疑问和难题的原因是什么？它们之所以出现，是因为的确存在着这样的情况，正是通过操纵或身穿他的血流并未达到的物体，人可以与并不是他自己的事物同化。服装与工具的悲剧最终是人类悲剧的历史，关于这一点，人们撰写过的最深刻的著作是卡莱尔的《旧衣新裁》。

dessen Betätigung im Verknüpfen und Trennen besteht. Dabei verliert er sein Ich-Organgefühl, weil nämlich die Hand ihm erlaubt, reale Dinge an sich zu nehmen, in denen der nervöse Apparat fehlt, weil sie anorganisch sind, trotzdem aber sein Ich unorganisch erweitern. Das ist die Tragik des sich durch Hantierung über seinen organischen Umfang heraussteigernden Menschen ...

Woher kommen alle diese Fragen und Rätsel der Einfühlung der unbelebten Natur gegenüber? Weil es für den Menschen tatsächlich einen Zustand gibt, der ihn mit etwas vereinigen kann—eben durch Hantierung oder Tragen—das ihm zugehört, aber durch das sein Blut nicht kreist. Die Tragik der Tracht und des Gerätes ist im weitesten Sinne die Geschichte der menschlichen Tragödie und das tiefsinnigste darüber geschriebene Buch ist der *Sartor Resartus* von Carlyle.

因此，我们所称的记忆扮演着一种双重角色。它是图像的仓
库，这些图像是凭借以虚构的生物来代替真正原因，通过恐惧反射
唤起的。但是，它也是名称与图像的贮藏所，通过这些名称与图 222
像，我们得出受到规律支配的客观宇宙的观念。在这个贮藏所中，

我们对种种事件（及与其对应的图像）的语言反应经过选择后作为经验的永久记录被我们储存起来。这些对刺激做出的语言反应或图像反应，我们称之为“表达”，因此文明史所涉及的就是在关于人类的记载中贮存下来的那些“表达”。

了解记忆的这种双重角色，对于人的自我认识是至关重要的。因为每一种刺激都仍然能在我们身上唤起原始的恐惧投射反应，与之一起，而且与之并驾齐驱的，还有命名与解释这一文明反应，而这是利用往昔的集体反应表示那些主要印象的另一说法。

在进化过程中，宗教活动和艺术活动处于恐惧的原因投射与逻辑推论思维之间。因为在宗教中，被投射的原因仍然要求人们通过仪式和献祭主动赎罪；在艺术中，由刺激所唤起的图像本身仍然是目的。因此，艺术与宗教都属于“象征活动”的中间区域，人的不幸的两极性在这个区域中得到了表达与调解。

笔记6

记忆不过是曾由有声话语（公开的或内部的言语）做出反应的那些刺激的汇集。因此我把下面的系统表述看作对我的图书馆的宗旨的描述：对有关人类表现心理学的文献的收藏。问题是：人类的和图像的表现是如何起源的；在记忆档案中，它们是

Das Gedächtnis ist nur eine ausgewählte Sammlung von beantworteten Reizerscheinungen durch lautliche Äusserungen (lautes oder leises Sprechen). Darum schwebt mir für meine Bibliothek als Zweckbezeichnung vor: eine Urkundensammlung zur Psychologie der menschlichen Ausdruckskunde. Die Frage ist, wie entstehen die sprachlichen oder bild-

保存在某些自觉的或不自觉的感觉或观点之下的，这些感觉或者观点是什么？有没有什么规律支配着它们的形成或者再次出现？

我的图书馆的手段应当足以回答黑林［Hering］十分恰当地表述为“作为有机物的记忆”[①]的问题；同样，它应当利用原始人的心理学——即这样一类人，其反应是直接反射而非文学的反应——而且应当考虑文明人的心理学，文明人自觉地回忆他的祖先的记忆和他个人的记忆的分层的构成。就原始人来说，记忆图像导致了原因的宗教体现，就文明人来说，则通过命名而导致了超然态度。

一切人类都永久地、时时刻刻地患精神分裂症。然而，从个体发生学上说，我们也许可以

förmigen Ausdrücke, nach welchem Gefühl oder Gesichtspunkt, bewusst oder unbewusst, werden sie im Archiv des Gedächtnisses aufbewahrt, und gibt es Gesetze, nach denen sie sich niederschlagen und wieder herausdringen?

Das von Hering so glücklich formulierte Problem[①] ‘Das Gedächtnis als organisierte Materie’ soll mit den Mitteln meiner
Bibliothek beantwortet werden, und ebenso 223
durch Psychologie des primitiven, d.h. unmittelbar reflektorisch und unliterarisch reagierenden Menschen einerseits begriffen werden, sowie andererseits durch den bewusst sich der geschichteten (geschichtlichen) Formation seiner eigenen und seiner Vorfahren Vergangenheit erinnernden historischen und zivilisierten Menschen. Beim primitiven Menschen führt das Erinnerungsbild zur religiösen verknüpfenden Verleibung, beim zivilisierten zur bezeichnenden Auseinandersetzung.

Die ganze Menschheit ist ewig und zu allen Zeiten

① 《作为有机物一般功能的记忆》［*Über das Gedächtnis als eine allgemeine Funktion der organisierten Materie*］（讲座，维也纳科学研究院［Akademie der Wissenschaften in Wien］，1870年5月30日），第3版，莱比锡，1921年。

把对记忆图像的一种反应类型说成是在前的或原始的，尽管它在一旁继续着。在后来的阶段，记忆不再唤起直接的、果断的反射动作——无论是搏斗性动作还是宗教性动作——但是记忆图像此时被有意识地储存在图画和符号中。在这两个阶段之间，我们发现了对印象的这样一种处理方式，可将其描述为象征的思维模式。

schizophren. Doch kann vielleicht ontogenetisch ein Verhalten zu den Gedächtnisbildern als vorausgehend und primitiv bezeichnet werden, das aber nebenständig bleibt. Bei der späteren Stufe löst das Gedächtnisbild nicht eine unmittelbare praktische Reflexbewegung—sie sei nun kampfartig oder religiös—aus, sondern die Erinnerungsbilder werden bewusst aufgestapelt in Bildern und Zeichen. Zwischen diesen beiden Stufen steht die Behandlung, die der Eindruck erfährt, die man als symbolische Denkform bezeichnen kann.

人对威胁其生存的普遍的引起恐怖的事物做出的原始反应，是人类对精神定向所做的一切尝试的基础，这个观念是瓦尔堡后来思想的基础。在他看来，文明史就是与怪兽做斗争，与原因投射的强制性反射做斗争的历史。这场斗争绝不会以明确的胜利告终。有形的原因及其强制力的观念，悲剧性地植根于我们的心灵——我们不能指望逃避它，我们所能做的只是把这个反应纯化或升华为更具有精神性的、更具有人性的事物。在这种将人的原始恐惧反应精神化的活动中存在着我们得救的希望。

224 对于这些观念，在瓦尔堡关于蛇舞仪式的讲座的最终文本中[①]

① 关于这次讲座的英译文及其插图，参见《瓦尔堡研究院院刊》，第2卷，1939年，第277—292页。此处援引的这段文字的译文为我自己所译［已发表的著作，34］。

几乎没有阐明。但是在瓦尔堡对大蛇充当的角色所做的解释中出现了“投射原因”的概念。在受到饥馑和干旱威胁的印第安人看来，闪电作为降雨的预兆，代表了大自然中最重要的力量。是一种生死攸关的需要使他们试图控制造成闪电的原因，从而操纵天气。由于其视觉特性与闪电的“形状”相同，蛇就被“投射”为这一现象的原因，于是印第安人获得了一种有形的象征符号，他可以控制它来“制造”天气。因此，原始人的蛇舞就相当于文明人在控制电并将其用于自己的目的上所取得的成就。

但是，到他发表讲座时，瓦尔堡已远离了他在求学时期所接受的对人的心理进化的乐观解释。相反，他此时认为要把极性原理甚至应用于这一发展。在解释了蛇舞仪式作为原始魔法行为和作为对启蒙的探索的双重功能之后，他不想还没有指明人在技术上对造成闪电的诸力量的把握所具有的消极方面就结束讲座。他在他所称的“距离的破坏”为人类带来的危险中看到了这个消极方面。以电报形式出现的被驯服的电消灭了空间。

毫无疑问，这种悲观的判断受到了瓦尔堡的一些强迫性恐惧的影响。因为总是忧虑重重，他需要距离和超然态度来打消疑虑。在理性世界中，事物隔开一定距离而且中间没有媒介物就不会相互作用，正如在魔法和妖术世界中它们会相互作用一样。人无须恐惧，因为他可以通过超然态度了解原因，并把原因孤立出来，仿佛后退一下来思索那个事件之链。瓦尔堡将这种进行思考的可能性称之为思维空间［Denkraum］，推理的领域，他看到正是这种进行沉思的机会受到电子技术信息的“闪电速度”的威胁。由于这种对距离的消除，而这种消除会带来威胁，因此他从未对无线电持赞成态度。

如果他到了月球，从那里他会对电视说些什么呢？

225 因此，在某种程度上，瓦尔堡讲座的结束显示出他的精神病的康复已取得重大进展；然而它也证明他在努力创立关于文明的一种一致的哲学，这种哲学摒弃了种种进步论哲学的轻而易举的乐观主义，而又不放弃对往昔和现今人类文化进行评价和批评的权利：

我能在旧金山街头用照相机拍照蛇崇拜和闪电恐惧的征服者，土著居民的后继者，侵入印第安人领土的淘金者。那就是在一座仿造的古典圆形建筑物前沿大街傲慢地昂首阔步的、头戴大礼帽的山姆大叔。电线在他大礼帽的上方凌空伸展。凭借爱迪生［Edison］的铜蛇，他从大自然手中夺取了雷电。

现代美国人不惧怕响尾蛇。他将它杀死，将它消灭，但无疑并不崇拜它……被囿囚在电线中的闪电，被捕获的电，创造了一种摆脱了异教信仰的文明。它用什么取而代之呢？自然力不再被想象为人的或生物的形状，而是被想象为服从人手压力的无限的

Den Überwinder des Schlangenkults und der Blitzfurcht, den Erben der Ureinwohner und goldsuchenden Verdränger des Indianers, konnte ich auf der Strasse in San Francisco im Augenblicksbilde einfangen. Es ist Onkel Sam mit dem Zylinder, der voll Stolz vor einem nachgeahmten antiken Rundbau die Strasse entlanggeht. Über seinem Zylinder zieht sich der elektrische Draht. In dieser Kupferschlange Edisons hat er der Natur den Blitz entwunden.

Dem heutigen Amerikaner erregt die Klapperschlange keine Furcht mehr. Sie wird getötet, jedenfalls nicht göttlich verehrt. Was ihr entgegengesetzt wird, ist Ausrottung. Der im Draht gefangene Blitz, die gefangene Elektrizität, hat eine Kultur erzeugt, die mit dem Heidentum aufräumt. Was setzt sie an dessen Stelle? Die Naturgewalten nicht mehr im anthropomorphen oder biomorphen Umfang

波。凭借这一手段，机器时代的文明摧毁了产生于神话的科学所费力征服的事物，即沉思的领域，而这一领域已成为推理的领域。

现代的普罗米修斯［Prometheus］和现代的伊卡洛斯［Icarus］，即富兰克林［Franklin］和发明了可驾驶的飞行器的莱特兄弟［Wright Brothers］，是那种距离感的致命破坏者，他们有使世界回复到混沌状态的危险。电报和电话破坏了宇宙。神话时代的思想和象征的思想在它们为从精神上解释人与其环境的关系所做的努力中创造了作为沉思的领域或推理的领域的空间，而电所带来的瞬时联系却破坏了那个空间，除非训练有素的人类恢复了良心的抑制。

gesehen, sondern als unendliche Wellen, die unter dem Handdruck dem Menschen gehorchen. Durch sie zerstört die Kultur des Maschinenzeitalters das, was sich die aus dem Mythos erwachsene Naturwissenschaft mühsam errang, den Andachtsraum, der sich in den Denkraum verwandelte.

Der moderne Prometheus und der moderne
Ikarus, Franklin und die Gebrüder Wright,
die das lenkbare Luftschiff erfunden haben,
sind eben jene verhängnisvollen Ferngefühl-
Zerstörer, die den Erdball wieder ins
Chaos zurückzuführen drohen. Telegramm
und Telephon zerstören den Kosmos. Das
mythische und symbolische Denken schaffen
im Kampf um die vergeistigte Verknüpfung
zwischen Mensch und Umwelt den Raum 226
als Andachtsraum oder Denkraum, den die
elektrische Augenblicksverbindung raubt,
falls nicht eine disziplinierte Humanität
die Hemmung des Gewissens wieder
einstellt.

瓦尔堡从未想过把这次讲座发表出来；相反，他深刻意识到它的个人性质，甚至是自白性质。在瓦尔堡的所有笔记中，也许没有哪些话比他在这次讲演的草稿上所附的评论写得更动人了，他在这

段评论里反对把这次讲座说成“人类学考察的结果的总结”。同时，这种反对态度表明，他自己已意识到对人的“恐惧反应”的本质的深入了解在多大程度上帮助他进行自我拯救。

笔记7

不应把这些笔记看作卓越的洞察力的佯装的结果，更不用说科学的结果了，而应看作一个寻求获得拯救的人的孤注一掷的自白，它讲述了一种不可动摇的联系，使得心灵的向上的奋斗仍然与投射身体原因的强迫行为连接在一起。最深处的问题仍然是对寻觅可觉察的原因这一繁重的强迫行为的宣泄。在这篇对在茫然无助的人类灵魂中所存在的恒久不变的北美印第安人的原始成分的比较研究中，我不希望被人发现有丝毫亵渎神明而兜售科学的迹象。有些后我而来者，试图获得明澈的认识，从而克服本能的魔法和推论逻辑之间的悲剧性的张力。图像与词语就是打算用

... nicht als ‘Ergebnisse’ eines vermeintlich überlegenen Wissens oder Wissenschaft (sollen sie aufgefasst werden), sondern als verzweifelte Bekenntnisse eines Erlösungssuchers vom Verhaftetsein des geistigen Erhebungsversuches im Verknüpfungszwang durch Verleibung. Die Katharsis dieses ontogenetisch lastenden Zwanges zur sinnlichen Ursachensetzung als innerstes Problem. Ich will, dass auch nicht der leiseste Zug blasphemischer Wissenschaftlerei in dieser vergleichenden Suche nach dem ewig gleichen Indianertum in der hilflosen menschlichen Seele gefunden wird. Die Bilder und Worte sollen für die Nachkommenden eine Hilfe sein bei dem Versuch der Selbstbesinnung zur Abwehr der Tragik der Gespanntheit zwischen triebhafter

作这些人的助手。它们是（无法治愈的）精神分裂症患者的自白，储存于精神病医生的档案中。

Magie und auseinandersetzender Logik. Die 227
Konfession eines (unheilbaren) Schizoiden,
den Seelenärzten ins Archiv gegeben.

第十二章　恢复工作（1924—1926） 228

瓦尔堡于1924年夏末返回汉堡时，发现自己的处境完全改变了。在他不在汉堡期间，扎克斯尔经过与瓦尔堡的家人商议，已经将孤独学者的私人图书馆转变为一所公共的研究院。[①]资金并不短缺，因为尽管德国当时仍未摆脱战后的通货膨胀，这个家族在美国的分支所寄来的钱在德国却很起作用。扎克斯尔安排了由杰出的学术权威们所做的一系列讲座，这些讲座又以书籍的形式出版，使图书馆声望大增。他创办了《学术丛书》[*Studies*]，由新建的汉堡大学的教师们合作编纂。他雇用了专门人员，包括格特鲁德·宾，瓦尔堡返回汉堡后，格特鲁德·宾成了瓦尔堡忠实的助手和秘书。当然，焦虑情绪和紧张气氛时有发生，尤其在瓦尔堡感到人们不再信赖他，不再让他重新掌管这所研究院的时候。但是，由于家人和朋友们的悉心照料，他得到了惊人的康复。他常把自己称为从死亡之乡归来的**亡灵**；但是，他到地狱走了一遭，说起话来却似乎更深刻，更具权威性了。

1925年4月，瓦尔堡做了一次弗朗茨·博尔纪念讲座，弗朗

① 关于这些发展，参见扎克斯尔的回忆录，第331页及以下。

茨·博尔是一位伟大的古典学者，他对占星学历史的研究曾充当过瓦尔堡求索之路上的向导。这次讲座不可避免地扼要重述了瓦尔堡先前的许多研究结果，但是他赞美人类与无理性力量斗争的一些阐述表现出一种乐观态度，这种乐观态度在关于路德的论文中是不具备的。他希望人们将出自占星学与天文学的历史的文本文献和图像文献，理解为人类为争取达到理性的超然态度（思维空间［Denkraum］）所做的努力的见证。这种努力绝非轻而易举，因为我们只能凭借图像进行思维：

“天穹”一词本身就包含了
229 人的整个普罗米修斯式的悲剧，因为那里并不存在什么固体的穹窿。但是我们必须使用这个崇高的图像来获得一种辅助构造，无论它有多么武断，这样，我们的眼睛就不再孤立无援地面对无限空间……

在已具有初步知识的一小批先驱者们看来，那些支配着地球围绕太阳运转的规律，意味着他们从对恶魔的恐惧中解放出来的开端……

Am Himmelsgewölbe ... die ganze Prometheustragik des Menschen liegt in diesem Wort: ein festes Gewölbe über uns gibt es nicht. Aber wir müssen dennoch dieses ganz hohe Bild gebrauchen, um eine wenn auch willkürliche Hilfskonstruktion zu haben für unser der Unendlichkeit ratlos gegenüberstehendes Auge.

... Gesetzmässige Kinesis der Erde um die Sonne bedeutet für den kleinen Vortrupp der Sternkundigen den Anfang von Befreiung von Dämonenfurcht.

（《弗朗茨·博尔讲座》［*Franz Boll Lecture*］，笔记本，第29页及下页）

在讲座的最后一节，瓦尔堡再一次显示了从历史材料中提炼一种个人意义的神奇天赋。他展示了默耶特［Moeyaert］所作的一幅画，人们最近将它辨认为表现了希波克拉底［Hippocrates］与德谟克利特［Democritus］的故事①（图版43a）。故事说到，阿夫季拉镇的人臭名昭著，德谟克利特就生活在他们当中。那些人看到他手中持着书写板，坐在一些剖开的动物中间，脸上还笑个不住，认为这位哲人疯了。他们便请来名医希波克拉底给他看病，德谟克利特却对希波克拉底说，他在搜寻灵魂的所在地，撰文论述疯狂的问题。于是，希波克拉底就可以告诉愚蠢的阿夫季拉镇人说，居住在他们中间的人不是疯子，而是最聪明的哲人。

在讲座的这段文字中表现出来的新的自信不久就产生了更具体的成果。1925年8月，在与瓦尔堡的住宅相毗邻的一块场地上，一所特别的图书馆大楼奠基了。同年秋天，瓦尔堡应邀为汉堡大学办一个研讨班。他以“古典时代对于文艺复兴早期意大利艺术中的风格变迁的意义”作为他的主题，将“上帝存在于细节之中”作为它的班训（参照第13页及下页）。

关于伦勃朗的讲座

但是，与此同时，另一个主题引起了他的注意。他于1926年5月在他的图书馆做了下一个公开讲座，他为这次讲座选择了

① W. 施特肖［W. Stechow］，《荷兰绘画中两幅描绘希波克拉底的作品》［“Zwei Darstellungen aus Hippokrates in der holländischen Malerei”］，《考古学年鉴》［*Oudheidkundig Jaarboek*］，4，1924年，第34—38页。

“伦勃朗时代中的意大利古典时代”［Italian Antiquity in the Age of Rembrandt］这一主题。

230 这种涉足一个他从未探索过的领域的冲动可能来自扎克斯尔，伦勃朗是扎克斯尔终生爱戴的人物。[①]瓦尔堡吸收这种新材料时所表现出的精力，他使之适应他的思维方式时所表现出的独创性，一定使所有曾担心他的力量已经消耗殆尽的人都感到惊讶和振奋。由于他打算论述伦勃朗对古典往昔的态度，因此，在举办讲座的几周前，他前往斯德哥尔摩观赏了伦勃朗的画作《克劳狄乌斯·西菲利斯的密谋》［*The Conspiracy of Claudius Civilis*］，此画最初是为阿姆斯特丹市政厅所作。他也让人将这幅画临摹下来，这件摹本现在悬挂在伦敦的瓦尔堡研究院中。

如瓦尔堡通常那样，这次讲座没有全文；也如通常那样，文字和幻灯片的清单表明，他有用于整个课程的材料，而非用于一小时的材料。根据瓦尔堡的日记记载，他讲了两小时十五分钟，但是据传讲座持续的时间还要长，就连对瓦尔堡最为赞赏的人们也感到疲惫不堪。

讲座集中论述了三件作品，阐明了一个古典主题——《劫掠普罗塞耳皮娜》［*Rape of Proserpina*］、《克劳狄乌斯·西菲利斯》和蚀刻版画《美狄亚》［*Medea*］。它的问题被表述如下：“古典遗产的哪些元素使伦勃朗的时代感到强烈的兴趣，以至影响了它的艺术创作的风格?”17世纪的人们习惯于按照流行的观念与形式想象那些古

① 参见F.扎克斯尔，《伦勃朗与古典时代》［“Rembrandt and Antiquity”］，《讲演录》，1957年，第298—301页，及插图。

典时代主题，瓦尔堡的目的是，通过将伦勃朗对古典遗产的个人反应放在那些流行的观念与形式的背景前，来彰显出伦勃朗对古典遗产的个人反应。这些司空见惯的事物在当时比比皆是，并影响了公众的趣味，要重构它们，只能根据通常被艺术史家所忽视的原始资料。要认识到一般人是如何理解古典主题的，我们就必须考察为古典作家绘制插图的画家，考察古典戏剧的舞台作品及其模仿品，尤其考察盛大庆典，对盛大庆典来说，古典神明、英雄和寓言已必不可少。有些为古典作家绘制插图的画家，其风格对人们关于古典时代的流行概念产生了决定性的影响，其中，意大利人安东尼奥·滕佩斯塔［Antonio Tempesta］最为重要。滕佩斯塔曾为奥维德和塔西佗［Tacitus］的著作绘制插图——奥维德是伦勃朗的《劫掠普罗塞耳皮娜》的资料来源，塔西佗是《克劳狄乌斯·西菲利斯》的资料来源。由于在伦勃朗的财产中列有滕佩斯塔的200幅蚀刻版画，我们就更有资格将伦勃朗的作品与这位插图画家的作品做一下比较。

滕佩斯塔的古典是意大利巴洛克风格的浮夸矫饰的古典。他是 231
那些肤浅而多产的艺术家之一，他们使用情念形式的“最高级”而并不深刻理解它们悲剧性的根源。在他看来，它们是十分有效的陈规，如众多装饰性的花饰一样，他应用这些陈规，是要给公众留下深刻印象，而非感动他们。在古典石棺上，表现极端情感的姿势与动作是真实的宗教体验的结晶。滕佩斯塔等人只是利用了外表；情念与它的来源“割离”开来，人性内容已荡然无存。然而，这种巴洛克风格的浮夸矫饰具有极大的吸引力。它完全支配了舞台监督和盛大庆典的组织者的心灵。斯特勒伊斯［Struys］的《劫掠普罗塞

耳皮娜》[*Ontschakingh van Proserpina*](1634年)[①]的一个版本附有滕佩斯塔为奥维德所绘制的插图(图版44b)的一幅摹本，而默耶特所绘制的一幅表现同一主题的画(图版43b)的灵感来源于古典石棺(图版44c)。默耶特表明自己对巴洛克风格的情念形式深知熟稔，他也负责1638年的寓言式的盛大庆典，这些盛大庆典表明他危险而轻易地操纵同样的语言。

我们正是必须在这个背景下来看伦勃朗作于同一时期的《普罗塞耳皮娜》(图版44a)。我们可以推测这位年轻艺术家所付出的种种努力，他要摆脱希腊化石棺所描绘的空洞而做作的姿势，而又不让这个神话失去其诗意的力量。

战车向冥界疾驰而去。普罗塞耳皮娜没有枉费精力地做出茫然无措的绝望姿势，而是顽强地猛戳普路托[Pluto]黝黑的面孔。她的同伴们似乎从水中浮现，身体隐蔽在草木之中，紧紧拽住她的衣服。伦勃朗的战车无疑来自和滕佩斯塔一样的画坊，但是一般化的面具已变成一只狮首。

Das Fahrzeug schiesst auf die Unterwelt zu. Proserpina lässt sich auf allgemeine Klagegestikulationen nicht ein, sondern greift höchst resolut dem Pluto in das dunkle Gesicht. An ihr Gewand heften sich, wie aus dem Wasser auftauchend, die Gespielinnen, deren Leiber von der Vegetation verdeckt sind. Ganz ohne Zweifel ist der Wagen Rembrandt's aus derselben Schmiede wie der Tempestas, nur hat sich die allgemeine Fratze in eine Löwenmaske verwandelt.

但是，最引人注目的变化

① 参见F.扎克斯尔，前引书，图版211a。

还是与马匹有关；几匹骏马不再趾高气扬地飞奔——每一缕鬃毛都与一名军事长官坐骑的地位相称。相反，它们驰入冥界的深渊。对这一母题的描绘，伦勃朗比其他所有插图画家都接近奥维德的著作，这是意味深长的，因为奥维德描写了这样一段情节，地面还没有那样飞快地裂开，暴怒的冥界统治者便以权杖击地，随即出现一个深渊，一下将战车吞噬。情感的虚饰一扫而光。我们稍许感觉到冥府［Hades］的可怕氛围，自从在文艺复兴的早期唤醒了古典时代以来，这种氛围就依稀弥漫在雕塑与绘画中。

伦勃朗这种新的注重事实的态度克服了空洞的古典**情念形式**，它源于15世纪的意大利，支配着欧洲的姿势语言的最高级。

Am überzeugendsten aber sind die Pferde, die den heroisch koketten Galoppsprung—jedes Mähnenhaar ein Dux—nicht mehr mitmachen, sie sausen in den geöffneten Unterweltsschlund. Bezeichnenderweise steht gerade in diesem Motiv Rembrandt dem Ovid näher als alle anderen Darstellungen, 232
denn Ovid lässt den rasenden Beherrscher der Unterwelt, als die Erde nicht schnell genug ihre Spalten öffnet, mit seinem Zepter in den Boden stossen, woraufhin sich erst der Schlund auftut, der das Gespann verschlingt. Sentimentale Floskeln sind fortgeblasen. Es weht eben jene unheimliche Hadesluft, wie sie schon seit dem Erwachen der Antike die Plastik und Malerei der Frührenaissance durchzittert.

Die neue Sachlichkeit Rembrandts führte zur Überwindung der ausgehöhlten antikischen Pathosformel, wie sie, von Italien aus dem 15. Jahrhundert herkommend, die europäischen Superlative der Gebärdensprache beherrschte.

因此，甚至这件早期作品也揭示出伦勃朗的这样一种倾向，他要摒弃巴洛克风格的浮夸矫饰的拙劣的新造像［coinage］，返回古

典艺术的价值观。在这个方面，可以将他与丢勒相比，瓦尔堡曾于1905年讨论过丢勒对他所熟知的意大利情念形式的抵制（第181页及下页）。在这种对官方风格的抵抗中，伦勃朗可以利用北方传统，早在15世纪，这种传统就将描绘面部表情的艺术与意大利对极端动作的喜爱对立起来。

当伦勃朗应邀为荷兰官方的骄傲——阿姆斯特丹市政厅描绘出自塔西佗著作中的一个场面时（图版45a），这两种关于古典时代的概念间的冲突就变得引人注目了。他的不朽作品遭到拒绝，预示了巴洛克风格的“官方艺术”［art officiel］的胜利。在荷兰反抗西班牙帝国的斗争期间，塔西佗所讲述的巴达维亚人奋起反抗罗马人的故事已成为荷兰爱国精神的鼓舞人心的象征符号——可与英国的布狄卡王后［Queen Boadicea］的故事相比。早在1584年，曾举行过一次盛大庆典，以庆祝奥兰治的威廉［William of Orange］在格罗宁根取得的胜利，这次盛大庆典包括一座凯旋门，它的一侧表现了海上力量的永久象征符号——执三叉戟的尼普顿［Neptune］，另一侧表现了克劳狄乌斯·西菲利斯，他踩住一名妄图逃跑的罗马人。我们
233 只有对这座纪念物的一段描述，但是它足以表明，出自塔西佗著作的这段情节，由于其由罗马凯旋艺术吸取的夸张姿势，已被同化到巴洛克风格的浮夸矫饰的“官方”语言之中。

1612年，滕佩斯塔的一个版画系列面世（图版45b），它以36幅插图庆祝与西班牙人的休战，并以简洁的拉丁语和荷兰语的解释性诗句描述了出自塔西佗著作的这一情节。这个系列根据的是手法主义者奥托·范·费恩［Otto van Veen］所作的一些绘画，滕佩斯塔以浅薄而不朽的情念那种毫不费力的方式予以复制。40年后，当用

绘画装饰"世界第八奇观"——新的阿姆斯特丹市政厅的问题成为人们议论的话题时，起草方案的冯德尔［Vondel］圈子的学者们竟再次选择了已在滕佩斯塔的系列中标准化了的同样的主题，这是十分自然的。城市元老们在向一些著名画家委托作品时所期待的正是一系列这类不朽的绘画；他们将一个场景，即夜间的宣誓，指派给伦勃朗去完成。

这件作品是如何委托的，随后又是如何撤走、裁截和变卖的，人们对此仍然知之不详。[①]当人们布置市政厅以备招待贵宾时，在打算张挂这个绘画系列的市政厅的弧形空间上，有两次都布置了临时性装饰，表现的是同样的主题，这就使情况变得更为复杂。今天有一幅油画填充了伦勃朗那幅画的位置，它实际上就是这些临时性的粗略草图之一（由奥芬斯［Ovens］绘制），将它放置在那里是为了遮住将伦勃朗的作品撤走后所留下的空位。然而，有一点是可以肯定的：这个系列中的其他绘画，无论是永久性的还是临时替代之物，都遵循滕佩斯塔的雕版画的精神与传统，因此和巴洛克风格"官方艺术"的气氛非常协调，这种气氛构成了阿姆斯特丹市政厅的装饰的特点。

伦勃朗的作品（图版45a）带有全然不同的特征。滕佩斯塔的插图表现了一个欢快的富有特色的营地场面，一场夜间"野餐"（图版45b），伦勃朗却将情节简化为基本元素，集中描绘了宣誓的庄严

① 瓦尔堡所依照的是F.施密特-德格纳［F. Schmidt-Degener］所做的记述，以《伦勃朗与荷兰巴洛克风格》［*Rembrandt und der holländische Barock*］为题收入《瓦尔堡图书馆学术丛书》［*Studien der Bibliothek Warburg*］，1928年。关于最近的讨论参见H.范·德·瓦尔［H. van de Waal］，《三百年中对祖国历史的描绘》［*Drie Eeuwen Vaderlandsche Geschied-Uitbeelding*］，海牙，1952年。

瞬间。伦勃朗通过表现交触利剑的仪式而对宣誓所做的象征性再
234 现，不是得自滕佩斯塔。这个程式不是源于古典时代而是源于北方的通俗传统。但是，这一程式已在对进行密谋的古典场景的早期表现中使用过。1609年与西班牙休战之际，在阿姆斯特丹上演的一场哑剧，除去出自李维［Livy］著作的其他场景外，还表现了布鲁图［Brutus］的密谋，剧中表现了他和伙伴们在宣誓仪式中交触利剑的情景（图版45c)。甚至在为市政厅所作的系列绘画中，伦勃朗使北方象征适应于表现罗马英雄气概的故事的做法也并非独创。利文斯［Lievens］和奥芬斯都仿效滕佩斯塔，以被举上盾牌的形式表现了布里诺［Brinno］(或者布鲁诺［Bruno］）被选为民众领袖的情景——这是与古典传统相异的另一个象征习俗。宣誓的形式并不是伦勃朗绘画中唯一的反古典的元素。他摒弃了滕佩斯塔的整个构图格局以及引人注目的倾斜的餐桌，以便画面更加简洁与集中。现在餐桌与画面平行，新的安排所表现出的僧侣般的庄严气氛令人回想起一种与滕佩斯塔的喧闹的营地生活迥异的环境。我们知道，伦勃朗研究并临摹过仿照莱奥纳尔多的《最后的晚餐》所作的雕版画，他在对宣誓的描绘中所唤起的正是对这个圣餐场面的记忆。

实际上，伦勃朗之所以摒弃了官方艺术的**情念**，是因为在他看来，献身于爱国事业的瞬间不能靠外在的显示来表现。他将他的主题想象为精神交流的主题，想象为在战争冲突与采取行动之前沉思与专注的瞬间。他抵御住了诱惑，没有使用空洞的**情念形式**，为其本身目的而对行动进行表现，却选择了去表现延迟的行动这一人类特定的情境，刺激与反应之间的停顿，其特征不是由姿势，而是由一直是伟大的北方艺术的标志的那种紧张的克制所反映的，

他的伟大之处由此可见。

伦勃朗的《克劳狄乌斯·西菲利斯》象征着一位天才拒绝受到诱惑，或者凭借对关于国家往昔的古典故事的其他图解的记忆，或者凭借哑剧与戏剧的可直观感知的事物，将浮夸矫饰的或者戏剧性的做作举止罗马化。这幅表现复仇的画作那种严峻的、透出男子汉气概的庄重的气氛，没有讨得市政厅的先生们的欢心，这件事仅有助于证明，那时，正如在任何其他时候或者在欧洲的任何其他国家一样，希望其艺术适合某些场合的欢乐气氛的人们，不愿面对一次激动人心的经历所提出的难以应付的挑战。

Rembrandts Claudius Civilis sym-
bolisiert einen Augenblick, wo einer-
seits die gedächtnismässig in Wort und
Bild festgehaltene, antike historische
Erzählung aus eigener Vorzeit, und
andererseits die unmittelbare lebendige
körperhafte dramatische Darstellung weder 235
zu romanisierender Eloquenz noch zu
theatralischer Pose verleiten können. Dass
die bittere Ernsthaftigkeit, die in diesem
Rachebild liegt, den Herren des Rathauses
nicht zusagte, beweist nur, wie damals und
zu jeder Zeit und in jedem Lande Europas
Gelegenheitskunst für festliche Stimmungen
von auffordernden Erlebnissen nur widerstrebend
Kenntnis nehmen mag.

在那一时期的流行趣味的背景下来解释伦勃朗的《美狄亚》，也得出了相似的结果。伦勃朗的蚀刻版画（图版46a）是为他的赞助人扬·西克斯［Jan Six］所撰写的悲剧的1648年的版本而作。那一时期的插图画家和舞台监督在处理这样的主题时，通常都利用了从女巫的故事中可以得出的所有粗野和耸人听闻的效果，这名女巫为激怒自己孩子们的父亲而杀害了他们。看一看滕佩斯塔所作的《屠杀婴儿》，人们就会知道他会如何描绘美狄亚复仇的故事（图版46b）。为取得极端残暴的效果，以*sophrosyne*［适度］为代价，他再次轻率地使用了罗马凯旋艺术的空洞的**情念**。

如果艺术家允许人性内容被浮夸矫饰的外表所淹没，那么舞台监督便屈服于一种相似的诱惑。在当时对《美狄亚》的演出中，最精彩的场面是女巫的消失，她乘上由龙拉的在空中行驶的马车逃向空中。公众所期待和要求的就是这样的舞台效果，它起源于意大利的盛大庆典。对这个情节的兴趣扼制了对这个复仇女子心理悲剧的表现。在意大利，这种巴洛克风格的舞台表演通过音乐烘托出的崇高气氛而得以克服。

当词语和音乐取得了新的一致，在冷漠无情的姿势上花费精力的情况便得到了改变。宣叙调［recitativo］成为激动人心的激情的神奇的变压器。英国拥有一个天才，莎士比亚［Shakespeare］，他使公众不得不承认，扣人心弦的激情与极度的超然态度的两重
236 性是他的人物的**主旋律**，不过也必须使他的公众首先放弃令人大饱眼福的假面剧，融入需要进行自觉沉思的悲剧之中。

Der entseelten Gestikulation stellte sich energieumwandelnd die neue Einheit von Wort und Ton entgegen. Das Rezitativ war der zauberhafte Transformator leidenschaftlicher Ergriffenheit. England aber wurde in Shakespeare das Genie geschenkt, das die Duplizität von leidenschaftlicher Ergriffenheit und höchster Besonnenheit als Leitmotiv seiner Charakterschöpfungen einem Publikum aufzwang, das auch erst von der Augenweide des Maskenspiels zum Miterleben der Tragödie der Besonnenheit gezwungen sein wollte.

将伦勃朗的《美狄亚》与通常那些对这一主题的俗气表现做一下比较，我们就会认识到，如在《克劳狄乌斯·西菲利斯》中那样，他的描绘又一次指明了通往精神化的途径。因为伦勃朗为他的插图选择的既不是戏剧性的行动——谋杀的瞬间，如其他插图画家所做的那样（图版46c），也不是美狄亚神奇逃遁的瞬间。他的构图表面上集中于伊阿宋［Jason］与克瑞乌萨［Creusa］的婚礼，而将正思索着如何报复的美狄亚置于前景的阴影中。他又一次表现了内心紧张的瞬间，行动前的沉思的瞬间，而非行动本身，这使他抛弃了对这一主题的传统表现形式，那些表现形式是以希腊化石棺的情念为基础的。在摒弃希腊化巴洛克风格的粗劣的“最高级”时，伦勃朗重新发现了这一神话的真正的人性内容，这种真正的人性内容在他所不知晓的艺术品中已予以表现。庞贝壁画中所反映出来的提牟玛球斯［Timomachus］所作的著名的《美狄亚》，表现的就是在采取行动前的内心斗争的瞬间（图版46d）。

一些艺术家要求他们的公众，应当对在面对无法预测、危险重重的未来时对心理能量的不顾一切的集中做出反应，应当对哈姆雷特［Hamlet］的永恒问题，反射运动与沉思行为之间的良心的极度痛苦感到同情——无论这些极度痛苦是在美狄亚的还是在克劳狄乌斯·西菲利斯的道德呼	Wer verzweifelte innere Zusammenfassung, die sich auf ungewisse gefahrvolle Zukunft vorbereitet, innerlich von den Kunstfreunden verlangt, Mitleiden mit dem ewigen Hamletproblem der Gewissensqual zwischen Reflexbewegung und reflexivem Verhalten—es mag nun

吁中得到体现，而他们已被转换为道德上的崇拜图像。这样的艺术家将总是必须冒被当今和当前时代决定作品是否能成功得到认可的人们驱逐的风险。但是，在追求者的圈子中，复苏之日已开始出现，正如由于莱辛的影响，对迟疑不决的美狄亚而言复苏之日开始出现一样，对于伦勃朗的克劳狄乌斯·西菲利斯而言，复苏之日也已开始出现。

in der Medea oder im Claudius Civilis als sittlich forderndes Kultbild aufgerichtet werden, der wird immer Gefahr laufen, von den Lieferanten triumphaler Gegenwartsbejahung aus dem Felde geschlagen zu werden. Aber der Tag der Wiederauferstehung im Kreise der Suchenden kam, wie für die zögernde Medea durch Lessing, so auch für Rembrandt's Claudius Civilis.

237 因此，在伦勃朗与古典时代相遭遇的这些例子中，我们必须看到一个具有典型重要性的事件。尽管欧洲已屈从于一种复苏的希腊化的**情念**，这种**情念**在凯旋的盛大庆典和巴洛克装饰中十分盛行，这位天才却抵制它们。他没有选择当时的艺术语言中手到擒来的那些空洞的“最高级”的最初表现，而是停顿下来，认真思考，并转而采用人类价值观尚未消失殆尽的那些不同的艺术象征符号。从这个观点来看，艺术家对来自往昔的冲动做出的反应和他对一个主题的描绘即使不尽相同，也是密切相关。正如这位艺术家没有草率地仓促采用矫饰浮夸姿势的风格一样，他也将他的表现对象描绘为在行动前停顿。不受直接的恐惧反应的摆布而是延长沉思的间隙是真正的文明的目标。因为在这个间隙中，人可以从原始反射的强制性影响中摆脱出来。行动不是激情的奴仆的被动的机械行为，而将是有意的选择的结果。人能够抵御隐藏在往昔的传统中的能量。当他选择并权衡那些呈现出来供他使用的象征符号时，他可以牵制这种能量。

伦勃朗对于空洞的程式的摒弃，他朝向神圣的牺牲的象征符号、北方民间传说的象征符号和美狄亚神话的悲惨内容的象征符号的转向，代表了一种典范的行为。

心灵的表现性的劣币是在半地下区域铸造的，这些穿越了这种半地下区域的旅行也许有助于克服对于美学的纯形式主义研究方法，为人类表现的动力学的理论准备道路。这必须建立在对艺术中的图像创造与实际生活和舞台上所表现的生活的动力学之间的联系所做的文献学的与历史的研究的基础上。

Die Wanderung durch die halbunterirdischen Regionen der Prägewerke seelischer Ausdruckswerte ... mag dazu dienen, über eine rein formale Ästhetik hinweg auf der Grundlage einer philologisch historischen Untersuchung des Zusammenhangs zwischen der bildhaft kunstwerklichen Gestaltung und der Dynamik des wirklichen oder dramatisch gestaltenden Lebens die Bahn zu bereiten für eine energetische Lehre vom menschlichen Ausdruck.

随赫利俄斯［Helios］升向太阳和随普罗塞耳皮娜坠入深渊象征着两个阶段，这两个阶段和交替呼吸一样不可分离地属于生命的循环。

Die Auffahrt mit Helios zur Sonne und mit der Proserpina in die Tiefe ist symbolisch für zwei Stationen, die untrennbar im Kreislauf des Lebens zusammengehören, wie Ein- und Ausatmung.

我们在这个旅行中所能携带的只是冲动与行动之间永远短暂

Auf dieser Fahrt dürfen wir als einziges 238
Reisegut nur mitnehmen: die ewig flüchtige

的间隙；我们借助记忆女神可将这个喘息空间延伸多久，这要取决于我们。	Pause zwischen Antrieb und Handlung; es steht bei uns, wie lange wir mit Hilfe der Mnemosyne diese Athempause dehnen können.

因此，在这篇关于伦勃朗的论文中，瓦尔堡强调了面对传统时个人选择与责任的元素。古典遗产具有“两极性”，人们可以从好的方面和坏的方面加以利用。

我们不可胁迫古典时代，要求它回答它属于古典的宁静还是恶魔般的狂乱的问题，仿佛只有这两种选择。无论我们觉得它激发我们采取激昂的行动，还是导致表现出安详智慧的宁静，这实际上都取决于后来者的主观气质，而非取决于古典遗产的客观性。每一个时代都有它应得到的古代的复兴。	Man darf der Antike die Frage 'klassisch ruhig' oder 'dämonisch erregt' nicht mit der Räuberpistole des Entweder-Oder auf die Brust setzen. Es hängt eben vom subjektiven Charakter der Nachlebenden, nicht vom objektiven Bestand der antiken Erbmasse ab, ob wir zu leidenschaftlicher Tat angeregt, oder zu abgeklärter Weisheit beruhigt werden. Jede Zeit hat die Renaissance der Antike, die sie verdient.

第十三章　社会记忆理论 239

细心的读者会注意到，瓦尔堡所做的关于伦勃朗的讲座，不仅题材，而且其对心理的强调，对于他来说都是十分新颖的。伦勃朗所抵制的古典的**情念**在这次讲座中被说成是一种记忆，艺术家可能屈从于它，或者能够控制它。在古代雕塑中所体现并在巴洛克风格中得到复苏的**情念形式**，实际上是一种情感体验的积淀，这种情感体验源自原始宗教态度。西方文明必须承认这些早期经历的遗产，必须学会如伦勃朗一样支配它们。因此，艺术家达到沉静的状态，科学家取得理性的超然态度，这两者之间有着直接的对应关系。可以将两者都看作对于来自那个原始阶段的记忆所取得的胜利，那个原始阶段是维尼奥利和进化论者们所假定的，瓦尔堡在他关于美国印第安人的讲座中再次论述了那个阶段。

尤其从翌年起，即从1927年起，瓦尔堡的笔记开始针对记忆在文明中所充当的角色这一问题。他从没有条理井然地清楚说明这种理论，实际上人们不得不根据他在研究这类问题时通常所采用的那种心理速记来重构这种理论。但是，如果我们对瓦尔堡的术语追根溯源，这些令人困惑的话语就变得清清楚楚了，在本章中将不得不引用一些这样的话语的例子。

关于“种族”记忆的一些观念在19世纪十分流行，它们在史学家、诗人与批评家的用语中几乎毫无争议地获得认可。因此，雅各布·布克哈特在讨论多纳太罗的《大卫》[*David*]时，试图通过遗产而不是通过直接的模仿来说明它的古典特性：

> 如果这件作品确实令人联想起古典时代，这实际上一定是由于一种无形的力量，或者是通过遗传。实际上人们绝不可全然忘记……意大利中部的人们来源于古代居民。①

240 在世纪末的诗人与批评家中，关于种族记忆的影响的各种思索当然非常流行。瓦尔堡几乎不可能读过W. B.叶芝[W. B. Yeats]的著作，叶芝于1901年在他关于魔法的论文中提出过这样的理论，他也不太可能接触过塞缪尔·巴特勒[Samuel Butler]的诸种理论。小泉八云[Lafcadio Hearn]在欧洲大陆更受欢迎，无论瓦尔堡是否了解他，下面的系统阐述都与瓦尔堡的观点惊人地相似：

> 当人们感受到某种客观上十分秀丽的容貌，而这种秀丽的容貌与继承下来的理想的某些轮廓依稀相应，一股祖传的情感波涛便即刻冲刷了暗淡已久的图像……对生存目标的感官反应暂时与主观的幻想——与由无数个记忆所构成的美丽而光彩熠

---

①《文艺复兴时期的雕塑》[“Skulptur der Renaissance”]，《布克哈特全集》[*Gesamtausgabe*]，第13卷，第221页：Wenn nun gleichwohl etwas Antikisches dem Werke innewohnen soll, müsste es wahrlich auf dem Wege einer unsichtbaren Kraft hineingekommen sein, oder durch Erblichkeit ... Man darf in der Tat nie völlig vergessen, dass die ... Bevölkerung von Mittelitalien von dem antiken Volke abstammt。

> 熠的幽灵相混融……于是谜便作为记忆而自行解开。①

甚至瓦尔堡对于种族记忆在姿势中所充当的角色的强调也可以在一段类似的文字中得到证明，如里尔克［Rilke］在他的《致一位青年诗人的信》［*Letter to a Young Poet*］（1903年12月23日）中写道："可是这些人，这些逝去已久的人，作为禀赋，作为我们命运的负担，作为循环着的血液，作为从时间的深处升发出来的姿势，依然存在于我们的生命里。"（Und doch sind sie, diese langvergessenen in uns, als Anlage, als Last auf unserem Schicksal, als Blut, das rauscht, und als Gebärde, die aufsteigt aus der Tiefe der Zeit.）

不可否认，在我们自己的时期，人们对于这段话的种种未加证实的思索变得特别反感，因为这些思索存在一种危险，即，可能给予种族主义信条以"帮助与慰藉"。此刻也不可回避这样一个问题，即，对于文艺复兴的解读，瓦尔堡与种族主义的一位早期信徒默勒·范·登·布鲁克［Moeller van den Bruck］之间也存在某些相似之处，默勒·范·登·布鲁克于1913年写道：

> 贝伦森曾在某处问道，希腊化意义上的非古典风格，异国情调，几乎日本式的事物，是从何处进入波蒂切利的艺术的？我们知道答案：一种亚洲的种族的气质［karma］在这一点上取得突破，随之将原始意大利形式带到表面。不仅是风格

① 选自《异国风物及回想》［*Exotics and Retrospectives*］，援引自C. K.奥格登［C. K. Ogden］、I. A.理查兹［I. A. Richards］和J.伍德［J. Wood］，《美学原理》［*The Foundations of Aesthetics*］，伦敦，1925年。

> 而且还有勃勃生机，不仅是动作而且还有人们都卷土重来。在喜欢纵情狂欢的伊特鲁里亚，艺术一度曾以这一无与伦比的节
> 241 奏、以这种不均匀但更加怪诞而狂热的节拍悸动。从伊特鲁里亚陵墓的湿壁画上的舞女轻快的舞步中，我们了解了波蒂切利所创造的种种形式……我们也了解了残暴行为和莎乐美式的类型［type］……[①]

瓦尔堡对于科学性的偏爱，他对理性的道德评价，使他远离了这种著述。"集体"记忆的问题在他求学岁月的理论笔记中的确没有充当什么角色，但是有迹象表明，当时他对"一元论"心理学感兴趣。他也阅读了伟大的心理学家埃瓦尔德·黑林的一篇著名的论文《作为有机物一般功能的记忆》［"Memory as a General Function of Organized Matter"］[②]。

在这篇讲稿中，黑林建议将生物的两个特性——记忆与遗

---

① 《意大利之美》［*Die italienische Schönheit*］，慕尼黑，1913年，第581页：Berenson fragt einmal, woher denn in aller Welt das Unantike im hellenistischen Sinne, woher das Exotische, das beinahe Japaneske Botticellis gekommen sei? Wir wissen die Antwort: ein asiatisches Rassen-karma schlug hier durch und holte die italienischen Urformen wieder herauf. Nicht nur die Zeichnung, auch das Leben, nicht nur die Bewegung, auch die Menschen kehren wieder. Im Etrurien der grossen Orgien hatte einst die Kunst schon diesen unvergleichlichen Rhythmus gehabt, und diesen alogischen und asymmetrischen, aber dafür phantastischen und ekstatischen Takt. Wir kennen die Formen, die Botticelli bildete, von dem leichten Schritt der Tänzerinnen her, die sich auf den Fresken der Grabkammern reihen ... das Grausame und Salomehafte ...

② 参见第222页。瓦尔堡特别喜爱的术语Säftesteigen［树液上升］就来自这次讲座。

传——归结为一个。遗传只不过是种族记忆。黑林也谈到了文化传统、语言与象征在人类“记忆”中充当的角色，但是他推测一定有某些遗传下来的倾向，以说明某些传统所具有的力量。

在瓦尔堡论“仙女”的片断——《作为有机物的一种功能的对于古典时代的记忆》[“Die Erinnerung an die Antike als Funktion der organisierten Materie”]中，短暂地提及了黑林的观念，但是瓦尔堡显然认为它没有前途，只是随口提及。即使如此，也有迹象表明，瓦尔堡认为表现性动作源于种种冲动，这些冲动是从往昔流传给艺术家的。他谈到一些无意识的、遗传下来的性情[①]，认为艺
术是“社会记忆的器官”。的确，他对汉堡市政厅中胡戈·福格 242
尔的壁画（第191页）的批评在指责这位艺术家逃避了这一责任时

① 《节日庆典》，1905年，第127页。后来的理论的最完全的预兆——但是过于浓缩和模糊的预兆——出现于他1907年的日记中，他在日记中思索了他对歌德的《植物的蜕变》[*Die Metamorphose der Pflanzen*]的解读：

> 我尤其看到，我觉得是我自己所创造的极性概念也位于歌德的思想的中心。文艺复兴的问题现在表现为人类与个人的自我意识的能量的变形的问题，这种变形是因古典往昔能量高峰的记忆图像的恢复而产生的极性化所造成的——更简要地说，是“通过恢复的记忆的动态极性化”所造成的。

> Vor allem sehe ich, dass der von mir als geprägtes Eigentum empfundene Begriff der Polarität auch bei Goethe im Centrum steht. Problem der Renaissance stellt sich dar als energetische Metamorphose des humanen individuellen Selbstgefühls hervorgerufen durch Polarisierung, die durch Wiedereinstellung des Erinnerungsbildes an vorzeitlich (antike) geleistete Energiesteigerung hervorgerufen wird—kürzer: Dynamische Polarisierung durch wiederhergestellte Erinnerung.

（1907年5月25日）

达到了高潮。

瓦尔堡在患病期间可能接触过荣格［Jung］的学说，而通过这种接触，这些观念在多大程度上可能在瓦尔堡的心中得到强化，这一定仍是一个未解决的问题。在瓦尔堡所提出的体系与荣格关于原型和种族记忆的观念之间，的确存在一种发人深省的对应。然而，瓦尔堡在他的笔记中从未提及荣格的著作。他恪守对“一元论”的偏爱，求助于黑林最热情的追随者之一里查德·塞蒙［Richard Semon］，瓦尔堡于1908年购买过他的著作《论记忆》［*Mneme*］[①]。

简言之，塞蒙的理论相当于这样一点：记忆不是意识的一种属性，而是区分有生命物质与无生命物质的唯一性质。它是在过一段时间后对一个事件做出反应的能力，即，保存并传递物质世界所不知晓的能量的一种形式。任何影响有生命物质的事件都留下了痕迹，塞蒙称之为“记忆痕迹”［engram］。保存在这个“记忆痕迹”中的潜在能量在适当条件下会被恢复活力并释放出来——那么我们就说，这个有机体以一种特定的方式行动是因为它**回忆起**先前的事件。这适用于物种，同样适用于个体。当瓦尔堡继续研究他青年时期关于象征符号的本质及其在社会有机体中的功能的那些理论时，正是记忆能量的这种概念吸引了他，记忆能量保存在“记忆痕迹”中，但是服从可与物理定律相比的定律。当与兰普雷希特的社会心理学的观念一起考虑时，这种理论就为他的历史心理学提供了一个框架，在兰普雷希特的社会心理学的观念中，是将社会躯体像个体

① 《作为对有机事件的变化中的保持原理的记忆》［*Die Mneme als erhaltendes Princip im Wechsel des organischen Geschehens*］，第2版，莱比锡，1908年。

心灵一样作为一束刺激［Reize］来对待的。瓦尔堡从未系统地阐明随后产生的理论，但是，可以根据他在应用这种理论时所用的术语对它进行重构，就此而言，它的主要原则如下：

在种种文明的生活中，与塞蒙的“记忆痕迹”相对应的是**象征** 243
符号。在象征符号中——在这个术语的最宽泛的意义上——我们发现那些能量得到保存，而它本身就是那些能量的结果。[①]这些能量产生了文明的象征符号，它们来自十分强烈的基本经历，这些经历也构成了原始人的生活。瓦尔堡正是在心灵的这些古老的层次中寻找文明的两个基本方面的根源，他把这两个方面称为“表现”与“定向”。

尽管瓦尔堡说得似乎并不这样明确，他的表现理论仍然墨守达尔文的著作《人类和动物的表情》，在他的学生生涯，这本著作曾给他留下十分深刻的印象。人们会记得，在达尔文看来，人类表情可最好地解释为动物反应的残余，而动物反应曾是动物的动作的有用储备的一部分。将拳头握紧曾是为击打做准备，皱眉曾是为着在搏斗中保护双眼。现在的一种象征行动，即一种“表情”，来自一种强烈得多的身体动作。对人来说，回复到这样的动作就是发狂；咬人或者抓人就是放弃人类的地位。但是，倘若没有对祖先传下来的这些反应的减弱了的记忆，人类就会毫无表情。

由于受到维尼奥利的进化论的强烈影响，在瓦尔堡的解释中，几乎把达尔文的动物状态与“原始”的观念相融合。在瓦尔堡看

① 《能量守恒的象征》［“Energiekonserve-Symbol”］，《基本概念》［*Grundbegriffe*］，第2卷，笔记本，1929年，第21页。

来，不是动物而是原始人完全听任于支配了他们的情感与激情，于是设计了对于基本反应的那些具有高能荷的象征符号，它们作为人类经验的原型在传统中延续下来。尤其是原始仪式和狄俄倪索斯式的癫狂中的一阵阵宗教热情，在具有永恒意义的象征符号或者“记忆痕迹”中具体化。“狄俄倪索斯式”的希腊古典时代对于我们西方文明的重要性即在于此。我们发现，在它的神话中珍藏着情感与放肆的极端，现代人一定敬而远之，但是，由于它们保存在艺术象征符号中，它们包含着人们单单凭借它们就可以进行艺术表现的那些情感模式本身。如果没有在酒神女祭司的舞蹈和酒神祭司的癫狂中得到释放的原始激情，希腊艺术就永远不能创造姿势的那些“最高级”，而最伟大的文艺复兴艺术家就是用这些“最高级”表现了最深邃的人类价值观。

244 对宗教仪式的经验，宗教仪式充当了悲剧性激情的表现系统的主要制造所。

Das kultliche Erlebnis als Urprägewerk in der Ausdruckswelt tragischer Ergriffenheit.

（《邮票》[*Briefmarke*]，笔记本，1927年，第9页）

在传统中流传下来的人类表现的最大值对于创造动态象征符号的功能。

Die Funktion der überlieferten Höchstwerte menschlichen Ausdrucks bei der Prägung dynamischer Symbole.

（《一般观念》[*Allgemeine Ideen*]，笔记本，1927年，第58页）

赋予希腊化艺术派生产物的这种中心角色，由于是用这些一般性词语表述的，也许看上去令人困惑不解。但是，他的兴趣从开始就集中在文艺复兴艺术中对于运动的表现，波蒂切利的少女们飘动的衣衫，尤其是“仙女”的形象，即打搅了吉兰达约的佛罗伦萨客厅的冷漠而宁静的气氛的那个异教激情与性感的象征符号，如果人们记得这一点，它在瓦尔堡的观念系统中的重要性就即刻易于理解了。在“仙女”的祖先中，瓦尔堡已发现了罗马的维多利亚和希腊的酒神女祭司，两者都是飞快运动的女性形象，表现了征服的胜利和酒神的狂喜的高潮。

于是，在瓦尔堡的术语中，将罗马凯旋艺术的产物，尤其是古代石棺，与种族记忆的“记忆痕迹”相等同，那些石棺保存了这些表现喧闹作乐与狂乱景象的图像（图版47a）。瓦尔堡在多大程度上是要人们认真地看待这种等同，人们从来不清楚，但是他无疑将古代雕塑的这些新造像想象为“动力图”[dynamograms]，即心理能量的沉淀，那些心理能量曾经在对酒神崇拜的热潮中震撼过希腊部落团体，在一个异教武士部落的狂欢中影响过罗马世界。无论凭借遗产还是凭借接触，与这些象征符号相接触的艺术家再次体验到它们所充满的“记忆能量”（图版47b）。

于是，对于他在整个工作生涯中一直关注的文艺复兴艺术的那些现象，瓦尔堡最终发现了一种解释。而且，这种解释实现了他的抱负，他要得出一种“一元论的”社会心理学，这种社会心理学坚实地建立在生物学的基础上。

难怪他以这样一种新的意识返回到情念形式及其充当的角色的研究上来，即，它作为一种心理现象具有范式意义。这种研究所涉 245
及的不仅是一种特定风格的历史。这颗火花是通过与真正的异教癫狂的带有能荷的象征符号的接触所产生的，它点燃了新的火焰，这团火焰既滋养了文艺复兴又毁灭了文艺复兴。瓦尔堡在他最后岁月的笔记中以不断更新的表述返回这个主题，而他所使用的语言本身反映了作者在这个决定性的过程面前的兴奋与敬畏的心情。从异教信仰的遗物中似乎散发出非人的力量，作者本身显然对此有所体验。他屈服于它们的魅力，如同聆听激动人心的音乐的人会被它的节奏与氛围所迷住。在某种意义上，这些词语图画可以作为发现了狄俄倪索斯式的古代的那一代人的文献，与温克尔曼为古典雕像的静穆之美所作的著名的赞美诗相并列：

就那些表现性动作可被移译为姿势语言而言，我们必须到放荡的大众癫狂的领域中寻找那个制造所，它将极端情感表达的表现性动作深深铭刻到记忆中，以至痛苦激情的经验的这些记忆痕迹作为储存于记忆中的遗产留存下来。它们成为范例，一旦在艺术家的创造性作品中需要出现表现性动作的最大值，它们便决定着艺术家的手所描绘的轮廓。	In der Region der orgiastischen Massenergriffenheit ist das Prägewerk zu suchen, das dem Gedächtnis die Ausdrucksformen des maximalen inneren Ergriffenseins, soweit es sich gebärdensprachlich ausdrücken lässt, in solcher Intensität einhämmert, dass diese Engramme leidschaftlicher Erfahrung als gedächtnisbewahrtes Erbgut überleben und vorbildlich den Umriss bestimmen, den die Künstlerhand schafft, sobald Höchstwerte der Gebärdensprache durch Künstlerhand im Tageslicht der Gestaltung hervortreten wollen.
享乐主义的审美家们认为，大笔挥扫的装饰线条具有更大的	Hedonistische Ästheten gewinnen die wohlfeile Zustimmung des kunst-

感官吸引力，当他们以此解释这种形式变迁时，他们能够轻易地得到热爱艺术的公众的廉价赞同。喜欢香的和美的植物的人也许会对最有香味和最美的植物的植物群感到满足；那永远不会产生可以对树液上升做出解释的植物生理学，因为它只会将秘密泄露给在它的地下根中考察生命的人。

geniessenden Publikums, wenn sie solchen Formenwechsel aus der Pläsierlichkeit der dekorativen grösseren Linie erklären. Mag wer will sich mit einer Flora der wohlriechenden und schönsten Pflanzen begnügen, eine Pflanzenphysiologie des Kreislaufs und des Säftesteigens kann sich aus ihr nicht entwickeln, denn diese erschliesst sich nur dem, der das Leben im unterirdischen Wurzelwerk untersucht.

（为《记忆女神》的引言所写的笔记，1929年，B. 4—5）

尤其出现于小亚细亚的放荡不羁的表现性动作在酒神崇拜的追随者中的释放，包括了在恐惧症经历支配下的人性的动态话语的全部范围，从无助的被动承受到残忍的癫狂，以及属于激昂状态崇拜的介于其间的动作，例如阔步行走、奔跑、舞蹈、抓取、带来、携带。每当这些在艺术品中得到表现，它们便深刻地表达了这种任由情感摆布的状态的回声。激昂状态制造所的标志确实

Die ungehemmte Entfesselung kör- 246
perlicher Ausdrucksbewegung, wie sie besonders in Klein-Asien im Gefolge der Rauschgötter sich vollzog, umfängt die ganze Skala kinetischer Lebensäusserung phobisch-erschütterten Menschentums von hilfloser Versunkenheit bis zum mörderischen Taumel und alle mimischen Aktionen wie sie im thiasotischen Kult dazwischen liegen, gehen, laufen, tanzen greifen, bringen, tragen, lassen in der kunstwerklichen Darstellung den Nachhall solch abgründiger Hingabe

是这些表现性新造像的本质的和离奇的特征，这些表现性的新造像，例如，由古典时代石棺上向敏感的文艺复兴艺术家们诉说。

verspüren. Der thiasotische Prägrand ist geradezu ein wesentliches und unheimliches Kennzeichen dieser Ausdruckswerte wie sie etwa auf antiken Sarkophagen, zum Auge der Renaissancekünstler sprachen.

（《记忆女神》的引言，C. 3，第3页）

异教世界不羁的夸张和悲剧的绝望，为我们留下了谦卑石匠的作品，作品里如许硬石，欢快而哀婉，仿佛热烈的死亡之舞；人类的激情就在这亡者中不朽，在抓取的狂欲或在被激情左右的狂欲里长存，以至任何生来具有恻隐之心和会意之眼的人，只要他为永恒的冲动所迫，不得不吐泄衷情，他都必然会用这种风格倾诉。

Im harten Steinmetzwerk, das die pompös prahlende oder verzweifelt sterbende Heidenwelt hinterliess, jubelt und klagt ein lebender Totentanz, lebt die Menschenpassion in ihren Toten als leidenschaftlicher Greifwille und leidenschaftliches Ergriffensein so ungestört unsterblich weiter, dass jeder Nachfahrende, insofern nur Auge und Herz an der richtigen Stelle sitzen, in diesem Stile nachsprechen muss, sobald ihn unsterblicher Ausdruckszwang schüttelt.

（《基本概念》[*Grundbegriffe*]，第1卷，笔记本，1929年，第3页）

正是因为瓦尔堡将异教癫狂的遗物与文艺复兴心灵间的接触想象为一种决定性的邂逅，他才十分强调，面对这些无法抗拒的影响时，需要在道德上坚持己见。除非艺术家小心翼翼地处理这些“记忆”，将它们保持在安全的距离，否则他就会被它们所焕发的强烈
247 的生命力所征服。文艺复兴艺术家将这些危险的电荷保持在适当范

围的一种方式是通过使用灰色画，即把对古典元素的引用与写实主义的逼真描绘蓄意分离开（参见第176页）。

模仿的古典雕塑（雕版画或者素描中的灰色画）的风格将亡灵们［revenants］的新造像限制在显而易见的隐喻的遥远的虚幻领域，这种隐喻在本质上与［基督教艺术的］三重类型学相同。	Die scheinplastische antike Vortragsweise (Grisaille als Stich bzw. Zeichnung) hält das Schattenreich der vorgeprägten Revenants in metaphorischer Distanz, die ihrem Wesen nach dreistufige Typologie ist.

（《灰色画》［*Grisaille*］，笔记本，1929年，第32页）

作为艺术上自制的行为，对用灰色画表现的人物的创造。	Erschaffung des Grisaillemenschen als Akt der künstlerischen Sophrosyne.

（《灰色画》，第24页）

但是，瓦尔堡对古典“记忆痕迹”的具体历史的研究，使他想到了另一种吸收方式：重新解释。使用来自激昂状态之源的危险的“最高级”的艺术家，可能利用这些象征符号的充分能量，却没有同时充分展现它们的古老心性。他可以在一种不同的上下文中使用它们，“颠倒”它们最初的野蛮意义，却从它们作为表现性程式的价值中获益。以这种方式，贝托尔多·迪·乔瓦尼［Bertoldo di Giovanni］曾使用一个异教的酒神女祭司的范本（图版48a、b），来表现抹大拉的马利亚［Magdalen］在十字架下悲恸欲绝的情景，在瓦尔堡看来，多纳太罗将一个石棺盖子上的一件浮雕（图版47a）用于帕多瓦的圣安东尼教堂［Santo］中他自己的构图（图版48c），在那件浮雕中，彭透斯［Pentheus］被酒神女祭司们撕成了碎片。在异教的癫狂曾表现被无情的女人撕下一条腿的地方，这位基督教艺术家却“颠倒”了这一表现方式，来赞美治愈一条断腿的事迹。①

同样，阿戈斯蒂诺·迪·杜乔在表现圣贝纳迪诺［San Bernardino］挽救两名孩子的浮雕（图版49a）时采用了一个古典石棺的形式，却“颠倒”了它的内容，那个石棺表现的是美狄亚杀害她的孩子们的可怕传说（图版49b）。瓦尔堡将卡斯塔尼奥描绘大卫的画上兴高采烈的姿势（图版49c）与一位古典“教师”的姿势相比较，这名教师试图躲避向尼俄比德斯［Niobids］复仇的阿耳忒弥斯［Artemis］射来的杀气腾腾的箭（图版49d）。姿势的“最高级”

248 再次似乎被袭用，而意义却被融入与基督教的神性理想更一致的上下文中。

在这些“充满活力的颠倒”的例子中，最复杂的例子涉及的是关于图拉真的仁慈的传说，他的仁慈被但丁［Dante］所赞颂，在罗马美德的传统中扮演着角色。人们认为，这个传说的起源很可能是一件浮雕，上面表现了这位罗马皇帝正处于征服敌人和接受野蛮人投降的原始象征行动中（图版28b）。②一种不再接受将残酷的胜利表现为一位皇帝美德的纪念碑的基督教文明重新解释了这件浮雕，使其适合它自己的价值尺度。于是，在传说中就围绕这件浮雕编造

---

① 然而，参照我的论文，《仿古典式风格：模仿与同化》［“The Style *all'antica*: Imitation and Assimilation”］，《规范与形式》［*Norm and Form*］，伦敦，1966年，第124页。

② G.博尼［G. Boni］，《传奇》［“Leggende”］，《新文选》［*Nuova Antologia*］，第5辑，11—12月，1906年。

了一位寡妇的故事，她要求正在奔赴战场的皇帝主持公道，最终如愿以偿。

无论瓦尔堡的个别例子的正确性如何——有一些无疑会受到批评——它们也似乎证明，尽管以往经验的能量仍被珍藏在“记忆痕迹”或象征符号中，这种能量也会被引入不同的表现主题。瓦尔堡的极性哲学正是在这里得到了最清楚的应用。象征符号或者“记忆痕迹”是潜在能量的电荷，但是它被释放的方式可能是正的或者负的——作为杀害或者挽救，作为恐惧或者胜利，作为异教的酒神女祭司或者基督教的抹大拉的马利亚。在这个意义上，瓦尔堡可以将“记忆痕迹”描述成电荷为“中性”。只有通过与一个时代的“选择意志”相接触，它才被“极性化”，成为它可能做出的那些解释中的一种解释。

古典艺术的动力图被留传给艺术家们，他们对其做出反应，进行模仿，或者将其铭记在心，那些动力图处于最大张力的状态，但是就被动或者主动的能量电荷而言却没有极性化。只有与新时代相接触才产生极性化。这种极性化可以使它们对于古典时代所具有的意义发生根本性的逆转（颠倒）。

Das antikische Dynamogramm wird in maximaler Spannung aber unpolarisiert in Bezug auf die passive oder aktive Energetik des nachfühlenden, nachsprechenden (erinnernden) überliefert. Erst der Kontakt mit der Zeit bewirkt die Polarisation. Diese kann zur radikalen Umkehr (Inversion) des echten antiken Sinnes führen.

（《一般观念》，笔记本，1927年，第20页）

将古代艺术记忆储备中创造的图像的能量极性化，作为一种基本心理过程……

Die energetische Polarisierung bildhafter antiker gedächtnismässiger Einprägungen als urtümlicher seelischer Vorgang ...

（《最后一节课》[*Schlussübung*]，笔记本，1927—1928 年，第 54 页）

249 通过对古代的记忆对动力图的极性化。

Die Polarisation der Dynamogramme durch die antikische Mneme.

（《一般观念》，第 67 页）

激昂状态的记忆痕迹在与时代的选择意志接触前作为莱顿瓶* 中达到平衡的电荷的本质。

Wesen der Thiasotischen Engramme als unbetonte Leydener Flasche bis zum Eintritt des selektiven Zeitwillens.

（《基本概念》，第 1 卷，笔记本，1929 年，第 26 页）

对于铭记于心灵的已最大化的印象（记忆痕迹），人们有着继承下来的意识，这种意识将这些印象流传下来，却没有察觉到它们的情感电荷的方向，只是作为对于能量张力的经验；这种未极性化的连合物 [contiguum] 也可以充当一种连续统一体 [continuum]。为

Das Erbbewusstsein von maximalen seelischen Eindrucksstempeln (Engramm) führt diese ohne Ansehung der Richtung der Gefühlsbetontheit qua energetisches Spannungserlebnis weiter! Als unpolarisiertes Contiguum kann es auch als Continuum

* 存储静电的器件，是现在广泛应用的电容器的原型。——译者

这些能量赋予一种新的意义，就充当了一种安全屏障。	funktionieren. Die energetisch umwertende Sinngebung: Schutzhülle.

（《日志》[*Journal*]，第7卷，1929年，第255页）

这样，瓦尔堡就可以将他关于传统的观点重新简洁陈述为一种中性的力量。尽管往昔的象征符号有着黑暗和邪恶的联想，却仍陶醉其中，这是虚弱的迹象。强健的个性能够经受住这一冲击，利用他得自于更原始层次的能量来为启蒙和人性化服务。实际上，真正伟大的人物的作用正是从事升华的行动，往昔危险的冲动凭借这种升华而得到控制，被用来创造宁静与美。丢勒将对土星的恐惧人性化为沉思的图像的方式代表了这一天才行动。瓦尔堡看到，这一行动也在“形式”领域得到反映。忧郁的悲恸的姿势仿效了罗马硬币上被征服的行省的姿势（图版50a）。在丢勒的作品中，它被精神化为深思的姿态：

被俘获并被奴役的战俘心中的悲伤，还有受到冷漠的忧郁症折磨的土星之子的态度，构成了表示悲观厌世[Weltschmerz]的一般化的姿态的最终的和基本的模式。	Die Trauer der gefangenen Kriegssklaven (oder Sklavin) bzw. des von der *Heimarmene* befangenen acediosen Saturnkindes als urmenschlicher Urgrund und Prägestempel der allgemeinen Weltschmerzstimmungspose.

（《巴约讷》[*Bayonne*]，笔记本，第101页）

但是，象征符号的最初的动力来自原始层次，只有与那一原始层次的接触仍然存在，这种升华与精神化的行为才仍然是可能的。
250 一旦切断它与根源的联系，并掏空它的内容，它就成为对真正的人类表现的威胁。这是瓦尔堡对巴洛克艺术中“最高级”的“膨胀”所做的解释。这个隐喻在汉堡商会［Hamburg Chamber of Commerce］得到专业的理解，而在向汉堡商会所做的一次讲座中，瓦尔堡通过与银行制度的比较，的确发展了他的理论。他谈到了用于应对我们的文明所应对的种种苦难的黄金储备[①]，并将古代遗产比作铸币厂或者“储蓄银行”，它的发行由古代的激情所支持，而它们就带有这些激情的印记。在这一解读中，“巴洛克”意味着在这个词的经济学意义上的膨胀——表情升到越来越高的程度，而价值却未相应增加。在其他上下文中，瓦尔堡喜欢把这些巴洛克风格的陈规说成是“分离的动力图”，这些浮夸矫饰的产物已经失去其与人类的基本经验的最初接触：

……朝向巴洛克风格的发展的一个方面是，表现价值已与运动中的真实生命的铸币厂相断离。

在此，作为“记忆功能”的社会记忆的职责变得十分明显：通过与往昔的不朽作品重新接触，应当使树液能够从往昔的底

... eine Seite der Barockentwicklung bedeutet: Abschnürung des Ausdruckswertes von dem Prägewerk des realen bewegten Lebens.

Die Aufgabe des sozialen Gedächtnisses tritt hierbei als mnemische Funktion klar zu Tage: durch stets erneute Berührung mit den Denkmälern der Vergangenheit selbst das Säftesteigen aus dem Muttergrund der

① 《苦难中的人类财产成为人道的财产》［“Der Leidschatz der Menschheit wird humaner Besitz”］，《商会》［*Handelskammer*］，笔记本，1928年，第6页。

土直接上升，以这样一种方式来渗透模仿古典风格的形式，即，充满能量的创作不应成为书法的动力图*。

Vergangenheit bis in die antikisierende Gestaltung zu wahren, damit nicht aus der energetisch-erfüllten Gestaltung ein kalligraphiertes Dynamogramm wird.

（《巴约讷》，笔记本，第82页）

在瓦尔堡看来，将带有深厚经验的硬币变成印有空洞花饰的纸币的这些膨胀的倾向，主要是印刷机造成的，它将对一种曾经富有表现性的形式语言所做的这些轻率的改编传遍欧洲：

作为纸币的膨胀的价值的仿古典风格的情念。为马克西米连皇帝建造的凯旋门。

Das antikische Pathos als Inflationswert Papierwährung. Ehrenpforte für Kaiser Maximilian.

（《练习》[*Übungen*]，笔记本，1927—1928年，第20页）

只有出现了印刷机，才能实现分离的绘画的动力图的功能。只有这种功能需要姿势语言的世界语或者通俗拉丁语。

Die Funktion der abgeschnürten bildhaften 251
Dynamogramme kann erst durch die druckenden Künste ermöglicht werden. Nur mit ihr postuliert das Volapük, das Volkslatein der Gebärdensprache.

（《一般观念》，笔记本，1927年，第37页）

这些阐述将象征符号的角色看作向后来的艺术家提出挑战的

* 指前文提到的花体字的花饰。——译者

“动力图”，在这些阐述中，瓦尔堡主要利用了他对古典情念在文艺复兴中的角色所做的解释。然而他的目的是充分概括象征符号理论，也将他对图像在定向的历史中的角色的研究包括在内。因为在这里他也察觉出一种极性，在这种极性中他看到了与“记忆痕迹”的一种重要的相似之处。在我们文明朦胧的往昔所创造的古代星辰的象征符号，保留了同样的“双重性”[ambivalence]，而这种“双重性”是古代艺术创造所具有的特征。这些象征符号也似乎充满了原始存在形式的能量，创作神话的心性对这种原始存在形式感到敬畏。

是屈服于原始的联想、将这些象征符号变为统治人类生活的恶魔，还是抵御诱惑、将得自于这些宇宙象征符号的能量转变为定向，这又要由与我们的遗产的这一部分相接触的个人来决定。将图像看作神话的生物意味着将它变为一个恶魔。因为，对它的存在的符号做出解释从而将它用作一个“象形文字”来探索未来的欲望，使得希腊星辰象征符号的纯粹的轮廓越来越奇怪而又不合逻辑地增大。只有摆脱这种伪逻辑，如实地看待这些图像，把它们看作约定俗成的地标，人们创造它们是为了使混乱的印象变得有序，人类才能学会凭借数学计算掌握宇宙规律：

星辰象征符号的双重性。 Die Ambivalenz des astrischen Symbols.

（《邮票》，笔记本，1927年，第6页）

与怪物的斗争作为逻辑结构的萌芽。 Der Kampf mit dem Monstrum, als Keimzelle der logischen Konstruktion.

（《一般观念》，笔记本，1927年，第19页）

怪物的辩证法作为社会学能量理论的基础。

Die Dialektik des Monstrums als Grundlage einer soziologischen Energetik. 252

（《邮票》，第29页）

从怪异的合成体到有序化的象征符号。

Vom monströsen Komplex zum ordnenden Symbol.

（《邮票》，第29页）

一种缺乏极性的张力，实质上的占星学的术语，呈现出其背景色的象征符号，能量的变色龙。

'Unpolar gespannt' eigentlich das κοινη, in der Astrologie, das passiv abfärbig ist, ein Chameleon der Energie.

（《日志》，第7卷，1929年，第251页）

但是，瓦尔堡力求做到的不仅是确立记忆象征符号在表现和定向中的角色之间的相似性。他为什么将这两者在实质上看作同一个基本现象的成对的两个方面，现在更加清楚了。在充分阐明这些观点时，我们必须再次回顾一下瓦尔堡在求学生涯所吸收的“起源”的观念。施马尔索和当时的人种学心理学一样，强调抓的动作是人与外界的接触中最原始的接触。[①]瓦尔堡也持这种观点，即认为，原始人是具有简单、即时的反应的生物。任何反应都会以反射的速度和激烈程度在刺激之后出现。基本的反应是抓取吞食，或者逃之夭夭。正是凭借克制住不抓，以便进行沉思，人才成为真正的人。

① 参见上面，第42页。

这就使控制直接冲动成为必要。必须在刺激与对它的自然反应之间插入一个间隙以进行思考。

但是在这里我们也遇到了一种极性——我们只须查看一下我们的语言就会知悉，人放弃手的贪婪的抓取，却并没有废除这种基本的反应。他只是将它精神化为一种智能。当我们掌握了对外界的混乱印象，使它从属于我们的“概念”[concepts]——这又是一个最初表示手的抓取的词——我们就谈到**把握**[grasping]。因此，关于自我与外界之间的距离的意识——审慎的思考空间[Denkraum der Besonnenheit]——以及文明人在姿势与表情上的自制就是同样的根本变化的表现。菲舍尔曾提出，抓与吞食仍然代表着象征思想的古老层次。原始人希望在身体上与超自然的力量结合，以分享它的实
253 质。人们会记得，瓦尔堡所追随的进化论的思想家们将这种态度与现代科学家的态度相对比，现代科学家使用约定俗成的符号，一直意识到它们的任意性。在它们之间是想象的生活的领域，言语与隐喻的领域，移情作用的领域，艺术的领域。所有这些都在某种程度上既带有魔法的态度又带有理性主义的态度。在隐喻中，我们不相信两种事物完全相同，但是我们发现有时很难弄清在哪里隐喻结束而理性的描述开始。在移情作用中，我们并不是真的将我们对于自然的感觉与自然客体相等同，但是我们又无法将我们自己与“感情谬误”[pathetic fallacy]完全分离。因此，在瓦尔堡的分析中，艺术的图像占据着和作为定向工具的图像所占据的相似的一种中间位置。描画一个客体的艺术家不再用手来抓取它，但是他也没有退而进行纯粹的沉思。他描摹它的轮廓，仿佛要抓住它。艺术的图像属于象征符号所根源于的那个中间领域：

间隙的图像学：关于在将原因断定为图像与断定为符号之间摆动的进化论心理学的艺术史资料。

Ikonologie des Zwischenraumes. Kunsthistorisches Material zu einer Entwicklungspsychologie des Pendelganges zwischen bildhafter und zeichenmässiger Ursachensetzung.

（《日志》，第7卷，1929年，第267页）

艺术的创作与欣赏要求在两种心理态度间进行可行的融合，这两种心理态度通常是互相排斥的。一种是自我的充满热情的屈服，它导致与现时的完全同一，另一种是冷静而超然的宁静，它属于进行归类的对种种事物的沉思。人们确实可以发现，艺术家的命运处于痛苦而激动的混乱和美学态度的平衡的评价之间，与两者距离相等。

Kunstschaffen und Kunstgenuss verlangen die lebenskräftige Vereinigung zwischen seelischen Haltungsformen, die sich beim Normalmenschen eigentlich ausschliessen. Leidenschaftliches sich selbst verlieren bis zur völligen Verwandlung an den Eindruck— und kühl distanzierende Besonnenheit in der ordnenden Betrachtung der Dinge. In der Mitte zwischen dem Chaos der leidhaften Erregung und vergleichend ästhetischer Tektonik ereignet sich das Künstlerschicksal.

（《商会》[*Handelskammer*]，笔记本，1928年，第44页）

因此记忆[Mneme]带有一种心理状态的遗迹，在这种心理状态中，自我还不是主人，那是一种即时反射动作的状态，这种状态使人们听任酒神女祭司式的癫狂和残暴的斗争——也是这样一种
状态，在这种状态中，人们尚未察觉自我与外界的差异，对图像 254
的魔法态度占有毋庸争议的支配地位。个人的命运取决于他如何

掌握一种以往的存在形式的这些预兆，这种形式的痕迹永远存在于我们心中。

正是艺术家和史学家对这些来自往昔的无形的影响最为敏感。的确，瓦尔堡有时在类似的机械的隐喻中谈到史学家——包括他自己——这些隐喻也遍及他关于艺术的言论。他是对远方发生的地震的震动做出反应的“地震仪”，或者接收来自遥远文化的波的天线。他的装置，他的图书馆，是一个接收站，建立它是为了记载这些影响，以及在这样做的过程中使它们得到控制。人们会记得，瓦尔堡在患病的岁月是如何既恐惧又敬畏地看待电子通信的奇迹的。从往昔传播到我们这里的记忆波的理论使他可以将这些忧虑升华，甚至赋予他已战胜的精神崩溃以意义。正是在这个背景下，瓦尔堡的思想返回雅各布·布克哈特那里，这是他在汉堡大学1926—1927学期的那些研讨班的主题。他在最后一次会议上专门对布克哈特和尼采做了比较，为此他写下了大量笔记。他对尼采精神失常的医学原因未予考虑，而是非常动人地把它描述为史学家的悲剧的例子，这种悲剧几乎吞噬了他自己的心灵；从另一方面说，在瓦尔堡看来，布克哈特是由于他自己决心如此而掌握了这一命运的学者。

我们必须学会将布克哈特和尼采想象为记忆波的接收器，并认识到对世界的意识以迥异的方式影响了这两个人。我们必须努力使他们彼此阐明，这一定会帮助我们将布克哈特理解为这

Wir müssen Burckhardt und Nietzsche als Auffänger der mnemischen Wellen erkennen und sehen, dass das, was sie als Weltbewusstsein haben, sie beide in ganz anderer Weise ergreift. Wir müssen trachten, dass sie sich gegenseitig beleuchten, und diese Betrachtung muss uns dazu verhelfen, Burckhardt als Erleider seines

样一个人——他的职业就意味着受苦。

他们两人都是非常灵敏的地震仪，当它们必须接收和传送波的时候，它们的基础会颤动。但是有一个重要差异：布克哈特接收来自往昔的地区的波，他检测到危险的震动，设法将他的地震仪的基础加固。尽管他经历到振动的极端状态，他却从不完全地和无保留地向它们屈服。

他感到他的职业有多么危险，感到自己真的简直会崩溃，但是他没有屈服于浪漫主义。有一个时期他接受了这个强迫性冲动，做出非常强烈的回响，以至在他（没有任何怨恨地）回顾此事的时候，就如同回顾他已经战胜的心理危机的时期。如果这个经历没有与他的记忆角色的一个本质方面有关，他就不会以这种方式做出反应：他必须做出回响，以使新的领域从被遗忘的事实的隐蔽的层次上升到表面。盛大庆典的

Berufes zu verstehen.

Beide sind sehr empfindliche Seismographen, die in ihren Grundfesten beben, wenn sie die Wellen empfangen und weitergeben müssen. Aber ein grosser Unterschied: Burckhardt hat die Wellen aus der Region der Vergangenheit empfangen, hat
die gefährlichen Erschütterungen gefühlt und 255
dafür gesorgt, dass das Fundament seines Seismographen gestärkt wurde. Er hat zu den äussersten Schwingungen, obgleich er sie erlitt, nie völlig und unbedenklich ja gesagt.

Die Gefährlichkeit seines Berufes, dass er einfach zusammenbrechen müsste, fühlte er. Er ist der Romantik nicht erlegen. Diese Periode des Ja-Sagens zu einem schicksalsmässig bedingten Mitschwingungszwang hat er mitgemacht, so intensiv, dass er darauf zurücksah—durchaus nicht muffig—als auf eine innerliche Gefahrperiode, über die er weg ist. Wenn dies nicht einen so wesentlichen Teil seiner ganzen mnemischen Funktion ausmachte, würde er auch später garnicht so reagiert haben. Er muss mitschwingen, sodass neue Gebiete aus der verdeckten Schicht verschollener Tatsachen

艺术被他重新发现，它迫使他对一种未受抑制的生活的片断做出反应，这种生活以往不曾存在过，他实在害怕对它加以表现。以一种道德标准来研究这些事情是行不通的。布克哈特是一名向亡魂问卜的巫师，眼睛睁开着。于是他念咒招来了严重威胁着他的幽灵。他建起了瞭望塔来躲避它们。他是如林叩斯［Lynkeus］（歌德的《浮士德》中）一样的预言家；他端坐塔中侃侃而谈……他是而且仍然是启蒙的斗士，但是他期望做的只是一名教师。

herausbrechen. Das Festwesen ist durch ihn wieder heraufgeholt und zwingt ihn zum Widerspiegeln eines Stücks elementaren Lebens, das vorher nicht da war, vor dessen Gestaltung er sich eigentlich fürchtete. Mit den Begriffen Moral und Nichtmoral an diese Gestaltungen heranzugehen, ist unzulänglich. Burckhardt war ein Nekromant bei vollem Bewusstsein; dabei sind ihm die Gestalten aufgestiegen, die ihn ganz ernsthaft bedroht haben. Denen ist er ausgewichen, indem er sich seinen Seherturm erbaut hat. Seine Art des Sehertums ist Lynkeus. Er sitzt in seinem Turm und spricht ... er war und blieb ein Aufklärer, der aber nie etwas anderes hat sein wollen, als ein einfacher Lehrer.

（《布克哈特–练习》［*Burckhardt-Übungen*］，笔记本，1927 年）

256 瓦尔堡的笔记随后就转向了尼采在都灵精神失常的情节，那时他成为宗教狂热的牺牲品，他寄出了一些明信片，签名是“被钉在十字架上的狄俄倪索斯”。

这个人相信，未来是伟大的，他唯一关心的是无条件地献身于这一信念，在这个尝试中，他成为他自己观念的牺牲品。他

Der Mann, dessen Einziges die unbedingte Hingabe an den Glauben des Grossen der Zukunft ist, ist bei diesem Versuch das Opfer seiner eigenen Ideen geworden. Die Einsam-

从来不能忍受孤独，而对于那些肩负这一负担的人来说，孤独是唯一适当的气氛。他不断地物色同伴，发现他们，失去他们，被迫说道他们不是合适的人选。他不能忍受那种深深的孤独，而只有孤独才与请别人重新创造世界的角色相容。这是一厢情愿的想法的气氛，他在其中无法生存。他将自己想象为真正的革命者，这一信念也解释了他为何在金融问题上感到焦虑，因为他担心他的书籍会遭禁。他常常写关于人的*via dolorosa*［苦路］的问题，并要求得到超越它的特权，现在却匍匐在地——成为在恐惧中扭动的蠕虫。

keit, die die allein richtige Atmosphäre ist für denjenigen, der dieses auf sich nimmt, hat er doch nie ertragen. Er sucht immer nach Gefährten, bekommt sie, verliert sie, und muss sagen: sie waren nicht die richtigen. Die tiefe Einsamkeit, die sich allein verträgt mit dem, der die andern zur neuen Schöpfung aufruft, hat er nicht ertragen. Es ist eine Wunschatmosphäre, in der er nicht leben konnte. Er empfand sich als einen wirklichen Umwälzer, und in dieser Postulierung sah er auch seine wirtschaftliche Sorge, da er fürchtete, dass seine Bücher verboten würden. Er, der so oft über die Passion des Menschen geschrieben hatte und das Privileg des Darüberstehens gefordert, liegt da—ein furchtsam weggekrümmter Wurm.

……尼采是哪类预言家？他是先知［Nabi］那一类，即这样的古代先知，他跑到街上，扯开自己的衣服，发出悲叹，也许带领着人民。他的姿势来自手持顶端为松果形的酒神杖的领袖的

... Welcher Sehertypus ist Nietzsche? Er ist der Typus eines Nabi, des alten Propheten, der auf die Strasse läuft, sich die Kleider zerreisst, Wehe schreit, und das Volk vielleicht hinter sich her leitet. Seine ursprüngliche Geste ist die des Führers mit dem Thyrsosstab, der

姿势，这个领袖迫使大家都跟随
他。由此形成了他对于舞蹈的见
解。在雅各布·布克哈特和尼采
的形象中，两种古代的先知类型
在拉丁传统和日耳曼传统相交
257 汇的那一地区形成了对比。问题
是哪类预言家能忍受他的职业所
带来的创伤。一个尝试将它们变
换为一声呼喊。乏人响应的状况
不断地削弱着他的基础；毕竟他
实际上是一名教师。两位牧师之
子对上帝在世界上的存在的感觉
做出了迥然不同的反应。其中的
一个感觉到毁灭性恶魔的可怕气
息，退入他的塔中，另一个却希
望与他合作。布克哈特意识到了
这种狂妄［hubris］。

……由于这些事件发生于瑞士，拉丁传统和日耳曼传统在布克哈特那里取得了平衡。在尼采那里，古典世界的放纵状态产生了一个理想世界，尽管作为诗人他提出了一些祈求，他却不能达到这个理想世界，而这些祈求

sich zur Gefolgschaft Alle zwingt. Daher seine Bemerkungen zum Tanz. Es prallen in Jacob Burckhardt und Nietzsche in diesem Grenzgebiet zwischen Romanismus und Germanismus die uralten Sehertypen zusammen. Die Frage ist, ob der Sehertypus die Erschütterungen des Berufes aushalten kann. Der eine versucht, sie umzuformen in den Ruf. Das Fehlen des Widerhalls untergräbt ihn andauernd; er ist doch eigentlich ein Lehrer. Zwei Pastorensöhne, die zum Gefühl Gottes in der Welt ganz anders stehen: der eine, der den dämonischen Hauch des Vernichtungsdämons fühlt und sich in einen Turm setzt, und der andere, der mit ihm gemeinsame Sache machen will. Diese Vermessenheit hat Jakob Burckhardt gefühlt.

... Der Romanismus und Germanismus sind, weil es in der Schweiz sich ereignet, bei Burckhardt auf ein Gleichgewicht gestellt. Bei Nietzsche ist der antikisierende Orgiasmus ein Wunschbild, dem er nicht gewachsen war, wobei er als Dichter Anrufe hervorgebracht hat, die aus einem musikalischen Gebiet

产生于布克哈特从未涉足的音乐领域。

尼采极力争取布克哈特的支持。布克哈特却对他感到厌恶，就像一个人看到一名苦行僧跑过耶路撒冷的大街……他曾是巴塞尔一家保守派报纸的撰稿人，他写道：“我曾观察过下层民众的醉醺醺的眼睛。”现在他寻求与尼采截然相反的事情，他寻求抑制或者寻求崇高的形式……寻求一种既是生活又是抑制的形式：鲁本斯［Rubens］。他拥有对双眼的支配，它们向他呈现了形式的律则以及与它相一致的标准。于是他能够坐在他的塔中，充当一面反射镜，因为影响他的是形式而非神秘的戏剧：一方面是（日耳曼的）女先知薇乐达［Veleda］，另一方面是撕裂她儿子（彭透斯）的肢体的母亲。尼采之死是因为他在孤独中遭到最猛烈的打击，实际上相信一种优越的命运逻辑。他曾反抗他在瓦

herausgekommen sind, das Burckhardt nie erreichte.

Nietzsche hat stark um Burckhardt geworben. Burckhardt hat sich von ihm abgewendet wie einer, der in Jerusalem einen Derwisch laufen sieht ... Burckhardt war in Basel bei einer konservativen Zeitung gewesen: “Ich habe dem Pöbel in sein besoffenes Auge gesehen”, sagt Burckhardt. Jetzt hat er das gesucht, was das Gegenteil von Nietzsche war, er sucht das Mass oder die gesteigerte Form, sodass es eine Form war, die Leben war und Bändigung zugleich: Rubens. Er hatte die Welt der Augen, die ihm die geprägte Form vorführte und zugleich die Masstäbe gab. Er konnte auf seinem Turm sitzen bleiben und als Auffangspiegel wirken, weil, was auf ihn wirkte, Gestaltung war und nicht mystisches Drama: Veleda und
die Mutter, die den Sohn zerreisst. Dieses 258
Sichaussetzen den stärksten Erschütterungen als Einsamer, daran ist Nietzsche mit seiner überlegenen Logik des Schicksals zugrunde gegangen. Er hat ja die Reaktion gegen die

格纳［Wagner］那里发现的自满的情念形式。

selbstgefällige Pathosformel erlitten bei Wagner.

于是我们突然在它的两股潮流中都看到了古典时代的影响，这两股潮流即所谓的阿波罗式和狄俄倪索斯式。古典时代在预言家的个性的发展中充当着什么角色？阿戈斯蒂诺·迪·杜乔和尼采站在分界线的一边，建筑师和布克哈特站在另一边。结构对线条……

Wir sehen auf einmal den Einfluss der Antike in den beiden Strömungen, der sogenannten apollinischen und der dionysischen. Welche Rolle in der Entwicklung der seherischen Persönlichkeit spielt die Antike? Agostino di Duccio und Nietzsche stehen auf der einen Seite, die Architekten und Burckhardt auf der anderen: Tektonik gegen Linie ...

尼采与布克哈特使我们得以看到预言家的基本类型分为两支。一类进行教导和转变而不提出要求，另一个因进行转变而提出要求，并利用合唱队指挥的古代放纵的技巧。毫无疑问，尼采和布克哈特都持有顶端为松果形的酒神杖……我们已经达到了他的能力的极限。但是，他拥有使他超出我们的事物，拥有仍然是我们的榜样的事物：那种感觉到他自己的使命的极限的能力，这种感觉甚至也许过于强烈，但是

An Nietzsche und Burckhardt können wir sehen, wie sich das Sehertum in seiner Grundauffassung gabelt. Das eine lehrt und formt um, ohne dass es fordernd ist, das andere ist fordernd, weil umformend, es bedient sich des alten Orgiasmus des Vortänzers. Es ist ohne Zweifel, Nietzsche und Burckhardt waren Narthexschwinger ... Wir sind an der Grenze seines Könnens. Aber er hat das gehabt, was ihn eben über uns hinaushebt, und was unser Vorbild ist: die Fähigkeit, durch seine Sophrosyne die Grenzen seiner eigenen Mission vielleicht

无论如何不会超出这些极限，因为他的心理平衡抑制了他。

zu scharf zu fühlen, aber sie jedenfalls nicht zu überschreiten.

（《布克哈特-练习》，笔记本，1927 年）

他为他的下一个研讨班的结束语所写的笔记再次表明，瓦尔堡本人在什么程度上觉得自己就是一名宗教奥秘的解释者，把史学家职业充满危险的奥秘教给听众：

请允许我们在怪异的大厅中停留片刻，在这里我们发现使人类灵魂深处的激奋转变成永恒形式的转化器——我们不奢望找到解开人类心灵之谜的答案，仅想为这一永恒的问题寻找一个新的表达方式：为什么命运把所有创造的心灵都交付给一个永不安宁的王国，在那里创造的心灵可以自由选择是在何处形成他的个性：地狱，炼狱，还是天堂。

Wir haben in den unheimlichen Hallen
der Transformatoren innerster seelischer 259
Ergriffenheiten zu künstlerisch bleibender Gestaltung einen Augenblick verweilen dürfen; nicht um für die Rätsel der Menschenseele eine Lösung zu finden, wohl aber eine neue Formulierung der ewigen Frage, warum das Schicksal den schöpferischen Menschen in die Region der ewigen Unruhe verweist, ihm überlassend ob er seine Bildung im Inferno, Purgatorio oder Paradiso findet.

（《最后一节课》，笔记本，1927—1928 年，第 68—69 页）

第十四章　象征符号的生命（1926—1929） 260

我们已经看到，瓦尔堡在他归来后的几年中所发展的社会记忆理论，是要解释他尽毕生精力来研究的两个历史现象：在波蒂切利和吉兰达约的艺术中向表现性动作的古代形式的回归，从1888至1908年的20年中，这个问题一直深深吸引着他；还有星辰的象征的连续性，这在其后的几十年中已成为他的兴趣中心。实际上，瓦尔堡正是在这第二个研究领域中，发现了他的文化哲学的理想的示范品。人们向夜空中的星座投射了诸如佩耳修斯之类的神秘形象，这种夜空中的星座不仅可以用作魔法施展，还可以用作理性定向；在瓦尔堡看来，象征符号史中揭示了这种极性。

佩耳修斯这位杀死了妖怪因而体现了人的最高抱负的英雄，被“降格”为单纯的算命的“象形文字”，作为占星学的象征符号在这种伪装下生存下来，作为“旬星”萦绕着人类的记忆，直至文艺复兴时期在阿戈斯蒂诺·基吉别墅［Agostino Chigi’s Villa］的天顶画上首先恢复了他的外貌（在那里他仍然从属于占星学的迷信），最后到恢复了他作为英雄的人性的象征符号的功能为止（图版37）。我们已经看到（第194页），瓦尔堡十分珍视对这种连续性的证实，以至只此一次完全置学术于不顾。他把许多图像都看作“伪装下的佩耳修斯”，其数量超过了通过解读证据以证明其有道理的范围，在此只此一次（如扎克斯尔告诉我的那样）他不应遭到反驳。也许这个象征符号对于他来说十分重要，因为他可以看到，那位英雄的生活经历——中了妖术，被改变得面目全非，但最终又得以凯旋——反映了他自己的命运。

而且，记忆理论要求存在这种连续不断的传统链条。按瓦尔堡的解读，象征符号是个体神经系统中的“记忆痕迹”在集体心理中的对应物。因此，它在一切变形中持续的存在和效力是这种理论的
261 先决条件。他寻找他有时称作标准化石［Leitfossil］的事物，这个术语借用自地质学家，他们根据在有关的世［epoch］之中占统治地位的某些生物的进化阶段来确定地质层。揭露并展示一个象征符号在连续的历史时期中的这些进化的状态，将是瓦尔堡希望发展的方法的宗旨。

这个新的宗旨和一种新的展示工具密切相关，这种新的展示工具的出现，在很大程度上归因于扎克斯尔和当时的迫切需要——在屏板上展示照片。在他服兵役和返回瓦尔堡图书馆之间的一段时间中，扎克斯尔曾受雇于奥地利的一家军事教育单位。我相信，扎克斯尔正是在那里发现了自己对于直观教育的兴趣，并研究出了这种形式简单、装配和搬运都轻而易举的“直观教具”。

在瓦尔堡归来之时，他曾以这种方式将瓦尔堡的研究中出现过的一些艺术品的照片陈列出来，以此欢迎瓦尔堡，他很有把握地期待着这种全景图会对这位迫不及待地要继续工作的学者产生影响。很大却又很轻的木框绷着黑色粗麻布，充当了照片的背景，那些照片用很轻的夹子夹在布上。瓦尔堡似乎即刻做出了反应，

使用这种工具把引起他兴趣的母题集中到一起。而且，在图书馆已充当的新的公共角色中，这个方法是一种颇受欢迎的辅助手段，解释了图书馆所从事的研究的范围和目的。在瓦尔堡一生的最后几年中，在汉堡安排了许多次这样的展览，在赴意大利时，他发现他的旅行离不开这些框子（图版51），它们一定占据了运货卡车的很大一部分。如我们将在下一章看到的那样，在瓦尔堡的毕生事业中将会达到高潮的那个计划就是由这个技术产生的。

在瓦尔堡发表弗朗茨·博尔纪念讲座时，举办了一次占星学图像的展览；在1926年9月30日东方文化研究者大会［Congress of Orientalists］召开之际，展览再次举办，但侧重点有所不同，那一天，瓦尔堡站在他与扎克斯尔一起设计的这种屏板前解释了他的研究成果。通过扎克斯尔对阿拉伯语写本中行星象征符号的历史的研究，通过一批东方文化研究者对《皮卡特立克斯》的发现，图像文献的范围的确扩大了。《皮卡特立克斯》是一本关于遭禁的魔法施展的手册，它也出自阿拉伯的原始资料，尤其作为其佩耳修斯故事 262
的链条的“缺失环节”而令瓦尔堡感兴趣，因为它实际上包括对白羊座的第一个旬星的描绘，粗糙得令人讨厌（图版39b），而瓦尔堡在其中看到了这位希腊英雄的另一种变形。

在他的演说中[1]，瓦尔堡强调了这些文献对于我们“理解从地中海沿岸传播开来的那些文化运动的心理学”的重要性，并呼吁古典文献学、艺术史和东方研究更加密切地合作，以使这些文献和文本能够被人们利用。他最后提到了他的极性和社会记忆理论，而他的

---

① 《瓦尔堡文集》，第2卷，第561—565页［已发表的著作，35］。

话非常凝练，很可能连学者们都难以领悟：

因此，这里所展示的图像系列是要从思想史的观点表明，可以把东方化的占星学看作对古典时代的遗产所做的有选择的改造：它说明欧洲不能够在其两极性的整体上领会异教文明，因此可被视为在宇宙论定向的活动中的一种有倾向的“社会记忆”的一种典型的表现形式。

瓦尔堡图书馆希望，沿着那条临时追溯的路线，即，库齐库斯—亚历山德里亚—奥克西尼—巴格达—托莱多—罗马—费拉拉—帕多瓦—奥格斯堡—爱尔福特—维滕贝格—戈斯拉尔—吕讷堡—汉堡，还可以挖掘出许多这样的里程碑，以便更无可辩驳地表明，欧洲文明是相冲突的倾向的结果，在这个过程中——就占星学上为着定向而做出的这些努力而论——我们应当既不寻找朋友，也不寻找敌人，而是寻找

Aus der gezeigten Bilderreihe sollte somit, unter geistesgeschichtlichem Gesichtspunkt, die orientalisierende Astrologie als eine dem Erbe der Antike gegenüber jeweilig auswahlbestimmende Macht nachgewiesen werden, die die europäische Unfähigkeit, die pagane Kultur in der Totalität ihrer polaren Spannung zu begreifen, als typische Funktion des tendenziösen ‘sozialen Gedächtnisses’ im Geschäfte der kosmologischen Orientierung verständlich macht.

Die Hoffnung der K. B. W. ist, dass noch zahlreiche Meilensteine auf der vorerst nur trassierten Wanderstrasse Kyzikos-Alexandrien-Oxene-Bagdad-Toledo-Rom-Ferrara-Padua-Augsburg-Erfurt-Wittenberg-Goslar-Lüneburg-Hamburg ausgegraben werden, damit in steigender Unanfechtbarkeit die europäische Kultur als Auseinandersetzungserzeugnis heraustritt, ein Prozess, bei dem wir, soweit die astrologischen Orientierungsversuche in Betracht kommen, weder nach Freund noch Feind zu suchen haben, sondern vielmehr nach Symptomen einer zwischen weitge-

心理摆动的种种征兆，它们在魔法—宗教习俗和数学沉思的遥远的两极之间一致地摇摆——然后又返了回来。

spannten Gegenpolen pendelnden, aber in sich
einheitlichen Seelenschwingung: von kultischer 263
Praktik zur mathematischen Kontemplation—
und zurück.

（《瓦尔堡文集》，第2卷，第564—565页）

无论人们是否充分理解了这些话的心理学含义，这次展览本身也以其对宇宙论象征符号的历史的图解给人们留下了深刻的印象。1927年，有人请瓦尔堡为慕尼黑的德意志博物馆［Deutsches Museum］的陈列品捐赠一个相似的系列，后来又为汉堡天文馆［Hamburg Planetarium］布置了此展览的一个变体，1968年在那里又复原展出。

在东方文化研究者大会召开之际举办的展览后不久，1927年4月，瓦尔堡抓住机会对关于星辰意象的展示做了补充，重新强调异教情念的主题。德国北方图书馆协会［Verein Niederdeutscher Bibliotheken］曾宣布要来此参观，此次，展览作为神话叙事的各种转换的例子集中展示了奥维德作品的插图。

这个图像系列是要说明欧洲人在各种不同的时期是如何与古代的姿势相妥协的（Kunstgeschichtliche Bilderreihen zu den Epochen der Auseinandersetzung des europäischen Menschen mit der Geste der Antike）。[①]当他打算展出他特别喜爱的情念形式，即“充满激情的姿势的原始词语”（Urworte leidenschaftlicher Gebärdensprache）的例子

① 《奥维德》［*Ovid*］，笔记本，1927年，第9页。

时，他的笔记又一次围绕着连续性与变化的问题。他早些年是在种种局限中开展这项研究的，关于伦勃朗的讲座为他指出了走出这些局限的途径，很快他就获得了自信，在这个小圈子之外挑选关于连续性与社会记忆的例子。

文明史学家不应将注意力局限在伟大的或者“美的”艺术的作品上，而是应当延伸他的探究范围，把其他形式的象征也包括进来，这一直是瓦尔堡的研究纲领的一个主要原则。盛大庆典和宫廷节日的短暂艺术就是瓦尔堡建议史学家们予以注意的这样一个领域，而辩论性的大幅报纸的艺术则是另一个这样的领域。此时他希望表明因过于熟知而显然被人们忽略或者轻视的某个领域所具有的潜在重要性：邮票与其他官方象征符号的设计。

264 他在一生中有很长时间都曾是一个集邮者，似乎早在1913年他就想到了这一领域对于史学家所具有的种种潜在的可能性，那时，他向出版商托伊布纳［Teubner］表示，愿意写一本关于那一主题的书供他出版。此时，1927年夏，他策划了一次邮票展，提供了它们的意象的类型学，有肖像、风景、纹章，但是尤其集中于古典象征的命运。

换言之，他试图应用他曾在文艺复兴研究中所使用的方法，并在时间上对现今的图像追根溯源。他绝非把这看作毫无意义的智力游戏，而是将其视为证实他的社会记忆理论的正确性的良机。

因为，法国邮票上罗蒂［Roty］的《播种者》［*Semeuse*］①（图

① A.莫里［A. Maury］，《法国邮票史》［*Histoire des Timbres-Poste français*］，1908年，第541页及以下。

版50b），难道不是那个反复出现的图像——“仙女”，因此，作为这一点而论与古代艺术的新造像相联系吗？难道一些权力象征符号没有证明这些新造像有多么顽强吗？在致力于研究乌菲齐美术馆中的瓦卢瓦壁毯时，瓦尔堡已对1565年在巴约讷的庆祝典礼产生了兴趣，在背景中描绘了这次典礼，它和其他陈列一起，表现了古典神明在水上嬉戏的场景。尼普顿出现在他的战车上（图版50c），令人回想起维吉尔《埃涅阿斯纪》中海神令人难忘的外貌，在书中，他那一句专横的“*quos ego*”［我要发怒了］，将风又送回了它们的巢穴。瓦尔堡在一张邮票上欣喜地发现，他自己时代的一位统治者仍然在开发这个古代象征符号的内在力量：那枚巴巴多斯［Barbados］邮票（图版50d）表现了英国国王乘坐在海怪拉的一辆战车上，模仿了查理二世［Charles II］的封印上的类似形象。[①]

这是回溯到几个世纪前并表明古典新造像的持续生命力的另一个链条。而且，在瓦尔堡的解释中，这枚邮票服从了象征的真正法则，即保持其隐喻距离的法则。它并不佯装为现实：它是用灰色画表现的，而灰色画就视觉而言就相当于语言中的引号。国王绝非伪装为尼普顿。他只是将自己的权力与这位古老神明相比。用瓦尔堡晦涩难懂的话来说，可将这看作“具有通过研究考古学的记忆宣泄而获得的那种隐喻距离的动态象征符号”（energetisches Symbol mit metaphorischer Distanz durch die archaeologisierende mnemische Katharsis）（《邮票》，笔记本，1927年，第13页）。

倘若瓦尔堡没有希望与当时的法西斯主义的象征符号进行对

① 参照《瓦尔堡文集》，第1卷，图74［已发表的著作，37］。

比，他强调这种“隐喻距离”在道德上的重要性，就会显得莫名其
265 妙。带有斧头的**法西斯**［fasces］也有着古典的起源，但是在墨索
里尼［Mussolini］的邮票上（图版50d），它们似乎与单纯的隐喻的
象征符号相去甚远——斧头是真的斧头和真正的威胁。

于是他将之作为一次讲座或者一篇论文的可能的题目，写道：

邮票所反映出来的两个模仿古典风格的政权象征符号：英国邮票上的海上战车，法西斯主义者的斧头。

Zwei antikisierende Symbole politischer Macht im Spiegel der Briefmarke: das Seefahrergespann auf der englischen Marke; das Beil der Faschisten.

（《邮票》，第1页）

当他于1927年秋应邀在佛罗伦萨重新建立的德国艺术史研究院做开场讲座时，他将瓦卢瓦壁毯选作主题。这一次是巴约讷庆祝典礼本身构成了他的阐述的中心，但是他真正的意图又是反对对美术作品与实用艺术作品进行人为的划分，并说明后者对于文明心理学家非常重要。

实用艺术作品十分不幸，它们被看作*homo faber*［工匠的人］的较低等能力的产物，被放置到人类心灵史博物馆的地下室中，在那里，它们充其量也不过是作为具有技术性的作品来展出。谁

Kunstgewerbliche Schöpfungen haben ja das Unglück, als Erzeugnisse aus der niederen Region des hantierenden Menschen, im besten Falle als technisch interessante Schöpfungen im Souterrain des Museums zur Geschichte der menschlichen Geistigkeit abgesondert

会轻易地想到，应当把这些珍贵的展品和那些对它们所处时期的物质与精神生活的敏感反映物一样看待呢？

zu werden: wer käme so leicht auf die Idee, so kostbare Prunkstücke als nervöse Auffangsorgane des zeitgenössischen inneren und äusseren Lebens nachzuempfinden?

（《巴约讷》，笔记本，1927 年，第 12 页）

占卜者之镜在瓦尔堡的讲座中所揭示的又是象征符号的“极性”，这一次是尼普顿的战车与其他海怪的“极性”。一方面，它们导致了构成巴洛克的特点的权力修辞学；但是，另一方面，同样的庆祝典礼本身也产生了一种新艺术的根源，意大利歌剧的根源。瓦尔堡在此将他对巴约讷庆祝典礼的研究与他关于戏装［Costumi 266
teatrali］的早期论文的成果联系起来，而这些成果也已与16世纪下半叶梅迪奇家族的一次盛大庆典联系起来。如果在更早些的盛大庆典中，例如1475年在佩萨罗的盛大庆典[①]（图版50e），古代神明只是用来向王子表示敬意，甚至被降级为餐桌旁的侍者，端着属于这种炫耀行为的精致的菜肴，那么在这些场合对音乐的日益强调使这种拙劣的象征得到升华。我们从莎士比亚的一段著名的文字[②]中知悉，（在凯尼尔沃斯的）这样一场盛大庆典如何将海怪的出现与对音乐的力量的赞扬结合起来。从这里到蒙特威尔地［Monteverdi］的新

① 参照《1475年5月在佩萨罗举行的康斯坦佐·斯福尔扎与卡米拉·达拉戈纳的婚礼。记述者佚名，附有32幅同时代艺术家的细密画》［*Le Nozze di Constanzo Sforza e Camilla d'Aragona celebrate a Pesaro nel maggio 1475. Narrazione anonima, accompagnata da 32 miniature di artista contemporaneo*］，T.德·马里尼斯［T. De Marinis］编辑，佛罗伦萨［Florence］，1946年。

② 《仲夏夜之梦》［*A Midsummer-Night's Dream*］，第二幕，第一场。

的艺术形式只有一步之遥："通过宣叙调［recitativo］歌剧对古代情念形式的人性化。"（Die Humanisierung der antikischen Pathosformel durch die rezitativische Oper.）（《巴约讷》，第73页）

瓦尔堡在讲座中是如何描述这些联系的，我们并不确切了解。但是我们有他的结束语的草稿，其中有一些也在上文联系瓦尔堡的记忆理论时援引过（第249页）：

……表现运动中的生命——无论采用的是北方写实主义风格还是南方古典化风格——表明了将对异教神话的海怪的描绘变为心理动态的压力计的观念，这些压力计使人们无法区分不朽艺术品和次要艺术品，或者区分理想主义艺术和实用艺术……

我做出尝试，为你们从遗传学角度将法国古典化的盛大庆典，放置在来自1475年的佩萨罗的一件中心装饰品（图版50e）和由一名澳大利亚人设计的一枚现代英国邮票之间，我希望已向你们表明，巴洛克风格的一个方
267 面是从运动中的真实生命的制造所中去除表现价值观。

Die Darstellung des bewegten Lebens, nordisch realistisch oder südlich antikisierend, führte schliesslich dazu, die Verkörperung der heidnisch-mythischen Seemonster zum Manometer seelischer Dynamik zu machen, deren Gesetze eine Scheidung von grosser und kleiner, angewandter und idealischer Kunst nicht kennen darf ...

Indem ich heute die französischen antikisierenden Festlichkeiten vor Ihren Augen zwischen einem Tafelaufsatz von Pesaro von 1475 und der modernen, von einem Australier entworfenen britischen Briefmarke genetisch zu plazieren versuchte, hoffe ich Ihnen gezeigt zu haben, dass eine Seite der Barockentwicklung bedeutet: Abschnürung des Ausdruckswertes von dem Prägwerk des realen bewegten Lebens.

社会记忆的任务在此显然表现为一种“记忆功能”，这种记忆功能通过与往昔的不朽作品的不断重新接触，而保持了树液由往昔的底土上升到古典化形式的过程，从而防止一种充满活力的形式成为一种空洞的花饰……

Die Aufgabe des sozialen Gedächtnisses tritt hierbei als mnemische Funktion klar zu Tage, durch stets erneute Berührung mit den Denkmälern der Vergangenheit selbst das Säftesteigen aus dem Muttergrund der Vergangenheit bis in die antikisierende Gestaltung zu wahren, damit nicht aus der energetisch-erfüllten Gestaltung ein kalligraphiertes Dynamogramm werde.

（《巴约讷》，第81—82页）

正是为了说明需要这样的种种象征符号的概观，瓦尔堡越来越广泛地从迥异的领域与迥异的时期选取能证明这一过程的例子，歌德的一封信中的一段文字那时开始在他的笔记中充当的角色就充分地例证了这一点。那是1772年7月歌德致赫尔德［Herder］的一封信中的文字，在这段文字中，他将四马并列拉的双轮战车的图像用作一种道德隐喻（如柏拉图在《斐德罗篇》［*Phaedrus*］中曾使用马车那样），效果极佳。歌德当时还不到23岁，他在这段文字中对赫尔德的责备做出回应，赫尔德说他是一只“啄木鸟”，或者如我们会说的那样，“心猿意马”。在读品达［Pindar］的奥林匹亚颂［Olympic odes］时，歌德学到了**掌握**的含义：伫立在马车中，必须驾驭四匹顽劣的马，“直至它们那十六只蹄子都动作一致，并将你送达目的地”。他承认，迄今他还在周围徜徉，没有真正地握住缰绳。

因此，这是古典时代流传下来的一个图像，揭示了在两千多年后它在一位诗人心中的内在的心理力量。它是给予一股清新的情感力量的道德力量。可以在公众盛大庆典或者官方纪念碑的空洞的浮夸矫饰中使用的古代四马并列拉的双轮战车的图像，在此同样证明了它所具有的改变一位年轻天才的生活的潜能。

正是对升华的这种强调——或者如瓦尔堡有时所称的那样，对宣泄的强调——在最后几年的讲座和笔记中越来越占有显著地位，在这些讲座和笔记中，象征传统的链条被用来指出道德教训。根据他的简短笔记和几页文字来判断，他在1927—1928年冬季学期的大
268 学课程中，正是专注于这些连续性与转化的问题。问题还是老问题——文艺复兴的心理学意义；但是，在这些话中可辨别出对他的方法的有效性的新的自信的语气：

我们以古代为背景来观察它们，以期从它们在心理上的必要性的角度来理解那些风格演化的过程，这一尝试最终必然会导致对历史分期的批评。例如，能够按照风格心理学在文艺复兴和中世纪之间精确地划界吗？这种划出纯粹按年代顺序排列的分界线的尝试绝不会建立在明显的分类原则的基础上，因为我们所称的中世纪和近代不过是我们自己的尝试——要赋予一个特定的一致

... Unsere Versuche, auf dem Hintergrund der Antike die Vorgänge innerhalb der Stilentwicklung als kunstpsychologische Notwendigkeit zu begreifen, müssen uns schliesslich zu einer Kritik der weltgeschichtlichen Epochen-Abgrenzung führen. Gibt es z.B. eine durch stilpsychologische Interpretation gewonnene exakte Abgrenzung zwischen Mittelalter und Renaissance? Ein solcher Abgrenzungsversuch, rein auf die Zeit bezogen, kann keine zuverlässigen, evidenten Einteilungsprinzipien zu Tage fördern, weil das, was wir mit Mittelalter und Neuzeit bezeichnen, ein Versuch ist, den

群体的心理特征一个通用名称。即使可以表明他们的外在心理习惯或多或少占支配地位，它们也仍然来源于人类心灵，按照永恒的规律存亡，而这些规律并没有专有的可替代之物。

然而，可以这样说，教会的修士戒律所要求的**沉思生活**［vita contemplative］的理想的支配地位与世俗的生活理想相对立，对女性的浪漫崇拜将这种世俗的生活理想灌输到社会的节日中。而且，可以看到，倘若没有体现了意大利文艺复兴的本质的一场新的精神运动的创造性转变，这种对于此时此地的梦幻般的渴望就不能产生那种英雄个人主义的理想领域，那种英雄个人主义指明了通向未来之路。只有这样一场运动才能唤起对英雄个人主义能够茁壮成长的领域的渴望与理想，一种从对往昔的伟大事物的记忆中汲取与当时的对抗势力做斗争的力量的存在方式。因

geistigen Habitus einer bestimmten innerlich
zusammenhängenden Gruppe von Menschen
einheitlich zu benennen, deren Denkweise
wohl nach aussen hin als mehr oder weniger
vorherrschend nachgewiesen werden kann, in
seiner eigentlichen Existenz aber innerhalb der
menschlichen Seele wurzelt und nach Gesetzen
lebt oder abstirbt, die kein zeitloses ‘entweder
oder’ des Vorhandenseins kennt. Immerhin
lässt sich so viel sagen, dass das Ueberwiegen
des Lebensideals der vita contemplativa, wie
sie die mönchische Kirchenzucht forderte,
dem Lebensideal entgegenstand, wie es etwa
das romantische, auf Frauenkultus gegründete
Diesseitige in das gesellschaftlich Festliche
hineintrug, dass aber diese auf die Gegenwart
gerichtete Wunschregion ihrerseits wiederum
nur durch eine schöpferische Umformung
einer neuen Geisteswendung, wie sie eben das
Wesen der italienischen Renaissance ausmacht,
jene Idealsphäre der heroischen Existenz
der Einzelpersönlichkeit hervorbringen und
weisend aufstellen konnte, die ihre Kraft der
Eigenexistenz im Kampfe mit der Gegenwart 269
aus dem Wiedererinnern vergangener histori-
scher Grösse gewann. Das Leben alla monaco,

此，摩纳哥式［alla Monaco］、法兰西式和仿古典式的生活必须在传统意象的聚光镜中得到分析与解释。	alla franzese und all'antica muss also in dem Auffangspiegel überlieferter Bilderwelt analysiert und interpretiert werden.
我在这几次研讨班期间试图向你们表明的方法，实际上以一个非常简单的观念为基础。通过比较在不同的时期和不同的国家中对同一个主题的处理，我们尝试在它对风格的影响中把握时代精神……	Die Methode, die ich im Laufe dieser wenigen Uebungen vor Ihren Augen zu entfalten versuchte, ist in der Grundidee sehr einfach. Wir suchen den Geist der Zeiten in seiner stilbildenden Funktion dadurch persönlich zu erfassen, dass wir den gleichen Gegenstand zu verschiedenen Zeiten und in verschiedenen Ländern vergleichend betrachten.

（《最后一节课》，笔记本，1927—1928年，第70—72页）

这个简洁陈述之所以饶有趣味，恰恰是因为它再一次表明将瓦尔堡的方法与“图像志”相等同在多大的程度上是不得要领的。在他看来，图像志只是锻造他的链条的准备步骤之一。主题的同一性使他可以说明形式处理与心理处理间的对比。

1928年春，瓦尔堡为汉堡商会的成员们做了一次讲座，并为他们策划了另一次盛大庆典史的展览。这次讲座更着重地强调了这个系列的道德性质：

今晚将向诸位简略地讲述盛大庆典在历史中的发展，这些发展可描述为从法兰西式的典雅风	Den Entwicklungsgang in der Geschichte des Festwesens, wie er Ihnen heute abend in rascher Skizze vorgeführt werden soll,

度向充满活力的仿古典式的理想化风格的转变。诚然，如果我们希望彻底地评定这种升华过程其种种结果与欧洲的风格发展的相关性，我们就必须同意承认幸存的古代神明是一种宗教力量——呈现出负责人类命运的恶魔的形状，对它们的崇拜被占星学系统地予以整理。拉斐尔采取了某种步骤，将这些险恶的恶魔转变为平静的奥林匹斯山诸神，他们居住在更高的领域，那里不再为任何迷信习俗留有余地。这种洞见将允许我们领会拉斐尔的步骤的人性化含义。

与将异教—古典神明人性化的这一过程相配合的是，对古代英雄如在神话中所描述的那样予以神化，以及通过将他们提升到崇高而理想的显赫地位的那些中间区域而对古代史的主要人物予以神化。

这样，一个多重的天体系统就被插在人类生存的平

könnte man bezeichnen als eine Umformung von der höfischen Mimik alla franzese zum Idealstil einer Energetik all'antica. Um diesen Sublimierungsprozess in seiner folgehaften Bedeutung für die europäische Stilentwicklung von Grund auf zu würdigen, 270
müssen wir uns freilich entschliessen, die nachlebende antike Götterwelt einerseits als religiöse Macht—in Gestalt von Schicksalsdämonen, die in der Astrologie ihre systematischen Kultvorschriften fanden—anzuerkennen, und aus dieser Einsicht heraus als Akt der Humanisierung zu begreifen, wenn Raphael eben diese fatalen Dämonen zu olympisch heiteren Göttern wandelt, in deren höherer Region kein Raum mehr ist für abergläubische Praktiken.

Dieser Humanisierungsprozess der heidnisch-antiken Götterwelt entspricht einer Entrückung der antiken Heroen, wie sie die Sage schildert, und der Charaktere, wie sie die Geschichte der alten Griechen und Römer aufweist, in das Mittelreich der erhabenen idealischen Grösse.

So wird gleichsam ein mehrfach geschichtetes Sphärensystem zwischen menschlicher

地与天上诸神之间，那些能够经历提升的人从这里得到召唤，鼓励他们通过渴望飞向理念，反对平凡生活的枯燥无味的平庸状态。

Niederung und himmlischer Schicksalsgewalt geschaffen, aus dem die Erhebungsfähigen ermutigender Anruf trifft, die der seelenfressenden Banalität des Alltags den Wunsch der Auffahrt zur Idee entgegensetzen wollen.

（《商会》，笔记本，1928年，第4—5页）

如在他的年轻岁月中一样，瓦尔堡强调，这些洞见要优越于流行解释的那种不加置疑的唯美主义。在他的结束语中提到记忆的哲学时，他将他的图书馆的纲领界定为这样一种尝试：

……通过将异教古代的文明用作一个常量，表明集体记忆作为对于各种风格的出现的形成性力量的功能。在这个时期的反映
271 中看到的描绘上的变化，揭示了那个时代的自觉的或不自觉的选择性倾向，从而揭示集体心灵，这种心灵产生了这些愿望，主张了这些理想，在它的不断地从具体化到抽象又从抽象到具体化的转变中，证明了人类为了达到平静所展开的那些斗争。

... auf die Funktion des europäischen Kollektivgedächtnisses als stilbildende Macht hinzuweisen, indem sie die Kultur des heidnischen Altertums als Konstante nimmt. Die Abweichungen der Wiedergabe, im Spiegel der Zeit erschaut, geben die bewusst oder unbewusst auswählende Tendenz des Zeitalters wieder und damit kommt die wunschbildende, idealsetzende Gesamtseele an das Tageslicht, die, im Kreislauf von Konkretion und Abstraktion und zurück, Zeugnis für jene Kämpfe ablegt, die der Mensch um die Sophrosyne zu führen hat.

（《商会》，第1—2页）

到写下这些话时，将这一系列图像编入宏大的象征符号交响曲中的想法已在瓦尔堡心中形成，这首交响曲将表达的正是这个寓意。他决定于1928年秋赴意大利，正是要为这部*magnum opus*［杰作］汲取新的灵感和收集另一些材料，这部巨著将使他的毕生事业达到顶峰。“到欧洲热情之源的发现之旅”（如瓦尔堡在他的一篇笔记中所称的那样）[①]是以高贵风格构想的。陪他同往的是一名男仆和格特鲁德·宾，他向她口述了他的草案，接纳她加入他的计划。如他所说，正是她的“神圣的好奇心”激励他写作，正是为她开辟新天地的愿望给予了他力量与耐力。

在罗马的伊登酒店租了一间套房，在那里首次安装了一些屏板用于陈列图片（图版51），这为了给瓦尔堡提供方便。1929年1月19日，瓦尔堡在赫兹图书馆演讲厅在这些屏板前做了一次讲座。像瓦尔堡的所有讲座一样，这场讲座一定持续了很长时间，由于他通过照片来说明“仙女”的一种形式与另一种形式的差异，而这些照片听众可能看不清，因此也一定很难听懂。一个多小时后，赫兹图书馆馆长恩斯特·施泰因曼小心翼翼地尝试着让瓦尔堡注意到时间的流逝——此事一直未得到原谅。然而这场讲座在精神上却大获成功。肯尼思·克拉克曾公开说到，正是这次经历改变了他的生活。[②]

瓦尔堡将他特别喜爱的示范品——吉兰达约的艺术，放置于讲座的主焦点，吉兰达约不仅将古代雕塑的情念形式纳入他的语汇，还自由地借用了许戈·范·德·胡斯的北方写实主义。但是这个示

① 《灰色画》，笔记本，1929年，第3页。

② 在1948年6月13日的一次广播中。

272 范要由介绍盛大庆典对于艺术发展的重要性，以及讨论在多纳太罗与其他例子中的“颠倒”的过程来充实；要通过提及丢勒、伦勃朗和鲁本斯的事例来阐明。我们有瓦尔堡的结束语的草稿，这篇结束语竭力使听众深切地认识到放荡不羁的异教激情与这位佛兰德斯艺术家的虔诚的田园诗之间的心理冲突的戏剧性：

展现在你们面前的这一系列图片是要向你们介绍与对精神遗产的管理相一致的情感张力。罗马的凯旋门隐隐出现，以其壮丽和辉煌的氛围令不同的时代、民族和个人黯然失色。

首先，多纳太罗和阿戈斯蒂诺·迪·杜乔表明了古典的富有表现力的新造像既在其希腊表现形式又在其罗马表现形式中的力量。

在弗朗切斯科·萨塞蒂的墓地礼拜堂中，一大批亡灵［revenants］在为他的灵魂举行的仪式中发现了北方的同盟者，这些亡灵以放荡不羁的激情为他的去世而悲恸，仿佛他就是墨勒阿革洛斯［Meleager］。尽管吉兰达约……以佛兰德斯的描绘的风格讲述了

Vom Pathos der geistigen Erbgutverwaltung soll die Bilderreihe erzählen, die vor Ihnen ausgebreitet steht. Der römische Triumphbogen in seiner Zeiten, Völker und Menschen überschattenden gloriosen Magnificenza steigt auf.

Von der vorprägenden Gewalt antiker Ausdruckswerte in ihrer zwiefachen, griechischen und römischen, Schichtung künden zunächst Donatello und Agostino di Duccio.

In der Grabkapelle des Francesco Sassetti findet das wilde Heer, das in entfesselter Leidenschaft um Francesco Sassetti wie um Meleager klagt, nordische Bundesgenossen im Seelendienst. Während Ghirlandajo … flandrischphysiognomisch die Legende des

最后的审判时的特别的辩护者［avvocato speciale］圣方济各的传说，弗朗切斯科·萨塞蒂本身却以许戈·范·德·胡斯的手法在板上画中表现了他的牧羊人般的虔诚。

一段可称为关于头饰的战斗的幕间剧由古典的墨杜萨之翼对于法国—佛兰德斯的尖帽的胜利得到说明，那种尖帽即带有飘扬的修女头巾［guimpe］的圆锥形女式高帽。在对古典主题的描绘中对沉甸甸的流行服装的反抗，最后将在泡沫中诞生的维纳斯，即被解放了的自然的女主人和创造物，带入了菲奇诺的佛罗伦萨。

行星维纳斯*，命运的恶魔般的统治者，经历了向宇宙的厄罗斯**的灵魂转生。

hl. Franziscus, des avvocato speciale beim jüngsten Gericht, erzählt, trägt Francesco Sassetti selbst auf dem Tafelbilde seine Hirtenfrömmigkeit im Stile des Hugo v.d. Goes vor.

Ein Intermezzo, das man als Kampf um den Kopfputz bezeichnen könnte, wird illustriert durch den Sieg der antiken Medusenflügel über den flandrisch-französischen Spitzhut, den Hennin mit der wallenden Guimpe. Die Reaktion gegen die lastende Modetracht in der Darstellung der Antike bringt endlich die schaumgeborene Venus, Herrin und Geschöpf der befreiten Natur, in das Florenz Ficinos. Die Schicksalsdämonin Venus, der Planet,
erfährt die Metempsychose zum kosmischen 273
Eros.

（《赫兹图书馆的讲座》［*Hertziana Lecture*］，结论）

自从他最初研究波蒂切利的维纳斯之谜以来，现在已过去40余

* 即金星。——译者

** Eros，即爱神星。——译者

年；但是，尽管在多年的探求中他心中所思索的问题看似相同，他所做的解释却经历了漫长的历程。

即便如此，有一点十分清楚，他本人日益感到，需要利用他的新发现的自由来摆脱长期以来在他的工作中一直占据重要地位的那些例子；实际上，他在意大利度过的九个月主要用于努力做到这一点。

他的朋友，汉堡艺术史家保利［Pauli］的一个偶然发现，引发了这次新的探索。那是对这样一个惊人事实的发现——或者如后来弄清楚的那样，是重新发现[①]——马内［Manet］的《草地上的午餐》［*Déjeuner sur l'herbe*］（图版52a）的构图模仿了马尔坎托尼奥·拉伊蒙迪［Marcantonio Raimondi］仿拉斐尔而作的一幅著名版画《帕里斯的裁决》［*Judgement of Paris*］中由河神与仙女构成的一组人物（图版52b）。这个构图又是来自古典石棺，即来自瓦尔堡认为是异教情感的"记忆痕迹"而极为重视的那类纪念物。因此，这是应当锻造的另一根链条，这根链条从一个希腊化时期的纪念物经过文艺复兴到达现代主义的先驱。

在接受这个挑战的过程中，瓦尔堡也回到了早期的热情。他在求婚时日撰写的短剧中有一句**警句**，"光与空气也属于现代人"（第93页），他从不怀疑，现代的艺术运动代表着解放的行动。在赫兹图书馆的讲座后不久，他正是心中怀着这样的感情在自己的日志中写道："马内擎着引路的火炬在我面前走过，我要跟上去。"（Manet tritt mit der Führerfackel vor mich hin, und ich werde folgen.）他向格特

① E. 谢诺［E. Chesneau］，《艺术与现代艺术家》［*L'art et les artistes modernes*］，巴黎，1864年，第190页。

鲁德·宾口授了很长的几节文字，它们表明了他的卷入与他的发现所带来的快乐：

在现代绘画中，使批评家难于证明在形式上和图像志上与传统的联系在本质上的重要性的，莫过于马内的《草地上的午餐》。就一件在为争取从学院派精湛技艺的桎梏中朝向光明而解放出来的斗争中如旗帜般高擎的作品而言，至少可以这样说，从事于跨越几个世纪抛出一条从阿卡迪亚［Arcadia］经过卢梭［Rousseau］到巴蒂尼奥勒［Battignolle］的线的理智事业似乎是多余的。然而，是马内本人在这场为争取人类眼睛的权利的战斗中求助于乔尔乔内［Giorgione］的例子，以便为在户外将着衣男子与裸体女子组合在一起进行辩护，认为这是不具革命性和不追求轰动效应的母题。今天我们也许会问，马内在他朝向光明的迈进中是否真的必须这样折回，将自己表

Bei keinem modernen Bild kann es dem
Kunstrichter schwerer fallen, formale und
sachliche Zusammnehänge mit der Tradition
als wesentlich mitbestimmend nachweisen
zu wollen, als bei Manets Déjeuner sur
l'herbe. Entstanden wie eine Vortragsfahne
im Kampfe für lichtwendige Erlösung aus den 274
Fesseln akademischer Virtuosität erscheint es
ein mindestens überflüssiges intellektuelles
Beginnen, etwa eine Entwicklungslinie durch
die Jahrhunderte, von Arkadien über Rousseau
nach Battignolle ziehen zu wollen. Und doch
hat Manet im Kampfe um die Menschenrechte
des Auges das Vorbild des Giorgione
heraufbeschworen, um das Zusammensein von
bekleideten Männern und nackten Frauen im
Freien als an sich unrevolutionäre Sachlichkeit
zu verteidigen. Brauchte sich, fragen wir uns
heute, Manet, der vorwärts Schreitende zum
Licht durch Rückwärtswendung als getreuer
Erbgutsverwalter vorzustellen, da er doch

现为传统遗产的忠实保管人。毕竟他的作品的直接影响可以告诉世界，只有那些分享往昔的精神遗产的人才有可能发现一种创造了新的表现价值的风格。这些价值的驱动力不是来自对旧形式的排除，而是来自它们在转变上的微妙之处。在一般艺术家们看来，这些超个人的强制力也许意味着一个难以忍受的负担，但在天才人物看来，这样的争论却导致一种赞美诗式的魔法的神秘行动，仅仅这种魔法就赋予他们的新造像一种引人入胜的信念的力量……

durch seine unmittelbare Gestaltung die Welt erfahren liess, dass Teilhabe am geistigen Gesamterbgut erst die Möglichkeit schafft, einen neue Ausdruckswerte schaffenden Stil zu finden, weil diese ihre Durchschlagskraft nicht aus der Beseitigung alter Formen, sondern aus der Nuance ihrer Umgestaltung schöpfen. Der überpersönliche Zwang mag für den Durchschnittskünstler eine untragbare Belastung bedeuten, für das Genie bedeutet diese Auseinandersetzung einen Akt geheimnisvoller antheischer Magie, die den Neuprägungen erst die hinreissende Überzeugungskraft verleiht ...

（《马内》[*Manet*]，第1—2页）

如果这个例子要充分地说明瓦尔堡对传统的解释，他就必须发现这些形式曾经体现的最初的“异教”意义，从而表明欧洲人心灵的记忆中的原始冲动是如何可以被一个解放的天才转变为新的用途。

275 因此，要厘清马尔坎托尼奥的构图所根据的那口石棺的母题和意义，就必须有一定数量的文献学的准备。上述这组人物不是纯古典的。实际上，他的河神所根据的可能是拉斐尔的《赫利奥多罗斯》[*Heliodorus*]，而非一个古代范本（图版52c）。[①]但是，有一口古典石棺，上面表现了《帕里斯的裁决》（图版53a），其中包含一组有关的人物，现已损毁严重，但是可以根据博纳索内 [Bonasone] 所作的一幅雕版画加以重构（图版53b）。

在这个画面中，对比于马尔坎托尼奥的构图，这组人物被纳入了发生在伊达山 [Mount Ida] 上的事件的叙述中。因为这幅浮雕不仅表现了裁决的场景，而且表现了诸神后来回到奥林匹斯山的场面。瓦尔堡试探性地将诸神的这种飞升解释为期望中的灵魂之旅，因此适合于墓葬纪念物。而且，在这个版本中，河神与水仙女转向了这个场景，观看着离去的诸神，水仙女举起一只手，仿佛感到惊讶或者敬畏。这是那种“恐惧”反应的残余，自从瓦尔堡学生时代时乌泽纳向他介绍异教神明的心理起源以来，他一直把“恐惧”反应与异教神明相联系。但是，地上的目击者们如何？难道他们本身不是“实体化了的原因”，神话时代的想象的产物，这种想象在潺潺河流或者沙沙作响的树丛中看到了斜倚的河神或者水仙女吗？

瓦尔堡探究古典河神的斜倚姿势，以解释这一程式的表现价值。他了解占星学意象中的这样一个神明，在占星学意象中，河神波江座与土星相联系（参照第212页）。而且，人们会记得，由于斜倚的姿势在丢勒的《忧郁》那个典型的阴郁形象中继续存在，在斜倚的姿势和悲恸的着迷者的姿势之间也可以建立联系。因此，在瓦尔堡看来，古代的河神成为抑郁症与消极状态的体现，与衣衫飘

① 新近的一次修复将马尔坎托尼奥的雕版画中的河神与水仙女添加到带有《帕里斯的裁决》的卢多维西别墅 [Villa Ludovisi] 的古典浮雕中，这幅浮雕现藏罗马的公共浴场博物馆 [Museo delle Terme]。这个修复现已清除。

动、近似于狂乱的酒神女祭司那样阔步行走的“仙女”恰恰相反。

因此，这是最初的“恐惧症的”记忆痕迹，最后马内将它变成
276 了一个热爱自由的人性的形象。但是这种转变不是即刻发生的。它由对拉斐尔或者他的雕刻师的构图所做的一次次微小变动做了准备。他的水仙女不再心醉神迷地或者充满渴望地望向奥林匹斯山；她将头转向观者，仿佛她希望因她的美而得到夸赞。男性诸神的反应仍然一如既往：

尽管一道符咒将他们紧紧束缚在山上和河岸，他们却欠起身体，遥望那不可奢望的光芒四射的山峰，内心充满了渴望或者恐惧。他们的眼睛完全被神的显现的恐怖场面所吸引，紧紧凝视着这个场面，那向往的眼神流露出尚未摆脱的肉体性的重负，而这乃是非奥林匹斯神的命运。	In den Berg und an das Flussufer gebannt richten sie sich, sehnend oder fürchtend, zu einer lichten Höhe auf, der sie nicht angehören dürfen. Ihre Augen, gänzlich absorbiert von der terriblen Gotteserscheinung, gehören dieser an und sprechen sehnsuchtsvoll von lastender Noch-Körperlichkeit, die eben das Schicksal der Nicht-Olympier ist.

（《马内》，第9页）

此处和别处有时出现的情况那样，瓦尔堡对异教神明的解释使我们想起他对阿诺尔德·勃克林艺术的赞赏。但是，即使瓦尔堡在马尔坎托尼奥所表现的河神的表情中觉察到的最初意义的这一残余，也由于种种形式被社会记忆所流传而被清除殆尽。他欣喜地发现这一构图的荷兰17世纪的变体（图版53c)，在这个构图中，河神

们不再观看奥林匹斯山诸神，而是在凝视并不令人心动的一群母牛。这就完全转变为了田园诗，再次赋予它革命性的**情念**的道路已为马内敞开。但是，在这样做的过程中，人们可以看到，他继续了由文艺复兴所开始的转变。如果马尔坎托尼奥的水仙女，像马内的裸体浴者一样，望向观者，现在其中一个男性形象也是如此。在草地上的这些形象中，恐惧的心情已荡然无存。他们的转变似乎证实了瓦尔堡方法的有效性，因为持续了约两千年的连续性中的变化揭示了人类文明在这一时期的转变：

被描绘的人物类型的整个心理动态，正是通过身体与面部的表现性动作中表面上微不足道的变化而彻底转变的。古代浮雕中次要的自然恶魔因受到对闪电的恐惧的威胁而做出的姿势，仍然根源于惯常行动，但是在通过意大利雕版画传播之后，它创造了信心十足地在阳光下走动的、获得了解放的人的形象。

In anscheinend ganz unbedeutenden
Abweichungen im Spiel der Gebärden und des
Gesichtes vollzieht sich nun eine energetische
Umverseelung des dargestellten Menschentums.
Aus der kultlich zweckgebundenen Geste un-
tergeordneter blitzfürchtiger Naturdämonen 277
auf dem antiken Relief vollzieht sich über
den italienischen Stich die Prägung freien
Menschentums, das sich im Lichte selbstsicher
empfindet.

（《马内》，A，第3页）

在异教石棺上表现的《帕里斯的裁决》和马内的《草地上的午餐》之间，人类见证了

Zwischen dem ‘Urteil des Paris’ auf dem heidnischen Sarcophag und Manets ‘Déjeuner sur l’herbe’ vollzieht sich der Umschwung

关于基本自然现象因果关系的理论的决定性变化。支配自然事件的内在的和客观的规律的观念，将具有过于人性化的癖好的整个统治机构从天空清除出去。诚然，在占星学迷信至今仍然完整如初之处，七星会保留了它决定人类命运的有害力量，但是，自从他们已在考古学上被消除以来，主要的奥林匹斯山诸神已不再是活跃的献祭仪式的对象。

in der Verursachungslehre die elementaren Naturereignisse betreffend. Die immanente Gesetzlichkeit in den Naturvorgängen vertreibt als persönlich unfassbare Idee das ganze hadernde Regierungskollegium mit seinen menschlichen Süchten vom Himmel. Wenn auch das Siebenerkollegium der Planeten bis auf den heutigen Tag als Schicksalslenker seine Virulenz in dem ungestörten astrologischen Aberglauben bewahrt hat, so sind doch die grossen olympischen Götter, seit sie archäologisch sterilisiert wurden, nicht mehr Objekt des aktiven offiziellen Opferkultus.

（《马内》，第12—13页）

在这一年，瓦尔堡心情愉快，他向格特鲁德·宾介绍了自己关于图书馆的设想，而对于马内对异教恐惧的“改革”所做的解释，并不是他在这一年探讨的与现代人争取启蒙的斗争相联系的唯一主题。他自己发现了焦尔达诺·布鲁诺［Giordano Bruno］的《驱逐趾高气扬的野兽》［*Spaccio della bestia trionfante*］，并把这位哲学家将旧的图像驱逐出天堂的决定看作欧洲人心灵史中的另一个决定性的时刻，看作受到视觉想象的长期束缚的宇宙的最终精神化。

同时，他再一次探询焦尔达诺·布鲁诺所清除的旋转天体的
278 图像曾对人类意味着什么。他的解读从占星家移到诸如波曼德斯

［Poimandros］等新柏拉图主义的神秘主义者，以新的敏感探讨了这些体系的宗教内容。当他研究里米尼的马拉泰斯塔教堂［Tempio Malatestiano］的意象时，他想到了*pneuma*［普纽玛］，即世界灵魂的观念，在那件作品中，阿戈斯蒂诺·迪·杜乔的缪斯［Muses］和诸行星（图版6a）似乎反映了古代酒神女祭司的狂喜，仿佛她们的衣衫被弥漫于天空的普纽玛所吹动。

所有这些新的兴趣都反映了他对文化心理学的那个中心问题的日益关注——宗教的问题，尤其是基督教的问题，奇怪的是，这个问题在他对文艺复兴的研究中曾仍然处于边缘地位。并不是在他的思想中没有这个问题。他关于路德的论文证明他将宗教改革运动作为一种启蒙行动来重视。

他从未忘记自己争取从犹太教仪式主义的束缚中解放出来的斗争，但是他对宗教十分尊重。他在要收集的例子中寻找的是他在其他图像链中所赞扬的同样的“精神化”的过程。那是从魔法施展和血迹斑斑的献祭到内在虔诚的纯粹精神态度的转变，他以深切的热情对这种纯粹精神态度做出反应。

因此，当1929年在巴勒斯坦发现了一幅表现了异教神明同时描绘了以撒［Isaac］献祭的场景的镶嵌画时①，瓦尔堡非常感兴趣，因为他希望在这件遗物中发现人类的精神朝圣之路上的另一个里程碑。在他看来，犹太人沿着精神之路前进，与其说出于他们自己的

---

① 参照E. L. 苏肯尼克［E. L. Sukenik］，《贝特阿勒法的古代犹太会堂》［*The Ancient Synagogue of Beth Alpha*］，耶路撒冷，1932年，图版19，和E. 基青格［E. Kitzinger］，《拜占庭时期的以色列镶嵌画》［*Israeli Mosaics of the Byzantine Period*］，伦敦，1965年。

自由意志，不如说迫于环境。圣殿的破坏到那时为止使人们无法进行血腥的献祭。基督教通过上帝在圣餐中的献祭的教义克服了这个传统的强制力。也许巴勒斯坦的这幅镶嵌画是犹太教中的一种类似发展的痕迹，强调了用公羊代替以撒的意义？

此时扎克斯尔正在致力于他关于密特拉教遗物的文集，瓦尔堡也迫不及待地要把宗教史中的这段插曲纳入他对事情的安排中。密特拉教的入教仪式仍然需要被屠杀的公牛的鲜血，显然允许血滴到入教者身上。基督教的洗礼仪式进一步远离了这种拘泥于字面意义
279 的仪式。瓦尔堡在基督教中尤其重视的正是那种对献祭的拒绝。拉斐尔的《路司得的献祭》[*Sacrifice of Lystra*]（图版54a）图解了《使徒行传》[*Acts*] 中使徒们拒绝举行仪式的情节。在瓦尔堡看来，装饰祭坛的怪物象征着异教信仰以其为基础的原始底土。这个例子是要表明，瓦尔堡十分珍视拉斐尔作为教化者的角色。因此他也将注意力转向拉斐尔的《博尔塞纳的弥撒》[*Mass of Bolsena*]（图版54b）的意义。这幅画表现了流血的圣饼的粗略传说，但是，在拉斐尔的解释中，这个传说成了对一次深邃的精神经历的表现：神父陷入深深的沉思，一组组信徒做出了深切的虔诚和奋力向上的姿势。

也许对教会的发展的这种日益关注，是由一个事件所激发的，瓦尔堡曾在罗马目击了这一事件，它给这位对历史有兴趣的学者留下了深刻印象：《拉特兰条约》[Lateran Pact] 的签订，在这份条约中，教皇与意大利政府和解，作为对承认教皇精神权力的回报而放弃对罗马的世俗统治。教皇在这次弃权行动后向人群祝福时，瓦尔堡就在圣彼得广场 [St. Peter's Square]，他把这解释为历史的转折

点。在他看来，法西斯主义者所展示的粗俗的权力象征符号与教皇撤入纯粹象征性领域的范围之间的对比，成了人类走向启蒙之路的长长链条中的另一个链环。

他对视觉象征符号的语言变得十分敏感，也许甚至是反应过度；如果他以前的危险是他不能摆脱他那些固定不变的例子，那么，他会以新的信心利用象征符号来判断它们对于文化心理学的意义，在这种新的信心中无疑存在着风险。或许正是对这种危险本身的意识使他长期以来受到约束。但是，现在，由于他的成就已得到肯定，他的毕生事业已经获得认可，他就有勇气来探讨这些问题，并依赖他的幽默感来提供必要的“超然态度”。

我们将在下一章返回到这些反应中的其中一些上；他曾为发表演说的最后一个场合写过一篇演说稿，此处可以用这最后一个场合来说明它们。他已于1929年6月的最后几周从意大利归来。7月30日，他向一小批刚刚获得博士学位的学生发表演说。他心情轻松，但是他也希望使听众深刻地认识到如他所认为的文化诊断的相关 280
性。因此，他把《汉堡异闻报》[*Hamburger Fremdenblatt*]时事图片增刊中的一页（图版55a）选作他的半幽默的世俗布道的主题，此页将运动员和赛马的杂乱图像与一幅被抬在*sedes gestatoria*[御轿]上的教皇的照片并排刊登，这使他感到震惊。更糟糕的是，排字工因需要一块地方放一名游泳冠军的照片，而侵占了宗教仪式照片的一部分，从而表明他对连不可知论者也应当尊重的价值等级系统漠不关心。

瓦尔堡关于此页的简短演说作为他将严肃与幽默融为一体的技巧的实例，也作为一篇心理学的文献，值得至少作为加以扩充的摘要予以援引：

编辑部从两个截然相反的世界选取它可供销售的丰富景象。其大部分是对卓越的身体技能的自鸣得意的展示；如果你们对它们追根溯源就可发现，这些是早期印有怪物的大幅报纸的真正后代，不过在这里，预言种种灾难的可怕征兆已变成彼此竞争的运动员，颇有教养，充满活力。

Aus zwei ganz entgegengesetzten Welten schöpft also die Redaktion die verkäufliche Fülle der Gesichte: [Meist sind es] selbstzufriedene Schaustellungen menschlichen Könnens. Sie sind—wenn man nur auf die Entwicklung zurückgeht—echte Nachkommen jener uralten Monstrablätter, nur dass aus den Unheil weissagenden Greueln kultivierte, mit einander wetteifernde Dynamiker geworden sind.

这种自鸣得意的世俗性的气氛与教皇队伍形成最鲜明的对比，教皇队伍不是集中于一个怪物上，而是集中于圣体匣上。于是，当你思考这个队伍的意义的时候，那种提醒人们对世俗事物的虚荣心的事物便来自拉丁南方。并非必须这样做！对教皇的队伍，看到的是多一些还是少一些，那是无足轻重的，但是，能力出众的游泳者当然必须能被完全看到，因此他粗暴无礼地伸入队伍照片的一角——不过我认为，他的双腿本足以充当他的非凡能力的本质象征符号。

Die Atmosphäre zufriedener Diesseitigkeit steht nun in grellstem Kontrast zu der Papstprozession, deren Mittelpunkt nicht das Monstrum, sondern die Monstranz bildet. Aus dem romanischen Süden kommt also die Mahnung von der Nichtigkeit des Weltlichen hinein, wenn man über das Wesen dieser Prozession nachdenkt. Muss man ja nicht!Ob man ein bisschen mehr oder weniger davon sieht, ist auch einerlei, aber der tüchtige Schwimmer, der muss ganz gesehen werden und ragt deshalb schonungslos in die Bildecke der Prozession hinein; obgleich meiner Meinung nach auch seine Beine allein als wesentliches Symbol seiner staunenswerten

Leistungsfähigkeit genügt hätten.

我自问：这个游泳者清楚圣体匣是什么吗？难道这位肌肉强健者——我指的不是他的个人而是他的类型——不必了解那一象征的意义，它根源于异教信仰，在北方激起了强烈的反抗，将欧洲一分为二吗？……

Ich frage mich: weiss der Schwimmer was
eine Monstranz ist? Hat dieser Tüchtling, ich
sehe ganz von seiner Person ab und behandle
nur den Typus, wirklich nicht nötig, von
dem Wesen jener Symbolik etwas zu wissen 281
die aus dem Heidentum her stammt, und die
tiefsten inneren Kräfte des Nordens zum
Widerstand aufrief und Europa zerspaltete?

这种粗暴无礼的并置表明，可以将令人愉悦的*hoc meum corpus est*［这身体我的是］放在带有悲剧成分的*hoc est corpus meum*［这是我的身体］的一旁，而这种不协调的状况却没有引起人们对这种粗暴违背得体原则的行为提出抗议。

不要误解我的意思。在我不在意大利期间，我亲爱的妻子收到一封信，指责我改信基督教是缺乏道德素质。对那些毫无根据而愚蠢的指责只是一笑了之是不行的，因为它们表明，要弄清北方这里的人民为了他们自己的

Rohe Zusammenstellung zeigt, dass ganz unvermittelt das vergnügliche *hoc meum corpus est* neben dem tragischen *hoc est corpus meum* vor die Augen geführt werden kann, ohne dass die Diskrepanz zu Protest gegen solche barbarische Stillosigkeit führt.

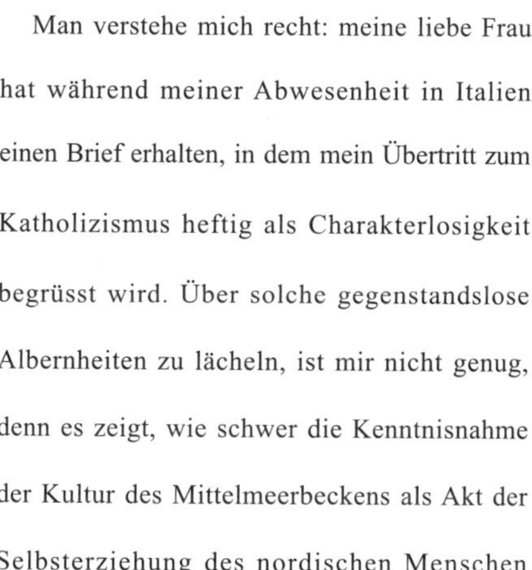

Man verstehe mich recht: meine liebe Frau hat während meiner Abwesenheit in Italien einen Brief erhalten, in dem mein Übertritt zum Katholizismus heftig als Charakterlosigkeit begrüsst wird. Über solche gegenstandslose Albernheiten zu lächeln, ist mir nicht genug, denn es zeigt, wie schwer die Kenntnisnahme der Kultur des Mittelmeerbeckens als Akt der Selbsterziehung des nordischen Menschen gefördert werden kann. Nicht um jenen

性格形成而去注意地中海盆地的文明的情况有多么困难。不是为了服从那一教义，而是为了理解心理冲突的现状，这种心理冲突实质上是因宗教的具体与科学的抽象之间的张力而产生的，我们才在欧洲北方这里需要一个接收站，以记录往昔与现今之间交流的情况，从而能帮助我们凭借反思的过滤系统来遏制无理性的混乱。

Dogmen sich zu verschreiben, sondern um den Auseinandersetzungsprozess, der letzten Endes eine religiöse Konkretion oder wissenschaftliche Abstraktion bedeutet, in seinem augenblicklichen Stadium zu begreifen, müssen wir eine Auffangstelle jener Austauschbewegung von Vergangenheit und Gegenwart im nördlichen Europa besitzen, die uns hilft, so oder so dem Chaos von Unvernunft ein Filtersystem der retrospektiven Besonnenheit entgegenzusetzen.

（《博士学位庆典》[*Doktorfeier*]，笔记本，1929年7月30日）

282 从这些话中不难意识到瓦尔堡本人多么深刻地感到对立的心理力量的冲突，多么深刻地感受到凭借一个“反思的过滤系统”遏制“无理性的混乱”的需要。正是这种需要导致了一个关于图像集的计划，在这个图像集中，要为每一个象征符号指派一个适当的位置。在命运留给他仅剩的三个月中，他继续致力于这部 *magnum opus* [杰作]。对这一庞大片断的描述属于单独的一章。

第十五章　最后计划:《记忆女神》 283

1929年10月26日，瓦尔堡因心脏病发作去世，这项工作因此中断。在上一章我们部分地追溯了这个计划的历史，从中应当清楚地看到这项工作的性质。它的核心部分是由展示屏板所组成的，对这些屏板的安排是要说明瓦尔堡在学术上所关心的事物的两条主要线索——奥林匹斯山诸神在占星学传统中的变迁，以及古代情念形式在后中世纪艺术与文明中所充当的角色。这两个相互联系的主题将为一部宏大的绘画交响曲的主乐章提供材料，还要为这部交响曲添加其他一些主题，它们可能构成了一首谐谑曲和一首凯旋终曲。瓦尔堡曾于1927年12月宣布，他打算以“图集”的形式撰写这部著作，书名将是《记忆女神》。所有讲座和此后他的研究都将收入这部大型综合性著作。实际上这就意味着他将相关的照片固定在一块块屏板上，随着一个或另一个主题在他头脑中占支配地位，频繁地重新安排它们的布局。瓦尔堡去世时有40块这样的屏板，大都被大大小小的照片挤得满满当当，共有近1 000幅。没有说明文字，也没有瓦尔堡撰写的详细的评注，他写的唯一的连贯的文字是他在罗马向格特鲁德·宾口授的几段文字，内容与在赫兹图书馆的讲座（第272—273页）和对马内的《草地上的午餐》的研究（第273—277页）

有关。此外，这里和通常一样，还有瓦尔堡匆匆写下的许多笔记，笔记中对屏板做了规划，并试着拟定了个别章节或者全书的标题。

有的读者十分耐心地通过其40年的心智发展来考察瓦尔堡思想的发展，对这样的读者来说，将图片与这些文本片断相并置，将和瓦尔堡与他身边的人们看来一样，并不令人费解。这样的读者可能
284 会懂得，关于“作为旧风格与新风格之间的风向标的圆锥形女式高帽”[①]的笔记，表明瓦尔堡对勃艮第时尚在佛罗伦萨版画中的出现与消失看作一种征兆而予以重视，他也会预料到瓦尔堡会在屏板上展示这些版画。他会知道，“尼普顿的战车与斧头”[②]所表明的是瓦尔堡对于在一枚英国邮票上和在墨索里尼执政的意大利中形成对照的那种权力象征的兴趣（第265页），当读者发现瓦尔堡关于这些项目的图解时不会感到惊讶。从另一方面说，如果一位读者没有经历了解基本情况的这一漫长过程而直接阅读本章，他就很可能与本书作者在最初看到那些屏板的照片时一样，感到迷惑不解，这些屏板将构成所谓“图集”的图版。我相信，只有追溯它们在瓦尔堡心灵中的成长，人们才能了解作为《记忆女神》的基础的那些观念，的确，正是这一信念使我返回到瓦尔堡早期的笔记本，并最终使我采用了一种遗传学的方法。因为在瓦尔堡的发展史中不仅存在着了解他个人语言的关键，而且存在着了解他最终希望赋予其毕生工作的那种形式的关键。

扎克斯尔在送给瓦尔堡这些屏板用来排列照片时，一定知道这

① 《最后一节课》，笔记本，1927—1928年，第151页。

② 《一般观念》，笔记本，1927年，第62页。

个装置特别适合瓦尔堡的需要。将照片固定在帆布上的方法提供了一种便利的方式，可以安排材料并以前所未有的组合方式重新做出安排，正如瓦尔堡曾习惯于每当另一个主题在他的心灵中占支配地位时就重新排列他的索引卡片和书籍一样。这位写作十分吃力、觉得需要不断改写自己的简洁陈述的学者，在此被提供了一种方法，可以减轻劳动强度。

此外，瓦尔堡觉得写作是一件十分痛苦的工作，这不是偶然的。他始终深信让他感兴趣的历史过程非常复杂，以致他觉得，不得不在一种单一的叙事中表述他的想法越来越令人烦恼。他所购得的这一时期的每一部个别的著作，在他看来都不仅在一种“单线的”发展中与前后有联系——只有了解它的由来，了解它驳斥什么，了解它的环境［ambiente］，了解它的遥远的祖先，了解它在未来的潜在影响，才能读懂。甚至在他的早期笔记中，瓦尔堡曾喜欢以简图的形式标出这些复杂的关系，在这种简图形式中，他正在研究的著作被表现为各种不同力量的结果。实际上，瓦尔堡的个人符 285
号最初正是出现于这些简图中，“Ny”表示“Nympha”［仙女］及那个形象所体现的一切，而代表种种倾向的那些个别的图像也被缩简为节略的形式。

瓦尔堡所做的这些万花筒般的排列可以追溯到他对佛兰德斯和佛罗伦萨的研究，而他在这些排列中所检验和发展的尤其是“两极性”的哲学。每一个图像都似乎充满了冲突的与矛盾的力量，同一个“情念形式”在一个方面意味着“解放”，在另一个方面则意味着“退化”，这样，瓦尔堡要以话语语言表述他的复杂的历史观就非常困难。他原打算以一种适当的形式来出版这套特定的材料，我们已看到，他在经过多年努力后放弃了这种打算，这种努力导致了事实上的停滞。

实际上，正是在这个背景下，通过使用图解来解除**僵局**的想法在瓦尔堡的笔记中首次出现。1905年，当这一危机达到顶点时，有一处提到了一本“图集”，题目将是“古典时代进入早期佛罗伦萨文艺复兴绘画的情念—风格”[The entry of antiquity into the pathos-style of early Florentine Renaissance painting]，并列出了四个范围，它们可能将构成这样几个序列的主题：

凯旋门系列，维多利亚的回归，高雅门类画的取代；勃艮第布画上的图像系列。	Der Eintritt der Antike in den pathetischen Stil der Florentiner Frührenaissancemalerei: der Triumphbogenkreis, die Rückkehr der Victoria, die Substitution des höfischen Genrebildes; der Bilderkreis der Leinwandbilder aus Burgund.

（《节日庆典》，第73页）

但是，凭借图画讲述一个复杂故事这种心理上的需要，无疑由于存在一个先例而变得愈发强烈，随着他从对“表现”的研究转向对“定向”的研究，即转向星辰的图像，这个先例对于瓦尔堡一定越来越具有重要意义。因为在此存在着这样的“图集”的范例。

瓦尔堡在他的性格形成时期曾接触过人种学家阿道夫·巴斯蒂安的著作。阿道夫·巴斯蒂安曾在出版他最纯粹的理论性著作之一《在各民族不断变化的思想中所反映的世界》[*Die Welt in ihren Spiegelungen unter dem Wandel des Völkergedankens*][1]的同时，

① 柏林，1887年。

还以“图集”的形式出版了一本《人种学图册》(*Ethnologisches Bilderbuch*)（图版55b）。和巴斯蒂安的所有著作一样，此书既雄心 286
勃勃，又杂乱无章。纲领性的序言宣告，在科学的时代需要一种科学心理学，正是为了给这种未来的心理学打基础，作者提议收集Völkergedanken，即民族思想。他所关注的观念是不同的文明是如何想象和表现宇宙的，因而此书介绍了一系列事物，从秘鲁的罐——表现呈蛇形的天神，这条蛇由一个阿特拉斯神［Atlas］的形象托举起来——到在印度民间艺术中、但丁作品的插图中、诺斯替宝石中、玫瑰十字会对精神世界的图解中对天堂与地狱的表现。这些图版是对这本书的视觉注解，此书有一个副标题“思想统计学绪论”［Prolegomena to a Statistics of Thoughts］，因为巴斯蒂安相信，人类不可能产生许多不同的观念，正是缺乏这种可能性，而并非直接的接触，说明了为什么在不同的文化中存在着种种明显的相似之处。

遗憾的是，巴斯蒂安的纲领是以一种极端的方法论的“归纳法优越论”为基础的。他相信，如果收集随机的材料，最终就会发现这些基本单位，因此他在行文中不断地离开主题，去详细地描述各种各样的文化表现形式。甚至他的这种习惯有时也令人想起瓦尔堡的演说风格，瓦尔堡的提示“上帝存在于细节之中”（第13页）十分可能至少间接地源自巴斯蒂安，适合于同样的目的，即，说明注意诸如“仙女”的头饰或者巴巴多斯邮票的来历等细节是有道理的。

和巴斯蒂安一样，瓦尔堡希望他的“图集”提供一份基本人类反应的目录，但是在他的哲学中，这些反应既是理智的，也是情感的。甚至宇宙的种种图像，神话的种种形式，也要解释为“投射”，这些“投射”源于克服恐惧的需要。达尔文在其论表情的著作中曾追溯过情感遗产，在瓦尔堡看来，正是神话与科学在这种情感遗产中的起源，说明了将宇宙力量的心理意象和在仪式与艺术中对基本情感的表现归入一类是有道理的。

到《记忆女神》有点头绪之时，当然，这种对人类文化中基本情感态度的探求也有一些先例。瓦尔堡有时援引尼采对希腊神话的解读，尼采将希腊神话解读为表现了阿波罗式心态与狄俄倪索斯式心态之间的两种基本对比，在笔记中还有几处孤立地提到
287 了弗雷泽的祭司王。[①]瓦尔堡不同意弗洛伊德的观点，而在我见到的笔记中他也没有提到荣格，不过，荣格的取向无疑与他的想法有相合之处。顺便说一下，荣格承认他得益于巴斯蒂安的民族思想［Völkergedanken］的观念。

我们必须在这种背景下来看待在20世纪20年代末有了点头绪的《记忆女神》计划。无论在多大程度上它将是对瓦尔堡早期研究的扼要重述，渴望达到的目标都是提供类似基本词汇的事物，即人类情感的原始词语［Urworte］，并按照这些原型记忆重新解释诸如瓦尔堡的佛罗伦萨岁月的“仙女”等主题。莎乐美和犹滴都是仿照这个类型塑造的，难道这并不意味深长？难道它实际上不是一个乔装的割取敌人首级作为战利品的女子的图像？或者更确切些，割取敌人首级作为战利品这种古老、原始而残忍的冲动，难道没有在头顶一篮水果与蔬菜这种并不邪恶的事物的少女形象中得到“升华”吗？于是我们看到这样一篇笔记：

① 《一般观念》，笔记本，1927年，第74页。

论割取敌人首级作为战利品：犹滴、莎乐美、酒神女祭司，经由作为携来水果者的仙女、福尔图娜、秋女神，到井旁供水者、井旁的拉结［Rachel］、博尔戈火灾中的救火者……	Von der Kopfjägerei: Judith, Salome, Maenade, über die Nymphe—Fruchtspenderin, Fortuna, Herbsthore, zur Wasserkrugspenderin, Rachel am Brunnen, die Feuerlöscherin beim Brand des Borgo ...

（《基本概念》，笔记本，第2卷，1929年，第82页）

最后这几项当然是暗指波蒂切利绘于梵蒂冈的湿壁画和拉斐尔绘于火灾厅的湿壁画。“图集”希望确定和图解的正是此类联想。因为如果人们觉得集体心理的理论是可接受的，那么即使个人联想也会指向社会记忆中的种种环节。此外，瓦尔堡的记忆哲学似乎说明这样一种希望有道理，即，他所称的“适合于完全成年的人的鬼怪故事”（Gespenstergeschichte für ganz Erwachsene）[①]可以只在图画中讲述。因为在这种哲学中，图像在集体心理中扮演了“记忆痕迹”在个人的中枢神经系统中扮演的同样的角色。它代表了通过接触而生效的“能荷”。

为什么对图像的冗长解释可能是多余的，这就是另一个原因。瓦尔堡无疑希望，观者对于激情的图像或者痛苦的图像、心理混乱的图像或者平静的图像，会以同样的强度做出反应，如他在他的著 288
作中所做的那样。人们再次想到将《记忆女神》与交响曲所做的比较。我们被期待会在连续的屏板上再次经历佩耳修斯所经历的沧桑

① 《基本概念》，第1卷，第3页。

（第194、259页），如同我们对贝多芬［Beethoven］的《英雄交响曲》［*Eroica*］不断变化的基调做出反应。在他看来，文字所能做的不过是提供类似乐曲简介的事物。

不过，人们担心，这些笔记不会提供多少启发，因为瓦尔堡具有一种内在倾向——采用一种个人语言并使用他自己创造的新词，而他又希望将他毕生从事的工作浓缩到意味深长的几页篇幅之中，在此，这一倾向或许会更加明显。由于在德国20世纪20年代甚至在说明性散文中也是表现主义的时期，这些词语的格言式风格也许没有受到质疑。但是，尽管《记忆女神》的许多断断续续的引言使翻译者无法理解，要看到它的论点的要旨，对于任何观察了这些观念在瓦尔堡的心灵中的成长的人来说，又会更容易一些。

如果瓦尔堡最终的理论表述因其难以卒读而妨碍了人们的理解，这样一来，读者很可能觉得，花费力气来阅读它们简直就是上当。因此，冒着提供一种注解的风险——这种注解曾经是为由学识渊博的拉比们予以解释的宗教经文所保留的，此处将借助释义与翻译做出尝试，来解释在瓦尔堡的这些草稿中出现的难解之处。

他从“距离”或者“超然态度”的观念谈起，它们在艺术和思想中都是文明的条件。

有意识地创造自我与外在世界之间的距离，可称为文明的基本行为。在这一鸿沟决定着艺术创造性之处，对于距离的这一意识可以获得一种持久的	Bewusstes Distanzschaffen zwischen sich und der Aussenwelt darf man wohl als Grundakt menschlicher Zivilisation bezeichnen; wird dieser Zwischenraum das Substrat künstlerischer Gestaltung, so sind die Vorbedingungen erfüllt, dass dieses Distanzbewusstsein zu einer sozialen

社会功能。

Dauerfunktion werden kann.

(《记忆女神》，引言，第1页)

因此，文明的命运取决于人类在属于艺术的具体想象和理性科学思想的抽象之间摆动的能力。正是在这里，个人和社会一样被记忆所辅助。并非记忆能够创造“距离”，而是通过提供两种态度的范例，它能够拓宽平静的沉思或者对情感的放纵这两极之间的间隙。 289

与客体相同一和回归超然态度之间的有节奏的变化表示着那种在图像宇宙论与符号宇宙论之间的摆动，这种摆动作为心理学的定向工具有时十分适当，有时又非常失败，从而决定着人类文明的命运。因此，动摇于宗教的世界概念与数学的世界概念之间的艺术类型，以特定的方式既被集体的记忆又被个人的记忆所辅助。这些记忆不仅提供了思考的余地，而且它们增强了心理反应的相反的两极；或者朝着平静的沉思的倾向或者朝着对情感的放纵的倾向。它利用了不可摧毁的

Der Rhythmus vom Einschwingen in die Materie und Ausschwingen zur Sophrosyne bedeutet jenen Kreislauf zwischen bildhafter und zeichenmässiger Kosmologik, deren Zulänglichkeit oder Versagen als orientierendes geistiges Instrument eben das Schicksal der menschlichen Kultur bedeutet. Dem so zwischen religiöser und mathematischer Weltanschauung schwankenden künstlerischen Menschen kommt nun das Gedächtnis sowohl der Kollektivpersönlichkeit wie des Individuums in einer ganz eigentümlichen Weise zur Hilfe: nicht ohne weiteres Denkraum schaffend, wohl aber an den Grenzpolen des psychischen Verhaltens die Tendenz zur ruhigen Schau oder orgiastischen Hingabe verstärkend. Es setzt die

记忆遗产，但是在第一种情况下并不是出于保护的目的。

unverlierbare Erbmasse mnemisch ein, aber nicht mit primär schützender Tendenz.

（《记忆女神》，引言，第1页）

我们必须说明，记忆通过提供神话的解释或者理性的解释，可以保护个人免遭非理性恐惧的袭扰。但是瓦尔堡描述为增强对情感的放纵的倾向的记忆显然是相反的一种，予人威胁而非予人保护。我们从下一段文字知悉，两者都包括在《记忆女神》所专门论述的那个过程中：

……倒是宗教人格的充分影响干预了艺术风格的形成，而宗教人格在信仰的神秘事物的搅动下成为痛苦与恐惧。从另一方面说，记录经验的科学保留了那些有节奏的结构并将其传递下去，在那些结构中，想象这一**怪物**成为未来的决定性的指示物。

... sondern es greift die volle Wucht der leidenschaftlich-phobischen, im religiösen Mysterium erschütterten gläubigen Persönlichkeit im Kunstwerk mitstilbildend ein, wie andererseits aufzeichnende Wissenschaft das rhythmische Gefüge behält und weitergibt, in dem die Monstra der Phantasie zu zukunftsbestimmenden Lebensführern werden.

（《记忆女神》，引言，第1页）

290 这段文字暗指的是在神话时代的想象中魔法与科学之间的两重性，它声称极性理论也提供了认识艺术的本质的钥匙，因为艺术图像脚踩两只船。艺术家——如我们从瓦尔堡最早的思索中所知悉的那样——被想象为理性与原始的不假思索的态度之间的调停者，因为他不抓取客体，而只是描摹它的轮廓。艺术像科学一样，抵抗突如其来的“恐惧症”印象的混乱状态，因此有助于获得作为文明的本质的那种超然意识。

希望理解这一过程的那些关键阶段的人们，尚未通过解释艺术上的证据，来充分利用关于艺术行为中在向内运动的想象与向外运动的理智之间的极性的辅助性理论。我们所称的艺术行为实际上是通过摸索之手对客体的探索，然后，在与想象性的抓取和概念性思索等距之处通过造型的手段或者图画的手段将其固定下来。这些是图像的两个方面，一个方面致力于与混乱的战斗——因为艺术品选择与阐明个别客体的轮廓——另一个方面则要求观者接受对他看到的被创造的偶像的崇拜。因此产生了文明人的困境，它应当是一种文化科学的真正主题，这种文化科学是以图解冲动与行动的间隙为任务的心理学史为对象。

Um die kritischen Phasen im Verlauf dieses Prozesses durchschauen zu können, hat man sich des Hilfsmittels der Erkenntnis von der polaren Funktion der künstlerischen Gestaltung zwischen einschwingender Phantasie und ausschwingender Vernunft noch nicht in vollem Umfang der durch ihre Dokumente bildhaften Gestaltens möglichen Urkundendeutung bedient. Zwischen imaginärem Zugreifen und begrifflicher Schau steht das hantierende Abtasten des Objekts mit darauf erfolgender plastischer oder malerischer Spiegelung, die man den künstlerischen Akt nennt. Diese Doppelheit zwischen antichaotischer Funktion, die man so bezeichnen kann, weil kunstwerkliche Gestalt das Eine auswählend umrissklar herausstellt, und der augenmässig vom Beschauer erforderten, kultlich erheischten Hingabe an das geschaffene Idolon, schaffen jene Verlegenheiten des geistigen Menschen, die das eigentliche Objekt einer Kulturwissenschaft bilden müssten, die sich [die] illustrierte psychologische Geschichte des Zwischenraums zwischen Antrieb und Handlung zum Gegenstand erwählt hätte.

瓦尔堡看到，古代的表现性程式在文艺复兴时期复苏的那个过程中，正是在用来思索的那段停顿上取得的道德成就处于危险中，
291 因为在他看来，这些程式随之带来了教会曾试图压制的异教联想，他的引言正是将这些古代冲动的回归界定为《记忆女神》的真正主题：

恐惧曾造成各种印象，这些印象贮存在一起遗传下来，正是这一对它们“去妖魔化”的过程包括了在情感支配下的种种表现的整个范围，从无助的沉思到残忍的同类相食。它也赋予人类表现性运动的动力学一种离奇经历的特征，这种表现性运动位于放纵的迸发的那些极端之间——例如战斗、步行、奔跑、跳舞、抓。它使在教会戒律中成长起来的文艺复兴时期有教养的公众将这一领域看作禁区，在这个禁区中只有放纵那不受约束的激情的邪恶者才可以放荡不羁。图集《记忆女神》要图解的正是这个过程。它所关注的是在心理上为吸收这些先在的新造像将其用

Der Entdämonisierungsprozess der phobisch geprägten Eindruckserbmasse, der die ganze Skala des Ergriffenseins gebärdensprachlich umspannt, von der hilflosen Versunkenheit bis zum mörderischen Menschenfrass, verleiht der humanen Bewegungsdynamik auch in den Stadien, die zwischen den Grenzpolen des Orgiasmus liegen, dem Kämpfen, Gehen, Laufen, Tanzen, Greifen, jenen Prägrand unheimlichen Erlebens, das der in mittelalterlicher Kirchenzucht aufgewachsene Gebildete der Renaissance wie ein verbotenes Gebiet, wo sich nur die Gottlosen des freigelassenen Temperaments tummeln dürfen, ansah. Der Atlas zur Mnemosyne will durch seine Bildmaterialien diesen Prozess illustrieren, den man als Versuch der Einverseelung vorgeprägter Ausdruckswerte bei

于对运动中的生命的描绘所做的努力。

der Darstellung bewegten Lebens bezeichnen könnte.

留心的读者完全可以感到，最后，瓦尔堡希望提出的问题又一次难住了他自己。这个问题显然是“图集”将专门探讨的双重过程的问题：奥林匹斯山诸神恢复的过程和表现性动作恢复的过程。当瓦尔堡致力于研究文艺复兴艺术的时候，这两个兴趣领域之间的联系对他来说是十分明显的，但是，无论他在多大程度上将这两种图像形式的恢复看作一回事，他要探索出一个可以将这两者包括在内的公式都是白费力气。正是围绕着这个问题，他在心中为这本书草拟了无数个书名，有些书名突出了一个成分，有些突出了另一个成分。也许最有希望的尝试是那些试图使用文艺复兴过程的双重根源 292
的观念的尝试[①]，但是最后“姿势”的母题在“图集”的各种书名中占了优势，人们常常认为此书与表现性动作的图录有关。

“图集”是否本来能够出版，现在是一个悬而未决的问题。那些图片若要具有冲击力，每一块屏板上的材料就需要用许多图版，因此，此书要出版，无疑必须克服许多技术上与内在的困难。但是，至少提供瓦尔堡所计划的序列的一点迹象，而不考虑在屏板上发现的一些离题之处与插曲，这仍然是可能的。因为尽管这番描述不可避免地会重复一些旧的主题，但只有这样的概要才能解释为什么瓦尔堡周围的人们［entourage］以几分敬畏感看待这个计划。

有三个开头的图版，上面标有字母而非数字，可能是要确定

① 《基本概念》，第1卷，笔记本，1929年，第115页。

其中一个图版的主题：第一个图版上展示的是带有星座的天图，一幅欧洲地图，把那些在传播占星学知识中起了作用的地方都标示出来，最后是瓦尔堡在关于欧洲的盛大庆典的讲座中所展示的梅迪奇家族的家谱。第二个图版（图版56）更是直入主题，专门表现了宏观世界与微观世界的主题，通过人体的明喻所设想的宇宙和这一观念所具有的极性——希尔德加德·冯·宾根［Hildegard of Bingen］的神秘异象与理发师历书的放血示图[①]相对照，这些示图表现了投射到人体上的黄道十二宫；还有它在和谐比例观念中的升华，这一观念激发了莱奥纳尔多和丢勒图解了由一个圆环中的人所构成的威特鲁威人［Vitruvian figure］。按丢勒的同时代人阿格里帕·冯·内特斯海姆［Agrippa of Nettesheim］所说，最后的两幅画表现了行星对人体和手的影响。宇宙和谐的观念在下一个图版上得到发扬，它以视觉的方式提示了这种深邃的思想在算命中的贬低，在开普勒的思辨中的提升与成功，正是开普勒的思辨导致了人类对天体运行规律的了解。

在开头的几个部分之后，瓦尔堡又以一系列按年代顺序排列并标有数字的屏板开始。首先用巴比伦黄道十二宫图像的图片和近东与伊特鲁里亚用于占卜习俗的物品的图片表达了“定向”的母题。
293 其后是希腊神话时代的想象的产物，这种想象使天空布满神话人物而不破坏他们在恒星天球上的定向功能。

场景由天空移到地上，随之从宇宙定向移到表现。瓦尔堡聚集了一些希腊元素神明的象征符号的视觉例子：仙女、河神、巨

① 参照第202页。

人（作为大地之子）——简言之，希腊人思考大自然时所用的字眼。河神与仙女的斜倚的形象在瓦尔堡看来表现了这些自然恶魔其自由的内在缺乏[①]，以及在奥维德讲述的故事中频繁出现的他们的悲剧性的情念。他们是诸神一时兴致与爱情的被动的受害者。法厄同的悲惨坠落，仙女们在下面哭泣，标志着这种天与地的对比。

但是，希腊部分很快得到增强：我们被提醒希腊神话的英雄的情念、赫耳枯勒斯、普罗米修斯，以及毫无约束的激情的母题——对女性的劫掠。[②]希腊艺术的悲剧性情念通常围绕的是一个女子的形象——美狄亚[③]的、彭透斯[④]的、俄耳甫斯[⑤]的、尼俄柏［Niobe］[⑥]的凶杀的神话连续出现，连同悲恸的图像，在这些图像中一位狂女的酒神女祭司式的形象被赋予了新的意义——墨勒阿革洛斯和阿尔刻斯提斯[⑦]的神话。在这些视觉象征符号中，对黑暗与遥远的往昔的狄俄倪索斯式的体验在希腊化艺术中得到表现——希腊化艺术是制造姿势的最高级的制造所，后来的艺术将从这些最高级中汲取力量，但是如果它缺乏同化它的要旨的智力，它就会屈服于它的危险的魔力。

触及了一个新的永久象征符号——诸神所要求的人的牺牲。那

① 参照第275页。
② 参照第230页。
③ 参照第235页。
④ 参照第247页。
⑤ 参照第181页。
⑥ 参照第247页。
⑦ 参照第125页。

些对波吕克塞娜［Polyxena］的牺牲的描绘，被意味深长地放在古代所创作的未被挽救的痛苦的伟大象征符号，即垂死的祭司拉奥孔的形象（图版1）和“Magna Mater”［众神之母］库柏勒［Cybele］的形象的近旁，库柏勒的令人厌恶的仪式代表了希腊宗教中一切黑暗的事物。

294 罗马尚武精神将希腊的痛苦的情念变成战争与胜利的狂喜的激情。希腊心性的象征符号不是狂乱的酒神女祭司，而是那些残忍的士兵[①]，他们成为割取敌人首级作为战利品的人，将其作为胜利的标志展示那些被降伏的敌人的首级。在罗马胜利女神那里，征服者的理想创造了一个持久的象征符号。

牺牲与救赎的母题、法厄同的坠落的母题和给人以启示的宇宙的母题，再一次在来自密特拉神［Mithras］崇拜的图画中被采纳。这种崇拜的入教仪式中流淌着鲜血，这一现实仍然表明这个最近的神秘宗教在本质上是异教的和原始的。但是在灵魂穿越天体之旅的信念中表达的救赎的希望，让我们想起在这个宗教的象征中体现的热情与灵感的潜在贮备，在这个象征中，宇宙定向的母题与表现的母题互相渗透。神杀死野兽的图像仍然是*homo victor*［胜利的人］的观念的持久体现之一。

有迹象表明，瓦尔堡打算以宏伟风格继续这一阐述，增加人类表现与定向的更多的象征符号与原型，它们在古典时代的艺术中已得到视觉体现。图片的编号中有一个空缺，在这个空缺的末尾，我们发现自己处于这两个主要主题的发展的中间。下一部分展示的都

---

① 参照第183页。

是人们熟知的东西。我们追踪着希腊宇宙象征符号的命运，它们在阿拉伯写本中转变为东方怪物，在来自智者阿方索十世的圈子的那些写本中漂泊到西班牙，又经斯科特斯［Scotus］之手渗透到意大利；帕多瓦的大会客厅［Salone］是要人们认识到它们的重要性的一个巨大的提醒物。[1]但丁的《神曲》［*Commedia*］中对天体的一段概要的描述再次涉及了这个象征表现灵魂的最高希望与志向的潜能。再一次将它与在文艺复兴命运之书［Libri di sorte］中所体现的算命与游戏的更低下的可能性相对照。行星之子的象征[2]又说明了对这些古代观念的平凡化使用以及行星在多大程度上成为统治晚期中世纪的人们的平淡生活的原始魔鬼。

同时，“图集”的另一个主要主题在它的转变中出现——在骑 295
士故事的奇异伪装下的古典情念的母题，希腊史诗的悲剧性的激情，它们被典雅爱情的谨小慎微［punctilio］所掩盖，几乎窒息，还有充满了放荡不羁的激情的姿势，这些姿势受到约束，以符合文雅傀儡的行为准则。在这个交响曲式的发展之后，我们看到真正的基本的希腊形式胜利复出，诸神从他们降格在下界的逗留返回到古典美的奥林匹斯山[3]，古代神话通过与人类激情的真正象征符号的接触而焕发出新的生命，那些真正的象征符号仍然贮藏在古典石棺的“记忆痕迹”[4]中。

人类价值观的这一复兴过程，雅典从巴格达（东方占星学）和

① 参照第198页。

② 参照第151、201页。

③ 参照第187—190页。

④ 参照第244页及下页。

布鲁日（勃艮第琐碎写实主义）的利爪中得到的解放，将构成《记忆女神》的主要部分。瓦尔堡可以从他先前的专题性研究中，袭用对向欧洲灵感源泉的这种戏剧性回归的图形表现的材料。他可以将梅迪奇的圈子所偏爱的法兰西式艺术[1]，壁毯、北欧怪诞画和北欧写实主义，与通过多纳太罗、波拉约洛和波蒂切利而对这些“仿古典式”主题[2]的重述相对比。他可以表明这种冲突呈现出其最富戏剧性的形式的社会范围，例如，比武会与爱情徽志，箱柜的家庭领域[3]和教会捐赠的虔诚领域。在明显的象征符号中，又一次可以回忆起萨塞蒂在中世纪的忠诚和文艺复兴的个人主义之间的复杂位置[4]，洛伦佐·德·梅迪奇在他母亲的朴素的虔诚和他自己的异教的狂欢式诗歌之间的复杂位置，吉兰达约在对北欧的虔诚的效仿和对罗马的浮夸矫饰的模仿之间的复杂位置[5]，波蒂切利在中世纪唯灵论和愉悦感官的异教信仰之间的复杂位置[6]。

同时，敏感的读者应当仍然清楚地认识到所有这些象征符号的双重性，即极性——法兰西式的概念中有些事物预示了皮耶罗·德
296 拉·弗兰切斯卡描绘的战争场景在精神上的宁静；[7]勃艮第的古物中有些事物预示了这些人在寻求与英雄的往昔相接触时的能量；[8]向奥

① 参照第136、137、155—165页。
② 参照第98、99页。
③ 参照第99、135页。
④ 参照第170—174页。
⑤ 参照第175—180页。
⑥ 参照第97页。
⑦ 参照第182页。
⑧ 参照第162—164页。

林匹斯山的庄严与古典情念的回归中，有些事物本身就带有戏剧性空洞的萌芽。[①]因此，文艺复兴在《记忆女神》中越发作为不稳定的平衡的宝贵时刻出现，在这种不稳定的平衡中，异教激情之源得到开发，但仍然受到控制。

瓦尔堡的早期著述主要着重于异教表现性姿势的能量所获得的解放，而《记忆女神》却将侧重点转移到精神化的影响，通过这些影响，这些最初的原始冲动经历了升华的过程，即“颠倒”的过程[②]，凭借这一过程，异教野蛮状态的母题与象征符号被同化到基督教传统中。但丁描绘了图拉真的仁慈，多纳太罗将酒神女祭司的癫狂重新解释为“圣洁的治疗”，阿戈斯蒂诺·迪·杜乔将残忍的美狄亚转变为一位虔诚的母亲，乞求圣贝纳迪诺挽救她的孩子们——在所有这一切中，我们都看到艺术家与祖传的力量所展开的这种同样的斗争，那些祖传的力量向他的心理平衡提出了挑战。

艺术家遏制这些力量，却又不丧失它们那种可以赋予活力的影响，艺术家的这种力量在灰色画[③]的艺术手段中得到象征。在灰色画中，艺术家利用了异教癫狂的象征符号，而又不允许它们侵犯他的心灵的安宁。他不允许这些形象完全恢复生机，从而将它们保持在安全的距离。他将它们画成雕塑，从而将它们囿囚在“心理距离”的领域中，那是一种奇异的中间领域，居住在那里的只是些幻影。这是对古代的形式与情感世界的坚定态度，这种态度标志了曼泰尼亚的高度严肃性。曼泰尼亚不允许他描绘的古典形象呈现出真

① 参照第177—180页。

② 参照第247—249页。

③ 参照第176、247页。

正有血有肉的特征，就此而言，他所画的古典时代都是灰色画。亡灵们发现，它们的主人将它们牢牢地囿囚在他为它们指定的魔圈内。（在瓦尔堡看来）这与诸如吉兰达约等意志薄弱的人物形成了多么强烈的对比，吉兰达约让自己被异教癫狂的袭击所击溃，通过与罗马凯旋雕塑的接触，异教癫狂侵入了他的心灵，他在《屠杀婴
297 儿》中容许那些“割取敌人首级作为战利品”的残忍的罗马的军团士兵进入他的心灵宇宙，这件作品预示了拉斐尔的《君士坦丁之战》中的残忍的屠杀。[1]

正是在此刻，瓦尔堡用一块屏板专门展示了“仙女”（图版57）；我们可以在它的前面短暂驻足，至少在一个例子中审视一下，这个阔步行走的女子现在如何已与他在旅途中所作的“交响曲”中的其他主题联系起来。

当然，在这块屏板中占最显著位置的，是来自吉兰达约为新圣马利亚教堂的托尔纳博尼礼拜堂所作组画中的湿壁画《圣母诞生》[*Birth of the Virgin*]*，它已构成瓦尔堡在世纪之交研究的主题。[2]在这张照片的两侧是头顶果篮的仆人形象的复制品的照片和乌菲齐美术馆中菲利波·利皮的圆形画的复制品，这幅圆形画无疑是吉兰达约在画产房和仆人形象时所参照的样本。在右边往下看，我们发现一幅仿古典式素描，人们认为是曼泰尼亚的圈子所作，表明了随风飘动的面纱源于古典范本，还有拉斐尔为《博尔戈火灾》[*Fire in the*

① 参照第180、183页。

* 原文如此，实际应为《圣约翰的诞生》。——译者

② 参照第105—127页。

Borgo］所作的运水人的杰出草图，和1528年阿戈斯蒂诺·韦内齐亚诺［Agostino Veneziano］所作的一幅雕版画，表现了这一母题的另一个变体。在它的旁边，瓦尔堡在屏板上固定了一张快照，是他多年前在塞蒂尼亚诺拍摄的，表现了在道路上阔步行走的一位意大利农妇。头顶重物的女子的母题也说明了（在左边的角落）为什么选用了特里博洛［Tribolo］所作的两件浮雕，它们来自博洛尼亚的圣彼得罗尼奥教堂［San Petronio］的立面，表现了罗得［Lot］与妻子离开索多姆以及圣母诞生的场景。在上面我们可以识别出西斯廷礼拜堂［Sistine Chapel］中波蒂切利所作的《基督受试探》［*Temptation of Christ*］的扛木柴的女子的变体和来自所谓的巴尔贝里尼板上画的《圣母往圣堂奉献》［*Presentation of the Virgin*］，在这幅画中，凯旋门旁的浮雕表现了《圣母往见》，上面带有一个相似的仆人形象（图版58a）。

瓦尔堡现在为30多年前就吸引了他的想象力的这个幽灵起了一个钟爱的名字。他在笔记中将她称为“*Eilsiegebring*”，即“疾行胜利使者”，或者在一个更无法翻译的双关语式的浓缩中，将她称为“*Eilsiegbringitte*”，“迅疾的胜利的布里吉特”。这个屏板是要讲述“赫里布林小姐［Miss Hurrybring］的童话”(Das Märchen vom Fräulein Schnellbring)。

在特里博洛浮雕上方的两张照片中，这种“童话”的元素非常强烈地表现出来，照片表现的是一件古代浮雕，上有一个头顶器皿 298
的形象。瓦尔堡已注意到维罗纳的圣泽诺大教堂［San Zeno］地下室中的这个罗马大理石板，在那里的地下室中，它曾被横着嵌入墙壁，他感到一个一度辉煌的母题的这种“衰退”是他正在研究的过程本身的象征符号，在基督教价值观起支配作用的时期，异教“记忆痕迹”的“衰退”和“压缩”。

作为在维罗纳的地下室中在建筑上受到奴役的象征符号，“迅疾的胜利的布里吉特”小姐——受到惩罚的疾行胜利使者倾斜过来，被囚禁在黑人使徒圣泽诺的地下室的地基中。	Die Eilsiegbringitte Symbolum in ihrer tektonischen Versklavung in der Krypta von Verona—als bestrafte Eilsiegebring verquer eingemauert in die Grundpfeiler der Krypta für den Negerapostel San Zeno.

（《基本概念》，笔记本，第1卷，第22页；第2卷，第24页）

诚然，古典化的中世纪艺术可以表现同样的母题，如在来自塞萨奥伦卡大教堂［Sessa Aurunca］的意大利南部布道坛上那样（那几页写本上方的狭窄照片）（图版58b），但是，此处这个形象被重新解释为埃利色雷的女预言家。

但是，在某些情况下，她的力量在中世纪仍然得到“开发”。佛罗伦萨的一幅与国王阿吉鲁夫［King Aigiluff］的王冠相联系的伦巴第浮雕（左上角）表现了奔跑的胜利女神的版本，表现得很笨拙，激起了人们对这种权力象征符号的原始根源的思考（图版58c）。

当国王阿吉鲁夫挪用《维多利亚》时，他希望凭借这个文身花纹，神奇地获得罗马帝国的	Wenn König Aigilulf sich die Nike eignet, so will er sich durch Tätovierung die Expansionskraft des römischen Imperiums

庞大力量。

magisch erwerben.

（《基本概念》，第2卷，第21页）

瓦尔堡曾注意到拉特兰教堂［Lateran］中一件贝宁青铜制品上的一个相似母题，它证实了这种解释，完成了将圣泽诺的形象看作黑人使徒的联想链。

但是，这个形象是如何得到允许进入基督教传说中的产房的，仍然要由他来说明。在此博洛尼亚的一件早期基督教象牙制品似乎提供了链环，因为它在第二排表现了基督的降生由戴着随风飘动的面纱的打手势的女性形象相伴随（图版58d）。她看上去像一位古代的酒神女祭司，但是她只是撒罗米［Salome］，一名接生婆，据传 299
说，她对童贞女生子感到怀疑，因此患了手部麻痹症。

这名酒神女祭司被解雇，在平民生活中被赋予了保姆的工作。

Zivilversorgung der Maenade als Wochenstubenwärterin.

（《基本概念》，第2卷，第20页）

于是，这里就是照亮了吉兰达约的创作的遥远历史的图像。但是这同一个图版也试图提供一些提醒物，让人们注意到这个“记忆”变得重要的直接环境。位于吉兰达约的照片左侧的出自富凯［Fouquet］的《埃蒂厄内·谢瓦利埃祈祷书》［*Heures d'Étienne Chevalier*］的产房的细密画（图版58e），可能代表了北方写实主义的全部相关事物，而北方写实主义构成了吉兰达约的世界的艺术与趣味中一个非常重要的成分。但是下面的一排选取了赞助人即托尔纳博尼贵族集团［consorteria Tornabuoni］的主题，焦万纳·托尔纳博尼的肖像和徽章也出现在下面的吉兰达约的《圣母往见》上。写本中的五页来自洛伦佐·德·梅迪奇的母亲卢克雷齐娅·托尔纳博尼所做的宗教传奇的韵文版本，瓦尔堡曾希望出版这些传奇，它们尤其作为那种朴实的虔诚的文献吸引着他，这种虔诚将犹滴或者年轻的多比［Tobit］的故事转变成佛罗伦萨的小说［novelle］。然而焦万纳徽章的背面表现了维纳斯作为身着“仙女”的飘动服装的狄安娜［Diana］（图版7b）的异教图像，传统上与洛伦佐·托尔纳博尼及其夫人相联系的莱米别墅的波蒂切利的湿壁画也表明新的风格渗入了这种古板的环境。

在瓦尔堡和他的助手们看来，《记忆女神》的那些图像所充满的正是这种联想。一个又一个屏板唤起了这些联想，它们赋予这批图像以深度。如我们已看到的[①]，犹滴和莎乐美被解释为被允许进入基督教上下文的“割取敌人首级作为战利品的”酒神女祭司；福尔图娜在中世纪是转动轮子的静态形象，在文艺复兴时期却变成了匆匆行走的女子的另一个化身，若不想让她匆匆而过，就必须揪住她的头发。只要这种联系可以得到解释，瓦尔堡都要利用它们形成新的理由和联想。到此时止，米开朗琪罗在他的心灵宇宙中并没有地位，但是在罗马之行期间，他感到需要用他的哲学的方法来研究这位巨人。他思考了米开朗琪罗根据奥维德著作中的一个主题所作的素描《法厄同的坠落》［*The Fall of Phaeton*］（图版59a）和他的《最后的审判》［*Last Judgement*］（图版59c）之间的联系：

① 参照第287页。

发现了法厄同素描，必须作为一个重要环节将它接入链条中。	Phaeton Zeichnung taucht auf und verlangt, als schweres Kettenglied eingeschmiedet zu werden. 300

（《日志》，1929年2月27日）

素描中的赫利阿得斯［Heliads］痛苦不堪，没有得到救赎。在古代石棺上没有描绘过有福的人们，因此，米开朗琪罗使用异教母题，是基督教艺术中对这些“记忆痕迹”的“颠倒”的另一个例子。同样，可以将《最后的审判》中抱着基督受鞭笞的圆柱的天使们看作对《奥古斯都之宝》［*Gemma Augustea*］（图版59b）的一个相似母题的“颠倒”，在那里人们将一个圆柱作为战利品竖起来。[①]

当然，甚至在进一步的序列中，也有许多屏板多少扼要说明了瓦尔堡较早的研究：丢勒与古典情念形式和与占星学的关系[②]，行星图像在德国木刻和装饰艺术中的传播，以及随着时间的推移，在瓦卢瓦壁毯和雕版画上表现的梅迪奇家族的盛大庆典的意象，尤其是那些水上盛大庆典，它们表明，尼普顿的战车作为海上力量的象征符号十分流行。[③]

这些屏板接着展示了鲁本斯和伦勃朗作品中所表现的奥维德著作中的主题。在此使用了关于伦勃朗的讲座中的许多插图[④]，但是又增加了新的材料。一位艺术家从一个显然出人意料的来源借用

① 《日志》，1929年8月26日。

② 参照第181、210—214页。

③ 参照第264—266页。

④ 参照第229—238页。

母题，是由于它具有一种更深邃的意义，瓦尔堡一直关注这种更深邃的意义，因此，当他看到伦勃朗使用了皮萨内洛［Pisanello］所作的徽章（图版60a）中的形象表现后期蚀刻版画《三个十字架》［*Three Crosses*］（图版60b）中的在各各他的罗马军官时，便深受感动。伦勃朗在此并没有使用富有表现性的姿势的程式，这种程式已产生了悲恸的抹大拉的马利亚——《十字架下的酒神女祭司》［*The Maenad under the Cross*］（图版48a）的悲剧形象，而是采用了一个孤立的、自我封闭的图像，仿佛要强调转变的内在性质，即那种“冲动与行动之间的停顿”，在瓦尔堡看来，这种停顿是最高文化的标志，他看到，在伦勃朗的宗教图像的静寂气氛中就体现了这种停顿。在一些绘画中具有宗教性质的那种纯粹的沉思同样可以表现科学的超然态度，如在《解剖学课》［*Anatomies*］（图版60c）中那样。
301 这些作品中所表现的不带偏见的沉思与下葬场景中那种强烈的情感（图版15a、b和26b）形成对照。

最后还有一些屏板表明，他在挑选出的一些图像中继续应用了这个方法，在经历了这些庄严的时刻之后，这些图像不免让人觉得有些异想天开（图版61）。瓦尔堡对汉堡大学即将毕业的学生的演讲的主题[1]使他想到，一份带有插图的杂志的一页上所表现的那些母题可能具有某种连续性，这种连续性曾构成他的讲座的基础。在20世纪的那些昙花一现的图像中，运动员和高尔夫球运动员占有重要地位，这就提出了这样的问题，难道不能把体育运动看作他所探索的那些冲动的升华或者“宣泄”的一种形式吗？于是我们得到了

① 参照第279—281页。

一位女性高尔夫球运动员的照片（图版61a）和简短的笔记:“呈高尔夫球运动员形式的女性割取敌人首级者的宣泄”(Die Katharsis der Kopfjägerin in Gestalt der Golfspielerin)[①]，更令人惊讶的是这样一种尝试，他要将日本高尔夫球运动员的图片与在切腹自杀仪式中其文明的严酷的往昔相联系。同时，采用了广告来论述身着现代服装的“仙女”的主题；汉堡—美国航运公司旅行招贴（图版61b）可以说明这种连续性:

广告上那名正旅行的少女是一位降低了身份的仙女，正如那名水手是一个维多利亚一样。	Das Reisefräulein auf dem Reklamezettel ist eine heruntergekommene Nymphe, wie der Matrose eine Viktoria ist.

（《日志》，1929年9月20日）

与墨索里尼签订协约[②]的新闻照片（图版61c）与对弥撒和圣餐仪式的描绘（图版54b）相并置，以提醒观者有关问题的严肃性。

所有这些并置未必都得到保留，但是毫无疑问的是，瓦尔堡试图凭借这些新颖的例子和经历，再次摆脱曾长期束缚他的图像的圈子。他在临终前的最后几周曾写过一张便条，上面他自己所写的一段富有特色的话表明了这一点。在整个这一时期，他都是用一本期刊与他的合作者沟通，在告诉他的同事们他正在计划的一个新的并置时，他在那本期刊上写道:

① 《日志》，1929年7月31日。

② 参照第279页。

302 我那老一套的词句，就像由优质锡箔模版印刷的一般，那声音我再也无法忍受了。

Ich kann meine alten, aus Edelblech gestanzten Ausdruckswerte nicht mehr hören.

（《日志》，第8卷，1929年9月5日）

此处提出的新鲜想法是由1929年9月的一个时事性的事件所引起的，那是埃克纳［Eckener］的齐伯林飞艇第二次在纽约靠港的新闻。这是科学与预见的胜利，它可以象征人类对自然力的征服。新闻中有一段记述了飞艇的机组人员在仪表板表明一场暴风雨将临时是如何采取回避行动的，瓦尔堡尤其被这段记述所吸引。科学能够做出预测，因而克服恐惧："作为抵御撒旦恐惧症的武器的汞柱。"(Die Quecksilbersäule als Waffe vor dem Satan Phobos.)[①]

现在他计划将齐伯林飞艇的一张图片与空中的一条鱼的图片相对照，那幅图片来自雷曼［Reymann］的预测小册子。[②]这条鱼是恐惧的产物，对一场水灾的恐惧，这场水灾是因为几颗凶星将运行到双鱼宫而预测出来的。于是就可以再次将神话时代的思想对于想象的原因的投射与"超然的"理性行动所进行的征服相对照。

倘若给了瓦尔堡时间，可以监印这部著作，这些时事问题会有多少被允许保留下来？推测此事也许毫无意义。他的合作者们无疑被这项非凡的事业深深迷住，他们相信，当瓦尔堡于1929年10月26日去世时，它已非常接近完成。我对从这部奇特的图像交响曲中挑

① 《日志》，1929年9月9日。

② 参照第209页，图版40c。

选出来的一些主题与元素做了粗略的描述，甚至这番粗略的描述也会足以表明一直妨碍着这部雄心勃勃而又十分深奥的著作出版的重重困难。

在某种意义上，它的书名《记忆女神》，即“记忆”，甚至比瓦尔堡原来所打算做到的更适宜。它表明了对一位学者的生活的记忆，仿佛这些记忆被织入了一场梦。对能够阅读它的无声语言并扩充它的指涉意义的人们而言，它的确堪称一场梦；与其说它相似于历史著作，不如说相似于某些类型的诗歌，它们在20世纪并非不为人知，在这些诗歌中，许多历史典故或者文学典故隐藏并揭示了一层又一层隐秘的意义。如我们已看到的，瓦尔堡在他汇集起来的图像旁写下了一些警句，其格言式的语言足以突出表明这种相似性。 303

他的一些笔记以一种摇摆于神秘主义者的双关语与言语联想之间的方式玩弄词语的声音和意义，而言语联想是梦幻与某些精神错乱状态的特点。这些当然完全无法翻译，但是在原文中它们常常美得惊人：于是他试图将他的冲动哲学和“抓”的双重意义的哲学，即抓住一个物体和以一种“概念”把握一种思想，浓缩成一个句子，它利用了greifen（“抓”）的意义和表示神话中的狮身鹰首兽的德语词（Vogel Greif）：

在狮身鹰首兽双翼的昏暗的拍动下，我们——在抓与被抓之间——梦到意识的概念。

Unter dem dunkel surrenden Flügelschlage des Vogels Greif erträumen wir—zwischen Ergreifung und Ergriffenheit—den Begriff vom Bewusstsein.

（《记忆女神》，《标题》[*Überschriften*]，笔记本，1928年，第28页）（图版62a）

至少在某些时刻，瓦尔堡充分意识到他的计划的私人化和个人化的特点。在给他的合作者们的一张便条中，他暗示了这些联系：

> 有时，我看起来就像一位心理—历史学家，试图通过自传性的反射作用，从西方文明的图像中诊断出西方文明的精神分裂症。一边是销魂的“仙女”（狂躁型），一边是哀伤的河神（抑郁型）……
>
> Manchmal kommt es mir vor, als ob ich als Psychohistoriker die Schizophrenie des Abendlandes aus dem Bildhaften in selbstbiographischem Reflex abzuleiten versuche: die ekstatische Nympha (manisch) einerseits und der trauernde Flussgott (depressiv) andererseits ...
>
> （《日志》，1929 年 4 月 3 日）

在赛斯的寺庙中，有蒙上面纱的伊西斯［Isis］的图像，席勒将它解释为真理的图像。有一个德国浪漫主义诗人诺瓦利斯［Novalis］所作的对句，间接提到了这个图像的故事：

> 一名男子将赛斯的女神的面纱成功揭起。
> 告诉我，他看到了什么？奇中之奇，——他自己。[①]

并非需要认真看待瓦尔堡表达他的令人惊异的洞见时所用的准
304 确的词语。它们无论如何不会令一位专家感到满意，专家可能希望

---

① Einem gelang es, —er hob den Schleier der Göttin zu Sais—
Aber was sah er？—er sah—Wunder des Wunders, sich selbst.

使对精神分裂症的诊断有别于对种种躁狂抑郁状态的描述。但是瓦尔堡的“自传性的反射作用”的技术方面与本书无关。甚至在这些问题上的外行也会意识到在瓦尔堡的生活中交替出现的忧郁症时期和轻松愉快时期。

富有特色的是，继上面所援引的瓦尔堡的自我分析之后，有一段话提醒人们，他对他那个时代的道德问题的关注：

现今，在年轻人的生活中，人们都是将“销魂的仙女”与人们必然描述为变得疯狂的母狗的阶段的一个阶段相联系，老于世故的观察者对此必须容忍，但目的只是为了在恰当时刻更果断地干预。并不是伦理学的问题，而只是喜爱洁净的问题，是一种“奢侈”。	Dass zur ekstatischen Nymphe heutzutage im jungen Leben selbst eine Phase gehört, die man als ‘wildernde Hündin’ bezeichnen müsste, muss zwar vom gewitzigten und weisen Zuschauer ausgehalten werden—aber um im erwogenen Augenblick um so schärfer reinfahren zu können. Nichts von Ethik, nur eine Frage der Reinlichkeit, ‘ein Luxus’.

（《日志》，1929年4月3日）

然而，与他的思想传记更加相关的是瓦尔堡自己的这样一种暗示，即，他的理论和研究是与这些非常个人的元素相联系。我们以前曾有必要评论瓦尔堡自己对焦虑的体验，对那些“恐惧症的”反应的体验，他的许多进化论的思索是以那些“恐惧症的”反应为基础的。在他看来，克服恐惧是理性的目的之一，是人类文明的胜利。对于猛烈的姿势与动作的“躁狂”状态，他的态度显然更加复杂。一方面，与“原始”诸层次的这种接触意味着兴高采烈、解放、摆脱限制和常规，仿佛他在忧郁状态中的那种无精打采已导致对令人愉快的动作的向往；另一方面，如我们已充分观察到的，激情与兴奋状态也被看作一种威胁，自暴自弃的危险恶兆，人如果不想成为矫饰浮夸和癫狂的“最高级”的牺牲品，就应当控制它。

瓦尔堡最向往和赞赏的，是他认为弗朗切斯科·萨塞蒂所具有的那种心理力量，即，将两个极端都结合在一起，而在这些对立的力的拉力下却不失去平衡。

谁知道瓦尔堡的整个生涯是否未被他的心理特征所决定？也许莱辛的《拉奥孔》之所以在这名男生心中引起共鸣，正是因为它讨
305 论了在极度痛苦中呼喊和在古典雕塑中对于抑制的需要的美学与道德问题。此处在莱辛的分析中有一个悖论必须解决。因为莱辛仿效温克尔曼，将身体扭曲的《拉奥孔》群像描绘为那种古典式抑制的范例，雕塑家与诗人相反，他必须遵守那种古典式抑制。但是古典艺术是不受抑制的；源自这些范例的文艺复兴艺术也不受抑制。它们赤裸裸地表现了人的痛苦与激情，既引人入胜又令人恐惧。在从被变形为丑陋的恶魔的状态复归的解放了的诸神中，那种同样的赤裸被体验为美；然而，在表现了癫狂与侵犯行为的图像中，它也是一种威胁。

我们已看到，在瓦尔堡的心灵中将关于这种威胁的观念与某些母题相联系。对“割取敌人首级作为战利品的女子”的强调揭示了恐惧的底土，这种恐惧的底土构成了瓦尔堡对于“仙女”的迷恋的基础，但是同样的双重性［ambivalence］（这种双重性使他表述了他的极性哲学）也可以解释他对佩耳修斯，即挥舞墨杜萨头颅的英雄的同情。

追踪种种联想链将是十分诱人的，这些联想链可能从手持武器的佩耳修斯的图像引导到手持镰刀的土星的图像，再到瓦尔堡开始其学者生涯时所探讨的维纳斯的诞生的神话；但是，到此中止比进入这些危险的迷宫要更加安全，在这些迷宫中，容易迷路的不仅是外行。因为，即使能够揭示出瓦尔堡兴趣背后的无意识的动机，真正的问题仍然会是，这种个人背景在多大程度上对他的读者十分重要。毕竟每个人的兴趣都有一种个人的无意识的决定因素，任何一位胜任的史学家都不太可能将他整个一生和全部精力都用于他并未有意识或者无意识地卷入的主题。

瓦尔堡本人曾经预言，后世会采取这样一种观点，而此刻可能会后退回这种观点:“对于我非常重视的那些一般观念，也许有一天人们会这样说或者这样想，这些错误的图式性表述至少有一个好处，它们使其感到十分兴奋，以至搅动起了前所未知的个别事实……”（1907年4月8日）[①]

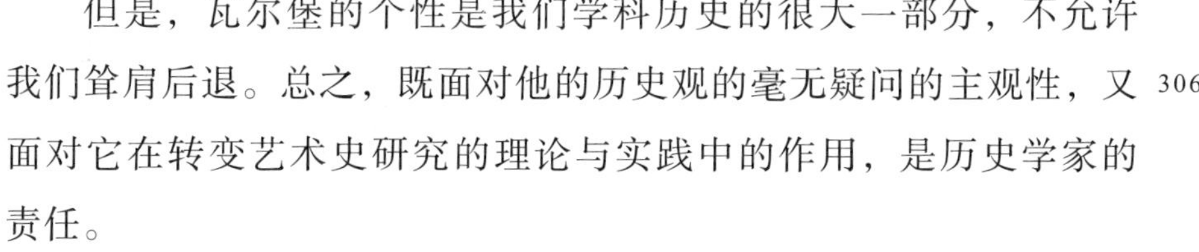

但是，瓦尔堡的个性是我们学科历史的很大一部分，不允许我们耸肩后退。总之，既面对他的历史观的毫无疑问的主观性，又 306
面对它在转变艺术史研究的理论与实践中的作用，是历史学家的责任。

① 参见第140页。

第十六章　瓦尔堡成就的恰评 307

本书的目的是介绍瓦尔堡的观念，让他用自己的话来讲话，而不是对他的观念做出评论性评价。有一件众所周知的德国逸事，人们经常引用这件逸事来阻止传记作者插进他自己的评论——那是一位歌德谈话录的编辑的故事，他在这位诗人的一句话上添加了这个经典脚注：“在这一点上歌德是错误的”(Hier irrt Goethe)。但是使这条注释愚蠢得尽人皆知的是，它是指歌德的这样一句话，“我唯一真正的爱是对莉莉［Lilli］的爱”。在其他方面，甚至在关于歌德的文献中，少一点权力主义不总会有什么不妥。尽管如此，前面几章的读者无疑会意识到，为什么如果用脚注“hier irrt Warburg”［在这一点上瓦尔堡是错误的］来打断叙述不会有益，但是，他仍会感到需要一种“超然态度”或者“距离”，那种“超然态度”或者“距离”使人们可以理性评价瓦尔堡的历史观。《记忆女神》虽然具有颇富诗意的主观性，却应当使这一任务比起例如仔细分析已发表的关于波蒂切利或者萨塞蒂的论文来说容易得多，那些论文中充斥着许多离题的段落和引文。因为《记忆女神》非常清楚地阐明了瓦尔堡所说的“古典时代的来世”的意思。它与其说是形式传统的问题，不如说是集体心理学的问题。他的朋友梅尼尔曾用这样一句话

以常规的方式简洁陈述了瓦尔堡的问题："que représentait en réalité l'antiquité pour les hommes de la Renaissance?"［对文艺复兴时期的人们而言，古典时代实际上代表着什么？］的确，瓦尔堡给梅尼尔写信时，请他

> ……哪天发表一条修正，在修正中你应当加上这样一句："后来，随着时间的推移，人们将这个问题扩展为各种尝试：设法理解异教信仰的遗存对于整个欧洲文明的意义。"

> ... einmal derartig zu ergänzen, dass Sie hinzusetzen: 'Ein Problem, das sich später im Laufe der Jahre zu dem Versuch, die Bedeutung des Nachlebens des Heidentums für die europäische Gesamtkultur zu erfassen, erweiterte.'

（1926年2月12日）

308 如我们所知道的，瓦尔堡所说的"异教信仰"是指一种心理状态，放任疯狂的冲动和恐惧的冲动的状态。他要研究的正是这一重要遗产，在这项探究中他直率地识别了个人的生活和集体心理的生活。这场曾潜藏在集体记忆中的这些冲动的复苏的戏剧，主要是在文艺复兴的舞台上结束的。某些问题瓦尔堡似乎从未提出过。一个问题是将异教信仰本身与希腊化艺术相等同的理由，而希腊化艺术是古典雕塑的较晚阶段，它将拉奥孔和石棺的原型传给了我们。瓦尔堡常常提到酒神节仪式及其他神秘宗教中的狂欢场面来证实这种等同，但是尼采的这类记忆和人类学上的相似事物的记忆本身不能说明这样一个事实，即，只在古代艺术的一个特定阶段才表现了这些姿势与动作。这个空白不是由于疏忽造成的，它具有系统的相关

性。瓦尔堡从未对正统艺术史取向感兴趣，这种取向专注于再现的风格手段的缓慢演进。他不运用鉴定手段，而是致力于艺术过程的科学心理学。

然而，我们已经看到，他所恪守的心理学取向对理解传统帮助不大。它谈论的是感觉印象和观念联想。因此瓦尔堡总是在艺术家可能亲自看到或者体验到的事物中寻找对艺术图像的解释。从早期阶段他就选中了盛大庆典的成分，把它看作对其形成所产生的一种重要影响；他将节日的游行、戏剧、舞蹈和狂欢的仪式看作向艺术家提供预成形的图像的活动，艺术家需要做的只是将其转换为石头或者颜料。瓦尔堡在此提出的，他从学位论文到关于伦勃朗的和关于瓦卢瓦壁毯的讲座直到他对酒神节艺术的解释所探讨的问题无疑具有惊人的独创性。[①]但是，不知何故，瓦尔堡从未问过自己，为什么他曾在美国印第安人中间参加的舞蹈和表演没有在这些部落的艺术中得到表现，以及要能够进行这种移译必须具有哪些风格条件。

但是，瓦尔堡拒绝从风格方面考虑常规的研究艺术的取向，其 309
最自相矛盾的和最持久的结果在于这样一个事实：他因此开辟了绘画传统的研究中的一个新时代。他绝非如大多数艺术史家曾做的那样将影响与程式视为理所当然的事情，他对这些连续性的发现以一种新的力量触动了他，因为它们最初并没有构成他的先入之见的一部分。他保持了他的感到惊奇的能力，因此他重点介绍了在艺术上

① 我在《仪式化的姿势与表现》[“Ritualized Gesture and Expression”]中尝试阐述了这个理论的发展，《伦敦皇家学会哲学汇刊》[*Philosophical Transactions of the Royal Society of London*]，B辑，第772号，第251卷，1966年，第393页及下页。

的借用的事实与条件，令人们坐直身子，凝神谛听。正如已与瓦尔堡的名字相联的“情念形式”这样的术语取得的成功，就证明了新奇感所具有的这种魅力。

如我们知道的，瓦尔堡本人不那样容易对类型与陈规的这种重新发现感到满意。尽管他致力于心理学的解释，他却继续对种种艺术形式的重新出现感到惊奇，直至他将这种现象吸收到社会记忆这一扩展的心理学理论中。如我们已看到的，甚至在这个新的语境中，一种情念形式的再度出现也不是被看作一种风格现象，而是被看作一种心理学的征兆，集体心理的状态的标志。

瓦尔堡不愿从艺术过程所固有的程式与传统的方面看待风格问题，这或许也说明了他的历史图景中最令人困惑的空白——实质上忽略了中世纪艺术。文艺复兴从希腊化艺术那里承袭的在激情支配下的扭曲的身体的形象缘何不能简单地吸收进中世纪的词汇中，却必须等待在文艺复兴时期新的艺术手段的发展，对这个问题他从未考虑做出风格的解释。因此，他不得不再次依靠他自己的概念装置，来解释希腊化的描绘与文艺复兴时期的描绘之间的间断。他发扬19世纪的传统，在基督教道德体系在信仰时代的支配地位中寻求一种解释。

当然，对人体的表现由于禁欲主义的原因而受到教会的非难，对肉欲的禁忌解释了中世纪艺术的精神特性，也含蓄地解释了文艺复兴绘画漠视宗教的特性，这在瓦尔堡的年轻岁月是公认的观点。瓦尔堡扩展了这一解释，不仅将肉欲包括在内，而且将人体的富有
310 激情的表现也包括在内。教会的戒律压制了异教的冲动，只是随着这种压制在文艺复兴时期的削弱，这些冲动才再次爆发出来，这是

他的体系的无形基石之一。的确，人们会记得，瓦尔堡认为，基督教的压制的这种力量十分强大，有很长的时间，表现激情的异教图像只有其意义“颠倒”为相反事物，看上去在心理上无害时，才可使用。这一观念在心理上极具吸引力，不过，瓦尔堡所举的例子却没有一个能完全经得住批评。

但是，除了这个实际的问题外，任何一位从瓦尔堡的简洁陈述的魔力中稍微脱离出来的读者都一定会自问，对于洋溢在中世纪艺术的众多最伟大的作品中的强烈的激情，他怎么会不屑一顾？谁会忘记在许多幅《最后的审判》中被打入地狱者挣扎的灵魂，对死去基督的哀悼，在《屠杀婴儿》(图版63a) 中哭泣的母亲们，而这里只提到了几个主题？更奇怪的是，在整个中世纪艺术中流传并被重新解释的姿势和动作实际上是古典传统的一部分。教会非但没有压制它们，反而不断地使用它们激起信徒的情感。

对于这个传统，瓦尔堡不会不知晓；由于他是从安东·施普林格所撰写的一篇论文中袭用了对他的问题，即古典时代的来世［Das Nachleben der Antike］这一问题的简洁陈述，而这篇论文论述的正是它的中世纪方面，就更不会如此。[①]但是十分奇怪，在他那一代的艺术史家中，在谈到构建一个体系时实质上忽视了中世纪艺术的一千年的并非只他一人。阿洛伊斯·李格尔［Alois Riegl］和海因里希·沃尔夫林也都是如此，尽管这两位学者甚至都出版了论中世纪问题的专著。瓦萨里的符咒，即关于在整个中世纪艺术已经死亡或者至少休眠的观念，在他们年轻时仍很强大。

① 参见第49页。

就瓦尔堡而论，这种特定的忽略当然被进入他生活圈子的最初的两位史学家——弗里茨·扎克斯尔和欧文·潘诺夫斯基注意到并予以纠正。尤其是后者尝试提出一种修正的形式以对瓦尔堡的图
311 景做一些抢救。[①]当然，古典的新造像的确在整个中世纪幸存下来，不过，只是在基督教的语境中幸存下来；神话与占星学的异教主题也幸存下来，正是在这些传统中，对充满激情的美的风格与表现性的使用受到教会的非难。因此，只是在文艺复兴时期古典形式与古典内容才重新团聚。无论这种简洁陈述是否能够严格应用，它是否会使瓦尔堡感到满意都是令人怀疑的。看一看他的问题的起源，就会解释这些怀疑。

在1888年那个难忘的冬季，他领着未来的妻子参观佛罗伦萨大大小小的画廊时，瓦尔堡的起点是菲利皮诺·利皮和波蒂切利的衣饰风格，是他描述为“运动中的附属物”的那些飘动的衣服和飞扬的秀发。

最初，正是由于在这些令人困惑的形式中缺乏写实主义，他对瓦萨里将风格史看作对自然外貌的逐渐征服的说法产生了怀疑。可将这个问题描述为风格问题。这些似巨浪般翻腾的形式缘何在15世纪最后几十年的佛罗伦萨画家中开始盛行？这样一问，第一个回答就必须是，这个时尚并不局限于佛罗伦萨。实际上，它在北方雕塑与绘画的某些流派中尤其引人注目，在那里它被描述为

① 参见E.潘诺夫斯基和F.扎克斯尔，《中世纪艺术中的古典神话》[“Classical Mythology in Mediaeval Art”]，《大都会博物馆研究文丛》[*Metropolitan Museum Studies*]，第4卷，2，1933年，第228页及以下和E.潘诺夫斯基，《西方艺术中的文艺复兴与历次复兴》[*Renaissance and Renascences in Western Art*]，乌普萨拉，1960年（附有更早的文献）。

“晚期哥特式”（图版63b）。这一手法的创始人之一很可能是罗希尔·范·德·韦登，他能够既为着构图的目的又为着表现性的目的而极其富有成效地利用被风吹起的围巾和缎带的这些装饰性的花饰（图版63c）。将近15世纪末，人们对这些手法重新产生了热情，F. 安托尔［F. Antal］将其描述为“第二哥特”，它是来自前一代的十分静态的写实主义的一种反应。[1]

从这一视角看，可以清楚地看到，瓦尔堡在决定只专注于波蒂切利的两幅神话作品来研究这个令人困惑的现象时有了重大的转变。因为他得出的答案用新主题的需要解释了新的风格。“运动中的附属物”是波利齐亚诺向画家建议的，这些东西是他在阅读古代诗歌时看到的，在对古代石棺的考察中又得到了证实。因此只有古典主题的复兴才解释了这些形式特征。诚然，在做出这一假定之后，瓦尔堡随后又面临着这样一个问题，在佛罗伦萨，哥特式**风俗画**［genre］和由佛兰德斯输入的哥特式宗教艺术得到人们的喜爱。但是，无论他多么尽力地与这种在他看来十分自相矛盾的历
史情境搏斗，他却从来没有自问，在多大的程度上也可以在这种哥 312
特式时尚的语境中看待波蒂切利。倘若他这样做了，他就可能将某些15世纪艺术家对具有表现性而非平静特性的古代雕像的偏爱，解释为彼时彼地的趣味和艺术问题的征兆。而且，他的“仙女”的例子本身，即将礼物送到产房的女仆，可能有助于理解这种趋于一致的现象的复杂情况。这个生气勃勃的少女的较早形式，例如我们在

① 《十五世纪哥特式研究》［“Studien zur Gotik im Quattrocento”］，《普鲁士艺术收藏年鉴》［*Jahrbuch der preussischen Kunstsammlungen*］，第46卷，1925年，第6页及以下。

菲利波·利皮的作品中或者在瓦尔堡所不知晓的普拉托画师［Prato Master］的一幅湿壁画（图版64a）中所发现的，未必与古典雕塑有直接的联系。除非我们追随瓦尔堡后来的思想，将她的举止解释为种族记忆的突破，我们就必须以瓦尔堡本人使我们了解的那些程式的摇摆不定来解释这一类型为何会持续出现。这些各种各样的主题与类型对新的艺术手段的发现是如何做出反应的，这个问题永远不会得到完全的解释。但是，我们事后想来，他也许考虑了这些生机勃勃的母题所要解决的艺术问题。女仆作为装饰性形象与其说受到得体规则的约束，不如说是宗教人物的陪伴，因而她可以扮演与歌剧中的风流女仆［soubrette］相似的角色。更一般地说，最初吸引了瓦尔堡的注意力的"运动中的附属物"可用以打破15世纪绘画那雕像般的轮廓，瓦萨里感到它们十分粗陋，枯燥无味。从这个方向来看，甚至也许会使瓦尔堡对他关于波蒂切利是太容易屈服于外界压力的"手法主义者"的结论有所缓和。

在此显然不宜尝试撰写15世纪绘画的风格史，瓦尔堡就是从这种风格史转到另一个方向的。但是，也许只有将他执意不愿考虑风格问题的态度公之于众，才能正确看待他在艺术史中的地位。在某种意义上，这一判断似乎证实了瓦尔堡的流行形象。他以放弃形式分析、赞成图像志而立足于艺术史的约定的神话［fable convenue］中。无须告诉本书读者，如果将瓦尔堡与艺术史的这一分支相联系，那是十分牵强附会的。如果有一位艺术史家，应将其名字与图像志相联系，那当然就是埃米尔·马勒［Émile Mâle］。在瓦尔堡看来，图像志是不重要的；他对费拉拉的斯基法诺亚宫中的占星学意象的解释的确是他的公共生活的高潮，但是，他所关心的与其说是

辨认那些旬星，不如说是发现被变形与伪装而有待于恢复到它们的原始之美的古代图像。 313

如果瓦尔堡借助于图像志，那实际上只是要使用这个教学法阐述观点。他喜欢将对同一主题的低劣的描绘与适当的描绘进行对比，间接地重新经历一个内容从相异的添加物中解放出来的过程。他有时将这种长久思考的问题称为“图像学”①，但是他的图像学所研究的不是复杂的徽志和寓意画，而是在不同传统的冲突中形式与内容的相互作用。

正是在这里，我们接近于阐明了瓦尔堡在教学法上取得成功的几分奥秘。他拒绝，更确切地说是忽视从风格方面研究艺术史，这就避开了最终源自温克尔曼和黑格尔的理论艺术史的主要成见，即将一致的风格视为一个“时代”的表现的问题。所有这些体系所共有的是以类似的表现形式表现自己的时代精神［Zeitgeist］的观念，艺术与世界观［Weltanschauung］是最频繁地一起讨论的表现形式。②

并非瓦尔堡打算推翻这一他自己在其中成长起来的信念。但是他的研究越来越使他怀疑它的一个或另一个假定，觉得它概括得并不适当。当他在关于伦勃朗的讲座中最终面对这一信念时，他似乎接受了这一传统，却又进一步产生了怀疑。

---

① W. S. 赫克舍，《图像学的起源》，同前［第192页］。

② 参见埃德加·温德，《思想史的批判：符号作为文化科学的研究对象》［“Kritik der Geistesgeschichte. Das Symbol als Gegenstand kulturwissenschaftlicher Forschung”］，《关于古典时代的来世的文化科学书目》［*Kulturwissenschaftliche Bibliographie zum Nachleben der Antike*］，第1卷，莱比锡，1934年，第7—11页；和拙著《寻求文化史》，1969年。

每一位不得不大胆地研究文化史问题的认真的学者都在他的工作室的入口处的上方读到歌德的诗句："你说的时代精神，其实只是可敬的史学家自己的精神，时代在其中得到反映。"毫无疑问，凡是在这方面付出过努力的人都充分体验到这个结论千真万确。如果我们仍然……希望至少恳求对这个结论做一下局部
314 修正，那是因为我们知道，迄今为止还没有使用所有的方法论的资源使时代精神以时代本身的声音来言说。

只要词语和图像之间的那些偶然的一致没有在系统排列的照明设备下变得清清楚楚，而且，只要艺术与舞台——作为仪式、哑剧、戏剧或者歌剧——之间的形式与内容的关系没有因其相互阐明而被人们认识到，更不用说被系统地视为一体，就必须仍然允许历史决定论反驳这一指责，历史决定论尝试用那种精神本身

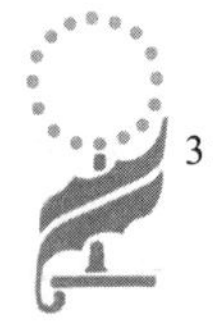

Jeder Wissenschaftler, der sich an ein kulturgeschichtliches Problem heranwagen muss, liest über dem Eingang seiner Werkstatt Goethe's Worte: 'Was Ihr den Geist der Zeiten heisst, das ist im Grund der Herren eigener Geist, in dem die Zeiten sich bespiegeln'. Und die vernichtende Wahrheit dieses Urteilsspruchs hat dann gewiss jeder Versuchende in seiner ganzen Wucht empfunden; wenn wir nun dennoch ... gleichsam eine Teilrevision dieses Spruches befürworten wollen, so veranlasst uns dazu die Einsicht, dass bisher methodologisch nicht alles versucht wurde, um den 'Geist der Zeiten' aus den eigenen Stimmen der Zeit selbst herauszustellen.

Solange nur ganz gelegentliche Übereinstimmungen zwischen Wort und Bild sich nicht zu einer systematisch geordneten Reihe von Beleuchtungskörpern zusammenschliessen, und solange z. B. die Beziehungen stofflicher und formaler Natur zwischen bildender Kunst und Drama—es sei dies nun kultliche Handlung, stummes Schauspiel oder sprechendes und singendes Theater—in ihrer gegenseitigen Bedeutung überhaupt nicht erkannt, geschweige systematisch zusammengeschaut werden, muss man dem angeklagten Historismus das Recht zu dem Versuch lassen 'den Geist der Zeiten' aus Stimme und Gestaltung des

的声音与种种形式描述并阐明时代精神，从而将自我作为错误的主要来源从对词语、行动与图像间的这种联系的研究中排除。

Zeitgeistes selbst zum Bilde beizubringen, um damit sich selbst aus der Region des Zusammenhanges von Wort, Handlung und Bild als grösste Fehlerquelle auszuschalten.

（《伦勃朗讲座》[*Rembrandt Lecture*]，开始部分）

实际上，瓦尔堡打算如此慎重地开讲的关于伦勃朗的讲座表明，他与任何接受“时代精神”的态度都相距甚远。总之，他希望在伦勃朗的例子中阐明的毕竟是艺术家对那种精神的抵制。人们会记得，这一直是瓦尔堡所关心的事情。的确，仍然需要表明，他的特殊的天才正是以这种方式有助于削弱并最终摒弃研究艺术史的常规方法。由于他自己就是冲突的受害者，他敏锐地感觉到的不是以往时代的表面的一致，而是它们的冲突。

他不是将各种风格看作按预先确定的规律演进，而是看到个人牵涉到选择与冲突的情境中。[①]在栩栩如生地表现宗教或者异教的传统主题时，他们必须寻觅适合对他们的想象予以表达的一种语 315
言、一种词汇，正是这种选择表明了他们的个性，它的长处或者它的弱点。而且，由于在埋头研究佛罗伦萨的历史记载的岁月中学会了具体地看待这些情境，他也学会了将艺术品理解为一种情境的结果，这种情境所涉及的不仅有艺术家，同样有赞助人。实际上某件艺术品可以和表明艺术家的选择一样表明赞助人的选择。正是在集

① 参见我的《艺术与学术》[“Art and Scholarship”]，《木马沉思录》[*Meditations on a Hobby Horse*]，伦敦，1963年。

中研究某个委托，集中研究由历史情境所提出的种种相冲突的可能性中所产生的解决办法时，瓦尔堡的方法取得了最大的成功。它迫使艺术史家摒弃精神史［Geistesgeschichte］的笼统的表述，而集中研究个别的人和图像。

瓦尔堡恪守他在兰普雷希特和乌泽纳那里受到的早期培养，将一切绘画再现都看作心理意象，即观念，在绘画、装饰艺术或者盛大庆典的媒介中的反映。在维纳斯的图像中，重要的最终是人们——无论是赞助人还是艺术家——是如何想象这位古代女神的。他可以接受传统，而且常常的确接受传统，这种传统规定了赋予这一特定的心理内容的种种形式，但是他也可以在传统中寻觅这位爱神的更适当、更真实或者更令人振奋的图像。“风格”问题又一次几乎不在考虑之中。图像本身的转变，而非或内容或形式，被看作一种征兆。我们已看到，瓦尔堡有时几乎赋予这些图像以其自己的生平，他几乎想要撰写诸如佩耳修斯等神话实体的生活史，或者诸如斜倚的河神等富有表现性的新造像的生活史，他们萦绕着人的心灵，在艺术家们的手中可以得到升华或者降格。如我们已看到的，要弄清在这些记述中在瓦尔堡看来生存的隐喻在何处终止，对于这些实体的独立的精神生活的信念在何处开始，并不总是轻而易举。但是，既然如此，援用一下他自己曾预言的关于他的研究的价值的结论也许是合理的。通过他对某些图像的连续性问题的关注，他开辟了一个全新的研究领域。正是因为他相信“放逐中的神明”（使用海因里希·海涅［Heinrich Heine］的措辞）是重要的，而且是至关重要的，他才安排弗里茨·扎克斯尔将罗马和维也纳的占星学或

者神话的彩饰写本编成目录[①]，从而产生了一整个研究占星学和神话志语境中古代神明的图像的研究分支。 316

扎克斯尔在为这些目录所写的引言中能够说明的文化上的矛盾倾向与紧密联系本身就饶有趣味，它们无疑使得这项事业得到继续与扩展，将神话意象，从而将关于在占星学、神话志和寓言的描述里古代神明们的外貌世俗图像志的整个新分支的发展包括进来成为合理。

瓦尔堡不在期间，向那些造访新开办的图书馆并被它的藏书之广和它的安排的独创性所吸引的学者们解释和说明瓦尔堡的目的和兴趣的责任就落在扎克斯尔身上。他以一次纲领性的演讲“瓦尔堡图书馆及其目的”［Die Bibliothek Warburg und ihr Ziel］[②]开始了1922年在图书馆举办的最初一系列公开讲座，他在讲座中将瓦尔堡的毕生事业纳入源自布克哈特、乌泽纳和尼采的传统中。同年，扎克斯尔也在《艺术科学文萃》［*Repertorium für Kunstwissenschaft*］中发表了一篇长篇论文，题目是“古典时代的复兴”［Rinascimento dell'antichità］，这篇论文首次对瓦尔堡从关于波蒂切利的论文到对路德的研究所做的工作做出了概述。十分独特的是，扎克斯尔以他自己的许多发现对瓦尔堡的例子做了补充，这些发现是要用来说

① F.扎克斯尔，《拉丁中世纪占星学与神话彩饰写本目录》［*Verzeichnis astrologischer und mythologischer illustrierter Handschriften des lateinischen Mittelalters*］，第1卷：《罗马图书馆中的写本》［*Handschriften in römischen Bioliotheken*］，海德堡，1915年；第2卷：《维也纳国家图书馆中的写本》［*Die Handschriften der National-Bibliothek in Wien*］，海德堡，1926年。

② 发表于《瓦尔堡图书馆的讲座》［*Vorträge der Bibliothek Warburg*］，第1卷，1921—1922年。

明、加强和应用这位年长学者的信条的。尤其是，正是这篇论文使瓦尔堡的名字“受到公众注意”。

当然，把成为他的忠实的追随者的另一名伟大的学者——欧文·潘诺夫斯基——吸引到他的研究方向上来，这是瓦尔堡的幸运。瓦尔堡不在汉堡的期间，潘诺夫斯基曾作为编外讲师来到新建立的汉堡大学，但是他似乎早在1912年的罗马会议上就曾见过瓦尔堡。在以一篇论《丢勒的艺术理论》[“Dürer's Theory of Art”]的学位论文毕业后，他的研究一定很快就使他进一步接触瓦尔堡的著作。也许一次历史的偶然事件导致了进一步的合作。维也纳艺术史家卡尔·吉洛留下了一部关于丢勒的《忧郁》的未完成的著作，他的编辑们找到瓦尔堡，请他来完成。但是瓦尔堡在患病，比那更自然而然的是，弗里茨·扎克斯尔邀请丢勒研究专家潘诺夫斯基和他
317 一起从事这项工作，那将会证明瓦尔堡类型的图像学在一个肯定会吸引人的注意的领域中的可行性。将他们的专著[①]与对这幅版画做出图像志解释的先前的各种尝试区分开的，正是它关注了某些图像的传统、对几何学的描绘、对土星之子的描绘，以及对忧郁的性情的图解。在表明丢勒是如何与这些传统斗争以表达关于那种心境的新的构思的过程中，作者们实际示范了一种新的方法。潘诺夫斯基随后发表的论“赫耳枯勒斯的选择”[Choice of Hercules][②]的专著进

① E.潘诺夫斯基和F.扎克斯尔，《丢勒的〈忧郁I〉：原始资料与类型史研究》[*Dürers“Melencolia I”. Eine quellen- und typengeschichtliche Untersuchung*]（《瓦尔堡图书馆学术丛书》[*Studien der Bibliothek Warburg*]，第2卷），莱比锡和柏林，1923年。

② E.潘诺夫斯基，《十字路口的赫耳枯勒斯和现代艺术中的其他古代图像》[*Hercules am Scheidewege und andere antike Bildstoffe in der neueren Kunst*]（《瓦尔堡图书馆学术丛书》，第18卷），莱比锡和柏林，1930年。

一步证实了一种研究一个既定主题的历史的方法所具有的灵活性与适用性，这种方法所研究的是主题的种种转变，以从中了解一种既定环境或者一位既定艺术家的观点。

毫无疑问，这种方法在不太老练的人那里有时只会产生艺术中的某一主题的历史；这就说明了人们为何对瓦尔堡在我们的研究的历史中充当的角色产生了误解，尽管没有对此进行辩解。这种误解倘若不是常常与人们的批评相联系，本也无关紧要，人们批评说，瓦尔堡及其追随者们只对艺术品的内容而非其本质上的艺术方面感兴趣。

再一次不难看到这种印象是如何产生的。因为，尽管令瓦尔堡感兴趣的不仅仅是内容，他却是将视觉图像而非艺术品看作人类文明的文献。我们已看到，有时他似乎对一枚邮票的设计与一幅名画不加区分。并不是说他必然对艺术形式不敏感。在他很早的时候，皮耶罗·德拉·弗兰切斯卡还没有成为时髦人物，他就非常欣赏这位大师，当有人给他留下一笔钱购买一件艺术品时，他买了弗朗茨·马克［Franz Marc］作的一幅画，令赞赏他的人们惊讶不已。但是问题的关键恰恰是，在瓦尔堡看来，甚至风格也曾是而且仍然是选择的问题，因此是道德态度的征兆。他对风格取向暗中怀疑的是与其相伴的因循守旧的成分。

1918年3月，瓦尔堡为一位朋友维利·冯·贝克拉特［Willi von
Beckerath］（1886—1938）为汉堡工艺美术学校［*Kunstgewerbeschule*］318
所作壁画（图版64b）的揭幕式准备了一篇简短的致辞。瓦尔堡的态度在他为这篇致辞所写的笔记中清楚地显露出来。他称赞贝克拉特拒绝随波逐流。

维利·冯·贝克拉特敢于遵从自己的艺术良知，逆潮流而行，选择了寓言的主题和力求在轮廓与色彩上达到明晰和谐的形式风格。毫无疑问，用一般的说法，这在现代人当中并非时尚。

让别人去追随一种不同的风格理想吧，重要的只是所选择的风格适合于完全实现充溢着艺术家心灵的图像。

因此，那些将井然有序的艺术史条目系统——这个系统有着诸如“现代的”“哥特式的”或者“印象主义的”等一般潮流的标签——仅看作一种辅助工具的人——尽管是无可非议的工具——在这种对当前时尚的抵抗中看到更加认真地力求深入领会艺术家的作品的精神的另一个理由。

除去他的艺术技巧会给予我们的乐趣之外，这样一位本能地使我们相信他发现了传达他的想象的必要风格的艺术家——无论

Willi von Beckerath hat es gewagt, seinem künstlerischen Gewissen folgend, gegen den Strom zu schwimmen in der Wahl eines allegorischen Stoffes und in seiner der klaren Harmonie in Umriss und Farbe zustrebenden Formensprache. Das ist ohne Zweifel landläufig gesprochen nicht ‘modern’.

Mögen andere einem anderen Stilideal folgen; das Wesentliche ist doch nur, dass die erwählte Formensprache die innere Figurenwelt, in der eben dieser Künstler lebt, zum erschöpfenden Ausdruck bringt.

So ist für diejenigen, die in der wohlgeordneten kunstwissenschaftlichen Verbuchung unter allgemeinen Richtungsbezeichnungen, wie ‘modern’, ‘gotisch’ oder ‘impressionistisch’, nur ein Hilfswerkzeug—wenn auch ein gewiss berechtigtes—sehen, gerade ein solcher Widerstand gegen die Tagesströmung ein Grund mehr, die Einführung in das Werk des Künstlers umso ernsthafter zu versuchen.

Neben dem Gefallen, das wir an dem artistischen Können empfinden mögen, wird uns der Künstler, der uns gefühlsmässig davon überzeugt, dass in seinem Stil für seine inneren Figuren die naturnotwendige Mitteilungsform

他的名字是阿尔布雷希特·丢勒还是弗朗茨·马克——将在我们自己的在它们短暂易逝的外观中领会事物的观念的尝试中助我们一臂之力。

这所学院的师生们不需要我的话来告诉他们，在他们的大厅中，纯洁的艺术良知与娴熟的技巧相结合创造了一种境界，而要达到这种境界，就必须努力将平凡的现实丢在后面，这对他们意味着什么。

但是，我们尽管与这所学校的联系不那样密切，也会得到准许向它和我们自己表示祝贺，希望被允许至少作为观众参与这种朝向更光明的领域的攀登；因为艺术家与艺术之友在趋光者、在寻求光明者的团体中相聚……

gefunden ist—er mag nun Albrecht Dürer oder Franz Marc heissen—zum Helfer bei unseren Versuchen, die Idee der Dinge ‘in der Erscheinungen Flucht’ zu fassen.

Die Lehrkräfte und die Schüler dieser Anstalt brauchen meine Umschreibungen nicht, um zu wissen, was es für sie bedeutet, wenn in ihrem Hauptsaal die
Spiegelreinheit künstlerischen Gewissens 319
in Harmonie mit meisterlichem Können eine Sphäre schafft, die zu dem Versuche, aus dem Alltag zu ihr aufzusteigen, verpflichtet.

Aber auch wir Fernerstehenden dürfen mit der Schule zugleich uns Glück wünschen, in der Hoffnung, wenn auch nur schauend, gelegentlich an diesem Aufstieg in lichtere Regionen teilnehmen zu dürfen: Künstler und Kunstfreund treffen sich ja in der Gemeinschaft der Lichtwendigen ...

这番话无论在多大程度上归因于一次偶然的时机，在此它也足以最后一次提醒我们关于瓦尔堡的艺术研究方法的极其重要的事实，即，他不仅是守旧的，而且坚决反对时尚。

他很早就已开始反对在美学运动和将艺术家作为超人来崇拜

中表现出来的世纪末的道德观念。他对社会心理学感兴趣，相信环境力量的威力，因此，对任何脱离它的**环境**而孤立地看待艺术品的尝试都感到不耐烦。但是他所重视的并非似乎是其环境的产物的作品，而是含蓄着一种道德选择的作品。

可以说，在这方面瓦尔堡到当时为止还没有继承人，他的终生事业的要旨从未被吸收到艺术史的溪流中。诚然，我们间接地感受到了艺术“革命”的极大乐趣，但是那些著名的革命通常是促进了进步的黑格尔式的革命。瓦尔堡对以往的艺术家们所做的选择的间接感受不那样简单，也不那样乐观。他明确地抵制对艺术史的“单线”解释，力求得出对构成一个“时期”的那些复杂的力场的理解。在试图标明这些张力的过程中，他不得不将自己对于他的环境的感受用作一种范例。因此，他也许误解了种种选择的意义和他打算理解的图像的含蓄之意。但是，人们不应因此而否认他的这样一件功劳——他意识到并表达了艺术或时尚领域中的每一次转变在多大的程度上可能充满了社会与道德意义。

伊沙多拉·邓肯的大胆的服装给瓦尔堡的同时代人留下了深
320 刻印象，而“仙女”的宽松的衣服也许同样给洛伦佐·德·梅迪奇的同时代人留下了深刻印象，也许并非如此。他关于透过对风格变迁的描述而深入洞察这种回声是史学家的职责的信念仍然可能是正确的。

人们会记得，在这些研究中，瓦尔堡一度试图联系语言学理论来描述吉兰达约对一种新鲜的词汇的使用（第178页）。他从未系统地沿着这条线索研究下去，但是，对这两个研究领域做一下比较，仍会有助于阐明他的遗产的这个未开发的方面。

语言学与诗学的区别正如图像学与视觉艺术的美学的区别。不过，在理论上，没有理由认为语言史学家应当“不涉及价值判断”，决定只探索词语的词根与派生过程，而不管其心理学意义与社会意义。在任何一个语言集团中，人们都感到词语具有词典意义以外的氛围。饭［a meal］不同于餐［a repast］。古代修辞对词语选择中的这些社会含义尤其敏感，这种选择当然随时间与环境而改变。瓦尔堡的图像学力求对于图像的选择具有相似的敏感。我们仍然必须应用与发展他的直觉。

我们已看到，他并不想在这些研究中保持中立。的确，他以这样一种信念开始，有好的图像和低劣的图像，正如语言中有高尚的词语和低俗的词语一样。实际上，他后来感到的困惑，其部分原因是他的这样一个发现，一旦他将价值观的坐标系应用于洛伦佐治下的佛罗伦萨的文化领域，这些坐标系就似乎出现了变动与扭曲。正如一个“粗俗”的词往往因其纯朴而受到欢迎，而一个高雅的词语却可能显得矫揉造作一样，艺术家对词汇的选择可得到许多变幻不定的解释。

也许瓦尔堡经历的、有时几乎使他的研究陷于瘫痪的困难，是他对仍然相关的艺术词汇的研究方法并不明确。他意识到上下文的重要性，意识到膨胀的危险和个人从一系列可能性中做出选择的意义；但是我们也知道，他从未放弃这样一种观念，图像具有一种内在意义，一种固定的情感意蕴，它会使它们独立于使用它们的上下文。实际上，是为了调和这些相冲突的解释，他曾求助于极性观念，即这样一种假定，电荷的动力仍然是固定的，但是它的意义却“颠倒”了。他从未十分满足于这种解释，它的确缺乏证据，很难 321

详细说明，因为“相反意义”远远不像它初看上去那样清晰。也许正是这种隐蔽的困难使人们相对忽视了瓦尔堡的兴趣的这一方面。诚然，情念形式一词流行开来，人们用它——有时相当不严谨地用它——暗示某些情感姿势与形式所具有的持续有效性。但是，动作或者类型的程式在艺术史中的幸存的问题，远不如瓦尔堡对古代神明和恶魔的幸存的兴趣那样吸引人们的注意力。[①]瓦尔堡曾尝试为一些斜倚或者奔跑形象的类型编制目录，这样的类型还有许多，为它们编制目录无疑能够做到，但是这样一项工作显然会与神话主题的历史一样，变得十分机械。

无论如何，这可不是瓦尔堡的作风。他对于艺术史的态度与诸如阿道夫·戈尔德施米特或者马克斯·J. 弗里德兰德等他的同时代人根本不同。的确，我们看到，它有时令人想起约翰·拉斯金的态度，他同样关注作为重大人类问题的表现的艺术。

甚至在这个方面，瓦尔堡的历史地位有时也遭到误解。他早年曾是圈外人，只是在第一次世界大战之后，当强调生活的阴暗面、人的非理性的本质和原始遗存在文明中的支配地位在德国十分流行时，他的工作才进入了普遍兴趣的焦点。在一篇富有洞察力的论文中论及20世纪20年代的这一时尚时，托马斯·曼［Thomas Mann］曾把弗洛伊德的立场描述为不同寻常的，因为弗洛伊德了解心灵的黑暗面，却站在理性一边。[②]瓦尔堡无疑也是如此。和弗洛伊德一

① 一个重要的例外是肯尼思·克拉克，《人体》[*The Nude*］中论“能量”和“情念”的章节，伦敦，1956年。

② 托马斯·曼，《论弗洛伊德在现代思想史中的地位》[“Über die Stellung Freuds in der modernen Geistesgeschichte”]，最初发表于《精神分析运动》[*Die psychoanalytische Bewegung*]，第1卷，1，1929年5—6月。

样，他不是乐观主义者。他不肯定理性会永久地战胜无理性。但是，正是因为他知道对立阵营的力量，他认为援助争取启蒙的斗争是他的职责——有时也许天真地高估了自己的才智。他反抗文学和艺术中的现代主义潮流，其部分原因自始就是他抵制道德相对主义。1896年，他曾在致朋友梅尼尔的一封信中评论邓南遮［D'Annunzio］的小说《无辜者》［*Innocente*］说：

> 我不允许任何人拖着我走过地狱［Inferno］，我也不相信他能带领我穿过炼狱［Purgatorio］到达天堂［Paradiso］。但这正是现代人所缺乏的。我不需要一座天堂，在那里人人都穿着白色长袍，没有生殖器，吟唱圣歌，那些可爱的小羔羊和那些没有肉体欲望的善良的黄色狮子四处漫步——但是我鄙视这样的人：他看不到理想的 *homo victor*［胜利的人］。

> Ich mag mich nur von jemandem durch ein 322
> Inferno schleifen lassen, dem ich auch die Fühigkeit als Führer durchs Purgatorio zum Paradiso zutraue. Aber daran fehlt's eben den Modernen; ich verlange kein Paradiso, wo alle weissgekleidet und ohne Genitalien Psalmen singen und die lieben Lämmchen mit den guten gelben Löwen ohne fleischliche Gelüste spazierengehen—aber ich verachte den Mann, der das Ideal, homo victor, aus den Augen verliert.

（1896年6月26日）

这至终都仍然是瓦尔堡的信念。但是，倘若正是这种态度将他与审美家，以及与艺术史家相分离，那么，也正是他对基本的心理学问题的强烈专注使他受到吸取了弗洛伊德的教训并日益意识到人

类心灵的极其复杂性的一代人的欢迎。当然，在这个方面，瓦尔堡的名望并不是以误解为基础。传统上，非理性信仰的历史曾经是那些也相信他们所研究的迷信的非理性主义者的专门领域，或者是急切地揭露人类的愚蠢的伏尔泰式讽刺作家的专门领域。这里是一位占星学信仰的热情洋溢的研究者，他急切地既要解释这种“伪逻辑”对文明的影响，又要赞扬那些解放的力量，它们牵制了这种异教无理性的残余。他使用图像证明这一点，包括著名艺术品，这一事实本身就使公众深刻认识到，往昔的图像可能告诉我们的不止于浮浅的唯美主义曾能够得出的事物。

瓦尔堡意识到了艺术史家中这种日益增加的不满情绪，这种不满情绪极大地促成了人们对他的要旨做出的反应。在致梅尼尔的另一封信中，此时更接近他的生命终点，他写道：

> 直至艺术史能够表明……它以比迄今为止更多的一些维度看待艺术品，我们的活动才会再次吸引学者们和一般公众的兴趣。

> Erst wenn die Kunstgeschichte zeigen wird ... dass sie das Kunstwerk in einigen Dimensionen mehr sieht als bisher, wird sich das wissenschaftliche und allgemeine Interesse unserer Tätigkeit wieder mehr zuwenden.

（1927年8月18日）

323 瓦尔堡自己的出版物和由弗里茨·扎克斯尔负责编辑的他的研究院的出版物无疑在使人们注意到可以研究的那许多维度上起着作用。但是，尤其是瓦尔堡以他的图书馆的形式创建的工具令人信服。

无论他对某些图像的反应多么主观，无论他的文化心理学多么深地根源于19世纪的进化论与联想主义，他都曾日夜工作，通过收集和安排书籍为超越他自己的局限提供手段，这些书籍会使学者们能够在从事他开始的探究中提出常新的问题。是图书馆的创建真正展现了他的天才，即使它的使用者们的观念可能不再是它的创建者的观念，这所图书馆也能继续起作用。

因为在图书馆的安排中，关于一元化的文化科学［Kulturwissenschaft］的最初幻想以一种比理论阐述所能达到的更生机勃勃、更令人信服的方式得到表达，那种最初幻想曾于他在大学师从乌泽纳和兰普雷希特的最初几个学期激励过瓦尔堡，他一直希望在一本主要的出版物中予以阐明。无论为适合新的问题和研究项目而对书籍的分组做出了多么大的改变，它仍然将这个要旨带入一个日益专门化的时代和几乎自动化的学术工业。来访者无论怀着什么目的来到这座图书馆，他在书架间徜徉之时仍会注意到，不管是什么特定的理论，在此心理学被认为与表现和象征的主题直接相关，而这些又会继续导致人类学中对仪式的研究。由此他会发现向关于节日、盛大庆典和戏剧的书籍，甚至向法律史和社会与政治史的另一次自然过渡。图书馆的每一个部分都仍然反映了瓦尔堡的最初信念，即，原始人用语言和图像做出的反应可以导致宗教、科学或者哲学中他所称的“定向”，或者被降格为魔法施展或者迷信；文学史和艺术史学者必须思考用语言和图像做出的这些反应的本质；任何“边防警察”都不应阻止他穿越“学术领域”的这些常规的边

324 界。[①]有些人只是从把它看作“古典传统的历史”的流行阐述中了解到瓦尔堡的问题，甚至那些人[②]在此也会学会看到，西方文明是一个整体，不能被分割为不同分科的问题。倘若他没有找到信徒和继承人，他们使他的观念适应于一代又一代科研学者们的需要，瓦尔堡的机构就不会保持它的吸引力。尤其是弗里茨·扎克斯尔，他在格特鲁德·宾和这个团队的其他早期成员们的帮助下，将瓦尔堡对这样一个工具的幻想变成了现实。因此，本书应当以一篇回忆录结束，这是十分适宜的，在这篇回忆录中，扎克斯尔在第二次世界大战期间的某个时间根据直接经历讲述了这段故事。

① 关于对这一印象的记载，参见哈里·莱文［Harry Levin］，《人文学科中新的知识领域》［“New Frontiers of Knowledge in the Humanities”］，见《批评语境》［*Contexts of Criticism*］，剑桥，马萨诸塞州，1958年，第14页。

② 参见第16、27页。

第十七章　瓦尔堡图书馆的历史（1886—1944） 325

弗里茨·扎克斯尔*

1886年，阿比·瓦尔堡20岁，从这年起他开始定时记载购买书籍的情况。当时资金不算充裕，但是他系统地记录购买的书籍，这表明他已经具有建立图书馆的意识。在后来的一些年中，瓦尔堡常常向朋友们讲述一件事，这件事使他认识到他购买的书籍已超出了他自己研究的需要，于是他有意识地开始为学生和继承人购买书籍。他想购买两套昂贵的书，铜版雕刻学会［Chalcographical Society］的出版物和维也纳的帝国藏品［Imperial Collections］的年鉴，其装帧豪华，学问高深。[①]他向父亲索要必需的款项，他解释说，这次购书不仅仅意味着会得到两套大型的丛书——它意味着为后世打下图书馆的基础。他的要求得到许可，在家里的资助下，瓦尔堡开始系统地收藏书籍。这是1901—1902年的事了。到1904年，图书馆已有了相当的规模，而且已经具有一定的模式，以至瓦尔堡可以预先做好安排，万一辞世，就把它移交给一家学术机构，条件

---

* 这篇回忆录起草于1943年左右，不过显然从未完成或者流传过，因为最后几个段落只存在于用铅笔写的笔记中。我在一点上根据扎克斯尔于1944年所写的尚未完成的瓦尔堡传略对此文做了补充。

① 关于这些早期阶段参见前文援引的瓦尔堡的书信，第45页及下页和第129页及下页。

是必须始终把它当作独立的单位。[1]或者把它移交给汉堡市图书馆，或者移交给佛罗伦萨的德国研究院，在早期年代瓦尔堡和这两家机构联系密切，他一生都感激它们。

他的热情的学生年代的一次经历诱使他进行了建立图书馆的
326 实验。在斯特拉斯堡大学，当他研究波蒂切利的两幅神话题材的名作的主题时，他认识到，倘若仅从形式方面探讨问题，任何理解文艺复兴画家的心灵的尝试都是徒劳的。那时，斯特拉斯堡大学的研讨班的大楼是由许多小房间组成的，包括一些专业化的图书馆，可供学生们自由地使用。瓦尔堡怀着破解图画奥秘的强烈欲望流连在这些研讨班图书馆中，由艺术到宗教，由宗教到文学，由文学到哲学，追寻着他的线索。他决心为学生提供一座把人类文明史的各种不同的分支融为一体的图书馆，学生可以在书架间徜徉。在他看来，政府永远不会愿意创造这样一种工具。私人部门必须采取主动，于是他说服他的家族为这项新的、需付出很大代价的事业承担起财政上的责任。那时在德国这样一项计划是极不寻常的，因为在德国通常由政府为学术机构提供资金。但是瓦尔堡的计划不同寻常；它不符合官方的体制，这种体制只承认两个范畴，小型专业化图书馆或者大型的包罗万象的书库。他到过英国，到过美国，他的两个弟弟就住在那里，他看到过这些国家中学术领域的私立事业单位的活动方式。由于汉堡受到英国十分强烈的影响，在那里这项不同寻常的计划有机会可能获得成功。这是一个冒险商人的城镇，没有大学与其各种级别的教授，却有着崇尚学识的悠久传统。这是创

① 《日记》，1904年3月23日。

建这种私立机构的合适的土壤。

诚然——汉堡远离那些公认的学术中心。尽管与柏林的地理距离很近，历史、风俗和思想的整个领域却把这两个城市截然分开。汉堡和任何一个著名的小一些的大学城，例如格丁根、海德堡或者耶拿迥然不同。汉堡的利益在于海外，她的行政按照汉萨同盟的地方政府的方式管理。从另一方面说，20世纪初，汉堡的学校是先进的，成人教育水平很高，公共收藏十分兴盛——所有这些活动都不同于德国其他地方的活动。汉堡在前进，然而不仅在她的强烈的传统态度上，而且在她的进步上依然是孤独的。瓦尔堡创建图书馆的工作也经受了这种孤独，这个年轻的事业单位在没有兴盛的大学的嘈杂声干扰的情况下成长起来。

当我于1911年首次看到这座图书馆时，瓦尔堡显然曾在意大利 327
生活多年。尽管它有着全面的框架，实质上却是德国和意大利的。那时它的藏书约有15 000册，像我自己这样的任何一个青年学生进去后都一定会感到相当困惑。一方面，他们发现了一批精彩的书目，这些书目他们大都不曾知晓，会节省不少力气；另一方面，发现了非常具体的藏书，有一部分是关于像占星学这样的他们几乎不了解的主题。书籍的排列同样令人困惑，他也许觉得非常古怪的是，瓦尔堡不厌其烦地把这些书反复移过来，掉过去。每当他的思想体系出现了新的进展，每当他产生了关于种种事实的相互关系的新的想法，他都会重组相应的书籍。图书馆随着他的研究方法的每一次变化和他的兴趣的每一次变更而改变。尽管藏书不多，却生机勃勃，瓦尔堡从不停止对它的塑造，以使它最好地表达他关于人的历史的观念。

在那几十年中，在许多大大小小的图书馆，由于旧的范畴不再符合新时代的要求，旧的成系统的排列遭到废弃。当时的趋势是以更“实用”的方式排列书籍；标准化、依字母顺序和以算术方式排列得到青睐。装着成系统的目录的文件柜成为学生的主要指南；到书架前和到书籍本身前面选借书籍的做法变得十分少见。大多数图书馆，甚至那些向学生开架的图书馆（如剑桥大学图书馆），不得不向书籍生产日增的机器时代让步，放弃按严格的有系统的顺序排列书籍的做法。档案目录中的书名在大多数情况下取代了通过浏览而得到的另外的而且更为学术性的对书籍的了解。

瓦尔堡认识到这种危险。他谈到“佳邻法则”。一个人听说过的书在大多数情况下不是他所需要的书。书架上未知的邻居包含着极其重要的信息，尽管人们也许没有根据书名猜测到这一点。压倒一切的观念是，放在一起的书籍——每本书都各有其或多或少的一些信息，并被相邻的书籍所补充——应当以其书名指导学生领悟人类心灵及其历史的本质力量。在瓦尔堡看来书籍不只是研究的工具。把它们集合起来并加以分组，它们就从它的恒定的和变化的方面表达了人类的思想。

328 直到1908年，瓦尔堡既没有训练有素的助手，也没有足够容纳大批藏书的房屋。1908年8月，他让P. 许布纳博士当了他的助手，1909年4月，他购买了海尔维希大街114号的房屋，并一直在那里生活，直至离世。许布纳博士专门研究文艺复兴时期的古代雕塑藏品，因此非常胜任这个职位。但是本性上他与其说是纯粹的学者不如说是管理人——在后来几年他在德国博物馆的行政管理的等级结构中跃居高位——一年后二人分手了。然而，许布纳的任命和新购置的建筑显然表明图书馆的发展进入了一个新的阶段。他的继任人是韦措尔特博士，韦措尔特是既对一般美学又对历史问题感兴趣的学者，是能力出众的教师和管理人。当他于1911年离开那里去做柏林博物馆图书馆的管理人时，瓦尔堡感到非常孤独。文职机关当局考虑承认韦措尔特在汉堡工作的年代为从事公共事业的年代，这是此时瓦尔堡图书馆的地位的意味深长的标志。1912年，W. 普林茨博士［Dr. W. Printz］——一位年轻的东方文化的研究者和德意志东方学会［Deutsche Morgenländische Gesellschaft］未来的图书管理员——被任命为助手。1913年10月，我也成为助手。①

于是瓦尔堡现在有了两名助手，一名协助他管理图书馆，另一名协助他做研究工作；两人都要受到指导。夜复一夜，完成了白天的工作之后，他迟迟不睡，阅读书商的目录，他的兴趣变得越是广泛，就越难决定要购买哪些书。场地和资金都不容许无限制地购买。瓦尔堡不特别善于记忆书名——他称不上是那种大脑能容纳下一部学术文献的井然有序的百科全书的学者——而且在扩充图书馆时几乎没有使用过书目清单。自从他着手研究以来，他就把每一个令他感兴趣的书名记在一张单独的卡片上，再把这些卡片按照一个体系归档，随着盒子的数目增多，这个体系也变得越来越复杂。它们从20增至40再增至60，他去世时已有80多个。当然，随着年代推移，大量条目都过时了，花上几分钟的时间，根据现代标准清单确定关于一个学科的更时新的书目，比起根据瓦尔堡的卡片来常常更

① 下面两段选自扎克斯尔所写的瓦尔堡传略，此处它们对他的回忆录做了补充。关于这一点和下面一点，也参见《弗里茨·扎克斯尔（1890—1948）》中格特鲁德·宾的《回忆录》［“Memoir”］，D. J. 戈登编辑，伦敦，1953年。

329 容易一些。然而除它们包含很多从未收入标准清单中的偏僻的材料这个事实外，这份庞大的卡片索引还有一个特殊的性质：记下的书名是在瓦尔堡从事一项研究时引起了他学术上的好奇心的书名。这些书名是以书目的形式对他自己的活动的总概括，它们以个人的方式相互关联。因此这些清单是他作为图书馆馆长的指南；并非每次阅读书商和出版商的目录时他都查阅它们；它们已成为他的体系和学术存在的一部分。这说明，一个在购书上很大程度是被一时的兴趣所支配的人怎么会最终收集到这样一批藏书，这批藏书中拥有关于特定学科的标准书籍，再加上相当多其他的、常常是珍贵的、非常有趣的出版物。人们常常看到瓦尔堡疲惫而苦恼地站在那里，拿着一小摞索引卡片俯身面对那些盒子，试图为每一张卡片在体系中找到最佳的位置；这看上去就像在浪费精力，人们为此颇感惋惜。现有的书目清单要胜过他自己可望收集整理的清单。要过一段时间人们才会认识到他的目的不在于书目。这是他明确他的学术领域的局限和内容的方法，这方面所获得的经验成了为图书馆选择书籍的决定性因素。他的朋友们过去常常钦佩他识别有趣味、有价值的书籍的“本能”，即迅速把握哪些书必不可少、哪些书不重要的能力。在瓦尔堡的价值观体系中本能并不占有很高的地位；他重视通过写下无数的笔记并把它们安排到一个体系中的费力而艰苦的工作而获得的经验。

有一件事情使生活对于瓦尔堡来说特别难堪重负：他对图书馆的技术细节极其缺乏兴趣。他的书橱是木制的，式样陈旧；目录不是按照固定规则制作的；与书商的事务没有有效的组织—— 一切都有私人藏书的性质，按时付款，为装订工人挑选适当的材料，或者

对交付新书架的木工都不要付钱过高，这些事情房屋的主人必须亲自操心。如瓦尔堡所做的那样，把一位家长式的图书馆馆长的职责与学者的职责融为一体，是一件困难的事情。

1914年，佛罗伦萨一个极好的春日早晨，在以一次才华横溢的讲座结束了几周艰苦的工作之后，瓦尔堡和我去卡尔米内教堂

［Carmine］参观马萨乔的湿壁画。我们在路上第一次讨论了使图书 330

馆成为研究院的方法和手段。瓦尔堡一直允许学者同样也允许外行阅读他的书籍和笔记，还有那些不断积累的收藏的照片；他拥有忠实的学生和追随者。但是汉堡不是人文主义学识的中心，因此没有正常的生源。市议会否决了创建一所大学的想法，反倒建立了一所研究殖民问题的研究院。在1914年4月21日那天上午，我们一致认为，只有附属于图书馆的学术机构才会从德国和国外吸引一批批学者，从现在起资金中的一部分应专用于这些目的。图书馆应当成为一个中心，在这里瓦尔堡将用他的方法培养更年轻的学者，指导他们的研究。

几个月后战争爆发了，这些计划不得不被暂时搁置起来，但是瓦尔堡的工作在继续进行，研究继续下去，随之也继续购买新的范畴的书籍。

1920年出现了新的情况。战争的后果所造成的精神饥渴和对和平事业的热情激励了共和政体的市政府主要成员的会议，决定建立汉堡大学。这个新的事实本会自动地改变瓦尔堡的地位和图书馆的地位。但是就在这一时刻，瓦尔堡得了重病；他不得不离开家，他是否能回来还不能确定。直至他离开这幢房屋前的最后一个小时，他还在继续他的研究，然而他相信自己永远不会再回来，他留下笔

者负责他的工作。

责任是沉重的。正是由于瓦尔堡的才华，图书馆才有了现在的面貌，每本书都是经他挑选的，有系统的安排是他做出的，与一大批学者的联系也是他建立起来的。问题是要把不在场的主人和朋友的遗产加以发展，要在没有他的指导的情况下根据汉堡新的教育体系中的情况把它发展为新的事物。这个家族为这项事业慷慨地提供了资金。

因此，1920年在图书馆的发展中是决定性的一年。直到那时，瓦尔堡从未感到有必要明确他的图书馆在更广大的公众前的目标，对它的组成部分的侧重会继续随他不断变化的兴趣和需要而变化。他不在的时间越久，人们越会清楚地认识到存书不足，必须把这个
331 具有强烈的个人性质的机构发展为一所公共机构。然而，做这项工作会有多大损失，这一点自始就显而易见。在图书馆的每一个角落都有一小批一小批的表明特定思潮的书籍——正是这些极其丰富的观念一方面使这位学者喜欢做这项工作，一方面又使他难以找到适当的做法。当E. 卡西尔教授［Professor E. Cassirer］初次看到这座图书馆时，他决定或者逃开（有一段时间他就是这样做的），或者像囚徒一般待上几年（后来的几年中的某一时期他喜欢这样做）。当然，瓦尔堡新购置的书籍总是具有内在的连贯性，但也有许多尝试性和个人性的多余书籍，这些书籍在一所面向更广大的公众的机构中也许是不需要的。

因此，稳定这所图书馆的首要的和最迫切的任务似乎是把那种1920年的瓦尔堡的体系“标准化”，这里扩充一些，那里缩减一些。任何现存的分类系统都不会适用，因为这是一所指定为从特定角度

看待文明史的研究之用的图书馆。它要包含必需的资料，并进行细分，以指导学生了解他所不熟悉的书籍和观念。在这样做时倘若形式过于严格，那似乎是危险的，于是与新的助手宾小姐合作，选择了一种十分灵活的形式，随时都可以对系统做出变动——至少在比较小的部分——而不会有太多的困难。因此，要在瓦尔堡图书馆中找到一本书绝不会像在按字母和数字排列的藏书中那样容易；人们必须付出的代价是高昂的——但是书籍仍如瓦尔堡所计划的那样，是活跃的思想的集合体。

第二点是把图书馆的内容标准化。任何一个人，甚至瓦尔堡也是如此，其学识和兴趣都没有一批无个性特征的藏书使用者的学识和兴趣那样广泛，而他们的愿望无疑是合理的。1920年，图书馆也许拥有约20 000册藏书；某些部分近乎足够丰富，其他的部分却刚刚起步。有一部分资金来自这个家族住在美国的成员，而德国出现了通货膨胀，因此我们能继续购书，留意填充空白。公共机构必须拥有某些标准著作和期刊，尽管私人学者本可以很容易地从任何一所公共图书馆借到。由于在随后几年中，随着汉堡大学的发展，来图书馆阅读的更年轻的学生人数日增，因此也必须考虑他们的需要。做这件事情必须得体，以便不破坏图书馆作为研究工具的本来 332
性质。

但是比改革图书馆的工作更令人生畏的是在没有瓦尔堡的帮助的情况下继续开展学术活动的工作。作为恰当的解决办法，人们想到了1914年的把图书馆改为研究院的旧想法，由于汉堡此时有了一所大学，因此有了学术的条件。它的许多新任命的教师当然喜欢合作。尽管他们研究的课题迥异，他们却在图书馆发现了学术交流和共同话题。

E.卡西尔（哲学）、G. 保利和E. 潘诺夫斯基（艺术史）、K. 赖因哈特［K. Reinhardt］（古典文学）、R. 萨洛蒙［R. Salomon］（拜占庭史）、H. 里特（东方语言）等人不正式地加入其中。这个小组很快被其他的德国和外国学者所扩充，其中有比利时人、意大利人、荷兰人和英国人。此处和图书馆的情况一样，也许不可避免的是，应当简化一下瓦尔堡的想法，以使研究院的活动的基础不那样错综复杂——结果许多内容都取消了，它们同样重要，很难弥补——但是主要的任务却完成了。瓦尔堡创立的图书馆继续存在下来，得到人们——主要是更年轻的一代——的支持，在他本人不为外人所知之时，他们被他的个性和工作所激励。在他患病期间，图书馆从私立发展为公共机构。有两套系列出版物体现了研究院的工作成果——《讲演录》［*Lectures*］的年鉴和探讨专题的《学术丛书》［*Studies*］。不仅《学术丛书》而且《讲演录》，都应包含新的研究工作的成果，这被定为一个条件，在20世纪20年代汉堡所弥漫的气氛中，不存在它们受到冷落的风险。通过这些出版物人们更清楚地了解了瓦尔堡的想法，并确立了一个传统。

人们很快明显地感到，无法在1909年所购买的房屋中展开新的活动。没有演讲室，没有阅览室供日益增多的读者阅览，甚至最机巧的木匠也想不出什么新的方法在墙面上创造出更多的空间。从地板到天花板，一面面墙被书籍遮挡得严严实实，餐具室成了书库，沉重的书架悬挂在门的上方，岌岌可危，弹子房已改为一间办公室，大厅中，楼梯平台上，家里的客厅中——到处是书，书，书；每天新书源源不断。必须采取措施。当时在大学的楼房附近有充足

的房屋出售，有许多理由说明应当把藏书移出纯粹的住宅区。但是 333
这样会破坏图书馆的个人性质，有成为汉堡大学的另一个研讨班大楼的危险，许多学生尽管对研究毫无兴趣，却会为求方便而到这里阅读。由于教学法上的缘故，瓦尔堡一直反对从技术上为学生提供过多的方便。1923年，当他的健康状况开始改善，人们与他商议这个问题时，他丝毫不愿意考虑做出任何根本性的改变。

然而，他于1924年回到汉堡时，事情已到了非决定不可的程度。与房屋毗邻的场地已于1909年购得，以备图书馆有一天会发展到原来的楼房容纳不下时使用。那里本来很适合建图书馆，但是由于它又深又狭窄，不太适宜用来扩建研究院。但是瓦尔堡毫不犹豫。在市中心建一座大型公共建筑的想法片刻也没有吸引过他。尽管它具有公共职能，图书馆应当继续具有私立的和个人的性质，计划立刻拟订，以在巨大的技术难题面前找到解决办法。最重要的是，必须把书库安排得能够清楚地展现图书馆的体系。两幢楼房一共大约能够容纳120 000册藏书，阅览室及其画廊要备有一个很不错的参考书图书馆，有足够的墙壁空间摆放新旧期刊。而且，它还必须有良好的声学效果，以便在晚间用作演讲室。此外，还要有适当的职员房间、收藏照片的地方、带浴室的客房、摄影室，在地下室要有通常的员工宿舍。甚至还规划了一个日光浴屋顶，读者可以遥望花园和柔柳夹岸的小河。1925年8月25日，新楼奠基；1926年5月1日，大楼揭幕。

看到摆在书架上的书籍的人，几乎谁也没有认出这就是他们在旧楼中已经知晓的那些藏书（图版65a、b）。以前曾显得孤零零的和零散的书籍，现在有许多都各归其位。瓦尔堡购书已有40年之久，

却没有像一名图书管理员那样不带偏见地为未知的读者购书。他在购书时总是抱着获得在他自己的工作中新颖而又必需的知识的意
334 图，他的想法始终如一，以至在他临终时，能够奉献给公众一座有着完美体系、各部分划分明确的图书馆。书籍收藏在四个楼层。第一层以关于一般的表现问题和关于象征符号的本质的书籍开始。人们由这里被引导到人类学和宗教，再从宗教被引导到哲学和科学史。第二层容纳关于艺术中的表现、它的理论和历史的书籍。第三层专门收藏关于语言和文学的书籍。第四层专门收藏关于人类生活的种种社会形态的书籍——历史、法律、民俗学等。瓦尔堡为理解心灵的种种表现、它们的本质、历史和相互关系而进行的终生的，常常是杂乱无章、孤注一掷的奋斗，其结局是创立了一个图书馆的体系，这个体系看上去就和仿佛它不是瓦尔堡的活动的结果而是其出发点一样自然。但是使它与任何现有的图书馆体系相区别的是在知识划分上的丰富的观念。只有经过扎实而深入的研究才能积累下，而且常常是挖掘出，这种大量有趣并且有时是长期被人们所遗忘的书籍。在他的工作中，这位学者总是对图书管理员予以指导，而图书管理员也把自己的收获回报给这位学者。

新楼在空间利用上像轮船那样精打细算，并装备有现代的图书馆机械，因此很令人满意，是研究院快速发展的适当框架。在瓦尔堡不在的年月中开始尝试做的事情现在在他的指导和帮助下继续展开。他有一名——后来是两名——职员，同时是大学教师。一些研讨班在研究院中举办，并训练学生利用它的图书馆。发放了研究补助金和旅行津贴。增加了职员——高级职员和办事员——的数量并做了适当的组织。在假期，许多知名学者前来阅读。购书的规模比

以往任何时候都要大，照片收藏馆——那时还是个附带的机构——建立起来。讲座在最初的几年是根据讲演者的嗜好来论述各种各样的主题，从1927年起，每年都集中围绕着研究院的一个主要研究课题。到1929年，《学术丛书》已出版了12种，还有其他许多书在印刷者手中。1928至1929年，瓦尔堡暂居意大利将近有一年的时间，他在那里与意大利和德国学者的关系非常密切，以至他们认真地讨论了研究院是否应迁往罗马的问题。

随着瓦尔堡在1929年去世，从他于1924年归来开始的狂热时期结束了。“*Warburg redux*”［归来的瓦尔堡］，他曾经在一封信上如 335
此签名。他有这样一种感觉，他是一名在一场战役获胜后归家的战士，那是一场为了生命而反对黑暗势力和痛苦的战斗，并在其他人身上激发这种感觉。从他身上发射出一股几乎令人敬畏的力量，他在生活和工作中深信，这位学者不是选择他的职业，他所做的一切都是在服从一种更高的命令。在那些岁月和他一起生活与工作的人，没有一个能抵御这种魔力。凡是来到研究院的人都会些许感觉到这种气氛，感觉到这种个人的魔力，对他来说，正常的生活不复存在，他生活在一个其范围从最高的到琐细的历史研究的观念的世界。瓦尔堡教育他的学生和继承者，要将他们的全部存在绝对地、无条件地服从学术的需要。

瓦尔堡去世后，研究院继续生存下来，表面上没有什么重大变化。曾多年资助他的家族庄严宣布他们在未来也情愿支持他创立的机构。但是，即将到来的那场风暴的不祥迹象不久就显露出来。首先出现了国际金融危机，随之预算大量缩减。德国的大学也感到了这场经济危机。由于失业，学生的数量过多，有些学生质量很差。人们比以往更频繁地光顾研究院的阅览室，但是占多数的是大学生而非学者。我们带着怀旧的心情回顾往昔，那时新楼尚不存在，只有一小批人在图书馆工作。耗尽瓦尔堡的聪明才智和全部精力的研究院在那些不祥之年——旧德国的临终之年——处于危机之中。但是一所研究院有着它天然的锐气；因此研究在继续，新的出版物在出版，讲座在举办。英国和德国的学者们讲授了关于“英国与古典文学”的课程。正是在此时，我们在工作中遭遇到最初的政治难题，那时一个关于“罗马帝国与英帝国”的讲座最后得出这样一个结论，英联邦的末日正在临近，而我们拒绝出版任何这类的政治见解。1931年，一个大约包括40人的合作者小组建立，以编辑一部批评年鉴《古典遗产书目》[*Bibliography of the Survival of the Classics*]。这部年鉴是要充当研究院的工作的书目基础和从事这一领域的研究的其他学者的助手，以及与其加强联络的手段。研究院
336 以前从未尝试建立这样一个广泛的国际组织。它成功地吸引了一批学者，这个事实表明它在那时所赢得的声望。

1933年最初的几个月，已经十分明显，我们在德国的工作已经结束。[①]到当时为止还没有来自外部的干涉；政治家们忙得焦头烂额，无暇顾及一家私立学术机构这类事情。然而，独立的、由私人组织的人文学科研究，在纳粹德国从来是无法生存的——且不说种族歧视，在纽伦堡法令颁布之前的那些日子，种族歧视还不像后来那样公开和危险——不过，到当时为止，许多朋友劝我们“原地不

① 也参见格特鲁德·宾的《回忆录》，同前，和瓦尔堡研究院1952—1953年的年度报告中埃里克·瓦尔堡 [Eric Warburg] 对研究院迁往英国的记述。

动”。仅仅一年之后，人人都认识到这是不可能的。当1934年《书目》第一卷出版后——这项计划是无偏见的、非政治性的，任何一家人文学科的研究院都能提出——《人民观察家报》*就用一整页的篇幅对它做了评论，这篇评论就其虚妄无知和蛮横无理而言是同样杰出的。倘若我们当时仍在德国，仍依赖与老朋友们的合作，情况就危急了。他们有些人就会断绝与我们的一切联系，而其他更忠实的人会勇敢地试图继续保持联系，直至也由于法律和自身蒙受的苦难被迫违心屈服。①

那段岁月令人难忘的事件之一是研究院的一位年轻而活跃的朋友R. 克利班斯基博士［Dr. R. Klibansky］的来访。他是海德堡大学［Heidelberg Universtiy］的一名教师，对自己在那里所见的正在发生的事情满心恐惧。他想到一个主意，要在德国之外创建一所学术中心，那里应保持德国人文主义的古老传统。我们决定统一行动。研究院的职员们——不论种族——和瓦尔堡家族一致同意移居外国。但是移到哪里？在莱顿，大学的一些朋友为我们提供极好的免费膳宿和每一个工作的机会，但是无法得到荷兰的基金，一旦离开德国，我们的财政状况就没有保障。我们显然不能指望从德国转拨基金。

在夏季的最初月份，自1928年以来就在这里做职员的温德博士［Dr. Wind］赴英国谈判，他以前在那里研究英国的18世纪，并在那儿结交过一些朋友。在这个国家有许多学者怀着同情而焦虑的心情 337
注视着德国的大学中正在发生的事情，他们组织了一个委员会以通

*　*Völkische Beobachter*，1920—1945年间德国纳粹党机关报。——译者

知英国的舆论并提供“学术援助”。学术援助委员会的两名成员，任教于伦敦大学的W. G. 康斯特布尔教授［Professor W. G. Constable］和C. S. 吉布森教授［Professor C. S. Gibson］，到达汉堡，以对瓦尔堡图书馆的情况做一次现场调查。但是到那时为止还未筹得任何财政援助，而德国的局势逐月恶化。随后第三位来访者丹尼森·罗斯爵士［Sir Denison Ross］也到了汉堡。他具有游历甚广的人的锐利直觉，总是留意新的学术经历。他尤其是一位热心者。他返回伦敦的几周后，一封电报传来了好消息，一份请帖也从远方发来以供讨论。一位不愿披露姓名的捐赠者允诺补足瓦尔堡家族提供的资金的缩减部分，费勒姆的李勋爵［Lord Lee of Fareham］已同意当他的代理人。

瓦尔堡研究院于1933年从汉堡迁至伦敦是一个不寻常的事件。一天，一艘轮船抵达泰晤士河，船上满载着600箱书籍加上铁制书架、斜面书桌、书籍装订机、摄影设备等。容纳这座图书馆需要1万平方英尺的面积。情况十分有利；费勒姆的李勋爵已在泰晤士大厦［Thames House］搞到了房间，那是位于米尔班克的一座大型办公楼，1933年时它还未被占满。塞缪尔·考陶尔德先生［Mr. Samuel Courtauld］和在美国的瓦尔堡家族答应提供资金。

但是，与书籍一起从汉堡远道而来的那6个人怎么能着手工作呢？即使单词是英语的，他们写东西时所用的语言也是外国的，因为他们的思维习惯是非英国式的；在一所巨大的办公楼中这座古怪的一楼图书馆能与谁联络呢？谁会阅读这几个不为人知的外国人所提供的东西呢？他们与约6万册书籍一起被送到伦敦的中心，然后得到这样的吩咐：“找到朋友，让他们了解你们的问题。”这真是一次奇异的冒险。

研究院的到来适逢英国的教育对研究往昔视觉文献的兴趣方兴未艾。瓦尔堡研究院被卷入这股浪潮，它把艺术品作为时代的表现来研究的方法受到一些年轻学者的欢迎。许多尚不属于它的职员的德国难民成为它的合作者，并扩大了与英国学者之间的联系。

1936年，伦敦大学已同意接纳这所研究院，期限为到1943年 338
止，那时它的一切财力都要告竭。在那之后会发生什么事情尚未决定，不过还抱有希望。战争爆发时研究院的书籍被疏散。最初的一名职员在一次空袭中丧生，出版书籍越来越困难。在1943年还会有人愿意继续支持这具骷髅吗？

后　记

倘若扎克斯尔当时不知道答案至少已经在望，他几乎就不会用这个反诘句结束这篇回忆录了：所有赞助人中最慷慨的一位愿意接管对瓦尔堡的遗产的全部责任——英国的纳税人。导致事情的这种决定性转变的因素之一，是用抽样调查的方法比较研究院的图书馆和大英博物馆［British Museum］的图书馆。它表明，从汉堡带来的书籍和期刊的名字中约有百分之三十在那座巨大的书籍宝库中找不到。1944年11月28日，瓦尔堡研究院被并入伦敦大学。其后的发展可查阅研究院的年度报告，那里有所记载。

E. H. 贡布里希

参考文献

瓦尔堡已发表的著作

1. ‘Matteo de’ Strozzi. Ein italienischer Kaufmannssohn vor 500 Jahren’, *Hamburger Weihnachtsbuch*, 1893.

2. *Sandro Botticellis ‘Geburt der Venus’ und ‘Frühling’. Eine Untersuchung über die Verstellungen von der Antike in der italienischen Frührenaissance*, Hamburg and Leipzig, 1893［参见pp. 56–66，100，127，180，311，325］。

2a. ‘Vier Thesen’，前书附录［参见pp. 56，66，82–84］。

3. ‘I costumi teatrali per gli intermezzi del 1589. I disegni di Bernardo Buontalenti e il Libro di Conti di Emilio de’ Cavalieri’, *Atti dell’ Accademia del R. Istituto Musicale di Firenze, 1895: Commemorazione della Riforma Melodrammatica*［参见pp. 85–87，266］。

4. ‘Amerikanische Chap-books’，*Pan*，Vol. 2，No. 4，April 1897［参见p. 92］。

5. ‘Sandro Botticelli’，*Das Museum*，Vol. 3，No. 10，Berlin and Stuttgart，1898［参见p. 97］。

6. ‘Die Bilderchronik eines florentinischen Goldschmiedes’，(Maso Finiguerra撰写的……关于*A Florentine Picture Chronicle*一书的书评及……Sidney Colvin撰写的一篇批评和描述的文章……，London，1898)，*Beilage zur Allgemeinen Zeitung*，No. 2，3 January 1899［参见pp. 98–99，148］。

7. ‘Ein neuentdecktes Fresko des Andre del Castagno’, *Beilage zur Allgemeinen Zeitung*, No. 138, 20 June 1899.

8. ‘Flandrische und florentinische Kunst im Kreise des Lorenzo Medici um 1480’（讲座摘

要），*Sitzungsberichte der Kunstgeschichtlichen Gesellschaft zu Berlin*，1901，VIII[参见p. 133]。

9. *Bildniskunst und florentinisches Bürgertum. Domenico Ghirlandaio in Santa Trinita: Die Bildnisse des Lorenzo de' Medici und seiner Angehörigen*，Leipzig，1902［参见pp. 128，169–170］。
10. 'Flandrische Kunst und florentinische Frührenaissance'，*Jahrbuch der königlich Preussischen Kunstsammlungen*，1902［参见pp. 128，133n.，162f.，166，167f.］。
11. 'Die Grablegung Rogers（van der Weyden）in den Uffizien'（讲座摘要），*Sitzungsberichte der Kunstgeschichtlichen Gesellschaft zu Berlin*，1903，VIII。
12. 'Per un quadro fiorentino che manca all' esposizione dei Primitivi Francesi', *Rivista d' Arte*, Vol. II, No. 5, Florence, 1904.
13. 'Austausch künstlerischer Kultur zwischen Norden und Süden im 15. Jahrhundert'（讲座摘要），*Sitzungsberichte der Kunstgeschichtlichen Gesellschaft zu Berlin*，1905，II［参见pp. 139，160］。
14. 'Delle "Imprese Amorose" nelle più antiche incisioni fiorentine'，*Rivista d'Arte*，Vol. III，Florence，July–August，1905［参见pp. 149–151］。
15. 'Dürer und die italienische Antike'（讲座摘要），*Verhandlungen der 48. Versammlung deutscher Philologen und Schulmänner in Hamburg*，*Oktober 1905*，Leipzig，1906［参见pp. 181–182］。
16. 'Die Bilderausstellungen des Volksheims', *Das Volksheim in Hamburg, Bericht über das sechste Geschäftsjahr 1906–7.*
17. 'Francesco Sassettis leztwillige Verfügung'，*Kunstwissenschaftliche Beiträge August Schmarsow gewidmet*，Leipzig，1907［参见pp. 170–177］。
18. 'Arbeitende Bauern auf burgundischen Teppichen'，*Zeitschrift für bildende Kunst*，N.F.，Vol. 18，1907［参见pp. 165，167］。
19. 'Die antike Götterwelt und die Frührenaissance im Süden und im Norden'（讲座摘要），*Verein für Hamburgische Geschichte*，1908［参见pp. 186–191］。
20. 'Der Baubeginn des Palazzo Medici', *Mitteilungen des Kunsthistorischen Institutes in Florenz*, Vol. 1, No. 2, 1909.
21. 'Kirchliche und höfische Kunst in Landshut'（讲座摘要），*Münchner Neueste Nachrichten*，

21 September 1909，No. 441［参见p. 191］。

22. ‘Über Planetengötterbilder im niederdeutschen Kalender von 1519’（讲座摘要），*Erster Bericht der Gesellschaft der Bücherfreunde zu Hamburg*，1910［参见pp. 187–190］。

23. ‘Die Wandbilder im hamburgischen Rathaussaale’，*Kunst und Künstler*，Vol. 8，No. 8，May 1910［参见p. 241］。

24. ‘Zwei szenen aus König Maximilians Brügger Gefangenschaft auf einem Skizzenblatt des sogenannten “Hausbuchmeisters”’，*Jahrbuch der königlich Preussischen Kunstsammlungen*, 1911.

25. ‘Eine astronomische Himmelsdarstellung in der alten Sakristei von S. Lorenzo in Florenz’，*Mitteilungen des Kunsthistorischen Institutes in Florenz*, Vol. 2, No. 1, 1912.

26. ‘Italienische Kunst und internationale Astrologie im Palazzo Schifanoja zu Ferrara’（讲稿），*L’Italia e l’Arte Straniera. Atti del X Congresso Internazionale di Storia dell’Arte, 1912*，Rome，1922［参见pp. 164，192–194］。

27. ‘Piero della Francescas Constantinschlacht in der Aquarellkopie des Johann Anton Ramboux’，*L’Italia e l’Arte Straniera*，*Atti del X Congresso Internazionale di Storia dell’Arte*，*1912*，Rome，1922［参见p. 182］。

28. ‘Eine heraldische Fachbibliothek’，*Gesellschaft der Bücherfreunde zu Hamburg. Bericht über die Jahre 1909–12*, Hamburg, 1913.

29. ‘Luftschiff und Tauchboot in der mittelalterlichen Vorstellungswelt（Burgundische Teppiche mit Darstellungen der Alexandersage im Palazzo Doria in Rom）’，*Hamburger Fremdenblatt*，*Illustrierte Rundschau*，Vol. 85，No. 52，2 March 1913［参见p. 164］。

30. ‘Der Eintritt des antikisierenden Idealstils in die Malerei der Frührenaissance’（讲座摘要），*Kunstchronik*，N.F.，Vol. 25，No. 33，8 May 1914［参见pp. 164，180，204］。

31. ‘Zum Gedächtnis Robert Münzels’，*Zeitschrift für Bücherfreunde*, N.F., 10, Hamburg, 1918.

32. ‘Das Problem liegt in der Mitte’，*Die Literarische Gesellschaft*, Vol. 4, No. 5, Hamburg, 1918.

33. ‘Heidnisch-antike Weissagung in Wort und Bild zu Luthers Zeiten’，*Sitzungsberichte der Heidelberger Akademie der Wissenschaften*，Philos.-hist. Klasse，26. Abhandlung，

Heidelberg，1920［参见pp. 207—214］。

34. ‘A Lecture on Serpent Ritual’，*Journal of the Warburg Institute*，Vol. II，1939（在Kreuzlingen，1923年4月21日发表的讲座的译文）［参见pp. 216—227］。

35. ‘Orientalisierende Astrologie’，*Wissenschaftlicher Bericht über den deutschen Orientalistentag in Hamburg，1926*，*Zeitschrift der Deutschen Morgenländischen Gesellschaft*，N.F. 6，Leipzig，1927［参见p. 262 f.］。

36. ‘Begrüssungsworte zur Eröffnung des Kunsthistorischen Instituts im Palazzo Guadagni zu Florenz am 15. Oktober 1927’，私人印刷。

37. ‘Mediceische Feste am Hofe der Valois auf flandrischen Teppichen in der Galleria degli Uffizi’（讲座摘要），*Kunstchronik und Kunstliteratur*，*Zeitschrift für bildende Kunst*，No. 9，1927—1928增刊［参见pp. 250，264—267］。

38. ‘Ernst Cassirer. Warum Hamburg den Philosophen Cassirer nicht verlieren darf’, *Hamburger Fremdenblatt*, No. 173, 23 June 1928.

39. ‘Kulturgeschichtliche Beiträge zum Quattrocento in Florenz’, *Mitteilungen des kunsthistorischen Institutes in Florenz*, Vol. 3, No. 4, 1930.

40. *Gesammelte Schriften*，2 vols.，Leipzig-Berlin，1932［参见p. 1 f.］（除34和38号外，上面各文全部收录其中）。

41. *La Rinascita del Paganesimo Antico*，Florence，1966（由上面第40号中精选；包括2、3、9、10、13、14、15、17、18、26、29、30［讲座全文］和33号）。

未发表的原始资料

本书正文中来自未发表的论文的引文涉及瓦尔堡档案中的物件，在引言中已简要描述了该档案的性质与历史［第3和8页］。与瓦尔堡的研究有关的材料，格特鲁德·宾已尽可能地汇集到按时间顺序排列的《文件夹》［*Folders*］中。这些文件夹尤其包括瓦尔堡大学时代的《听课笔记》［*Lecture Notes*］，为他自己的讲座和研讨班及其他学术项目所写的笔记和草稿，包括为他的大部分已发表的论文所写的笔记和草稿，以及最终手稿和修改过的长条校样。在瓦尔堡去世后，人们制作了他的未发表的笔记的打字副本，这些副本也收在相关的《文件夹》中，有时得到援引。20

世纪20年代，瓦尔堡通常利用活页的《笔记本》[*Notebooks*]，他给它们加上简短的标题，在本书的正文中引用了这些标题。这些笔记本在档案中也是按时间顺序排列的，但是它们的打字本却要到《文件夹》中去找。

我利用了瓦尔堡的通信[参见第5、7和8页]，利用了他的记事簿和《日记》(1894—1914，3卷)，以及瓦尔堡图书馆的《日志》(1926—1929，9卷)，这是瓦尔堡与他的高级职员进行交流的一种日志，他在最后一次意大利之行中也带着它。最后还有展示屏板的摄影记录[参见第261页及以下，第283页及以下]，它们保存在档案中。

A. 讲座

如本书正文所指出的，瓦尔堡很少写出他的讲座的全文。他更喜欢写下引言和结论，以及幻灯片清单。有时随后出版了全文或者摘要。下面所列已在本书中使用：

1. ‘Über die Darstellung des Centaurenkampfes’，研讨班论文，Bonn，26 July 1887[参见pp. 37−38](文件夹：*Bonn 1887−8*)。
2. ‘Über zwei Reliefbruchstücke Schiffskämpfe darstellend’，研讨班论文，Bonn，22 February 1888[参见p. 38](文件夹：同上)。
3. 关于Leonardo的三次讲座，Hamburg，September 1899[参见pp. 99−105](连同笔记和打字本保存于两个文件夹中)。
4. 关于Ghirlandajo及其圈子的三次讲座，Hamburg，October 1901(文件夹中瓦尔堡的已修改的打字本)。主要用于已发表的著作No. 17。
5. ‘Flandrische und florentinische Kunst im Kreise des Lorenzo Medici um 1480’，Berlin，1901[参见p. 133]。已发表的著作No. 8。
6. ‘Austausch künstlerischer Kultur zwischen Norden und Süden im 15. Jahrhundert’，Berlin，17 February 1905[参见pp. 139−140]。已发表的著作No. 13。
7. ‘Dürer und die italienische Antike’，Hamburg，6 October 1905[参见pp. 181−182]。已发表的著作No. 15。
8. *Vorträge* =七次讲座，‘Einführung in die Kultur der florentinischen Frührenaissance’，Hamburg，1908−1909[参见pp. 158，161](三个文件夹中的笔记和打字本)。

9. 'Die antike Götterwelt und die Frührenaissance im Süden und im Norden', Hamburg, Verein für Hamburgische Geschichte, 14 December 1908［参见pp. 186−191］（文件夹中的笔记和手稿）。已发表的著作Nos. 19和22。

10. 'Über astrologische Druckwerke aus alter und neuer Zeit', Hamburg, Gesellschaft der Bücherfreunde, 9 February 1911［参见p. 199 f.］（文件夹中的笔记和打字本）。

11. 'Italienische Kunst und internationale Astrologie im Palazzo Schifanoja zu Ferrara', Rome, October 1912［参见p. 192］。已发表的著作No. 26。

12. 'Wanderungen der antiken Götterwelt vor ihrem Eintritt in die italienische Frührenaissance', Göttingen, Vereinigung Göttinger Kunstfreunde, 29 November 1913［参见pp. 194−203］（两个文件夹中的笔记、文本与打字本）。

13. 'Die antike Sternbilderwelt in der Kunst neuerer Zeiten', Hamburg, Ferienkurse, August 1913（两次讲座，内容与上列两次讲座大体相同）。

14. 'Der Eintritt des antikisierenden Idealstils in die Malerei der Frührenaissance', Florence, Kunsthistorisches Institut, 20 April 1914［参见pp. 164, 180 f., 204］（文件夹中的笔记、全文与打字本）。关于摘要，参见已发表的著作No. 30；全文见No. 41。

15. 在Willi von Beckerath所作壁画揭幕式之际发表的讲话，Hamburg, Kunstgewerbeschule, March 1918［参见pp. 317−319］（文件夹：*Contemporary Art*中的笔记和打字本）。

16. 关于蛇舞仪式的讲座，Kreuzlingen, 21 April 1923［参见pp. 20, 88−89, 216−227］（文件夹中的笔记和文本）。已发表的著作No. 34。

17. 'Die Einwirkung der *sphaera barbarica* auf die kosmischen Orientierungsversuche', Franz Boll纪念讲座，Hamburg, 25 April 1925［参见pp. 228−229］（文件夹和笔记本中的笔记和全文）。

18. 关于The Significance of Antiquity for the Stylistic Change in Italian Art in the Early Renaissance的研讨班，Hamburg, November 1925−February 1926［参见pp. 14, 229］（文件夹中的笔记与文本）。

19. 'Italienische Antike im Zeitalter Rembrandts', Hamburg, May 1926［参见pp. 229−238, 313−314］（文件夹与两本笔记本中的笔记和文本）。

20. 'Mediceische Feste am Hofe der Valois auf flandrischen Teppichen in der Galleria degli Uffizi', Florence, 29 October 1927［参见pp. 250, 264−267］（笔记本：*Bayonne*中的笔记和文本）。已发表的著作No. 37。

21. 关于Jacob Burckhardt的研讨班，November 1926–February 1927和June，July 1927［参见pp. 254–258］（两本笔记本中为27 July 的最后一节课即*Schlussübung*所写的笔记和文本；文件夹中的副本）。

22. November 1927–February 1928 关于文化史方法（*Kulturwissenschaftliche Methode*）的研讨班［参见pp. 250，258–259，268–269］（两本笔记本，其中一本用于最后一节课即*Schlussübung*，29 February 1928；文件夹中的副本）。

23. 关于Medicean Festivals的讲座，Hamburg，Handelskammer，14 April 1928［参见pp. 250，269–271］（笔记本：*Handelskammer*中的笔记和文本）。

24. 关于'Mnemosyne'的主题的讲座，Rome，Bibliotheca Hertziana，19 January 1929［参见pp. 272–273］（文件夹：*Hertziana Lecture*中献给Gertrud Bing的一些文本和为一篇摘要所写的草稿及已修改的打字本）。

25. 'Doktorfeier'，Hamburg，30 July 1929［参见pp. 279–281］（笔记本中的笔记和文本；文件夹中的打字本）。

B. 草稿与笔记

可发现本书援引了下列材料：

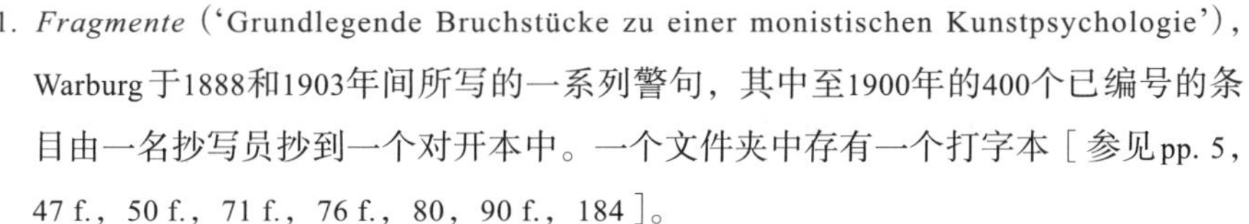

1. *Fragmente*（'Grundlegende Bruchstücke zu einer monistischen Kunstpsychologie'），Warburg于1888和1903年间所写的一系列警句，其中至1900年的400个已编号的条目由一名抄写员抄到一个对开本中。一个文件夹中存有一个打字本［参见pp. 5，47 f.，50 f.，71 f.，76 f.，80，90 f.，184］。

2. *Ninfa Fiorentina*，文件夹，内有Warburg和A. Jolles所写的笔记和片断，日期为1900年［参见pp. 5，110–127，169，179，241］。

3. *Contemporary Art*，主要包括两出短剧的文件夹：'Als ein junges Mädchen die Duse sehen wollte'，1893［参见p. 93 n.］和'Hamburgische Kunstgespräche'，1896［参见pp. 93 f.，152，273］；和关于Böcklin的葬礼的片断，1901［参见p. 152 f.］，Lederer的 Bismarck纪念碑，1901［参见p. 153 f.］和Liebermann，1902［参见p. 155］。

4. *Art Historians*，内容混杂的文件夹，包括p. 7所援引的一封信的草稿和写给A. Goldschmidt的'Different Trends in the History of Art'［参见p. 141 f.］。

5. *Weltliche Kunst*，计划写的文章'Weltliche Kunst aus Flandern im Mediceischen

Florenz'，Warburg打算在文中讨论Careggi 别墅的财产目录，他在已发表的著作No. 8中所概括的讲座中已介绍过这份目录。这篇文章存在于许多草稿中，但从未超出1904年的长条校样的阶段。这些文章连同笔记和文件材料保存在三个文件夹中［参见pp. 134，139 f.，157 f.，162 f.］。

6. *Festwesen*，文件夹，内有写于1903和1906年间的一批各种各样的草稿和笔记，以及一份打字本，引文中列出的页码即是指这份打字本［参见pp. 145，147，156，157，160，162，177，178，179，241，285］。
7. *Briefmarke*，1927，关于邮票展的笔记本；保存于文件夹中的打字本［参见pp. 244，251，252，264，265］。
8. *Ovid*，1927，关于摄影展的笔记本；保存于文件夹中的打字本［参见pp. 264，265］。
9. *Notizen*，1927，笔记本［参见p. 152］。
10. *Allgemeine Ideen*，1927，笔记本；保存于文件夹中的打字本［参见pp. 244，248，249，251，284，297］。
11. *Mnemosyne*，*Überschriften*，1928，笔记本；保存于文件夹中的打字本［参见p. 303］。
12. *Grundbegriffe* I和II，1929，笔记本；保存于文件夹中的打字本［参见pp. 246，249，287，292，298，299］。
13. *Grisaille*，1929，笔记本；保存于文件夹中的打字本［参见pp. 247，271］。
14. *Mnemosyne*，1928−1929（the 'Atlas'）；保存于一个文件夹中的不同阶段的屏板的照片以及为向Gertrud Bing口授的引言所写的一些草稿连同打字本［参见pp. 2−3，59，245，246，271，283−306］（也参见Nos. 10−13）。
15. *Manet*，1929；向Gertrud Bing口授并打算收入No. 14的文字，同打字本一起保存于一个文件夹中［参见pp. 273−277］。

关于瓦尔堡的著述

1. Rudolf Hoecker, 'Eine kunstwissenschaftliche Studienbibliothek: Die Bibliothek Professor A. Warburgs in Hamburg', *Zentralblatt für die deutsche Kunst*, April 1917.
2. Fritz Saxl, 'Rinascimento dell'Antichità. Studien zu den Arbeiten A. Warburgs',

Repertorium für Kunstwissenschaft, Vol. 43, 1922.

3. Fritz Saxl, 'Die Bibliothek Warburg und ihr Ziel', *Vorträge der Bibliothek Warburg 1921–22*, Leipzig, 1923.
4. Christian Herrmann, 'Die Bibliothek Warburg und ihre Veröffentlichungen', *Kant-Studien*, Vol. 29, Nos. 3–4, 1924.
5. Jacques Mesnil, 'La Bibliothèque Warburg et ses publications', *Gazette des Beaux-Arts*, 5e pér., 14, 1926.
6. Johannes Geffcken, 'Neues und Neuestes vom Nachleben der Antike', *Süddeutsche Monatshefte*, Vol. 23, No. 4, January 1926.
7. Georg Stuhlfauth, 'A. Warburg und die Warburg-Bibliothek. Das Problem des Nachlebens der Antike in Kultur und Religion', *Theologische Blätter*, Vol. 5, No. 3, March 1926.
8. Ernst von Aster，*Vorträge der Bibliothek Warburg*书评，Vols. I 和 II，1，载*Zeitschrift für Aesthetik und allgemeine Kunstwissenschaft*，Vol. 20，1926。
9. Erwin Panofsky, Obituary, *Hamburger Fremdenblatt*, 28 October 1929.
10. *Aby M. Warburg zum Gedächtnis. Worte zur Beisetzung von Professor Dr. Aby M. Warburg.* Erich Warburg，Ernst Cassirer，Gustav Pauli，Walter Solmitz和Carl Georg Heise撰稿，Hamburg，私人印刷，October 1929。
11. Fritz Saxl, 'Aby Warburg', *Frankfurter Zeitung*, 9 November 1929.
12. Ed. Fraenkel, 'Aby Warburg', *Gnomon*, Vol. 5, December 1929.
13. Olga Herschel, 'Erinnerungen an Professor Aby Warburg', *Hamburger Universitäts-Zeitung*, 10 December 1929.
14. Erwin Panofsky, 'Professor A. Warburg', *Das Johanneum*, Vol. 13, No. 9, December 1929.
15. Gustav Pauli, 'In Memory of Professor Aby M. Warburg, 1866–1929', *Hamburg-Amerika Post*, Vol. 1, 1929.
16. Fritz Saxl，'Rede gehalten bei der Gedächtnis-Feier für Professor Warburg am 5. Dezember 1929'（打印本）。
17. Max M. Warburg，'Rede gehalten bei der Gedächtnis-Feier für Professor Warburg am 5. Dezember 1929'（打印本）。
18. Giovanni Costa, 'La Collezione Warburg', *Bilychnis*, Dccember 1929.
19. Wilhelm Waetzoldt, 'Aby Warburg', *Kunst und Künstler*, Vol. 28, No. 3, 1929–1930.

20. Alceste Giorgetti, 'Aby Warburg', *Archivio Storico Italiano*, Seventh Series, Vol. 13, No. 2, 1930.

21. Rudolf Hoecker, 'Aby Warburg zum Gedächtnis', *Zentralblatt für Bibliothekswesen*, Vol. 47, 1930.

22. Giorgio Pasquali, 'Ricordo di Aby Warburg', *Pegaso*, Vol. 2, No. 1, 1930（重印于 *Vecchie e nuove pagine stravaganti di un filologo*, Florence, 1952）。

23. Eduard Rosenbaum, 'Commerzbibliothek und die Bibliothek Warburg in Hamburg', *Zentralblatt für Bibliothekswesen*, Vol. 47, 1930.

24. Fritz Rougemont, 'Aby Warburg und die wissenschaftliche Bibliophilie', *Imprimatur*, Vol. 1, 1930.

25. Fritz Saxl, 'Die Kulturwissenschaftliche Bibliothek Warburg in Hamburg', 载Ludolph Brauer（等）, *Forschungsinstitute, ihre Geschichte, Organisation und Ziele*, Vol. 2, Hamburg, 1930。

26. Wilhelm Waetzoldt, 'In Memoriam Aby Warburg', *Mitteilungen des Kunsthistorischen Institutes in Florenz*, Vol. 3, No. 5, 1930.

27. Alfred Doren, 'Aby Warburg und sein Werk', *Archiv für Kulturgeschichte*, Vol. 21, No. 1, 1931.

28. *Bericht über die Tätigkeit der Bibliothek Warburg in den Jahren 1930 und 1931*（打印本）。

29. Arthur Beer, 'Sterndämonen unterwegs ... Ein Besuch in Warburgs "Himmelsmuseum"', *Die Sterne*, 1931, Nos. 8–9.

30. Edgar Wind, 'Warburgs Begriff der Kulturwissenschaft und seine Bedeutung für die Aesthetik', *Zeitschrift für Aesthetik und allgemeine Kunstwissenschaft*, 25. Beiheft, 1931.

31. Fritz Saxl, 'Die Ausdrucksgebärden der bildenden Kunst', *Bericht über den XII. Kongress der Deutschen Gesellschaft für Psychologie in Hamburg*, April 1931［论Warburg的动态颠倒的观念］。

32. Gertrud Bing, Preface to Aby Warburg, *Gesammelte Schriften*, 2 vols., Leipzig-Berlin, 1932.

33. Nikolaus Pevsner, A. Warburg, *Gesammelte Schriften*的书评，载*Theologische Literaturzeitung*, 1933, No. 26。

34. Werner Kaegi, 'Das Werk Aby Warburgs', *Neue Schweizer Rundschau*, N.F., Vol. 1, No. 5,

1933.

35. Gertrud Bing, 'The Warburg Institute', *The Library Association Record*, Fourth Series, Vol. 1, 1934.

36. Edgar Wind, 'The Warburg Institute Classification Scheme', *The Library Association Record*, Fourth Series, Vol. 2, 1935.

37. Anthony F. Blunt, 'A Method of Documentation for the Humanities', *Transactions of the International Federation for Documentation*, XIVth Conference, 1938.

38. E. H. Gombrich，Aby Warburg，*Gesammelte Schriften*书评，载*A Bibliography of the Survival of the Classics*，Vol. 2，London，1938。

39. Erwin Panofsky，*Studies in Iconology*，preface，New York，1939［简短的颂词］。

40. Carl Georg Heise，*Persönliche Erinnerungen an Aby Warburg*，New York，1947（另一版本，Gesellschaft der Bücherfreunde zu Hamburg，1959）。

41. Alfred Neumeyer，Carl Georg Heise，*Persönliche Erinnerungen an Aby Warburg*书评，载*American-German Review*，No. 14，December 1947。

42. Hans van de Waal, *Dutch Portrayal of History 1500–1800. An Iconological Study*, introduction, 2 vols., The Hague, 1952.

43. Eric M. Warburg, 'The Transfer of the Warburg Institute to England in 1933', *Warburg Institute Annual Report 1952–53*.

44. Gustav Hillard，*Herren und Narren der Welt*，München，1954［pp. 285–286：Warburg在第一次世界大战期间的焦虑］。

45. Geoffrey T. Hellman，'A Schiff Sortie and a Warburg Wallow or，Churning around with the Churnagooses'，*The New Yorker*，11 June 1955［"我真希望能读德文和意大利文，以便对Aby做出公正的评价……"］。

46. Joachim Poleÿ, 'Aby Warburg zum Gedächtnis', *Neues Hamburg*, Vol. XI, 1956.

47. Gertrud Bing，'Fritz Saxl，1890–1948，a Memoir'，载D. J. Gordon (ed.)，*Fritz Saxl 1890–1948. A Volume of Memorial Essays*，London，1957。

48. E. H. Gombrich，'Art and Scholarship. An Inaugural Lecture'，London，1957（重印于*Meditations on a Hobby Horse*，London，1963）。

49. Fritz Saxl, 'Three "Florentines": Herbert Horne, A. Warburg, Jacques Mesnil', *Lectures*, 2 vols., London, 1957.

50. Fritz Saxl, ‘Warburg’s Visit to New Mexico’, *Lectures*, 2 vols., London, 1957.

51. Gertrud Bing，*Aby M. Warburg*（在一尊Warburg半身像揭幕式上的演说，Hamburg，31 October 1958；Senator Dr. Hans H. Biermann-Ratjen的开幕词，Gertrud Bing的致辞），Hamburg，私人印刷，1958（用意大利文发表，*Rivista Storica Italiana*，Vol. LXXII，No. 1，1960）。

52. Hans W. Hertz，C. G. Heise，*Persönliche Erinnerungen an Aby Warburg*（1959 edition）书评，载*Zeitschrift des Vereins für Hamburgische Geschichte*，Vol. 46，1960。

53. M. Pastore Stocchi, ‘Iconologia e storia della cultura’, *Lettere Italiane*, Vol. XII, No. 3, 1960.

54. E. H. Gombrich，‘The Style *all’antica*：Imitation and Assimilation’，*Acts of the Twentieth International Congress of the History of Art at New York*，*1961*（重印于*Norm and Form*，London，1966）。

55. *Catalog of The Warburg Institute Library*, *University of London*, 2 vols., Boston, Mass., 1961; second edition, 12 vols., Boston, Mass., 1967［introduction］.

56. J. B. Trapp, ‘The Warburg Institute’, *Studi Medievali*, Third Series, Vol. II, 1961.

57. Eduard Rosenbaum, ‘M. M. Warburg & Co., Merchant Bankers of Hamburg. A survey of the first 140 years, 1798–1938’, *Year Book of the Leo Baeck Institute of Jews from Germany*, No. 7, 1962.

58. Giorgio Tonelli, ‘Attività recenti del “Warburg Institute” di Londra（1960–1961）’, *Sguardi su la Filosofia Contemporanea*, Vol. XL, 1962.

59. Jan Bialostocki, ‘Iconography and Iconology’, *Encyclopedia of World Art*, Vol. VII, New York, 1963［pp. 769–781］.

60. William S. Heckscher, ‘The Genesis of Iconology’, *Stil und Überlieferung in der Kunst des Abendlandes*（*Akten des XXI. Internationalen Kongresses für Kunstgeschichte in Bonn, 1964*, Vol. III）, Berlin, 1967.

61. Gertrud Bing，‘A. M. Warburg’，*Journal of the Warburg and Courtauld Institutes*，Vol. 28，1965（1962年在Courtauld Institute 发表的一次讲座的修订本；用作Warburg文集意大利文版*La Rinascita del Paganesimo Antico*的引言，Florence，1966）。

62. E. H. Gombrich, ‘Gertrud Bing zum Gedenken’, *Jahrbuch der Hamburger Kunstsammlungen*, Vol. 10, 1965.

63. Carlo Ginzburg, 'Da A. Warburg a E. H. Gombrich (Note su un problema di metodo)', *Studi Medievali*, Third Series, Vol. VII, No. 2, 1966.

64. E. H. Gombrich，*Aby Warburg zum Gedächtnis*（包括E. H. Gombrich发表的百年纪念讲座及Karl-Heinz Schäfer的开幕词和Carl Georg Heise的闭幕词），*Hamburger Universitätsreden*，No. 34，1966（重印于*Jahrbuch der Hamburger Kunstsammlungen*，Vol. II，1966）。

65. E. H. Gombrich, 'Aby Warburg, 1866–1929', *Neue Zürcher Zeitung*, 11 December 1966.

66. E. H. Gombrich, 'Ritualized Gesture and Expression in Art', *Philosophical Transactions of the Royal Society of London*, Series B, Biological Sciences, No. 772, Vol. 251, 1966.

67. W. S. Heckscher, 'Aby M. Warburg, 13. Juni 1866–26. Oktober 1929', *Hollands Maandblad*, June–July 1966.

68. Udo Kultermann, *Geschichte der Kunstgeschichte. Der Weg einer Wissenschaft*, Vienna, 1966.

69. Dieter Wuttke, 'Aby Warburg und seine Bibliothek (zum Gedenken anlässlich Warburgs 100. Geburtstag am 13. Juni 1966)', *Arcadia–Zeitschrift für vergleichende Literaturwissenschaft*, Vol. I, 1966.

70. Stephen Birmingham，*'Our Crowd'. The Great Jewish Families of New York*，New York，1967［pp. 192 f.；342–343："Aby Warburg 开始用占星学代替宗教……这种松鼠般的收藏……"］。

71. Alfred Neumeyer, *Lichter und Schatten*, München, 1967［pp. 220, 224 f.］.

72. E. H. Gombrich, *In Search of Cultural History*, The Philip Maurice Deneke Lecture, 1967, Oxford, 1969.

73. E. H. Gombrich，'Personification'，载R. R. Bolgar (ed.)，*Classical Influences on European Culture*，Cambridge，1970［Sassetti's *Fortuna*］。

新增参考文献

1981年，本传记出版了一部德文译本，附有作者的一篇新的序言：*Aby Warburg: Eine intellektuelle Biographie*，Europäische Verlagsanstalt，Frankfurt-am-Main，1981。其后于1984年出版了平装本，也出版于Frankfurt，由Suhrkamp出版。意大利文译本1983年问世：*Aby Wargurg: Una biografia intellettuale*，Campi del sapere，Feltrinelli，Milan，1983，包括一篇经过扩充的参考文献。日文译本正在准备之中。

一篇匿名的评论（由Edgar Wind撰写）发表于*Times Literary Supplement*，25 June 1971，pp. 735f.，随后重印于E. Wind，*The Eloquence of Symbols: Studies in Humanist Art*，ed. J. Anderson，Oxford，1983，pp. 106–113。Charles Hope在*London Review of Books*，vol. 6，no. 5，15 March–4 April 1984中为本书写了书评，在随后的通信中，E. Wind就参考文献第64条所写的致作者函发表于该刊，vol. 6，no. 6，5–18 April 1984。其他书评包括：Hans Liebeschütz，'Aby Warburg（1866–1929）as interpreter of civilisation'，载*Year Book XVI of the Leo Baeck Institute*，1971，pp. 225–236；Felix Gilbert，'From art history to the history of Civilisation: Gombrich's biography of Aby Warburg'，载*Journal of Modern History*，no. 44，1972，pp. 381–391（重印于F. G.，*History*，*Choice and Commitment*，Cambridge，Mass.，and London，1977，pp. 423–439）；Sten Karling，载*Kunsthistorisk Tidskrift*，no. 41，1972，pp. 127–129；Joseph Fleckenstein，'Aby Warburg als Kunst- und Kulturhistoriker'，载*Göttingische Gelehrte Anzeigen*，no. 236，1984。

直至1980年的Warburg的以及关于Warburg的全部著作的完整书目，见Dieter Wuttke，*Aby Warburg, Ausgewählte Schriften und Würdigungen*，Saecula Spiritalia 1，Verlag Valentin Koerner，2nd edition，Baden-Baden，1980。此外，我关于瓦尔堡的讲稿（参见参考文献第64条）已用英文出版，题为"The Ambivalence of the Classical Tradition:

The Cultural Psychology of Aby Warburg”，载E. H. G.，*Tributes*，Phaidon，Oxford，and Cornell University Press，Ithaca，N. Y.，1984。

下列纪念性书籍已问世：Stephan Füssel（ed），*Mnemosyne*，Gratiaverlag，Göttingen（讣告与颂词的杂集，包括Klaus Berger的回忆录），1979；*Die Menschenrechte des Auges*，mit Beiträgen von Werner Hofmann，Georg Syamken und Martin Warnke，Europäische Verlagsanstalt，Frankfurt-am-Main，1980；*Aut aut* 199–200，gennaio-aprile，1984中论Warburg的分册，包括Saxl和Warburg的著作摘录与Gombrich（根据参考文献第65条译出）、Agamben、Dal Lago、Carchia、Calabrese和Wind撰写的文章。

最近的研究瓦尔堡的文章包括：Kurt W. Forster，‘Aby Warburg’s history of art; collective memory and the social mediation of images’，载*Daedalus*，no. 105，1976，pp. 169–176；Dieter Wuttke，*Aby M. Warburgs Methode als Anregung und Aufgabe*（1974年10月7日在第十四届德国艺术史学者会议上所做的公开讲座），Göttingen，1977；Michael Podro，*The Critical Historians of Art*，Yale University Press，New Haven and London，1982，pp. 158–176；Goetz Pochat，*Symbolbegreppet i konstvetenskapen*（Kungl. Vitterhets Historie och Antikvitets Akademien，Antikvariska serien 30），Stockholm，1977，德文译本为*Der Symbolbegriff in der Aesthetik und Kunstwissenschaft*，Dumont Taschenbücher，Köln，1983，pp. 76–87；Silvia Ferretti，*Il demone della memoria*，Marietti，Casale Monferrato，1984；Salvatore Settis（ed.），*Memoria dell'antico nell'arte italiana*，（Biblioteca di Storia dell'Arte，Nuova serie，Giulio Einaudi Editore，Torino，1984，pp. 435–444；Marco Bertozzi，*La tirannia degli astri*，Nova Casa，Bologna，1985；Omar Calabrese，*La macchina della pittura*（Biblioteca di cultura moderna 917），Laterza，Roma-Bari 1985；Martin Jesinghausen-Lauster，*Die Suche nach der Symbolischen Form*（Saecula Spiritalia 13），Verlag Valentin Koerner，Baden-Baden，1985；Yoshihiko Maikuma，*Der Begriff der Kultur bei Warburg*，*Nietzsche und Burckhardt*，Hain bei Athenaeum，Königstein/Ts，1985；Bernhard Buschendorf，‘War ein sehr tüchtiges gegenseitiges Fördern’：Edgar Wind und Aby Warburg（*Idea*：*Jahrbuch der Hamburger Kunsthalle*，IV 1985，pp. 165–209），包括选自*Mnemosyne*的三幅图版中的插图，和J. B. Trapp，‘Aby Warburg，his Library and the Warburg Institute’，*Theoretische Geschiedenis*，2，1986。

索　引

［条目后的数字为原书页码，即本书边码］

图版目录

利纳里）

b　佚名15世纪素描，尚蒂伊，孔代博物馆（摄影：吉罗东）

c《斯基罗斯岛上的阿客琉斯》，罗马石棺，沃本隐修院藏品（摄影：瓦尔堡研究院，蒙贝德福德公爵大人惠准复制）

图版7a　尼科洛·菲奥伦蒂诺，《美惠三女神》，焦万纳·托尔纳博尼的徽章（摄影：阿利纳里）

b　尼科洛·菲奥伦蒂诺，《室女座中的金星维纳斯》，焦万纳·托尔纳博尼的徽章（摄影：阿利纳里）

c　阿波洛尼奥·迪·乔瓦尼，《维纳斯与埃涅阿斯》，箱柜（细部），汉诺威，下萨克森州美术馆（摄影：下萨克森州美术馆）

图版8a《俄耳甫斯之死》，北部意大利雕版画，汉堡，美术馆（摄影：克莱因亨佩尔，汉堡）

b　波蒂切利，理想头像，法兰克福，施塔德尔艺术馆（蒙施塔德尔艺术馆允许复制）

c　莱奥纳尔多，女性形象，温莎城堡，皇家图书馆，No. 12581（蒙女王陛下恩准复制）

图版9a　阿戈斯蒂诺·卡拉奇，《天体的和谐》，1589年的第一个幕间剧，雕版画

b　布翁塔伦蒂，《阿波罗与巨蛇》，1589年的第三个幕间剧，佛罗伦萨，国家图书馆（摄影：国家图书馆）

图版10a　带蛇头的闪电，一名印第安学童所作的画

b　瓦尔堡与一名普韦布洛印第安人

c　奥赖比部落舞蹈，瓦尔堡摄

图版11a　瓦尔堡关于小杂志的论文中的一页，载《潘》，1896年，第345页

b　安德斯·左恩，《罗西塔·毛里像》，1889年（选自C.格拉泽：《现代版画艺术》，柏林，1923年，第419页）

c　瓦尔堡与夫人，约1900年

图版12a《罗马人与萨宾人的和解》，箱柜，佛罗伦萨，15世纪，利兹，哈伍德宫（蒙哈伍德伯爵允许复制）

b《佛罗伦萨绘图编年史》，《帕里斯与海伦》，伦敦，大英博物馆（蒙大英博物馆理事会惠准复制）

b　A.勃克林，《嬉戏的那伊阿得斯》，1886年，巴塞尔，美术馆（蒙巴塞尔公共美术馆许可复制）

c　H.莱德雷尔，俾斯麦纪念碑，汉堡，1906年（摄影：施特伦佩尔，汉堡）

图版21a　《争夺男式紧身裤》，佛罗伦萨画派，约1460年（Hind A. II. 5）

b　雅各布·德尔·塞莱奥，《爱之胜利》，菲耶索莱，班迪尼博物馆（蒙佛罗伦萨美术馆负责人允许复制）

c　曼泰尼亚的圈子，《爱之胜利》，佛罗伦萨，国家博物馆，卡兰德藏品（摄影：阿利纳里）

图版22a　米开朗琪罗，《半人半马怪与拉皮泰族人之战》，佛罗伦萨，博纳罗蒂美术馆（摄影：阿利纳里）

b　马萨乔，《圣彼得用影子治愈病人》，佛罗伦萨，卡尔米内教堂（摄影：阿利纳里）

c　马索利诺，《圣彼得治愈跛子》（细部），佛罗伦萨，卡尔米内教堂（摄影：阿利纳里）

图版23a　《亚历山大登基》，佛兰德斯壁毯，15世纪，罗马，多里亚宫（摄影：阿利纳里）

b　（传为）波拉约洛，《舞女》，加莱蒂别墅湿壁画，佛罗伦萨（摄影：阿利纳里）

c　“伐木者”壁毯，勃艮第，15世纪，巴黎，装饰艺术博物馆（摄影：索瓦诺，巴黎）

图版24a　吉兰达约，《弗朗切斯科·萨塞蒂》，佛罗伦萨，圣三一教堂（摄影：阿利纳里）

b　罗塞利诺画派，弗朗切斯科·萨塞蒂胸像，佛罗伦萨，国家博物馆（摄影：阿利纳里）

图版25a　乔瓦尼·鲁切拉伊饰章中的福尔图娜，佛罗伦萨，鲁切拉伊宫

b　阿吉罗普洛斯《亚里士多德的尼各马可伦理学》中的弗朗切斯科·萨塞蒂的藏书票，佛罗伦萨，劳伦齐亚纳图书馆

c　（传为）朱利亚诺·达·桑迦洛，弗朗切斯科·萨塞蒂墓的浮雕，佛罗伦萨，圣三一教堂（摄影：阿利纳里）

图版26a　吉兰达约，《圣方济各之死》，佛罗伦萨，圣三一教堂，萨塞蒂礼拜堂

c 选自《诸神图像手册》的《维纳斯》，梵蒂冈教廷图书馆，MS. Vat. Reg. lat. 1290，fol. 2r，约1400年（蒙梵蒂冈教廷图书馆惠准复制）

图版34a 拉斐尔，天顶镶嵌画上的《维纳斯》与《阿波罗》，罗马，基吉礼拜堂（摄影：国家摄影工作室，罗马）

b 阿戈斯蒂诺·迪·杜乔，《维纳斯》，里米尼，马拉泰斯塔教堂（摄影：阿利纳里）

c 选自塔罗牌的《维纳斯》，北部意大利雕版画，系列E（Hind E. I. 43a）

图版35a 弗朗切斯科·科萨，《三月》，费拉拉，斯基法诺亚宫（摄影：阿利纳里）

b 弗朗切斯科·科萨，《四月》，费拉拉，斯基法诺亚宫（摄影：阿利纳里）

图版36a 《弥涅耳瓦》，图版35a的细部（摄影：维拉尼，博洛尼亚）

b 《弥涅耳瓦》，镶嵌工艺品，乌尔比诺，公爵宫（摄影：阿利纳里）

c 拉斐尔，《雅典学院》，梵蒂冈，签字厅（摄影：阿利纳里）

图版37a 《白羊宫的第一个旬星》，图版35a的细部（摄影：阿利纳里）

b 《比安基尼天文图》，巴黎，卢浮宫（摄影：吉罗东）

c 选自一个阿拉托斯写本的《佩耳修斯》，莱顿，大学图书馆，Cod. Voss. lat. 79，fol. 40v（蒙莱顿大学图书馆允许复制）

d 佩鲁齐，《佩耳修斯杀死墨杜萨》，罗马，法尔内西纳宫（摄影：阿利纳里）

图版38a、b 1912年的阿比·瓦尔堡

图版39a 选自苏菲的星辰目录的《英仙座佩耳修斯》，巴黎，国家图书馆，MS. arab. 5036，fol. 68r（蒙国家图书馆允许复制）

b 选自一份15世纪《皮卡特立克斯》写本的诸旬星，克拉科夫，雅盖隆大学图书馆，MS. B. J. 793 III，第359页（摄影：J. E.赛德拉）

c 瓦尔堡为弗朗茨·博尔的图书馆的书籍所做的藏书票，仿《星盘平面》威尼斯1494年版

d 《法尔内塞天球》（细部），那不勒斯，国家博物馆（摄影：阿利纳里）

图版40a 选自一本15世纪希腊抄本的被黄道十二宫图围绕的人，巴黎，国家图书馆，MS. gr. 2419，fol. 1r（蒙国家图书馆允许复制）

b 选自《牧人历书》的放血示图，1503年

德国考古研究所，罗马）

b 《巴科斯与阿里阿德涅的胜利》（细部），佛罗伦萨雕版画，约1480—1490年（Hind A. II. 26）

图版48a 贝托尔多·迪·乔瓦尼，《耶稣被钉死在十字架上》，佛罗伦萨，国家博物馆（摄影：阿利纳里）

b 一幅新雅典风格的浮雕上的酒神女祭司，那不勒斯，国家博物馆（蒙国家博物馆允许复制）

c 多纳太罗，《圣安东尼治愈性情暴躁的青年》，帕多瓦，圣安东尼教堂（摄影：阿利纳里）

图版49a 阿戈斯蒂诺·迪·杜乔，《圣贝纳迪诺的奇迹》，佩鲁贾，圣安德烈亚与圣贝纳迪诺教堂（摄影：阿利纳里）

b 《美狄亚的故事》，罗马石棺，曼图亚，公爵宫（摄影：阿利纳里）

c 安德烈亚·德尔·卡斯塔尼奥，《大卫》（绘于一只盾上），华盛顿，国立美术馆，怀德纳藏品（蒙国立美术馆允许复制）

d 尼俄比德群像中的教师，佛罗伦萨，乌菲齐美术馆（摄影：阿利纳里）

图版50a "Iudaea Capta"［"征服犹太"］，韦斯巴芗硬币，伦敦，大英博物馆（选自马丁利：《大英博物馆藏罗马帝国的硬币》，II，No. 161，蒙大英博物馆理事会惠准复制）

b O.罗蒂，《播种者》，法国邮票

c 战车上的尼普顿，1565年巴约讷水节的瓦卢瓦壁毯（细部），佛罗伦萨，乌菲齐美术馆（蒙佛罗伦萨美术馆主管人允许复制）

d 一枚巴巴多斯邮票上的爱德华七世，带有法西斯的意大利邮票

e 出自1475年的佩萨罗《婚礼》的特里同，梵蒂冈图书馆，MS. Vat. Urb. lat. 899，fol. 71^{r}（蒙梵蒂冈教廷图书馆惠准复制）

图版51 阿比·瓦尔堡在罗马，1928—1929年冬

图版52a 马内，《草地上的午餐》，巴黎，国立网球场现代美术馆（摄影：摄影档案，巴黎）

b 马尔坎托尼奥·拉伊蒙迪，《帕里斯的裁决》，雕版画

c 拉斐尔，《赫利奥多罗斯》（细部），梵蒂冈，埃利奥多罗厅（摄影：阿利纳里）

图版60a 皮萨内洛，詹弗朗切斯科·贡扎加的徽章，华盛顿，国立美术馆，塞缪尔·H.克雷斯藏品（摄影：布拉蒂·洛梅奥，纽约，蒙国立美术馆允许复制）

b 伦勃朗,《三个十字架》，蚀刻版画的后期状态

c 伦勃朗,《杜尔普博士的解剖学课》，海牙，莫里斯皇家绘画陈列馆（蒙莫里斯皇家绘画陈列馆允许复制，摄影：A.丁扬，海牙）

图版61 选自《记忆女神》的最后几幅图版：

a《高尔夫球运动员》

b 汉堡—美国航运公司旅行招贴

c 1929年的协约

图版62a 瓦尔堡笔记本中的一页，1928年5月

b 1925年的阿比·瓦尔堡

图版63a《伯利恒的哭泣的母亲们》，选自韦恩赫·冯·泰根泽,《少女之歌》，13世纪德文写本，柏林写本germ. oct. 109，现已毁坏（根据摹本复制）

b 法伊特·施托斯,《圣母领报》（细部），圣母马利亚教堂的祭坛，克拉科夫（摄影：斯坦尼斯瓦夫·科洛卡，蒙科洛卡夫人和科洛卡小姐允许复制）

c 罗希尔·范·德·韦登,《耶稣被钉死在十字架上》，维也纳，艺术史博物馆（蒙艺术史博物馆允许复制）

图版64a 普拉托画师,《圣母诞生》，约1445年，原在阿孙塔礼拜堂，普拉托主教堂（摄影：考陶尔德研究院，蒙佛罗伦萨美术馆主管人允许复制）

b 维利·冯·贝克拉特,《浪潮》，汉堡工艺美术学校的壁画，1918年

图版65a 位于其私人宅邸的瓦尔堡的图书馆的一部分

b 新图书馆，1926年

拉奥孔群像，约公元前50年，梵蒂冈（第23页）*

* 图版括注中的页码对应正文的边码，下同。

a 贝尔塔尔，为巴尔扎克所作插图（第19页）

b 瓦尔堡关于乌泽纳的讲座的笔记中的一页，上面画有乌泽纳的肖像，1887年1月（第28页）

c 选自提塞翁神庙横饰带的半人半马怪群像（第37页）

a 学生时代的瓦尔堡

b 李卜曼，《阿姆斯特丹救济院》，1881年（第39页）

a　吉贝尔蒂,《雅各与以扫的故事》,佛罗伦萨,洗礼堂,青铜门(第43、50页)

c　沃尔特·克兰,《小波比》,《宝宝的歌剧》,1877年(第45、58页)

b　菲利皮诺·利皮,《姑娘的孩子》(细部),佛罗伦萨,新圣马利亚教堂(第44页)

a　波蒂切利，《春》，佛罗伦萨，乌菲齐美术馆（第56页）

b　波蒂切利，《维纳斯的诞生》，佛罗伦萨，乌菲齐美术馆（第56页）

◀ a　阿戈斯蒂诺·迪·杜乔，《室女座》，里米尼，马拉泰斯塔教堂（第60、278页）

▲ b　佚名15世纪素描，尚蒂伊，孔代博物馆（第61页）

c 《斯基罗斯岛上的阿客琉斯》，罗马石棺，沃本隐修院藏品（第61页）

a 《美惠三女神》　　　　　b 《室女座中的金星维纳斯》

尼科洛·菲奥伦蒂诺，焦万纳·托尔纳博尼的徽章（第62页）

c 阿波洛尼奥·迪·乔瓦尼，《维纳斯与埃涅阿斯》，箱柜（细部），汉诺威，下萨克森州美术馆（第62页）

a 《俄耳甫斯之死》，北部意大利雕版画，汉堡，美术馆（第62、181页）

b 波蒂切利，理想头像，法兰克福，施塔德尔艺术馆（第64页）

c 莱奥纳尔多，女性形象，温莎城堡，皇家图书馆（第65页）

a 阿戈斯蒂诺·卡拉奇，《天体的和谐》，1589年的第一个幕间剧（第86页）

b 布翁塔伦蒂，《阿波罗与巨蛇》，1589年的第三个幕间剧（第86页）

图版 10

a 带蛇头的闪电，一名印第安学童所作的画（第91页）

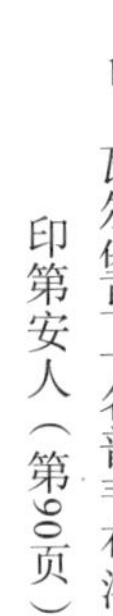

b 瓦尔堡与一名普韦布洛印第安人（第90页）

c 奥赖比部落舞蹈，瓦尔堡摄（第90页）

AMERIKA
NISCHE
CHAP-
BOOKS

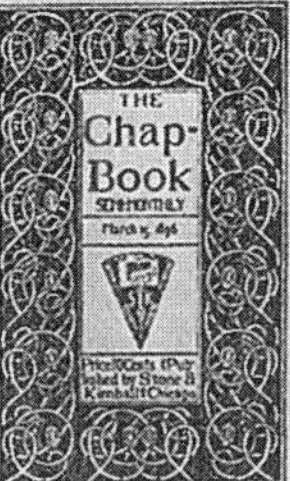

Seit etwa drei Jahren erscheinen in den größeren Städten Nord-Amerikas billige Halbmonatsschriften kleinen Formates, in denen junge Schriftsteller und Künstler einen neuen Ton anzuschlagen sich bemühen. Von dieser Bewegung Kenntnis zu nehmen verlohnt sich schon deshalb, weil die amerikanische Spielart der Modernität zur allgemeinen Naturgeschichte „Neuester" und „Jüngster" eine eigenartige Ergänzung bildet.

Man könnte diese Taschen-Magazine ihrer Tendenz nach als 'periodicals of protest' bezeichnen — wie sich das eine von ihnen 'The Philistine' selbst benennt — denn die besten unter ihnen werden von dem ernsthaften Wunsche geleitet, der gedankenlosen vulgären Sensationslust durch Kritik und selbständige künstlerische Beiträge entgegenzuwirken.

Das 'Chap-Book' eröffnete den Reigen der „Kobold-Litteratur" im Mai 1894. Zwei junge Harvard-graduates Herbert S. Stone und H. J. Kimball waren die Herausgeber, denen sich Bliss Carman, ein moderner amerikanischer Romantiker, als Redakteur zugesellte, bis Stone und Kimball im August 1894 von Boston nach Chicago übersiedelten. Seit April 1896 ist Mr. Stone, welcher der Zeitschrift eine etwas veränderte Richtung gegeben hat und deren Umfang und den Preis auf das Doppelte erhöhte (10 Cents die Nummer oder 2 Dollar jährlich), der alleinige Leiter.

Das 'Chap-Book' markierte bei seinem Erscheinen äusserlich das billige Volksbuch der guten alten Zeit, wie es der fahrende englische Kaufmann den biederen Leuten auf dem Lande als neueste Lektüre mitbrachte*). Indessen will diese Naivität des Auftretens nicht recht zu dem Inhalt des Chap-Book von Chicago passen; von derber Hausmannskost ist wenig zu finden; man rechnet im Gegenteil auf Feinschmecker, die die besten Küchen von Paris und London gewohnt sind, und so lange Kaviar noch nicht als selbstverständlicher Bestandteil amerikanischer Volksernährung gilt, wird man den Inhalt des Chap-Book nur zum geringsten Teil als volkstümlich bezeichnen können. Das Chap-Book will sogar nur im begrenzten Sinne amerikanisch sein, da sein Hauptaugenmerk darauf gerichtet ist, seinen Leserkreis mit dem Modernsten in Kosmopolis in Berührung zu bringen.

Eine Reihe bekannter englischer und französischer Schriftsteller — von neuer deutscher Kunst weiß das Chap-Book noch nicht viel — geben feinsinnige Analysen oder dichterische Beiträge. Anatole France z. B. referiert über Paul Verlaine, und neben den poetischen Schöpfungen der Jungen Amerikas Kenneth Grahame, Gilbert Parker, Bliss Carman finden wir Dichtungen von R. L. Stevenson, Henry James und W. Sharp, der auch gelegentlich die Schriftsteller der "Belgischen Renaissance" bespricht.

Das ganze Pantheon fin de siècle wird kritisch durchleuchtet: Trilby, die buntschillernde Eintagsfliege, Beardsley, Wilde neben Maeterlinck, R. L. Stevenson und Ibsen.

Während die typographische Ausstattung sehr geschmackvoll ist, sind die künstlerischen Beiträge, soweit sie von Amerikanern herrühren, abgesehen von den Anzeigeplakaten Bradley's, der schwächste Teil; von ausländischen Künstlern trägt Vallotton Porträts von Zola und Mallarmé bei.

Die Gefahr, ein weichlich nachempfindendes Taschenmagazin der litterarischen Mode zu werden, vermeidet das Chap-Book dadurch, dass es gelegentlich den Modernen das Wort zu scharfer Selbstkritik gibt; so eifern Hamilton W. Mabie (one word more) und Norman Hapgood (the intellectual Parvenu)

*) Vgl. John Ashton's Essai über Chap-Books im Ch. B. III.

« 245 »　　11

a　瓦尔堡关于小杂志的论文中的一页，载《潘》，1896年（第92页）

b　安德斯·左恩，《罗西塔·毛里像》，1889年（第94页）

c　瓦尔堡与夫人，约1900年（第95页）

图版 12

a 《罗马人与萨宾人的和解》，箱柜，佛罗伦萨，15世纪，利兹，哈伍德宫（第99页）

b 《佛罗伦萨绘图编年史》，《帕里斯与海伦》，伦敦，大英博物馆（第99页）

a 莱奥纳尔多,《岩间圣母》, 巴黎, 卢浮宫(第102页)

b 莱奥纳尔多,《蒙娜·丽莎》, 巴黎, 卢浮宫(第104页)

a 吉兰达约，《施洗者圣约翰的诞生》，佛罗伦萨，新圣马利亚教堂，托尔纳博尼礼拜堂（第104、106页）

b 吉兰达约，《撒迦利亚的献祭》，佛罗伦萨，新圣马利亚教堂，托尔纳博尼礼拜堂（第115、180页）

a （传为）韦罗基奥，《悲恸场景》（细部）佛罗伦萨，国家博物馆（第125、301页）

b 《阿尔刻斯提斯之死》罗马石棺（第125页）

c 吉兰达约，《教皇批准圣方济各会》，佛罗伦萨，圣三一教堂，萨塞蒂礼拜堂（第128页）

图版 16

a 《皮罗斯的战斗准备》，特洛伊战争壁毯（细部），佛兰德斯，15世纪下半叶，伦敦，维多利亚和艾伯特博物馆（第133页）

b 梅姆灵，《最后的审判》三联画，格但斯克，波美拉尼亚博物馆（第129、135、166页）

c 伊斯拉埃尔·范梅科内姆，《莫里斯舞》（第133页）

d 《爱之园》，佛罗伦萨“奥托版画”，约1465—1480年（第133页）

a　许戈·范·德·胡斯，出自《波尔蒂纳里祭坛画》的《牧羊人朝拜》，佛罗伦萨，乌菲齐美术馆（第135页）

b　吉兰达约，《朝拜》，佛罗伦萨，圣三一教堂（第135、165、175页）

a　安东尼奥·波拉约洛，《抢劫得伊阿尼拉》，纽黑文，耶鲁大学美术馆（第149页）

b　《爱需要忠诚》，佛罗伦萨『奥托版画』约1465—1480年（第149页）

a 出自所谓《巴尔迪尼历书》首版的《金星维纳斯》（第151页）

b 出自所谓《巴尔迪尼历书》第二版的《金星维纳斯》（第151页）

a 胡戈·福格尔，《忏悔者埃内斯特以两种形式领受圣餐》，汉诺威，州美术馆（第152页）

b A. 勃克林，《嬉戏的那伊阿得斯》，巴塞尔，美术馆（第152页）

c 胡戈·莱德雷尔，俾斯麦纪念碑，汉堡（第153页）

a 《争夺男式紧身裤》，佛罗伦萨画派，约1460年（第158页）

b 雅各布·德尔·塞莱奥，《爱之胜利》，菲耶索莱，班迪尼博物馆（第159页）

c 曼泰尼亚的圈子，《爱之胜利》，佛罗伦萨，国家博物馆（第159页）

a　米开朗琪罗，《半人半马怪与拉皮泰族人之战》，佛罗伦萨，博纳罗蒂美术馆（第160页）

b　马萨乔，《圣彼得用影子治愈病人》，佛罗伦萨，卡尔米内教堂（第163页）

c　马索利诺，《圣彼得治愈跛子》（细部），佛罗伦萨，卡尔米内教堂（第163页）

a 《亚历山大登基》，佛兰德斯壁毯，15世纪，罗马，多里亚宫（第164页）

b （传为）波拉约洛，《舞女》，加莱蒂别墅湿壁画，佛罗伦萨（第165页）

c “伐木者”壁毯，勃艮第，15世纪，巴黎，装饰艺术博物馆（第165页）

a 吉兰达约，《弗朗切斯科·萨塞蒂》佛罗伦萨，圣三一教堂（第170页）

b 罗塞利诺画派，弗朗切斯科·萨塞蒂胸像，佛罗伦萨，国家博物馆（第172页）

a 乔瓦尼·鲁切拉伊饰章中的福尔图娜，佛罗伦萨，鲁切拉伊宫（第172页）

b 弗朗切斯科·萨塞蒂的藏书票（第174页）

c （传为）朱利亚诺·达·桑迦洛，弗朗切斯科·萨塞蒂墓的浮雕，佛罗伦萨，圣三一教堂（第174页）

a　吉兰达约，《圣方济各之死》，佛罗伦萨，圣三一教堂，萨塞蒂礼拜堂（第174页）

b　（传为）朱利亚诺·达·桑迦洛，弗朗切斯科·萨塞蒂墓，佛罗伦萨，圣三一教堂（第174、176、301页）

a　吉兰达约，《耶稣复活》，柏林（东），国家博物馆，美术馆（第180页）

b《图拉真纪功柱》，埃斯科里亚尔博物馆写本，fol. 62（第180页）

c　图拉真纪功柱上的浮雕，罗马（第180页）

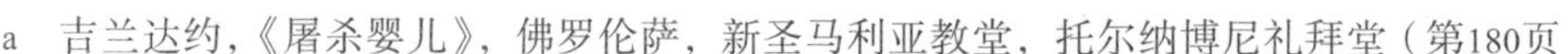

a　吉兰达约，《屠杀婴儿》，佛罗伦萨，新圣马利亚教堂，托尔纳博尼礼拜堂（第180页）

b　君士坦丁凯旋门上的浮雕，罗马（第180、183、248页）

◀a 丢勒,《俄耳甫斯之死》,汉堡,美术馆(第181页)

▼ b 《俄耳甫斯之死》,出自诺拉的希腊花瓶,巴黎,卢浮宫(第181页)

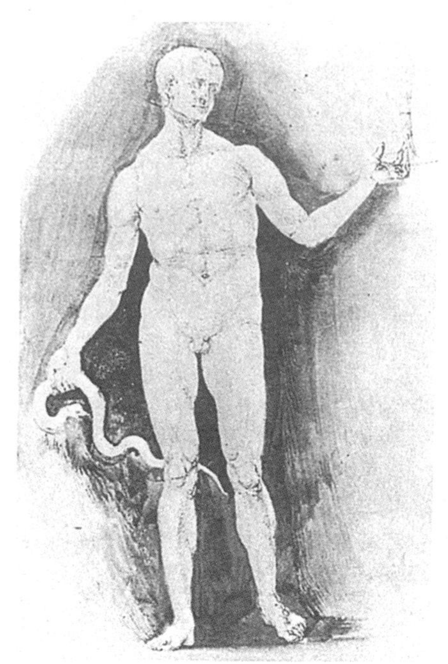

c 丢勒,《对古典准则的研究》,前贝克拉特藏品,柏林(第181页)

a　拉斐尔画派,《君士坦丁之战》(细部),梵蒂冈(第182、183页)

b　J. A. 兰布,仿皮耶罗·德拉·弗兰切斯卡《君士坦丁之战》所作的水彩画,杜塞尔多夫,美术馆(第182页)

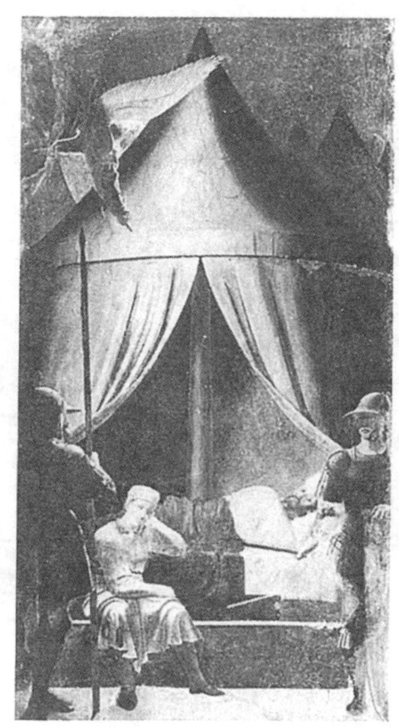

a 皮耶罗·德拉·弗兰切斯卡，《君士坦丁之梦》，阿雷佐，圣方济各教堂（第182页）

b 安茹的勒内，《屈埃被爱夺心记》，维也纳，国家图书馆，Cod. Vindob. 2597, fol. 2（第182页）

a　A. 勃克林，《半人半马怪之战》，柏林，E. 泽格藏品（？）（第184页）

b　A. 冯·希尔德布兰德，狄俄倪索斯浮雕，现镶嵌于哈里·布鲁斯特先生所有的佛罗伦萨一处宅邸楼梯间的墙壁上（第184页）

a 选自斯特芬·安德斯的《尼格历书》的《土星》，吕贝克，1519年（第187页）

b 选自塔罗牌的《土星》，北部意大利雕版画，系列E（第187页）

c 选自《诸神图像手册》的《维纳斯》，梵蒂冈教廷图书馆，MS. Vat. Reg. lat. 1290, fol. 2r，约1400年（第187页）

图版 34

a　拉斐尔，天顶镶嵌画上的《维纳斯》与《阿波罗》，罗马，基吉礼拜堂（第187页）

b　阿戈斯蒂诺·迪·杜乔，《维纳斯》，里米尼，马拉泰斯塔教堂（第190页）

c　选自塔罗牌的《维纳斯》，北部意大利雕版画，系列E（第190页）

a　弗朗切斯科·科萨,《三月》

b　弗朗切斯科·科萨,《四月》

费拉拉，斯基法诺亚宫（第192页）

a 《弥涅耳瓦》，图版35a的细部（第193页）

b 《弥涅耳瓦》，镶嵌工艺品，乌尔比诺，公爵宫（第193页）

c 拉斐尔，《雅典学院》，梵蒂冈，签字厅（第193页）

a 《白羊宫的第一个旬星》，
图版35a的细部（第194页）

b 《比安基尼天文图》，巴黎，
卢浮宫（第194页）

c 选自一个阿拉托斯写本的
《佩耳修斯》，莱顿，大学图书馆，
Cod. Voss. lat. 79, fol. 40^{v}（第194页）

d 佩鲁齐，《佩耳修斯杀死墨杜萨》，罗马，法尔内西纳宫（第194页）

a

b

1912年的阿比·瓦尔堡

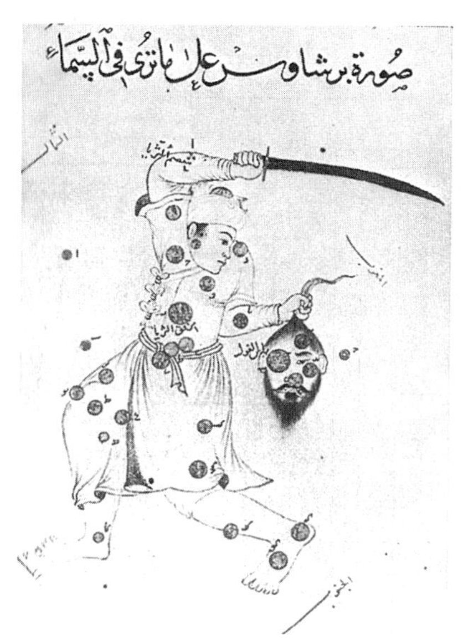

a　选自苏菲的星辰目录的《英仙座佩耳修斯》，巴黎，国家图书馆，MS. arab. 5036, fol. 68r（第197页）

c　瓦尔堡为弗朗茨·博尔的图书馆的书籍所做的藏书票（第198页）

b　选自一份15世纪《皮卡特立克斯》写本的诸旬星，克拉科夫，雅盖隆大学图书馆，MS. B. J. 793 III，第359页（第198、262页）

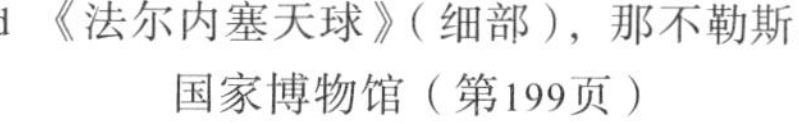

d　《法尔内塞天球》（细部），那不勒斯，国家博物馆（第199页）

图版 40

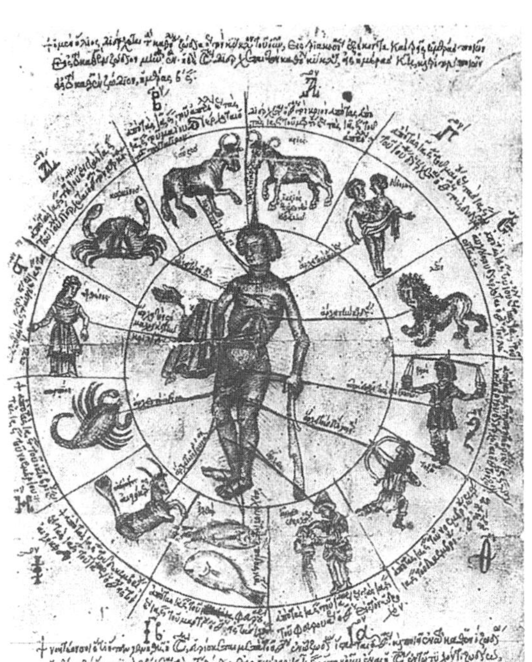

a 被黄道十二宫图围绕的人，15世纪，巴黎，国家图书馆，MS. gr. 2419, fol. 1^{r}（第201页）

b 选自《牧人历书》的放血示图，1503年（第202页）

c 选自雷曼《践行集》的为1524年所做的预言，斯图加特，符腾堡州立图书馆，MS. Math. Q. 3, fol. 1^{r}（第209、302页）

d 选自利希滕贝格《预言》的修道士与魔鬼，美因茨，1492年（第210页）

a 选自路德与梅兰希顿的小册子的《驴子般的怪物》，1523年（第210页）

b 选自由丢勒作插图的乌尔塞尼乌斯的一张大幅报纸的《梅毒病人》，1496年（第211页）

c 丢勒，《八脚猪》，雕版画，1496年（第211页）

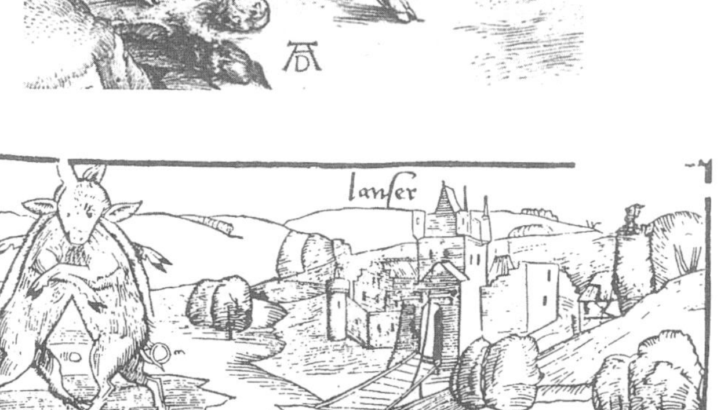

d 选自塞巴斯蒂安·布兰特的大幅报纸的《兰德瑟母猪》，1496年（第211页）

a　丢勒，《忧郁I》，1514年（第190、211页）

b 《波江星座》，伦敦，大英博物馆，MS. Cotton Tib. B. V, fol. 41^{v}（第213页）

a　C. 默耶特，《希波克拉底与德谟克利特》，海牙，莫里斯皇家绘画陈列馆（第229页）

b　C. 默耶特，《劫掠普罗塞耳皮娜》，目前下落不明（第231页）

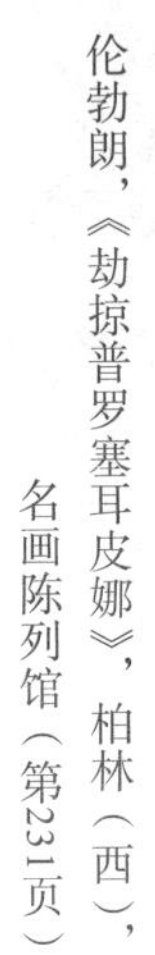

a 伦勃朗，《劫掠普罗塞耳皮娜》，柏林（西），名画陈列馆（第231页）

b A. 滕佩斯塔，《劫掠普罗塞耳皮娜》，1606年（第231页）

c 《劫掠普罗塞耳皮娜》古典石棺（细部），罗马，罗斯皮廖西宫（第231页）

a　伦勃朗，《克劳狄乌斯·西菲利斯的密谋》，斯德哥尔摩，国家博物馆（第232、233页）

b　A. 滕佩斯塔，《克劳狄乌斯·西菲利斯的密谋》，1612年（第233页）

c　哑剧，《布鲁图的密谋》，阿姆斯特丹，1609年（第234页）

a　伦勃朗，《美狄亚》，1648年（第235页）

c　扬·福斯所写的悲剧《美狄亚》的插图，1667年（第236页）

b　A. 滕佩斯塔，《屠杀婴儿》，1591年（第235页）

d　一幅庞贝壁画上的《美狄亚》，那不勒斯，国家博物馆（第236页）

a　有着酒神女祭司杀死彭透斯场面的巴科斯石棺，比萨，圣墓地（第244、247页）

b　《巴科斯与阿里阿德涅的胜利》（细部），佛罗伦萨雕版画，约1480—1490年（第244页）

a 贝托尔多·迪·乔瓦尼，《耶稣被钉死在十字架上》，佛罗伦萨，国家博物馆（第247页）

b 一幅新雅典风格的浮雕上的酒神女祭司，那不勒斯，国家博物馆（第247页）

c 多纳太罗，《圣安东尼治愈性情暴躁的青年》，帕多瓦，圣安东尼教堂（第247页）

a 阿戈斯蒂诺·迪·杜乔,《圣贝纳迪诺的奇迹》，佩鲁贾，圣安德烈亚与圣贝纳迪诺教堂（第247页）

b 《美狄亚的故事》，罗马石棺，曼图亚，公爵宫（第247页）

c 安德烈亚·德尔·卡斯塔尼奥,《大卫》(绘于一只盾上)，华盛顿，国立美术馆（第247页）

d 尼俄比德群像中的教师，佛罗伦萨，乌菲齐美术馆（第247页）

a “Iudaea Capta”［“征服犹太”］，韦斯巴芗硬币，伦敦，大英博物馆（第249页）

b O. 罗蒂，《播种者》，法国邮票（第264页）

c 战车上的尼普顿，1565年巴约讷水节的瓦卢瓦壁毯（细部），佛罗伦萨，乌菲齐美术馆（第264页）

d 一枚巴巴多斯邮票上的爱德华七世，带有法西斯的意大利邮票（第264、265页）

e 出自1475年的佩萨罗《婚礼》的特里同，梵蒂冈图书馆，MS. Vat. Urb. lat. 899, fol. 71r（第266页）

阿比·瓦尔堡在罗马，1928—1929年冬（第261、271页）

a　马内，《草地上的午餐》，
巴黎，国立网球场现代美术馆
（第273页）

b　马尔坎托尼奥·拉伊蒙迪，
《帕里斯的裁决》（第273页）

c　拉斐尔，《赫利奥多罗斯》
（细部），梵蒂冈，
埃利奥多罗厅（第275页）

a 《帕里斯的裁决》，罗马石棺，罗马，梅迪奇别墅（第275页）

b G. 博纳索内，《帕里斯的裁决》（第275页）

c 《帕里斯的裁决》，马尔坎托尼奥·拉伊蒙迪作品的17世纪仿品，蒂沃利，埃斯特别墅（第276页）

a 拉斐尔，《路司得的献祭》，伦敦，维多利亚和艾伯特博物馆（第279页）

b 拉斐尔，《博尔塞纳的弥撒》，梵蒂冈，埃利奥多罗厅（第279、301页）

a 《汉堡异闻报》，图画增刊，1929年7月29日（第280页）

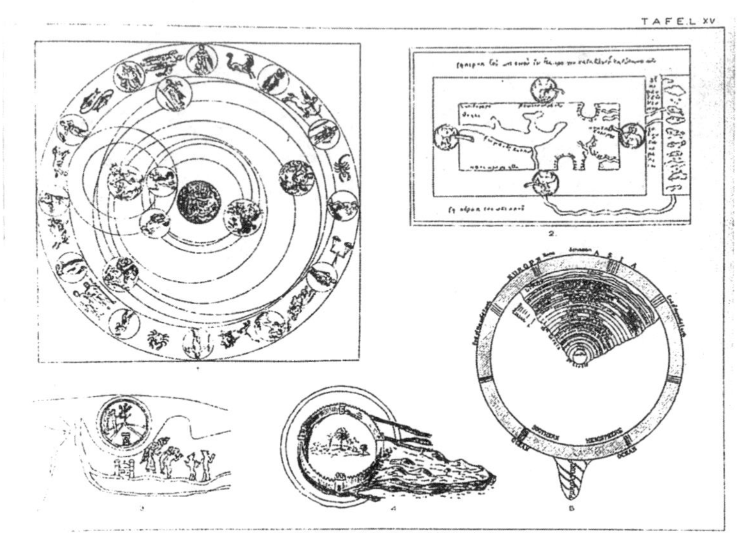

b A. 巴斯蒂安，《人种学图册》中的图版XV，1887年：1. 仿一部阿拉托斯写本的星座，中世纪对天堂的描绘；2. 选自科斯马斯·因第科普劳斯提斯；3. 选自赫里福德地图；4. 选自毛罗修士的《世界地图》；5. 但丁的地狱的图示（第286页）

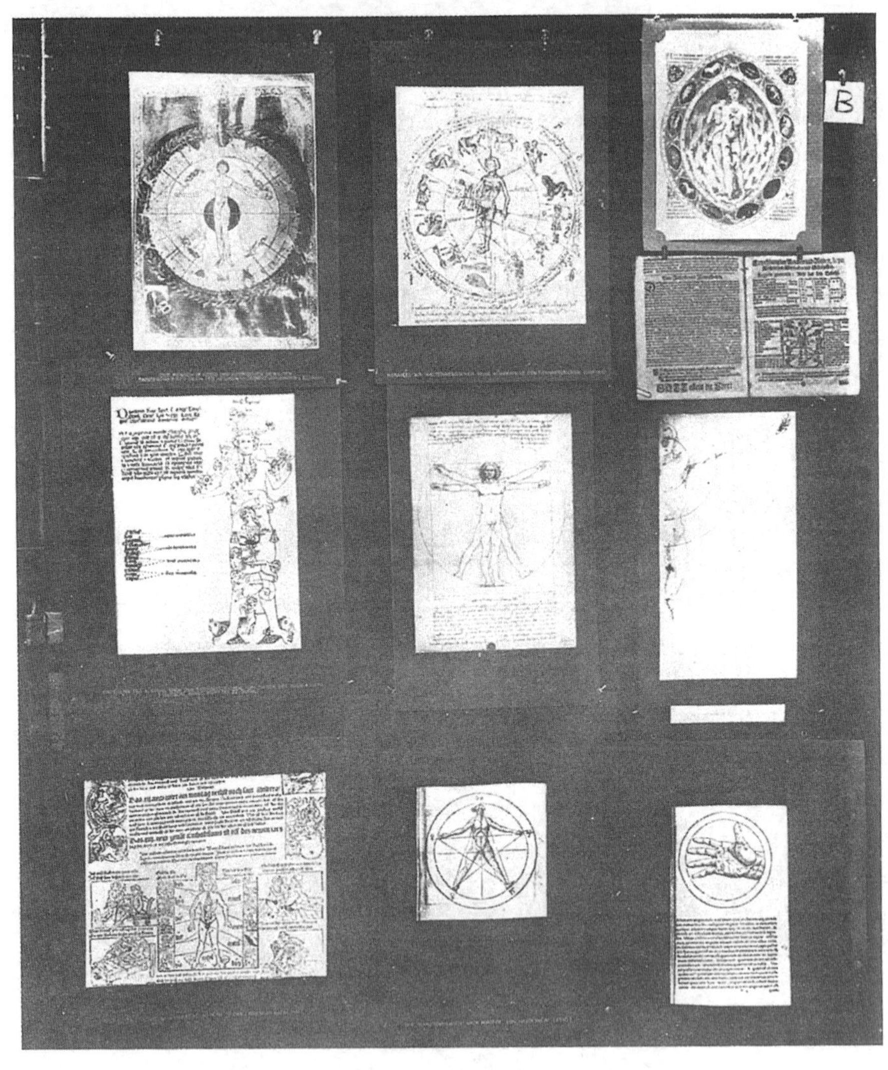

《记忆女神》，图版B：宏观世界与微观世界（第292页）

《记忆女神》，图版46："仙女"（第297页）

图版 58

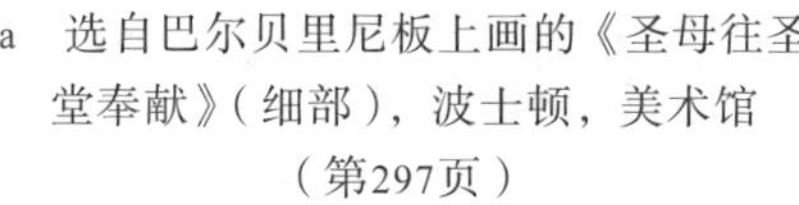

a 选自巴尔贝里尼板上画的《圣母往圣堂奉献》(细部)，波士顿，美术馆(第297页)

b 《埃利色雷的女预言家》，塞萨奥伦卡大教堂的布道坛(第298页)

c 《国王阿吉鲁夫的王冠》，伦巴第浮雕，7世纪，佛罗伦萨，国家博物馆(第298页)

d 《基督降生》，象牙(细部)，7世纪，博洛尼亚，市立博物馆(第298页)

e 富凯的《埃蒂厄内·谢瓦利埃祈祷书》中的《圣约翰的诞生》(细部)，尚蒂伊，孔代博物馆(第299页)

b 《奥古斯都之宝》(细部)，维也纳，艺术史博物馆(第300页)

a 米开朗琪罗，《法厄同的坠落》，温莎城堡，皇家图书馆(第299页)

c 米开朗琪罗，《最后的审判》，梵蒂冈，西斯廷礼拜堂(第299页)

图版 60

a　皮萨内洛，詹弗朗切斯科・贡扎加的徽章，华盛顿，国立美术馆（第300页）

b　伦勃朗，《三个十字架》（第300页）

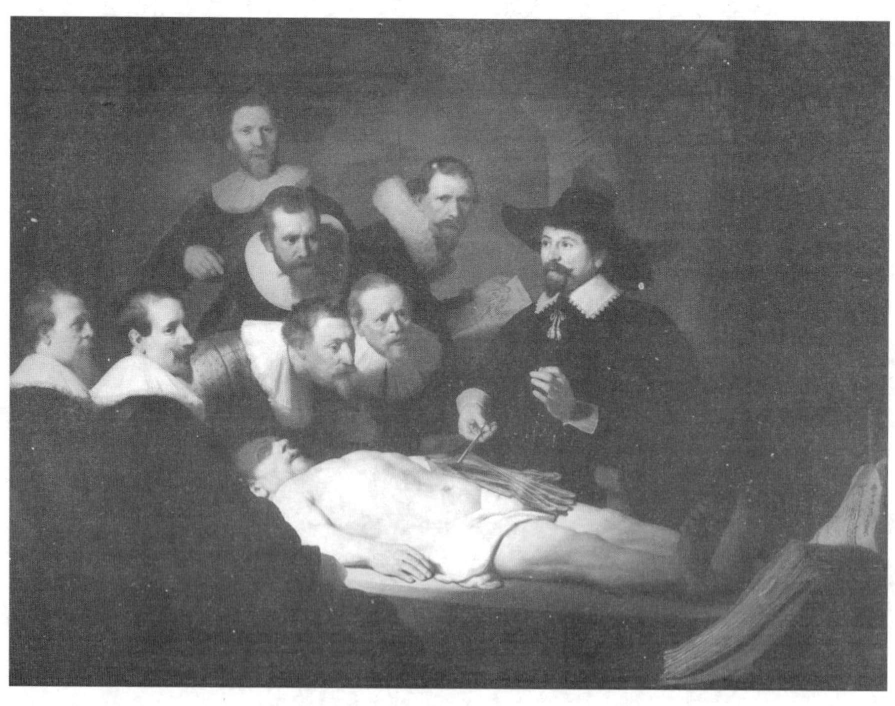

c　伦勃朗，《杜尔普博士的解剖学课》，海牙，莫里斯皇家绘画陈列馆（第300页）

a 《高尔夫球运动员》

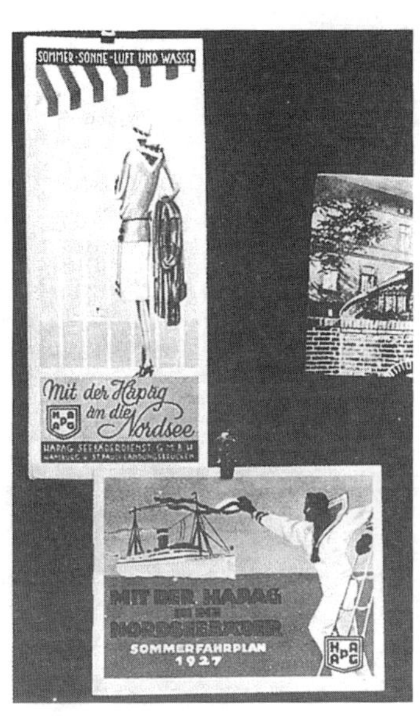

b 汉堡—美国航运公司旅行招贴

c 1929年的协约

选自《记忆女神》的最后几幅图版（第301页）

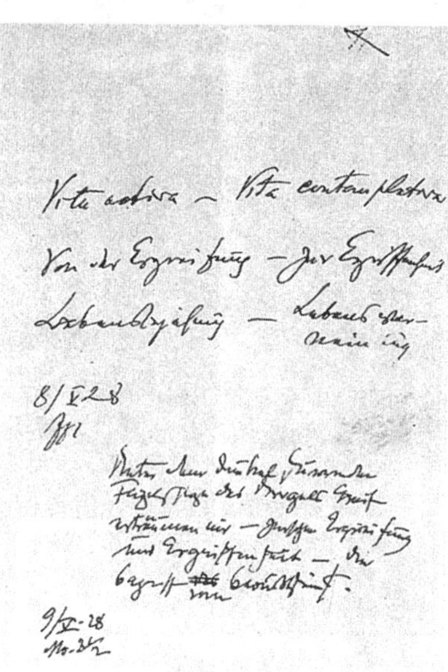

Vita activa — Vita contemplativa

Von der Ergreifung — zur Ergriffenheit

▲ a　瓦尔堡笔记本中的一页，1928年5月（第303页）

▶　b　1925年的阿比·瓦尔堡

a 《伯利恒的哭泣的母亲们》，选自
韦恩赫·冯·泰根泽，《少女之歌》，13世纪
德文写本，现已毁坏（第310页）

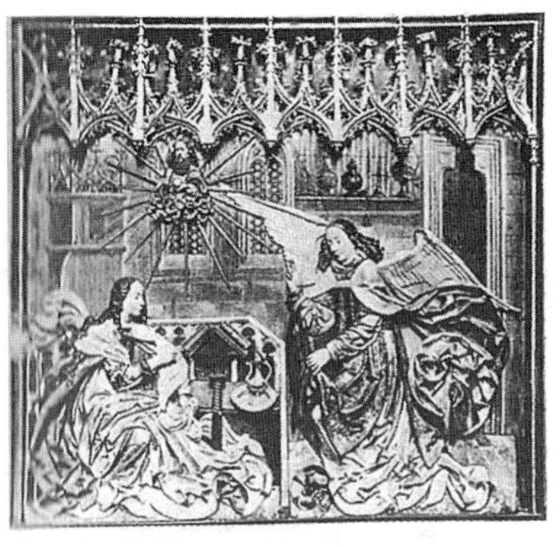

b 法伊特·施托斯，《圣母领报》
（细部），圣母马利亚教堂的祭坛，
克拉科夫（第311页）

c 罗希尔·范·德·韦登，《耶稣被钉死在十字架上》，维也纳，艺术史博物馆
（第311页）

图版 64

a　普拉托画师，《圣母诞生》，约1445年，原在阿孙塔礼拜堂，普拉托主教堂（第312页）

b　维利·冯·贝克拉特，《浪潮》，汉堡工艺美术学校的壁画，1918年（第318页）

a 位于其私人宅邸的瓦尔堡的图书馆的一部分（第333页）

b 新图书馆，1926年（第333页）

图书在版编目(CIP)数据

瓦尔堡思想传记 /(英) E.H. 贡布里希著；李本正译 .—
北京：商务印书馆，2024
(汉译世界学术名著丛书：120年纪念版：珍藏本：增订本)
ISBN 978-7-100-23360-6

Ⅰ.①瓦… Ⅱ.①E… ②李… Ⅲ.①瓦尔堡—美术史
—思想史—思想评论 Ⅳ.①K835.165.72 ②J151.609

中国国家版本馆CIP数据核字(2024)第038504号

汉译世界学术名著丛书
(120年纪念版·珍藏本·增订本)
瓦尔堡思想传记
〔英〕E.H. 贡布里希 著
李本正 译

商 务 印 书 馆 出 版
(北京王府井大街36号 邮政编码 100710)
商 务 印 书 馆 发 行
北京市白帆印务有限公司印刷
ISBN 978-7-100-23360-6

2024年5月第1版 开本 710×1000 1/16
2024年5月北京第1次印刷 印张 38¾
定价：216.00元